公路岩石边坡工程

Highway Rock Slope Engineering

陈洪凯　朱学彬　张韶华
吴留星　梁学战　翟光明　著

科学出版社
北　京

内 容 简 介

本书针对开挖公路岩石边坡减灾问题，分析了开挖岩石边坡卸荷力学行为，构建了开挖岩石边坡结构面蠕变力学模型、顺向坡屈曲破坏模型、反向坡弯曲折断模型和切向坡楔形体破坏模型，提出了公路岩石边坡追踪断裂稳定分析法和疲劳寿命预测方法，基于物元可拓模型建立了公路岩石边坡地质安全评价理论，研发了公路岩石边坡破坏面锁固技术、边坡格构-锚杆-锚索复合加固方法、隧道进出口落石排导结构、边坡结构体锚固技术、竖向预应力锚索抗滑桩等灾害治理系列新技术新方法，研发了多种边坡景观型防护技术。

本书对于从事道路工程、岩石力学、地质灾害、市政工程、园林工程的研究人员、教学人员、工程技术人员与管理人员具有一定的参考借鉴作用。

图书在版编目（CIP）数据

公路岩石边坡工程/陈洪凯等著. —北京：科学出版社，2020.6
ISBN 978-7-03-064657-6

Ⅰ. ①公… Ⅱ. ①陈… Ⅲ. ①道路工程-边坡 Ⅳ. ①U416.1

中国版本图书馆 CIP 数据核字（2020）第 038666 号

责任编辑：赵敬伟 田轶静／责任校对：彭珍珍
责任印制：吴兆东／封面设计：耕者设计室

科学出版社 出版
北京东黄城根北街 16 号
邮政编码：100717
http://www.sciencep.com
北京凌奇印刷有限责任公司 印刷
科学出版社发行 各地新华书店经销
*
2020 年 6 月第 一 版 开本：720 × 1000 B5
2022 年 1 月第二次印刷 印张：22 插页：4
字数：441 000
定价：178.00 元
（如有印装质量问题，我社负责调换）

序

开挖岩石边坡在我国山区公路、矿山、城市及水利水电建设中广泛存在，灾情严重，其地质安全隐患识别与灾害治理是采矿工程、岩土工程及地质工程不同学科共同关注的重要科技问题。该书作者陈洪凯教授带领团队将岩石边坡分成顺向坡、反向坡和切向坡三类，从开挖岩石边坡的卸荷特性着手，对开挖岩石边坡破坏机制及地质安全评价问题进行了深入系统的研究，并有针对性地研发了多种灾害治理新技术，为有效防治岩石边坡灾害提供了技术支持，并大量应用于工程实践，取得了良好的经济效益、社会效益和军事效益。该专著将宏观地质分析和微观力学建模相结合，强调边坡的整体安全和局部安全，首次提出了岩石边坡灾害靶向识别和治理的科学理念，给出了岩石边坡景观重建的技术路径。该书逻辑性强，力学表述明确，技术脉络清晰，是岩土工程减灾领域的一部创新性佳作，具有重要的学术价值和工程实用性，对于推动生态文明建设有积极意义，表明陈洪凯团队是我国一支优秀的岩土与地质减灾研究团队，本人乐于为之作序，并向从事岩石工程灾害防治的广大科技工作者推荐分享。

中国工程院院士/重庆大学教授

2019 年 12 月 20 日

前　言

截至 2019 年，我国公路总里程由中华人民共和国成立初的 8.08 万公里增加到 484.65 万公里，总量位居世界第一，其中约 13%(计约 63 万公里) 存在高陡岩石边坡。公路建设开挖岩石边坡，岩体卸荷引发边坡局部乃至长路段变形破坏，开挖公路岩石边坡灾害识别难题和靶向治理长期未得到有效解决，岩石边坡植被景观自重建难题也未取得实质性进展。

本书聚焦开挖公路岩石边坡灾害识别与靶向治理工程需求，开挖岩石边坡卸荷力学行为、开挖岩石边坡结构面蠕变力学模型、顺向坡屈曲破坏模型、反向坡弯曲折断模型和切向坡楔形体破坏模型、边坡追踪断裂稳定分析法和疲劳寿命预测方法、基于物元可拓模型的公路岩石边坡地质安全评价理论等形成开挖公路岩石边坡灾害识别理论，研发的公路岩石边坡破坏面锁固技术、边坡格构–锚杆–锚索复合加固方法、隧道进出口落石排导结构、边坡结构体锚固技术、竖向预应力锚索抗滑桩等系列新技术新方法实现了开挖公路岩石边坡灾害靶向治理，实现了岩石边坡景观型防护。研究成果是一项融合灾害安全识别与创新治理的公路岩石边坡减灾的重大科技成果。

在从事开挖公路岩石边坡灾害识别与减灾研究中，作者团队曾得到兰州大学李吉均院士，重庆大学鲜学福院士，山东科技大学宋振骐院士，中国科学院水利部成都山地灾害与环境研究所崔鹏院士，中国人民解放军陆军勤务学院郑颖人院士，长安大学彭建兵院士，华中科技大学张勇传院士，中国地质环境监测院刘传正研究员，西南交通大学胡卸文教授，三峡大学李建林教授、彭辉教授，重庆大学阴可教授，华东交通大学郑明新教授，西南大学王建力教授，重庆轨道交通设计研究院柴贺军研究员，枣庄学院曹胜强书记、李东校长、明清河副校长、李丽清副校长等的大力支持和鼓励，在此一并致以诚挚的感谢!

本书的出版得到枣庄学院高层次人才引进、重庆市两江学者特聘教授、重庆市首席专家工作室、湖北省楚天学者特聘教授等高层次人才专项经费资助。

本书共 8 章，第 1 章由朱学彬和梁学战撰写，第 2 章由张韶华、吴留星和翟光明撰写，第 3 章由陈洪凯、张韶华、梁学战和孙启林编写，第 4 章由陈洪凯、王圣娟和朱学彬撰写，第 5 章由陈洪凯、朱学彬、吴运广和梁学战撰写，第 6 章由陈洪凯、唐红梅、吴留星和林孝松撰写，第 7 章由陈洪凯、吴留星、朱学彬、张韶华、刘平安、李鸣鸣、韩发稳、齐昊、杨平和代丛丛撰写，第 8 章由陈洪凯、王圣娟和王宝亮撰写。陈洪凯团队的孙法印、张金浩、曹卫文、叶四桥、何晓英、杨铭、王蓉、梁丹、吴亚华、赵春红、吴帆、王群、刘宽、周奕辰等 30 余位教师和研究生先后参与了相关工作。

2019 年 11 月 18 日

目　　录

第1章 岩石与岩体

1.1 岩石类型

岩石是组成地壳的基本物质，是由矿物或岩屑在地质作用下按一定规律凝聚而成的自然地质体，通常所见的花岗岩、石灰岩、片麻岩，是指具有一定成因、一定矿物成分及结构构造的岩石。岩石可由单种矿物所组成，如纯洁的大理石由方解石组成；而多数岩石是由两种以上的矿物组成的，如花岗岩主要由石英、长石、云母三种矿物组成。从成因上，岩石可分为三大类，岩浆岩、沉积岩和变质岩。

岩浆岩是由岩浆冷凝作用形成的，岩浆岩大多由结晶矿物组成，由非结晶矿物组成的岩浆岩较少。由于组成岩浆岩的各种矿物的化学成分和物理性质较为稳定，连接较牢固，因此岩浆岩具有较高的力学强度和均质性。

沉积岩是由母岩 (岩浆岩、变质岩和已形成的沉积岩) 在地表经风化剥蚀产生的琐碎物质，通过搬运、沉积和固结作用形成。沉积岩由颗粒和胶结物组成，各有不同的成分。颗粒包括各种不同形状和大小的岩屑及不同矿物，胶结物有钙质、硅质、铁质及泥质等。沉积岩的物理力学特性不仅与矿物和岩屑的成分有关，而且与胶结物的性质关系较大，如硅质、钙质胶结的沉积岩，强度一般较高，而泥质胶结和带有一些黏土胶结的沉积岩，其强度较低。由于沉积环境的影响，沉积岩具有层理构造，因此沉积岩沿不同方向表现出不同的力学性能。

变质岩是由岩浆岩、沉积岩及已形成的变质岩在地壳中受到高温、高压及化学活动性流体的影响下发生变质而形成的岩石，其在矿物成分和结构构造上具有变质过程中产生的特征，也残存有原岩的某些特点。因此，变质岩的物理力学性质不仅与原岩的性质有关，而且与变质作用的性质和变质程度有关。

1.2 岩体结构

岩体是地质历史的产物，是在长期的成岩及变形过程中形成的特有结构。岩体结构包括结构面和结构体两个基本要素，结构面是岩体内具有一定方向、延展较大、厚度较小的面状地质界面，包括物质的分界面和不连续面，是在地质发展历史中，尤其是地质构造变形过程中形成的；被结构面分割形成的岩块，四周均被结构面包围，这种由不同产状的结构面组合切割形成的单元体称为结构体。

1.2.1 岩体结构面 [1]

岩体结构面是岩体的重要组成单元,岩体质量的好坏与结构面的性质密切相关。

1. 结构面类型及岩体软弱夹层的成因柔型

(1) 结构面的成因和类型。结构面按照地质成因的不同，可分为原生结构面、构造结构面、次生结构面三类。

原生结构面是指在成岩过程中形成的结构面,其特征和岩体成因密切相关,因此又可分为岩浆结构面、沉积结构面和变质结构面三类。

构造结构面是指岩体受地壳运动作用形成的结构面，如断层、节理、劈理及由层间错动而引起的破碎层等。其中，以断层的规模最大，节理的分布最广。断层是位移显著的构造结构面，其规模有很大不同，有的深切岩石圈及上地幔，有的仅限于地壳表层，或地表以下数十米；断层破碎带往往形成一系列滑动面，而且还存在一套复杂的构造岩；断层因应力条件不同而具有不同的特征，根据应力场的特性，可分张性、压性及剪性 (扭性) 断层，即正断层、逆断层与平移断层。节理可分为张节理、剪节理及层面节理，张节理是岩体在张应力作用下形成的一系列裂隙的组合，其特点是裂隙宽度大、裂隙面延伸短、尖灭较快、曲折、表面粗糙、分布不均，在砾岩中裂隙面多绕砾石而过；剪节理是岩体在剪应力作用下形成的一系列裂隙的组合，常以相互交叉的两组裂隙同时出现，又称 X 节理或共轭节理，有时只有一组比较发育，剪节理的特点是裂隙闭合，裂隙面延伸远且方位稳定，较平直，有时有平滑的弯曲，无明显曲折，面光滑，常具有磨光面、擦痕、阶步、羽裂等痕迹，在砾岩中裂隙面常切穿砾石而过；层面节理是层状岩体在构造应力作用下，沿岩层层面 (原生沉积软弱面) 破裂而形成的一系列裂隙的组合，岩层在褶曲发育的过程中，两翼岩层的上覆层与下覆层发生层间滑动，形成剪性层面节理，而在层间发生层间脱节，形成张性层面节理。劈理是在地应力作用下，岩石沿着一定方向产生密集的、大致平行的破裂面，有的明显可见，有的比较隐蔽，岩石的这种平行密集的破开现象称为劈理；一般把组成劈理的破裂面叫劈面，相邻劈面所夹的岩石薄片叫劈石，相邻劈面的垂直距离叫劈面距离，一般在几毫米至几厘米之间。

次生结构面是指岩体在外营力 (如风化、卸荷、应力变化、地下水、人工爆破等) 作用下而形成的结构面，其发育多呈无序状、不平整、不连续。

(2) 岩体软弱夹层的成因类型。岩体软弱夹层与周围岩体相比，具有显著的低强度和高压缩特性，具有一些特有的软弱性质。软弱夹层在数量上只占岩体中较小的比例，但是岩体中的薄弱部位，常成为工程中的隐患。从成因上，软弱夹层可划分为原生的、构造的和次生的三种类型。

原生软弱夹层包括沉积软弱夹层、变质软弱夹层和火成软弱夹层。沉积软弱夹层是沉积同生的黏土夹层、页岩夹层、泥灰岩夹层、石膏夹层等，其产状与岩层相同，厚度较薄，延续性较好，但也有尖灭现象，其含黏土矿物多，细薄层理发育，易产生风化和泥岩软化，抗剪强度低，压缩性较大，失水易干裂。变质软弱夹层在沉积变质岩地区最为常见，如片岩就具有软弱夹层的特征，其夹在石英岩、大理岩或其他脆性岩层中时，构成软弱夹层；在片岩系中沿片理面的片状矿物，如云母片岩、绿泥石片岩、滑石片岩等，比其上下层的其他岩石，如石英片岩或片状石英岩，具有更低的强度，构成软弱夹层，这种夹层由变质岩构造决定，产状虽与岩层一致，但多呈波状弯曲或延续性差，其成分主要是片状矿物或柱状矿物，由这些矿物集中发育而构成的软弱夹层，遇水后性质变化不显著。火成软弱夹层在喷出岩或溢出岩地区最为常见，如富春江地区侏罗纪黄尖组流纹斑岩夹凝灰岩、凝灰质砂岩、砂页岩薄层等。火成软弱夹层的特征是产状成层或成透镜体，厚度薄，遇水易软化，抗剪强度低。

构造软弱夹层主要是沿原有的软弱面或软弱夹层经构造错动形成，部分是沿断裂错动或再次错动形成，如断层破碎带等。

次生软弱夹层是沿着薄层状岩石、岩体间接触面或原有软弱面或软弱夹层，由风化作用和地下水作用等次生作用参与形成的软弱夹层。

2. 结构面的特征

在工程地质实践中，对岩体结构面特征的研究十分重要。国际岩石力学学会 (ISRM) 实验室和野外试验标准化委员会推荐了结构面研究的内容，包括结构面的方位、间距、延续性、粗糙程度、侧壁的抗压强度、张开度、被充填情况、渗流、组数和块体大小等 10 个方面。

(1) 方位 (orientation) 是结构面的空间位置，用倾向和倾角表示，其中应特别注意对结构面方位与工程构筑物方位间关系的研究，其对岩体稳定性和构筑物的安全起着重要作用。

(2) 间距 (spacing) 是沿所选择的某一测线上相邻结构面间的距离。结构面间距是反映岩体完整程度和岩石块体大小的重要指标。根据所测得的结构面的平均间距，岩体特征可按表 1.1 进行描述。

表 1.1 结构面平均间距的描述

描述	平均间距/cm	描述	平均间距/cm
极窄的	<2	宽的	60～200
很窄的	2～6	很宽的	200～600
窄的	6～20	极宽的	>600
中等的	20～60		

(3) 延续性 (persistence) 是结构面展布的范围和大小。结构面的绝对延续性对工程实践有重要意义，但结构面相对于整个岩体或工程构筑物范围的相对大小更

为重要。根据结构面露头的产状，进行结构面延续性描述，如表 1.2。

表 1.2　结构面延续性的描述

描述	延续长度/m	描述	延续长度/m
延续很差的	<1	延续好的	10～30
延续差的	1～3	延续很好的	>30
中等延续的	3～10		

(4) 结构面的粗糙程度 (roughness) 是决定结构面力学性质的重要因素，其重要程度随充填物厚度的增加而降低。在研究结构面的粗糙程度时，首先应考虑其起伏形态，可将其归纳为三种典型剖面，阶坎状、波状和平直状，每种形态中，其粗糙程度分为三等，粗糙、平滑和光滑。因此，结构面粗糙程度可分为 9 种类型。

(5) 结构面侧壁的抗压强度，结构面侧壁容易遭受风化，风化程度在垂直于侧壁的方向上变化很大。因此，有必要研究结构面的强度特征。

(6) 张开度 (aperture) 指结构面两壁间的垂直距离。结构面的张开度较小，一般小于 1mm。根据表 1.3 中列出的张开度界限值可以描述结构面的这一特征。

表 1.3　结构面的张开度

描述		张开度/mm
闭合的	很紧密的	<0.1
	紧密的	0.1～0.25
	不紧密的	0.25～0.5
裂开的	窄的	0.5～2.5
	中等宽度的	2.5～10
张开的	宽的：	
	很宽的	10～100
	极宽的	100～1000
	洞穴式的	>1000

(7) 被充填情况 (filling situ anon)，结构面被外来物质充填而形成次生充填软弱夹层。在研究结构面的充填情况时，应考虑充填程度与方式、充填物的成分与结构、充填物的厚度等三个方面的内容。

(8) 渗流 (seepage flow)，结构面是地下水运移的主要通道，研究结构面中是否存在渗流及渗流量，对于评价结构面的力学性质和对岩体中的有效应力的改变以及预测岩体稳定性和施工的困难性等方面有重要意义。

(9) 结构面组数 (set)，在研究结构面时，把方位相近的结构面归为一组。结构面组数的数量是决定被切割的岩石块体形状的主要因素，它与间距一起决定了岩石块体的大小和整个岩体的结构类型。

(10) 块体大小 (size)，在岩体结构的研究中，岩体中由结构面切割而成的岩石块体称为结构体。结构体不属于结构面的特征，而是结构面的特点所决定的岩体的特征，采用体积裂隙数 (volumetric joint count) 表示块体大小 (表 1.4)，体积裂隙数是单位体积岩体中通过的结构面的数量。

表 1.4 岩石块体大小

描述	体积裂隙数/(m/m^3)	描述	体积裂隙数/(m/m^3)
很大的块体	<1	小块体	10~30
大块体	1~3	很小的块体	>30
中等块体	3~10		

1.2.2 边坡岩体结构的基本类型 [2,3]

在研究边坡稳定问题时，要重视岩体类型的划分，有分类才有对比，有对比才能鉴别边坡变形的规律性，不同岩体结构类型的边坡，有不同的破坏机制、不同的破坏方式以及不同的分析方法，因此，对于岩石边坡应首先了解该边坡的岩质结构。

岩体不同于岩石，岩体是具有独特结构的地质体，在其形成和演化的地质历史中经受各种地质作用，使其在力学上具有特殊性，在工程上具有复杂性，岩体作为工程及力学研究对象具有如下特性：

(1) 不连续性；

(2) 非均质性；

(3) 各向异性；

(4) 存在不同于自重应力的天然应力场。

结构面和结构体是岩体结构的两个基本单元，很大程度上决定着岩体的变形规律、破坏机理及强度，岩体中结构面和结构体特征的多样性决定了岩体结构的复杂性。

Terzaghi 根据裂隙面、层面和断层的基本特征，将边坡岩体分为三种类型：

(1) 块状岩体 —— 非层状裂隙岩石边坡：被三维裂隙切割成不规则的块体，裂隙的延展性越好，对边坡的稳定越不利，为此提出了有效凝力的概念。

(2) 层状岩体 —— 层状沉积岩岩石边坡：由不同厚度的岩层所组成。层与层之间被很薄的夹层隔开，边坡的稳定性很大程度上取决于岩层层面与边坡坡向的关系。

(3) 包含断层带的岩体 —— 被断层带所破坏的岩石边坡：边坡的稳定性取决于断层带与边坡的关系及其力学性能。

Coates 根据岩体破碎程度，将岩体分为三种类型：

(1) 块状岩体：岩体被裂隙所切割，岩块之间无胶结物，或胶结物强度小于岩块的强度。

(2) 完整岩体：当岩块之间被充填物所胶结，而岩块的强度与胶结物的强度相等时，可将岩体视为连续介质体。

(3) 粒状岩体：当岩体结构面密集，被切割的岩块很小时，可将岩体视为粒状结构。

近年来，我国岩土工作者结合工程实践，特别是考虑到边坡的岩体结构类型与控制性的软弱结构面的特征，以及边坡变形破坏机制问题，将边坡依岩体结构特征分为五种基本类型：

(1) 完整结构类型的边坡；

(2) 块裂结构类型的边坡；

(3) 层状结构类型的边坡；

(4) 碎裂结构类型的边坡；

(5) 散体结构类型的边坡。

不同的岩体结构类型对应于不同的力学介质类型，如表 1.5。

表 1.5　岩体结构类型

岩体结构类型	岩体地质类型	主要结构体形状	岩体结构	岩体特征	工程地质评价
完整结构	均匀巨块状岩浆岩、变质岩、巨厚层沉积岩、正变质岩	巨块状	以原生构造节理为主，但多后生愈合，结构面间距大，一般不超过 2 组	整体强度较高，岩体稳定，可视为均质弹性各向同性体	岩体稳定性良好
块裂结构	厚层或中厚层沉积岩、岩浆岩或块状变质岩	块状、柱状	只具有少量贯穿性较好的节理、裂隙，岩体较完整，完整系数为 0.35~0.75，结构面间距为 50~100cm，一般为 2 或 3 组	整体强度较高，无软弱结构面时可视为均匀连续弹性体，存在明显结构面和软弱结构时，可视为不连续介质	岩体失稳的主要因素是结构面，它的特征及空间分布规律起主要作用
层状结构	沉积岩、某些变质岩及沉积型的火山岩	厚层状、薄层状、互层状、板状、透镜状	有层理、片理、节理，常有层间错动面，完整系数为 0.3~0.6	不连续介质的力学模型，典型的各向异性，其变形及强度特征受层面及岩层组合控制，稳定性较差	在边坡工程中，主要解决岩体顺层滑动的问题
碎裂结构	构造影响严重的破碎岩层	碎块状	结构面的发育复杂多样，完整性较差，完整系数一般小于 0.3，结构面密度大，结构面间距为 30~50cm	完整性破坏较大，整体强度很低，受软弱结构面控制，多呈弹塑性介质	易引起规模较大的岩体失稳，以及局部的滑移或掉块

续表

岩体结构类型	岩体地质类型	主要结构体形状	岩体结构	岩体特征	工程地质评价
散体结构	区域大断层破碎带、强风化带、全风化带	碎屑状、颗粒状、角砾状	断层破碎带交叉，构造及风化裂隙密集，结构面及组合错综复杂，并多充填黏性土，形成许多大小不一的分离岩块，完整性极低，完整系数小于 0.2	完整性遭到极大破坏，岩体强度低，稳定性极差，岩体属性接近松散介质	易引起规模较大的岩体失稳，地下水加剧岩体失稳而发生的边坡变形破坏和土体边坡破坏类似

完整结构类型边坡，基本是碎裂结构岩体中结构面被后生作用愈合而成，后生愈合有两种，一种是压力愈合，另一种是胶结愈合，可以看成似连续介质体，其稳定程度较好，可用弹性理论进行研究。块裂结构类型边坡是多组或至少有一组软弱结构面切割及坚硬结构参与切割成块状结构体的岩体结构，从力学介质模型来看，有的可视为均一连续弹性体 (在无软弱结构面存在时)，有的可视为不连续介质体 (存在明显的结构面及软弱破碎带)，边坡岩体的变形和破坏主要是沿软弱结构面的滑移，可以用刚体极限平衡理论进行研究。层状结构类型边坡由相互平行的一组结构面组成，结构面的连续性较强，其中有软弱夹层存在，岩体的变形机制受其严格控制，为不连续介质的力学模型，典型的各向异性，对其研究可以运用极限平衡理论和材料力学的方法。碎裂结构类型边坡是各种岩层在遭受剧烈的构造运动作用后而发生严重变形和碎裂的结果，岩体强度低，常具塑性，属于不连续介质，对碎裂结构岩体的分析主要采用结构分析、数值模拟和不连续介质理论等手段，如“冠石”理论。散体结构类型边坡的特点是结构面高度密集，岩体呈松散状，结构面细小、繁杂、结构体剁成细颗粒状，从力学观点分析，可属于连续介质，散体结构类型边坡可运用土力学中的松散介质理论进行研究。

1.3 岩石物理力学参数

1.3.1 岩石的基本物理性质

1. 容重和质量密度

岩石单位体积 (包括岩石中孔隙体积) 的重量称为重力密度 (容重)。岩石容重可用下式表达：

$$\gamma=\frac{W}{V} \tag{1.1}$$

式中，γ—岩石容重 ($\mathrm{kN/m^3}$)；

W—岩石的重量 (kN)；

V—岩石的体积 (m^3)。

根据岩石的含水量，容重可分为干容重 (γ_d)、天然容重 (γ) 和饱和容重 (γ_{sat})，未说明含水状态时指天然容重。

岩石的质量密度 (密度) 是岩石单位体积 (包括岩石中孔隙体积) 的质量，用 ρ 表示，单位为 kg/m^3。它与岩石容重之间存在如下关系：

$$\gamma = \rho g \tag{1.2}$$

式中，g—重力加速度 (m/s^2)。

岩石的密度也可分为干密度 (ρ_d)、天然密度 (ρ) 和饱和密度 (ρ_{sat})。

2. 相对密度

岩石的相对密度是岩石的干重量除以岩石的实体积 (不包括岩石中孔隙体积) 所得的量与 1 个大气压下 4℃ 时纯水的容重的比值，可由下式计算：

$$G_s = \frac{W_s}{V_s \gamma_w} \tag{1.3}$$

式中，G_s—岩石的相对密度；

W_s—岩石的干重量 (kN)；

V_s —岩石的实体部分 (不包括孔隙) 的体积 (m^3)；

γ_w—1 个大气压下 4℃ 时纯水的容重 (kN/m^3)。

3. 孔隙率和孔隙比

岩样中孔隙体积与岩样总体积的百分比称为孔隙率，可用下式表示：

$$n = \frac{V_v}{V} \times 100\% \tag{1.4}$$

式中，n—孔隙率，以百分比表示；

V_v—岩样的孔隙体积 (m^3)；

V—岩样的总体积 (m^3)。

岩石的孔隙率也可根据干容重 γ_d 和相对密度 G_s 计算：

$$n = \frac{\gamma_d}{G_s \gamma_w} \tag{1.5}$$

孔隙率分为开口孔隙率和封闭孔隙率，两者之和总称孔隙率。由于岩石的孔隙主要是由岩石内颗粒间的孔隙和细微裂隙构成的，所以孔隙率是反映岩石致密程度和岩石力学性能的重要参数，孔隙率越大，岩石中的孔隙和裂隙就越多，岩石的力学性能就越差。

孔隙比是指孔隙的体积 V_v 与实体的体积 V_s 的比值。其公式为

$$n = \frac{V_v}{V_s} \tag{1.6}$$

4. 天然含水率、吸水率和饱水率

天然状态下岩石中水的重量 W_w 与岩石干重量 W_s 比值的百分率称为岩石的天然含水率，即

$$w = \frac{W_w}{W_s} \times 100\% \tag{1.7}$$

岩石的吸水率是指干燥岩样在一个大气压和室温条件下吸入水的重量 W_w 与岩石干重量 W_s 之比的百分率，一般以 w_a 表示，即

$$w_a = \frac{W_w}{W_s} = \frac{W_o - W_s}{W_s} \times 100\% \tag{1.8}$$

式中，W_o— 烘干岩样浸水 48h 后的湿重，其余符号同前。

岩石的饱和吸水率亦称饱水率，是岩样在强制状态 (真空、煮沸或高压) 下，岩样的最大吸入水的重量与岩样干重量的比值的百分率，以 w_{sa} 表示，即

$$w_{sa} = \frac{W_p - W_s}{W_s} \times 100\% \tag{1.9}$$

式中，W_p—岩样饱和后的重量；

W_s—岩石干重量。

饱水系数 k_w 是指岩石吸水率与饱水率比值的百分率，即

$$k_w = \frac{w_a}{w_{sa}} \times 100\% \tag{1.10}$$

一般岩石的饱水系数为 50%~80%。试验表明，如果 $k_w < 91\%$，可免遭冻胀破坏。

5. 岩石的渗透系数

岩石的渗透系数是表征岩石介质对某种特定流体的渗透能力，对于水在岩石中渗流来说，渗透系数的大小取决于岩石的物理特性和结构特征，如岩石中孔隙和裂隙的大小、开闭程度以及连通情况等。

6. 岩石的软化系数

岩石的软化系数是表征岩石软化性能强弱的物理指标，其大小取决于岩石的物理特性和结构特征，如岩石中孔隙和裂隙的大小、开闭程度及连通情况等。软化系数是岩石饱水状态下的抗压强度与干燥状态的抗压强度的比值，即

$$\eta_c = \frac{R_{cw}}{R_c} \tag{1.11}$$

式中，η_c—岩石的软化系数；

R_{cw}—岩样在饱水状态下的抗压强度 (kPa)；

R_c—干燥岩样的抗压强度 (kPa)。

7. *岩石的抗冻系数*

岩石的抗冻系数是指岩样在 ±25℃ 的温度区间内反复降温、冻结、升温、融解，其抗压强度下降，岩样抗压强度的下降值与冻融前的抗压强度的比值，用百分率表示，即

$$c_f = \frac{R_c - R_{cf}}{R_c} \times 100\% \tag{1.12}$$

式中，c_f—岩石的抗冻系数；

R_c—岩样冻融前的抗压强度 (kPa)；

R_{cf}—岩样冻融后的抗压强度 (kPa)。

1.3.2　岩石的强度参数

岩石强度是指材料在荷载的作用下，所能承受的最大的单位面积上的力。因荷载作用形式不同，所以岩石的强度可分为：单轴抗压强度，单轴抗拉强度，抗剪强度和三轴压缩 (真三轴、假三轴) 应力作用下的强度。

1. *岩石的单轴抗压强度*

岩石的单轴抗压强度是指岩样在无侧限条件下，受轴向压力作用破坏时单位面积上所承受的荷载，用下式表示：

$$R_c = \frac{P}{A} \tag{1.13}$$

式中，R_c—单轴抗压强度；

P—在无侧限的条件下，轴向的破坏荷载；

A—试件与轴向荷载垂直的截面面积。

2. *岩石的单轴抗拉强度*

岩石的抗拉强度指岩样在受到轴向拉应力后其试件发生破坏时的单位面积上所受的拉力，用下式表示：

$$R_t = \frac{P}{A} \tag{1.14}$$

式中，R_t—单轴抗拉强度。

3. *岩石的抗剪强度*

岩石的抗剪强度指在一定的应力条件下 (主要指压应力)，所能抵抗的最大剪应力，常用 τ 表示：

$$\tau = \sigma \tan\varphi + c \tag{1.15}$$

式中，$\tan\varphi$—岩石抗剪切内摩擦系数；

c—岩石的黏结力 (也称内聚力)。

4. *岩石在三轴压缩应力作用下的强度*

岩石在三轴压缩应力作用下的强度指在不同三轴压缩应力作用下岩石抵抗外荷载的最大应力，用下式表示：

$$\begin{aligned} \sigma_1 &= f(\sigma_2, \sigma_3) \\ \tau &= f(\sigma) \end{aligned} \tag{1.16}$$

式中，σ_1—最大主应力；

σ_2—中间主应力；

σ_3—最小主应力。

1.3.3 岩石的变形参数

(1) 变形模量 (modulus of deformation) 是指单轴压缩条件下，轴向压应力与轴向应变之比。

应力-应变曲线为直线时变形模量又称为弹性模量，用 E 表示：

$$E = \frac{\sigma}{\varepsilon} \tag{1.17}$$

应力-应变曲线为 “S” 形时 (图 1.1)，包括初始模量 (E_{i})、切线模量 (E_{t}) 及割线模量 (E_{s})。初始模量 (E_{i}) 指曲线原点处的切线斜率：

$$E_{\mathrm{i}} = \frac{\sigma_{50}}{\varepsilon_{50}} \tag{1.18}$$

切线模量 (E_{t}) 指曲线上任一点处切线的斜率，在此特指中部直线段的斜率：

$$E_{\mathrm{t}} = \frac{\sigma_2 - \sigma_1}{\varepsilon_2 - \varepsilon_1} \tag{1.19}$$

割线模量 (E_{s}) 指曲线上某特定点与原点连线的斜率，通常取 $\sigma_{\mathrm{c}}/2$ 处的点与原点连线的斜率：

$$E_{\mathrm{s}} = \frac{\sigma_i}{\varepsilon_i} \tag{1.20}$$

(2) 泊松比 (μ)(Poisson ratio) 是指在单轴压缩条件下，横向应变 (ε_{d}) 与轴向应变 (ε_{L}) 之比，用下式表示：

$$\mu = \left|\frac{\varepsilon_{\mathrm{d}}}{\varepsilon_{\mathrm{L}}}\right| \tag{1.21}$$

在实际工作中，常采用 $\sigma_{\mathrm{c}}/2$ 处的 ε_{d} 与 ε_{L} 来计算岩块的泊松比。

岩块的变形模量和泊松比受岩石矿物组成、结构构造、风化程度、孔隙性、含水率、微结构面及其与荷载方向的关系等多种因素的影响，变化较大。常见岩石的变形模量与泊松比见表 1.6。

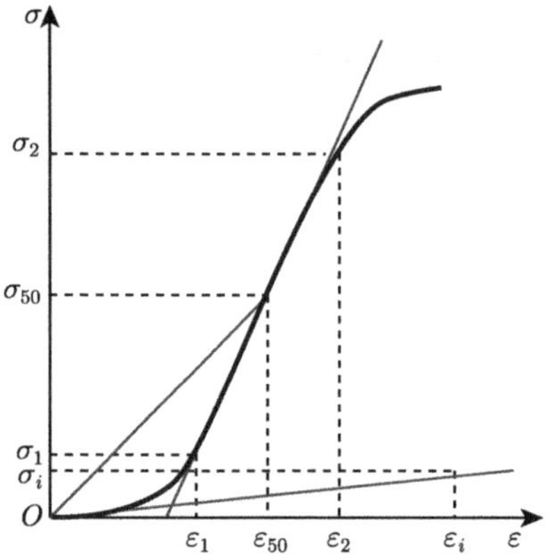

图 1.1　单轴压缩条件下的变形曲线

表 1.6　常见岩石的变形模量与泊松比

岩石名称	变形模量/(×10⁴MPa)		泊松比	岩石名称	变形模量/(×10⁴MPa)		泊松比
	初始	弹性			初始	弹性	
花岗岩	2～6	0.2～0.3	0.2～0.3	片麻岩	1～8	1～10	0.22～0.35
流纹岩	2～8	0.1～0.25	0.1～0.25	千枚岩、片岩	0.2～5	1～8	0.2～0.4
闪长岩	7～10	0.1～0.3	0.1～0.3	板岩	2～5	2～8	0.2～0.3
安山岩	5～10	0.2～0.3	0.2～0.3	页岩	1～3.5	2～8	0.2～0.4
辉长岩	7～11	7～15	0.12～0.2	砂岩	0.5～8	1～10	0.2～0.3
辉绿岩	8～11	8～15	0.1～0.3	石灰岩	1～8	5～10	0.2～0.35
玄武岩	6～10	6～12	0.1～0.35	白云岩	4～8	4～8	0.2～0.35
石英岩	6～20	6～20	0.1～0.25	大理岩	1～9	1～9	0.2～0.35

(3) 其他变形模量主要有剪切模量 (G)、弹性抗力系数 (K)、拉梅常数 (λ)、体积模量 (k_{V})。

1.4　岩体质量分析法与力学参数

1.4.1　岩体力学参数 [4]

(1) 岩体结构面抗剪强度指标的试验应符合现行国家标准《工程岩体试验方法标准》(GB/T 50266—2013) 的有关规定。当无条件进行试验时，结构面的抗剪强度指标标准值在初步设计时可按表 1.7 并结合类似工程经验确定。

表 1.7　结构面抗剪强度指标标准值

结构面类型		结构面结合程度	内摩擦角 $\phi/(°)$	黏结力 c/MPa
硬性结构面	1	结合好	>35	>0.13
	2	结合一般	35～27	0.13～0.09
	3	结合差	27～18	0.09～0.05
软弱结构面	4	结合很差	18～12	0.05～0.02
	5	结合极差 (泥化层)	<12	>0.02

注：(1) 除第 1 项和第 5 项外，结构面两壁岩性为极软岩、软岩时取较低值；

(2) 取值时应考虑结构面的贯通程度；

(3) 结构面浸水时取较低值；

(4) 临时性边坡可取高值；

(5) 已考虑结构面的时间效应；

(6) 未考虑结构面参数在施工期和运行期受其他因素影响发生的变化，当判定为不利因素时，可进行适当折减。

(2) 岩体结构面的结合程度可按表 1.8 确定。

表 1.8　结构面的结合程度

结合程度	结合状况	起伏、粗糙程度	结构面张开度/mm	充填状况	岩体状况
结合好	铁硅钙质胶结	起伏粗糙	⩽ 3	胶结	硬岩或较软岩
结合一般	铁硅钙质胶结	起伏粗糙	3～5	胶结	硬岩或较软岩
	铁硅钙质胶结	起伏粗糙	⩽ 3	胶结	软岩
	分离	起伏粗糙	⩽3 (无充填时)	无充填或岩块、岩屑充填	硬岩或较软岩
结合差	分离	起伏粗糙	⩽ 3	干净无充填	软岩
	分离	平直光滑	⩽3 (无充填时)	无充填或岩块、岩屑充填	各种岩层
	分离	平直光滑		岩块、岩屑夹泥或附泥膜	各种岩层
结合很差	分离	平直光滑、略有起伏		泥质或泥夹岩屑充填	各种岩层
	分离	平直很光滑	⩽ 3	无充填	各种岩层
结合极差	结合极差	—	—	泥化夹层	各种岩层

注：(1) 起伏度 (RA)—当 RA⩽1%时，平直；当 1%⩽RA⩽2%时，略有起伏；当 2%⩽RA 时，起伏；其中 RA=A/L，A 为连续结构面起伏幅度 (cm)，L 为连续结构面取样长度 (cm)，L 一般为 1.0～3.0m。

(2) 粗糙度—很光滑：感觉非常细腻，如镜面；光滑：感觉比较细腻，无顺粒感觉；较粗糙：可以感觉到一定的颗粒状；粗糙：明显感觉到颐粒状。

(3) 当无试验资料和缺少当地经验时，天然状态或饱和状态岩体内摩擦角标准值可根据天然状态或者饱和状态岩块的内摩擦角标准值结合边坡岩体完整程度按表 1.9 中系数折减确定。

表 1.9　边坡岩体内摩擦角的折减系数

边坡岩体完整程度	内摩擦角的折减系数
完整	0.95～0.90
较完整	0.90～0.85
较破碎	0.85～0.80

注：(1) 全风化层可按成分相同的土层考虑；
(2) 强风化基岩可根据地方经验适当折减。

(4) 边坡岩体等效内摩擦角宜按当地经验确定。当缺乏当地经验时，可按表 1.10 取值。

表 1.10　边坡岩体等效内摩擦角标准值

边坡岩体类型	Ⅰ	Ⅱ	Ⅲ	Ⅳ
等效内摩擦角 φ_c	$\varphi_c>72°$	$72°\geqslant\varphi_c>62°$	$62°\geqslant\varphi_c>52°$	$52°\geqslant\varphi_c>42°$

注：(1) 适用于高度不大于 30m 的边坡，当高度大于 30m 时，应专门研究；
(2) 边坡高度较大时宜取较小值，高度较小时宜取较大值，当边坡岩体变化较大时，应按同等高度段分别取值；
(3) 已考虑时间效应，对于Ⅱ、Ⅲ、Ⅳ类岩质临时边坡可取上限值，Ⅰ类岩质临时边坡可根据岩体强度及完整程度取大于 72° 的数值；
(4) 适用于完整、较完整的岩体，破碎、较破碎的岩体可根据地方经验适当折减。

1.4.2　岩体质量分级方法

工程岩体分级是对岩体的质量和稳定性进行综合评价的过程，是岩体物理力学参数选取的重要参考依据，是岩石力学与工程问题中的基础性工作 [5]。常见工程岩体分级方法有岩体质量分类 (RMR 法)、巴顿岩体质量分类 (Q) 等，我国也制定了《工程岩体分级标准》(GB/T 50218—2014)，这些方法选择不同的评价指标对岩体进行评价。

1. *按岩石质量指标 (RQD) 分类*

岩石质量指标 (Rock Quality Designation, RQD) 即采用内径为 56mm 的双套管的金刚石钻头钻取长度在 10cm (包含 10cm) 以上的岩芯累计长度与钻孔总长的百分比值。该分类方法在 1964 年由美国伊利诺伊斯大学的笛尔 (D. U. Deer) 提出，基本原理是根据钻取岩芯的完整程度来评价工程岩体的质量，并对其进行分类。RQD 值反映了岩体被结构面切割的程度，指标意义明确，作为一种简单易行、快速、经济的岩体质量评价方法，被广泛应用于国内外各种工程岩体的稳定性评价。RQD 法有一定的局限性，例如，没有考虑到岩体的节理方位、充填物的影响等因素，因此在一些更加复杂、全面的岩体质量分类方法中，RQD 值被作为众多重要参数中的一项加以使用。

2. 岩体地质力学分类

岩体地质力学分类法是由南非科学和工业研究理事会 (Council for Scientific and Industrial Research) 的宾尼亚斯基 (Z. T. Bieniawski) 于 1973 年首次提出用岩体质量指标 (Rock Mass Rating, RMR) 进行岩体分级的地质力学分类方法。该方法通过多因素评分、求和来评价岩体质量，参与评分的共有 5 个因素，分别为：岩石抗压强度、岩石质量指标 RQD、节理间距、节理性状、地下水状况，通过对 5 个因素评分、求和，所得结果即为岩体的 RMR 值。

RMR 法从解决坚硬节理岩体的隧道工程中发展起来，各评判因素均为影响岩体质量稳定的重要因素，由于其对各评判因素均有详尽的描述，与此同时该方法也考虑了隧道、边坡等不同类型的工程岩体，因此被广泛应用于各类工程，但对于处理涉及软弱岩体的相关工程问题适应性不强。

3. 巴顿岩体质量 (Q) 分类

巴顿岩体质量 (Q) 分类在 1974 年由挪威岩土工程研究所 (Norwegian Geotechnical Institute) 的巴顿 (Barton) 等根据收集、分析 212 个隧道案例提出，通过对该方法不断改进、完善，在 1993 年案例数量积累至 1050 个。该方法所考虑的因素与 RMR 分级方法比较接近，考虑了影响岩体的质量、节理的组数、粗糙程度、蚀变程度、水、应力对岩石质量的影响，上述 6 个指标主要体现为岩石结构、岩石抗剪能力及岩石主动应力三方面的特征。Q 值计算结果范围在 0.1~1000，自 1974 年应用以来，该系统评分在进一步考虑挤压与爆破行为后，对应力折减系数 (SRF) 值进行了相应修改，其他方面并未发生变化。在进行岩体质量分类时，根据评价指标的描述、参照工程岩体实际情况，将 6 个指标的评判结果代入算式，求得 Q 值并进行岩体级别的划分。Q 系统分类法将定性分析与定量分析相结合并且考虑因素较为全面，适用于软、硬岩体的质量分类，是目前较好的一种分类方法。

4.《工程岩体分级标准》[6]

我国《工程岩体分级标准》考虑的分级因素包括岩石坚硬程度、风化程度、岩体完整程度、结构面结合程度等方面，现行的《工程岩体分级标准》(GB/T 50218—2014) 结合了国内外工程岩体分类的已有成果，结合相关工程实践经验，将岩石强度及岩石完整性程度作为主要影响因素，将其他 (如地下水、结构面、初始应力状态等) 作为修正因素。

《工程岩体分级标准》(GB/T 50218—2014) 根据岩体基本质量的定性特征和岩体基本质量指标 BQ 两者相结合，并应按表 1.11 确定岩体基本质量分级。

表 1.11　岩体基本质量分级

岩体基本质量级别	岩体基本质量定性特征	岩体基本质量指标（BQ）
Ⅰ	坚硬岩，岩体完整	>550
Ⅱ	坚硬岩，岩体较完整； 较坚硬岩，岩体完整	550~451
Ⅲ	坚硬岩，岩体较破碎； 较坚硬岩，岩体较完整； 较软岩，岩体完整	450~351
Ⅳ	坚硬岩，岩体破碎； 较坚硬岩，岩体较破碎~破碎； 较软岩，岩体较完整~较破碎； 软岩，岩体完整~较完整	350~251
Ⅴ	较软岩，岩体破碎； 软岩，岩体较破碎~破碎； 全部极软岩及全部极破碎岩	⩽ 250

当根据基本质量定性特征和岩体基本质量指标 BQ 确定的级别不一致时，应通过对定性划分和定量指标的综合分析，确定岩体基本质量级别。当两者的级别划分相差达 1 级及以上时，应进一步补充测试。岩体基本质量指标 BQ 应根据分级因素的定量指标 $R_{\rm C}$ 的兆帕数值和 $K_{\rm V}$，按下式计算：

$$\mathrm{BQ} = 100 + 3R_{\rm C} + 250K_{\rm V} \tag{1.22}$$

式中，$R_{\rm C}$—岩石饱和单轴抗压强度 (MPa)；

$K_{\rm V}$—岩体完整性指数。

岩石边坡工程详细定级时，应根据控制边坡稳定性的主要结构面类型与延伸性、边坡内地下水发育程度以及结构面产状与坡面间关系等影响因素，对岩体基本质量指标 BQ 进行修正，并以获得的工程岩体质量指标值按表 1.11 确定岩体级别。

边坡工程岩体质量指标 [BQ]，可按式 (1.23) 与式 (1.24) 计算。其修正系数 λ、K_4 和 K_5 值可分别按表 1.12 、表 1.13 和表 1.14 确定。

$$[\mathrm{BQ}] = \mathrm{BQ} - 100(K_4 + \lambda K_5) \tag{1.23}$$

$$K_5 = F_1 \times F_2 \times F_3 \tag{1.24}$$

式中，λ—边坡工程主要结构面类型与延伸性修正系数；

K_4—边坡工程地下水影响修正系数；

K_5—边坡工程主要结构面产状影响修正系数；

F_1—反映主要结构面倾向与边坡坡面倾角间关系影响的系数；

F_2—反映主要结构面倾角影响的系数；

F_3—反映边坡坡面倾角与主要结构面倾角间关系影响的系数。

表 1.12 边坡工程主要结构面类型与延伸性修正系数 λ

结构面类型与延伸性	修正系数 λ
断层、夹泥层	1.0
层面、贯通性较好的节理和裂隙	0.9~0.8
断续节理和裂隙	0.7~0.6

表 1.13 边坡工程地下水影响修正系数 K_4

边坡地下水发育程度	BQ				
	>550	550~451	450~351	350~251	⩽ 250
潮湿或点滴状出水，pw①<0.2H②	0	0	0~0.1	0.2~0.3	0.4~0.6
线流状出水，0.2H<pw⩽0.5H	0~0.1	0.1~0.2	0.2~0.3	0.4~0.6	0.7~0.9
涌流状出水，pw>0.5H	0.1~0.2	0.2~0.3	0.4~0.6	0.7~0.9	1.0

注：① pw 为边坡坡内潜水或承压水头 (m)；
② H 为边坡高度 (m)。

表 1.14 边坡工程主要结构面产状影响修正系数 K_5

序号	条件与系数	影响程度划分				
		轻微	较小	中等	显著	很显著
1	结构面倾向与边坡坡面倾向间的夹角/(°)	>30	30~20	20~10	10~5	⩽ 5
	F_1	0.15	0.40	0.70	0.85	1.0
2	结构面倾角/(°)	<20	20~30	30~35	35~45	⩾ 45
	F_2	0.15	0.40	0.70	0.85	1.0
3	结构面倾角与边坡坡面倾角之差/(°)	>10	10~0	0	0~−10	⩽ −10
	F_3	0	0.2	0.8	2.0	2.5

注：表中负值表示结构面倾角小于边坡坡面倾角，在边坡坡面出露。

对高度大于 60m 或特殊边坡工程岩体，除按本标准确定 [BQ] 值外，尚应根据坡高影响，结合工程进行专门论证，综合确定岩体级别。

第 2 章　公路岩石边坡特征

2.1　边坡开挖过程

石方边坡应根据岩石的类别、风化程度和节理发育程度等确定开挖方式。对于软岩和强风化岩石，能用机械直接挖掘的应采用机械开挖，也可人工开挖。凡不能使用机械或人工直接开挖的石方，则应采用爆破法开挖。

2.1.1　石方开挖基本原则

公路石方开挖，应充分重视挖方边坡稳定，宜选用中小炮爆破法；开挖对于边坡不利的石方时，宜用小型排炮微差爆破；当岩层走向与路线走向基本一致，倾角大于 15°，且倾向公路或者开挖边界线外有建筑物，爆破可能对建筑物产生不利影响时，应在开挖边界沿坡设计坡面打预裂孔，孔深同炮孔深度，孔内不装炸药和其他爆破材料；开挖层靠边坡的两列炮孔，特别是靠顺层边坡的一列炮孔，宜采用减弱松动爆破。

2.1.2　爆破法开挖基本程序

施工区管线调查 → 炮位设计与设计审批 → 配备专业施爆人员 → 用机械或人工清除施爆区覆盖层和强风化岩石 → 钻孔 → 爆破器材检查与试验 → 炮孔检查与废渣清除 → 装药并安装引爆器材 → 布置安全岗和施爆区安全人员 → 炮孔堵塞 → 撤离施爆区和飞石、强地震波区内的人畜 → 起爆 → 清除瞎炮 → 解除警戒 → 测定爆破效果。

2.1.3　炮眼法

炮眼深度：根据岩石的坚硬程度而决定炮眼深度，由下式确定：

$$L = C \cdot H \tag{2.1}$$

式中，L 为炮眼深度 (m)；H 为爆破岩石的厚度，阶梯高度 (m)；C 为系数，坚石为 1.0~1.15，次坚石为 0.85~0.95，软石为 0.7~0.9。

炮眼间距：用排炮爆破时，同排炮眼的间距，视岩石的类别、节理发育程度，参照下式确定：

$$a = b \cdot W \tag{2.2}$$

式中，a 为炮眼间距 (m)；W 为最小抵抗线 (m)；b 为系数，采用火雷管起爆时 b 为 1.2～2.0，采用电雷管起爆时 b 为 0.8～2.3。

当使用多排排炮起爆时，炮眼应按梅花形布置，炮排距约为同排炮孔距的 0.86。

装药量：炮眼的装药高度一般为炮孔深度的 1/3～1/2，特殊情况下也不得超过 2/3，对于松动爆破或减弱松动爆破，装药高度可降低到炮孔深度的 1/4～1/3。

提高爆破效果的措施：为提高爆破效果，可选用空心炮、石子炮或木棍炮进行爆破。

2.1.4 药壶法

药壶炮是将炮眼底部扩大成葫芦形，以便将炸药基本集中在炮眼底部的扩大部分，提高爆破效果。葫芦炮炮眼较深，适用于均匀致密黏土、次坚石、坚石。

炮眼深度一般为 5～7m，不宜靠近设计边坡布设，药室距设计边坡线的水平距离不宜小于最小抵抗线。

葫芦炮的用药量按下式计算：

$$Q = KW^3 \tag{2.3}$$

式中，Q 为用药量 (kg)；W 为最小抵抗线 (m)，一般为阶梯高度 50%～80%；K 为单位岩石的销案炸药消耗量 (kg/m^3)，坚石为 0.34～0.35，次坚石为 0.28～0.34，软石为 0.26～0.28。

单排群炮用电雷管起爆，每排药炮间距：

$$a = (0.8 \sim 1.0)W \tag{2.4}$$

式中，a 为每排内炮眼间距 (m)；W 为相邻两炮之间最小抵抗线的平均值 (m)。

多排群炮各排之间的药炮间距：

$$b = 1.5W \tag{2.5}$$

当炮眼布置成三角形时，上下层药包间距：

$$a = 2W_{下} \tag{2.6}$$

式中，$W_{下}$ 为下层最小抵抗线 (m)。

2.1.5 猫洞炮

猫洞炮是将集中药包直接放入直径为 0.2～0.5m、炮眼深 2～6m 的水平或略有倾斜的炮洞中，适用于硬土、胶结良好的古河床、冰碛层、软石和节理发育的次坚石，对大孤石、独岩包等效果更佳。

炮眼深度应与阶梯高度自然地面横坡相配合，遇到高阶梯时要布置多层药包。当被炸松的岩体能坍塌出路基时，用药量为

$$Q = KW^3 f(\alpha) d \tag{2.7}$$

式中，Q 为用药量 (kg)；W 为最小抵抗线 (m)；K 为形成标准抛掷漏斗的单位耗药量 (kg)；$f(\alpha)$ 为抛坍系数，$f(\alpha)=26/\alpha$；α 为地面横坡度；d 为堵塞系数，可近似用 $3/h$ 确定，其中 h 为眼深 (m)。

当被炸松的岩体不能坍塌出路基时：

$$Q = 0.35KW^3 d \tag{2.8}$$

炮孔间距由下式计算：

$$a = (1.08 \sim 1.3)W \tag{2.9}$$

式中，W 为相邻两药包计算抵抗线的平均值 (m)。

2.1.6 大爆破

大爆破施工是采用导洞和药室装药，用药量在 1000kg 以上。公路石方开挖一般不采用该方法。只有当公路穿越孤立山丘、开挖后边坡高度不大于 6m，且根据岩石产状和风化程度，确认开挖后边坡稳定，方可考虑大爆破方案，原则上应谨慎采用。

需要指出的是，单边坡石质深挖路堑已有一面临空，为了使爆破后的石块较小，便于推土机清方，不能采用松动爆破、减弱松动爆破或药室爆破法。前两种方法虽然可以节约一些炸药，但爆破后石块较大，有些大石块还要重新钻眼爆破将石块解小，或需人工以撬棍将大石块慢慢移走，无法实行机械施工，施工进度太慢。药室爆破法虽然一次性爆破方面较大，但可能严重损伤边坡岩体，给边坡的后期养护带来严重安全隐患。

2.2 顺 向 坡

顺向坡岩层倾向与边坡倾向一致，发育典型的一组岩体结构面为岩层层面，走向与边坡走向之间的交角一般小于 30°，倾向临空，倾角大于 0° (图 2.1~图 2.3)，结构面渗流显著。这种岩石边坡的破坏模式依据层理面的间距、走向、倾角等不同而异。此类岩石边坡稳定性较差，易发生失稳破坏 (两走向相互平行时对高边坡的稳定性最为不利)，分以下几种情况：

(1) 当结构面倾角为 0°~10°，即为近似水平层状时，岩石边坡的稳定性取决于岩性组合。岩性均一时，软岩 (重庆地区以泥岩为代表) 岩石边坡以风化剥落为

主，硬岩 (重庆地区以砂岩为代表) 岩石边坡以崩塌破坏模式为主；岩性组合为上软 (抗压强度 $<5\text{MPa}$) 下硬 (抗压强度 $\geqslant 5\text{MPa}$)，整体上稳定；岩性上硬下软，下层软岩在上层硬岩长期重力作用下易发生流塑变形，导致上部岩层产生蠕滑–坐落式滑坡破坏，当坡角 $>70^\circ$ 即高边坡较陡时，由于下层软岩的风化易形成岩腔，上部硬岩易形成危岩体，从而产生崩塌破坏。

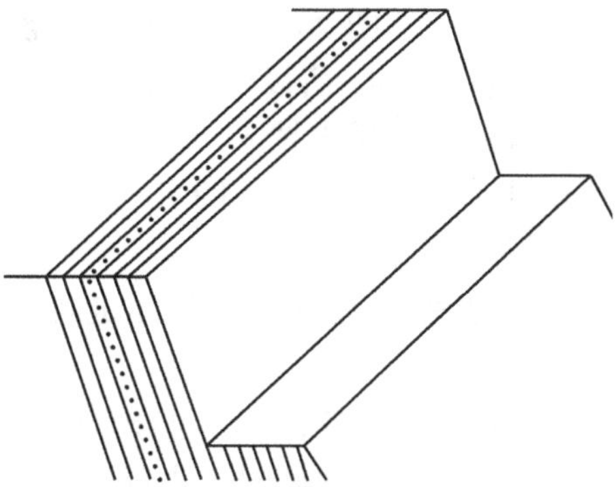

图 2.1 顺层岩石边坡三维图

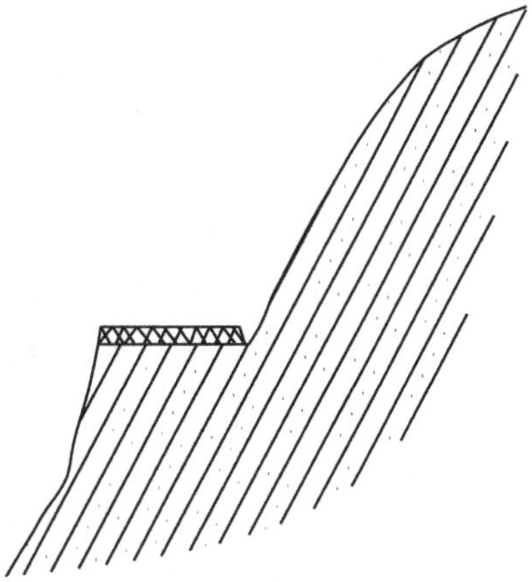

图 2.2 顺层岩石边坡断面图

图 2.3 渝涪高速公路 k42+400 边坡垮塌

(2) 岩层倾角较缓，边坡开挖方向与岩层走向基本一致且边坡倾向与岩层倾向一致，这种岩石边坡可视为缓倾层状岩石边坡，层理面一般在坡面有出露，易沿软弱层面发生平面高速滑坡。通常情况下, 为了减少工程量节约工程造价，边坡倾角一般大于岩层倾角，亦即边坡沿岩层滑移方向切割了岩层。这类边坡由于岩层底脚临空失去抗滑支撑，岩层面又是天然滑移面，最容易发生沿岩层的滑移而导致岩层根部拉裂失稳破坏，其破坏模式主要表现为直线形顺层滑坡，如果岩体较破碎，容易发生块体的崩塌失稳破坏。

(3) 当结构面倾角大于坡角时，对于硬岩，岩石边坡稳定性较好；对于软岩，由于风化等易发生坡面表层剥落等破坏。

2.3 反 向 坡

反向坡发育典型的一组岩体结构面，常为岩体破裂面，这类边坡走向与岩层走向基本一致但倾向却相反，岩层倾向山体内部 (图 2.4 和图 2.5)，裂隙水渗流较显著。这类边坡在早期的工程实践中通常认为是比较稳定的，所以研究得也比较少，近些年来却接连遇到反倾坡失稳的案例，因此对其研究也越来越多。通常认为这类岩石边坡的主要破坏形式为倾倒破坏，随着块体理论在地质工程中的引入，此类边坡的块体失稳崩塌破坏也越来越被大多数学者重视。

当层面走向与边坡走向夹角不小于 30° 时，边坡稳定性较好，结构面走向与坡面走向夹角小于 30° 时易发生破坏，分以下几种情况：

(1) 岩性为硬岩或上软下硬组合时，高边坡整体不易破坏；岩性组合上硬下软时，由于风化、雨水侵蚀等，下层软岩易形成岩腔，从而上部硬岩成为危岩体，形成危岩崩塌灾害。

(2) 岩性为软岩时，高边坡易发生倾倒破坏；当岩性为软岩且层理间距较近 (一般 <0.5m) 时，易形成切层滑坡，滑面通常为短折线。

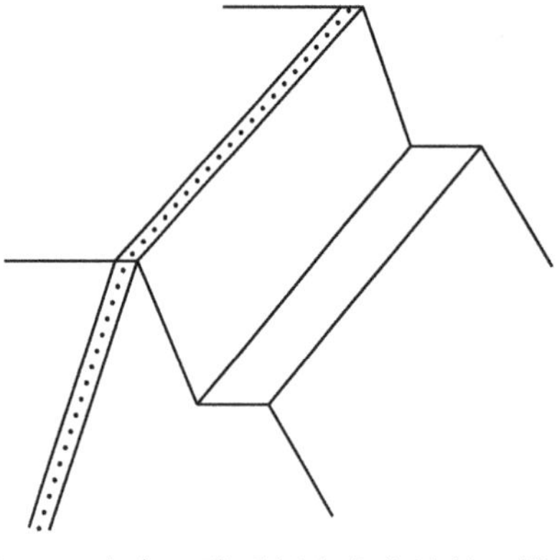

图 2.4 走向一致反倾岩土高边坡三维图

图 2.5 豫西伏牛山公路边坡破坏形迹

2.4 切 向 坡

一般切向坡边坡开挖方向与岩层走向成一定的夹角 (大于 30°)，分为两类：边坡走向斜交顺层岩石边坡和边坡走向斜交反倾岩石边坡 (图 2.6~图 2.9)。一般无论边坡倾角多大，边坡都较为稳定不易破坏。但当岩层中存在优势滑移结构面时，此类边坡可能发生以该优势面为其中一个面的楔形体破坏。岩体较为破碎时，块体的崩塌失稳破坏则成为其变形破坏的主要形式。

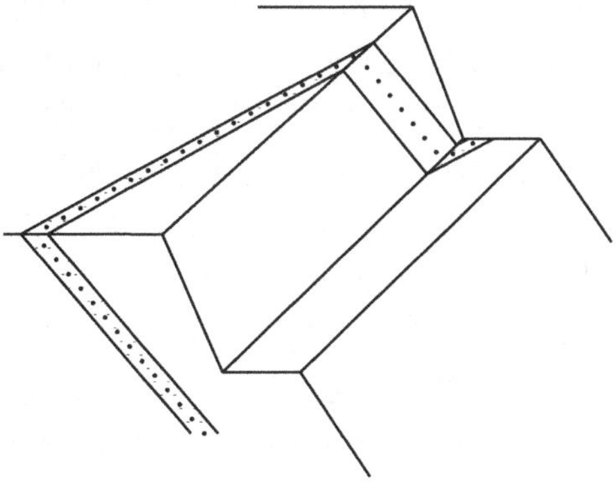

图 2.6 走向斜交顺层岩土高边坡三维图

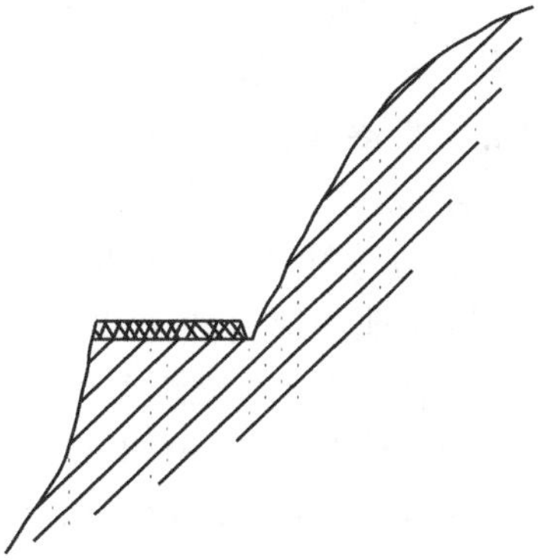

图 2.7 走向斜交顺层岩土高边坡断面图

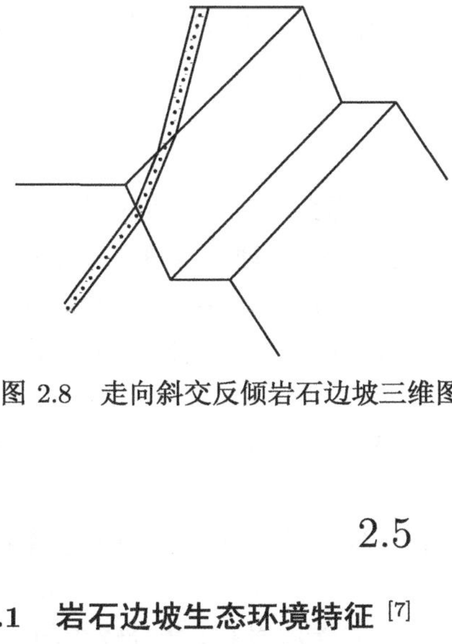

图 2.8 走向斜交反倾岩石边坡三维图

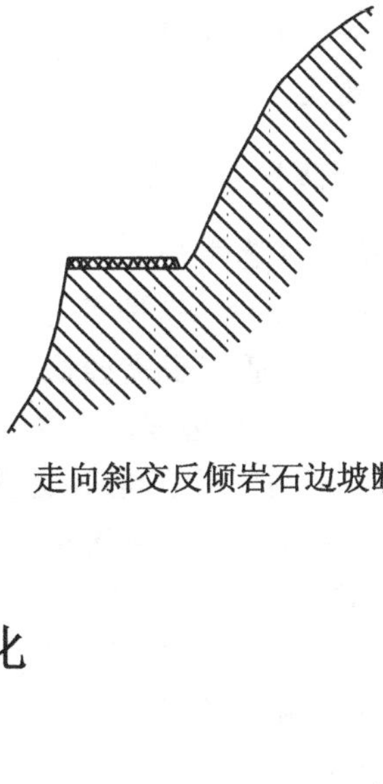

图 2.9 走向斜交反倾岩石边坡断面图

2.5 景观绿化

2.5.1 岩石边坡生态环境特征 [7]

山区公路建设中大规模挖方、填方，形成了由硬质材料覆盖的岩石边坡，岩石边坡的生态系统极为脆弱，在路基开挖中遭到破坏，难以自然恢复。开挖后裸露的岩石边坡影响了公路及山区的自然景观，容易给司乘人员在交通心理上造成不利的影响。

强烈的人为影响破坏了山地上原有的生态环境。对于植物的生长来说，高等级公路边坡上裸露的岩石表面上环境条件极端恶劣。首先，原表面土壤已不能完全恢复，甚至没有土壤；上边坡岩层裸露在外，下边坡表土与碎石母质混合，被层层夯实，土壤结构破坏，有机质含量少，有效养分贫乏；光照强，吸收辐射热，表层基质昼夜温差大，物理风化严重，水分蒸发快，十分干燥，而且降水易形成坡面径流。其次，因行车排放尾气，释放热量，产生气流，加大了风速，进一步加快了坡面水分的蒸发。另外，边坡的生态环境是恶劣的，如果没有人工干预，在这样的环境上开始自然的群落演替，将是一个漫长的过程。自然群落演替要经过地衣植物阶段、苔藓植物阶段，然后是草本植物阶段，经过漫长的时间，才能到达木本植物阶段。

恢复石方边坡的生态环境就是对边坡的生态环境进行强制防护，在人工干预下，最大限度地加速自然边坡生态环境的恢复。由于石方边坡的绿化面积较大，但往往不具备灌溉条件，立地条件很差，所以在生态恢复之初，首先种植一些耐瘠薄、抗旱、喜阳、易于成活、便于管理的先锋植物，随着植物生长，边坡的环境会逐渐好转，土壤会因岩石的风化和风力的作用逐渐增多，阳生植物长高后会形成一些阴凉，为阴生植物的生长提供适宜的环境。环境改善后，会适宜更多植物的生长。

2.5.2　景观绿化与防护

根据《建筑边坡工程技术规范》(GB 50330—2013)，边坡的景观绿化与防护应符合以下规定 [4]。

1. 植物防护与绿化工程设计规定

(1) 植草宜选用易成活、生长快、根系发达、叶茎矮或有匍匐茎的多年生当地草种；草种的配合、播种量等应根据植物的生长特点、防护地点及施工方法确定。

(2) 铺草皮适用于需要快速绿化的边坡，以及坡率缓于 1:1.00 的土质边坡和严重风化的软质岩石边坡；草皮应选择根系发达、茎矮叶茂耐旱草种，不宜采用喜水草种，严禁采用生长在泥沼地的草皮。

(3) 植树宜用于坡率缓于 1:1.50 的边坡；树种应选用能迅速生长且根深枝密的低矮灌木类。

(4) 湿法喷播绿化适用于土质边坡、土夹石边坡、严重风化岩石的坡率缓于 1:1.50 的挖方和填方边坡防护。

(5) 客土喷播与绿化适用于风化岩石、土壤较少的软质岩石、养分较少的土壤、硬质土壤，植物立地条件差的高大陡坡面和受侵蚀显著的坡面；当坡率陡于 1:1.00 时，宜设置挂网或混凝土格构。

2. 骨架植物防护工程设计规定

(1) 骨架植物防护工程中的骨架可采用浆砌片石或混凝土作骨架。

(2) 骨架植物防护适用于边坡坡率缓于 1:0.75 土质和全风化的岩石边坡防护与绿化，当坡面受雨水冲刷严重或潮湿时，坡率应缓于 1:1.00。

(3) 应根据边坡坡率、土质和当地情况确定骨架形式，并与周围景观相协调；骨架内应采用植物或其他辅助防护措施。

(4) 在降雨量较大且集中的地区，骨架宜做成截水槽形；截水槽断面尺寸由降雨强度计算确定。

3. 混凝土空心块植物防护工程设计规定

(1) 混凝土空心块植物防护适用于坡率缓于 1:0.75 的土质边坡和全风化、强风化的岩石挖方边坡；并根据需要设置浆砌片石或混凝土骨架。

(2) 空心预制块的混凝土强度等级不应低于 C20 厚度，不应小于 150mm。空心预制块内应充填种植土，喷播植草。

4. 锚杆钢筋混凝土格构植物防护与绿化工程设计规定

(1) 锚杆钢筋混凝土格构植物防护与绿化适用于土质边坡和坡体中无不良结构面、风化破碎的岩石挖方边坡。

(2) 钢筋混凝土格构的混凝土强度等级不应低于 C25 厚度，格构几何尺寸应根据边坡高度和地层情况等确定，格构内宜植草。

(3) 在多雨地区，格构上应设置截水槽，截水槽断面尺寸由降雨强度计算确定。

第3章　公路岩石边坡卸荷特性

为认识公路岩石边坡开挖卸荷后坡体的变形破坏规律，本章通过 FLAC 和 ANSYS 数值模拟方法得出了顺向坡、反向坡及切向坡等不同形式开挖岩石边坡在开挖后坡体内关键部位的位移、应力变化规律，并理论推导了开挖边坡卸荷带宽度计算方法，为进一步实施开挖边坡稳定性分析及安全预报提供科学借鉴。

3.1　顺向坡卸荷力学

3.1.1　模型设计及数值计算

顺向坡以重庆市巫山县至巫溪县二级公路 k88+720～k88+750 工程路段为例，该路段以单斜构造为主，未发现断层及次级褶皱，岩体较完整，岩层产状 169°∠24°，开挖后公路左侧将形成 15～26m 顺层边坡，右侧将形成 3～13m 的反倾边坡。左边坡分两级开挖，第一级开挖高度为 10m，第二级开挖高度为 11.4m，开挖坡比为 1:0.3，右边坡第一级开挖高度为 10m，第二级开挖高度为 1.2m，开挖坡比为 1:0.3。最大开挖深度为 13.99m，路基加附属设施宽度为 10.8m。开挖剖面如图 3.1。

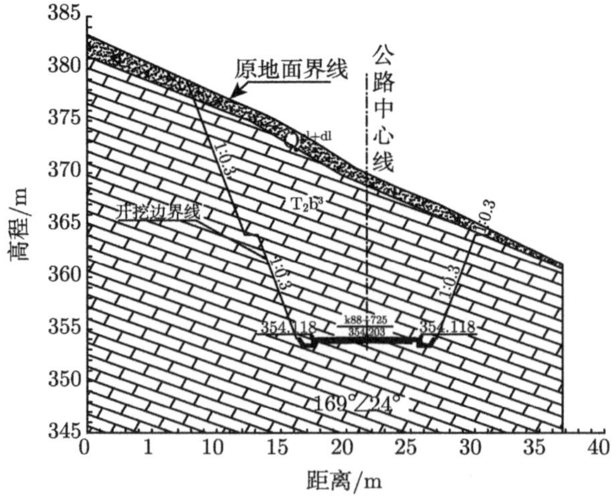

图 3.1　k88+725 工程地质剖面图

采用了 FLAC3D 对实际工程开挖过程进行了同步模拟，所建模型大小、开挖深度、坡比均与实际工程高度一致 (图 3.2)，网格模型是由 11539 个节点组成的

8950 个单元。分三次开挖，分别得到了位移、大小主应力及应力集中图 (图 3.3~图 3.7)。

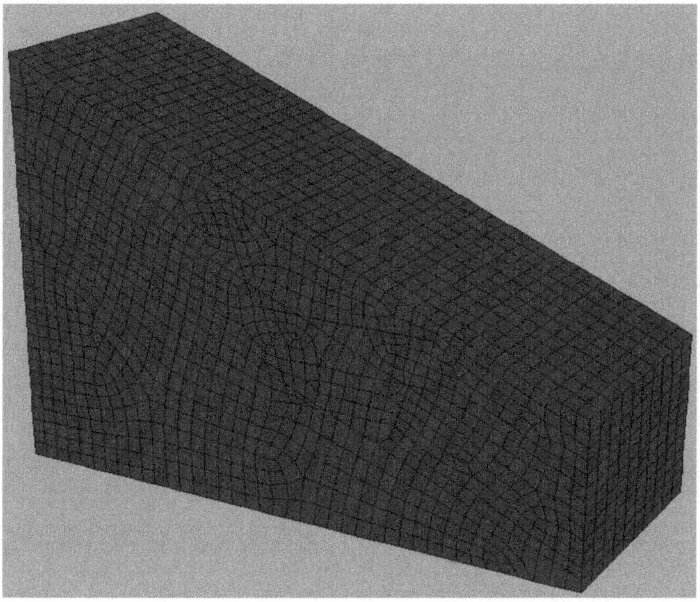

图 3.2 k88 段 FLAC3D 网格模型

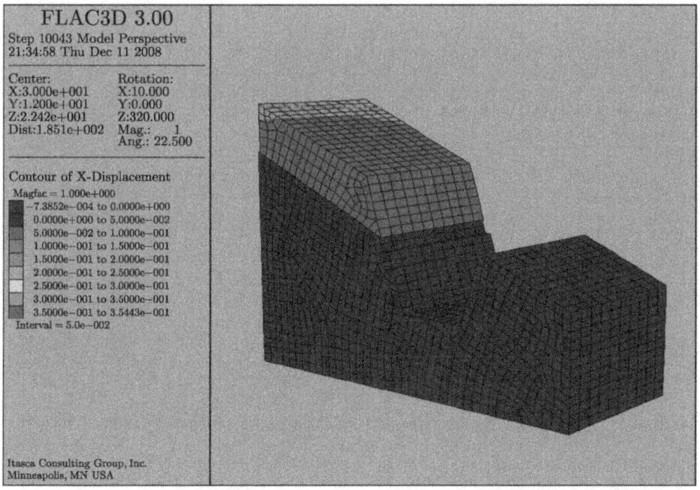

图 3.3 开挖完成后水平方向 (x 方向) 位移 (后附彩图)

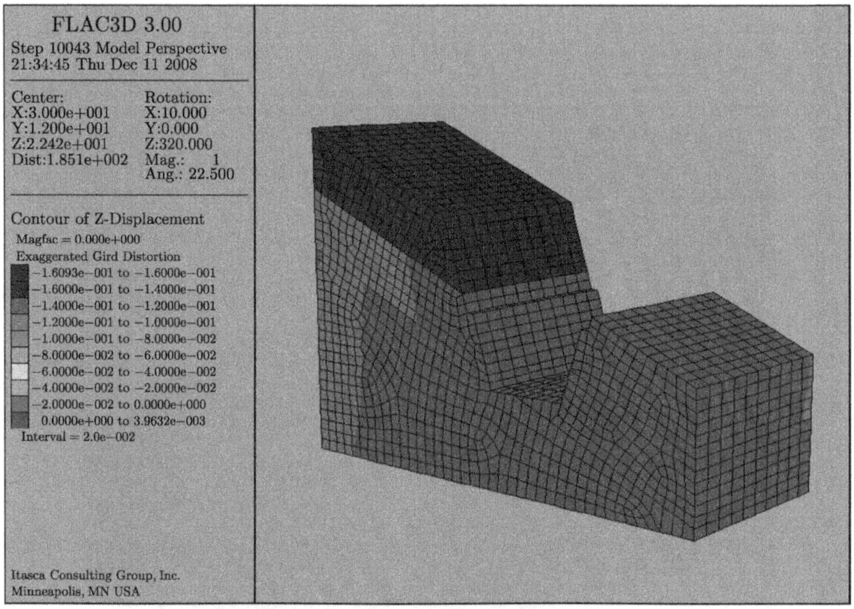

图 3.4　开挖完成后竖直方向 (z 方向) 位移 (后附彩图)

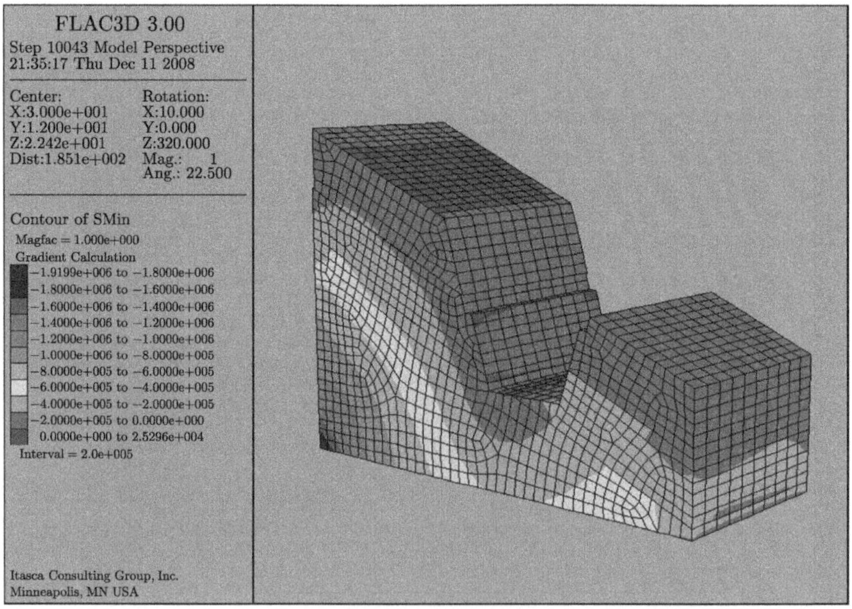

图 3.5　开挖完成后最小主应力等值线 (后附彩图)

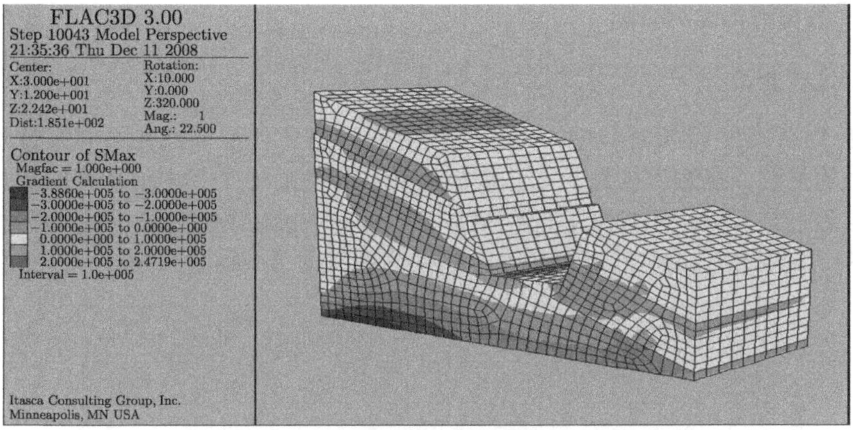

图 3.6 开挖完成后最大主应力等值线 (后附彩图)

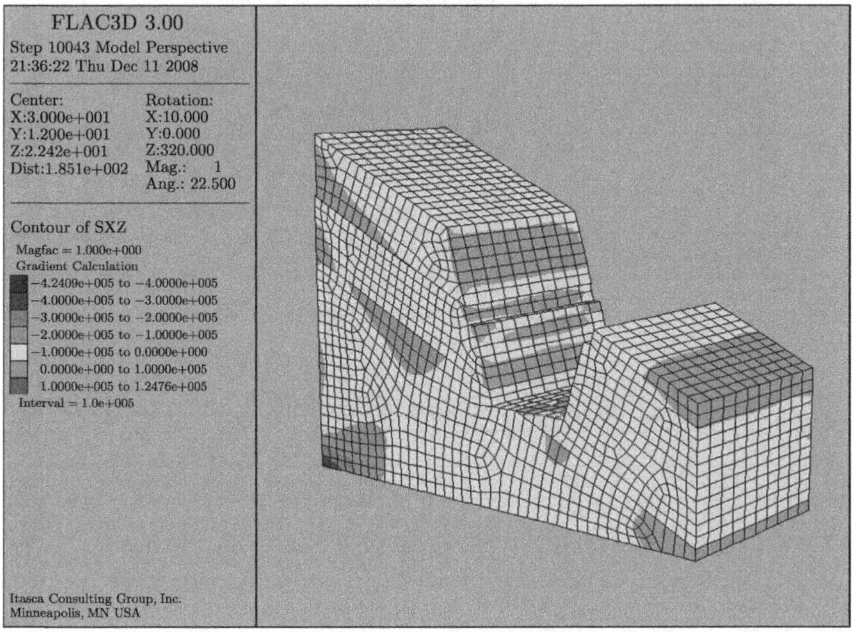

图 3.7 开挖完成后 xz 方向应力等值线 (后附彩图)

从模拟结果来分析，水平方向 (x 方向) 最大位移发生在坡顶附近，最大位移为 35cm (图 3.3)。竖直方向 (z 方向) 最大位移也是发生在坡顶位置，最大位移为 15cm (图 3.4)。

开挖过程中，顺向层间发生了相对滑动，出现了剪应力集中现象 (图 3.7 绿色处)。

3.1.2　数值模拟结果分析

1. 位移分析

在 FLAC3D 模拟过程中，可以先设置跟踪指定位置节点在不同开挖阶段中所产生的位移，在这个软件中无法模拟高切坡开挖后一个月内的变化情况，我们只能得到三个开挖阶段完成后的结果，并以顺向坡敏感测点 1#~6# 为研究对象 (图 3.8)，如表 3.1 和表 3.2，并得到位移变化曲线图 3.9 和图 3.10。

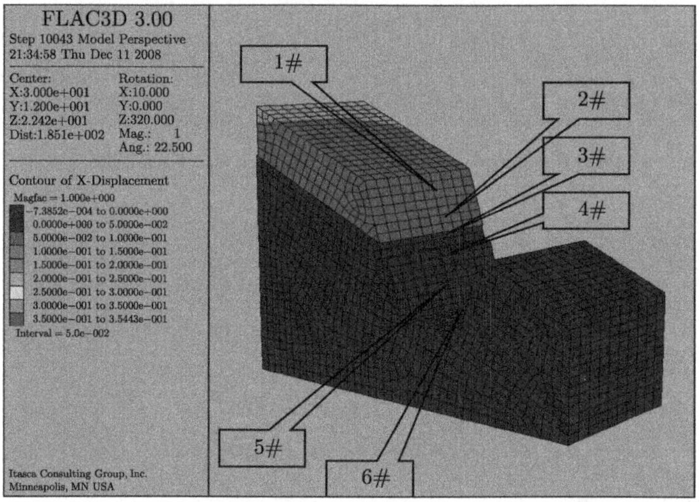

图 3.8　顺向坡测点 1#~6# 敏感测点 (后附彩图)

表 3.1　分阶段开挖水平方向 (x 方向) 位移　　(单位：mm)

阶段	测点					
	1#	2#	3#	4#	5#	6#
0	0	0	0	0	0	0
1	151.13	147.82	101.45	65.73	10.07	2.44
2	287.23	234.55	187.32	105.64	32.31	23.44
3	354.27	264.2	246.75	120.44	57.85	44.52

表 3.2　分阶段开挖竖直方向 (z 方向) 位移　　(单位：mm)

阶段	测点					
	1#	2#	3#	4#	5#	6#
0	0	0	0	0	0	0
1	67.23	53.74	35.46	17.33	4.61	2.37
2	137.52	112.86	67.58	35.49	27.79	10.24
3	153.57	134.31	82.21	64.51	44.74	38.23

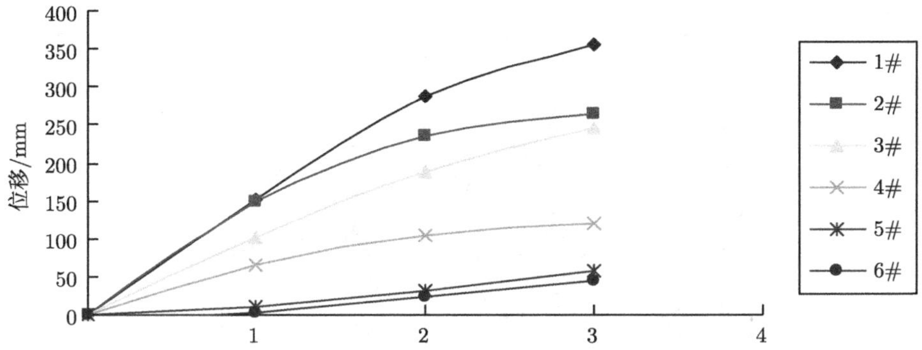

图 3.9 分阶段开挖坡内水平方向 (x 方向) 位移变化曲线

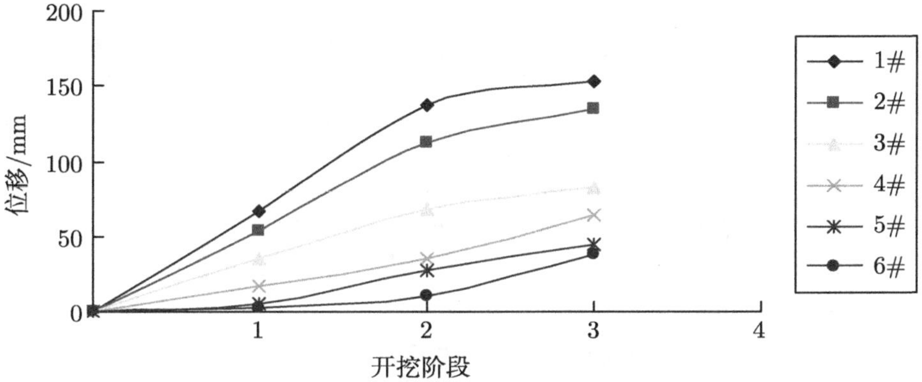

图 3.10 分阶段开挖坡内竖直方向 (z 方向) 位移变化曲线

从分阶段开挖位移发展趋势来看，边坡开挖时无论是水平位移还是竖向位移均存在突变现象，在边坡同一点水平位移显著大于竖向位移。最大位移出现在坡顶位置 (1#)，水平位移和竖向位移分别约达 360mm 和 152mm，坡顶出现明显的拉张裂缝。对比三次开挖后相对位移的增长量，第 1、2 次开挖位移增长量最为明显，开挖位移变化主要是在开挖后较短时间内完成的，随后位移变化不太明显。

2. 应力分析

为了比较全面地分析坡体内外部应力，我们选用顺向坡测点 4#～12# 作为研究对象 (图 3.11)，分别通过跟踪的手段得到了其分阶段开挖过程中坡内对应点的应力变化情况，见表 3.3 和表 3.4，并得到变化曲线图 3.12 和图 3.13。

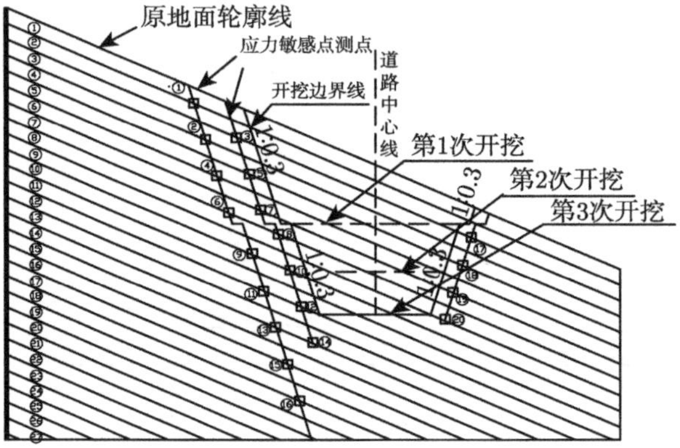

图 3.11　顺向坡测点 4#～12# 应力敏感测点

表 3.3　分阶段开挖坡内最大主应力变化　　(单位：Pa)

阶段	测点								
	4#	5#	6#	7#	8#	9#	10#	11#	12#
0	261377	236699	293157	278278	325548	343872	344254	388412	392657
1	243750	227846	263385	275891	295929	326671	331510	361258	382924
2	238966	204205	245719	236762	270235	314522	325137	357226	381975
3	229989	180542	234223	219057	260130	281224	201948	322395	373545

表 3.4　分阶段开挖坡内最小主应力变化　　(单位：Pa)

阶段	测点								
	4#	5#	6#	7#	8#	9#	10#	11#	12#
0	185821	171165	215410	206469	228137	229654	230494	252716	257145
1	167537	162334	192601	191539	217783	211539	228376	241581	218505
2	154633	151531	192400	184872	186120	191443	225754	243412	245043
3	142933	139125	173045	179787	172400	167278	182577	209572	233538

从分阶段开挖最大、最小主应力变化发展趋势来看，在此以顺向坡的 4#～12# 测点为典型代表，在 FLAC3D 计算过程中跟踪相应测点最大与最小主应力 (图 3.12 和图 3.13)，模拟开挖过程中，每个开挖阶段完成后，坡脚会出现明显的应力集中现象，从应力曲线发现，边坡开挖过程中坡内应力调整过程复杂，个别测点应力衰减具有波动现象，不存在如位移表现出来的突变特征。从应力释放率来看，第 2 级坡上的量测点应力释放率最大，如 10# 测点最大应力从初始状态的 350.50kPa 下降到 220.50kPa，释放率达到了 48.5%，其他测点应力释放率一般在 30%左右。但随着开挖过程结束，坡内应力波动变化幅度逐渐减小。

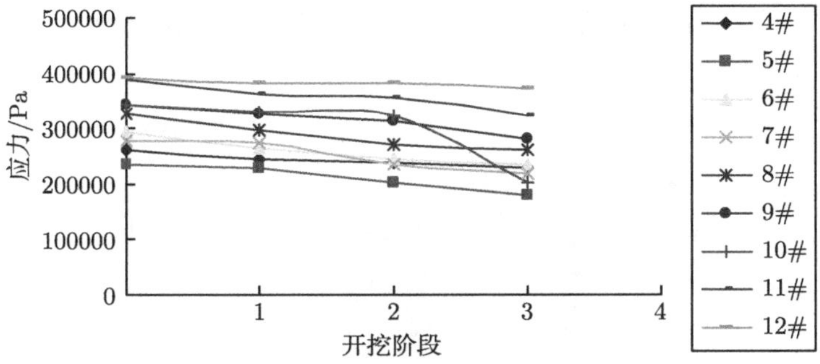

图 3.12 分阶段开挖最大主应力变化曲线

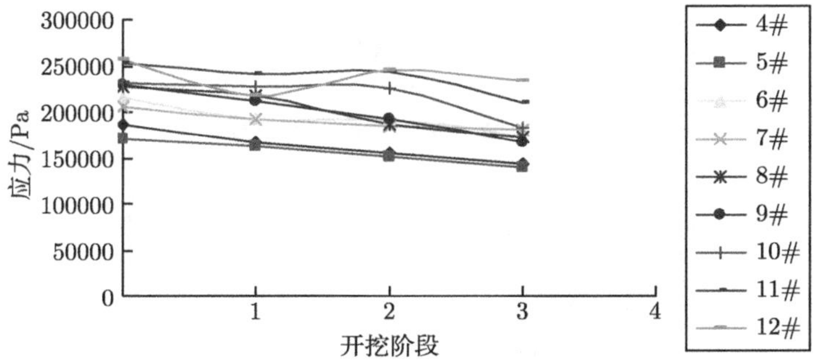

图 3.13 分阶段开挖最小主应力变化曲线

3.2 反向坡卸荷力学

3.2.1 模型设计及数值计算

反向坡模型建立与顺向坡模型宽高比一致，模型高 40m，模型横向进深 30m。开挖模型不以实际工程为例，以规则的反向岩石边坡进行模型设计，模型为单斜构造，岩体完整，岩层反倾角 ∠24°。开挖与前述顺向坡一致，左边坡分两级开挖，第一级开挖高度为 10m，第二级开挖高度为 11m，开挖坡比为 1:0.3，右边坡第一级开挖高度为 10m，第二级开挖高度为 4m，开挖坡比为 1:0.3。开挖后左侧形成反倾岩石边坡，右侧形成顺层岩石边坡。

采用了 ANSYS 数值软件对开挖过程进行了同步模拟，网格模型是由 13144 个节点组成的 28960 个单元 (图 3.14)，分三次开挖，分别得到了位移、最大主应力、最小主应力及 xz 方向应力等值线图 (图 3.15~图 3.19)。

从模拟结果来分析，三次开挖后左侧反向边坡水平方向 (x 方向) 和竖直方向 (z 方向) 最大位移均发生在坡顶附近。由于反倾角较小，水平方向和竖直方向变形较小。

开挖过程中，层间应力变化不明显，每次开挖坡脚出现了应力集中现象(图 3.17~图 3.19)。

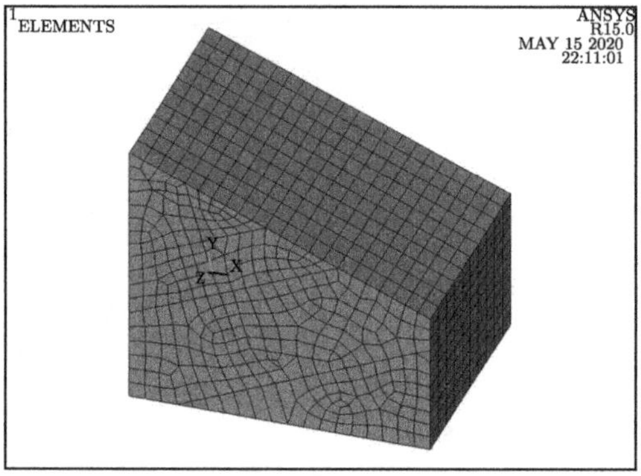

图 3.14　反向坡 ANSYS 网格模型

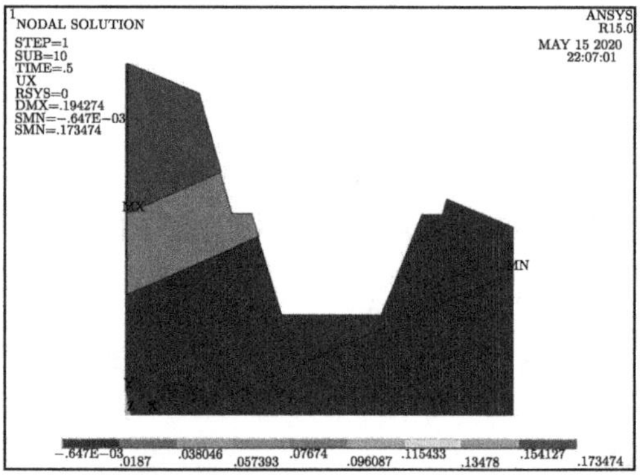

图 3.15　三次开挖完成后水平方向 (x 方向) 位移 (后附彩图)

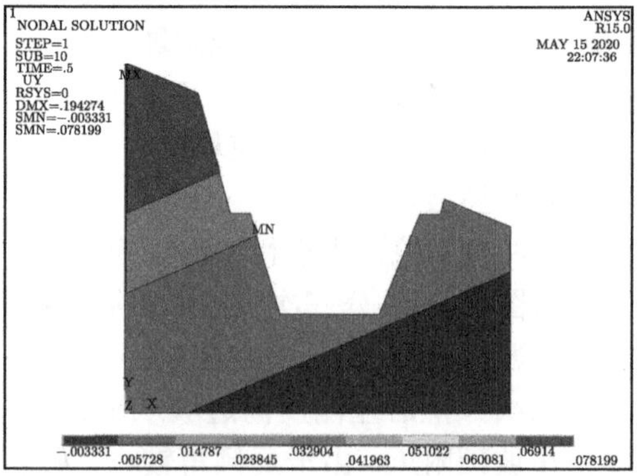

图 3.16　三次开挖完成后竖直方向 (z 方向) 位移 (后附彩图)

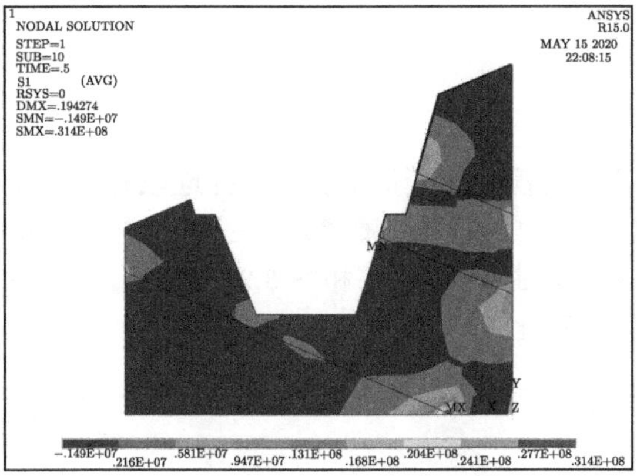

图 3.17 三次开挖完成后最大主应力等值线 (后附彩图)

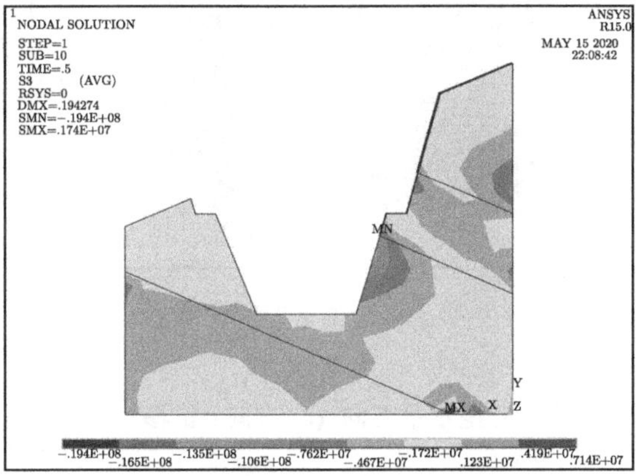

图 3.18 三次开挖完成后最小主应力等值线 (后附彩图)

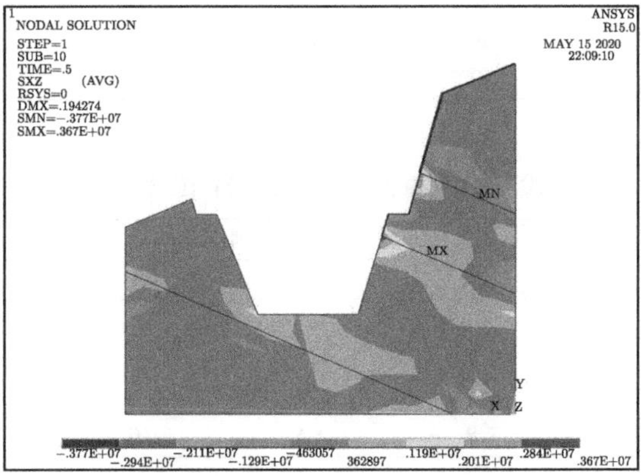

图 3.19 开挖完成后 xz 方向应力等值线 (后附彩图)

3.2.2 数值模拟结果分析

1. 位移分析

为了分析边坡开挖过程中的变形情况，同样选取开挖反向坡表层六个敏感点 1#∼6# 为研究对象 (图 3.20)，得到敏感点在三次开挖后的位移变化值，见表 3.5 和表 3.6，并得到位移变化曲线图 3.21 和图 3.22，分析敏感点在三次开挖完成后的水平位移和竖向位移的变化。

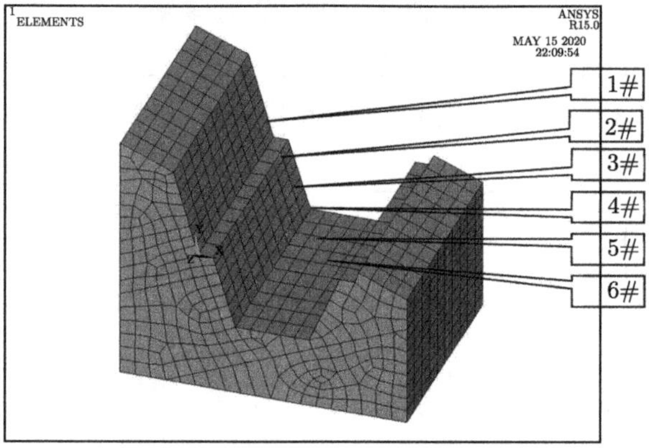

图 3.20　反向坡 1#∼6# 敏感点

表 3.5　分阶段开挖水平方向 (x 方向) 位移　　(单位：mm)

阶段	测点					
	1#	2#	3#	4#	5#	6#
0	0	0	0	0	0	0
1	13.3	8.2	4.9	3.4	0	0
2	14.9	9.5	5.9	4.2	0	0
3	16.1	10.5	6.8	5.0	0	0

表 3.6　分阶段开挖竖直方向 (z 方向) 位移　　(单位：mm)

阶段	测点					
	1#	2#	3#	4#	5#	6#
0	0	0	0	0	0	0
1	3.0	4.7	1.1	0	0	0
2	4.5	6.2	1.9	0.7	0	0
3	5.9	7.8	2.4	1.6	0	0

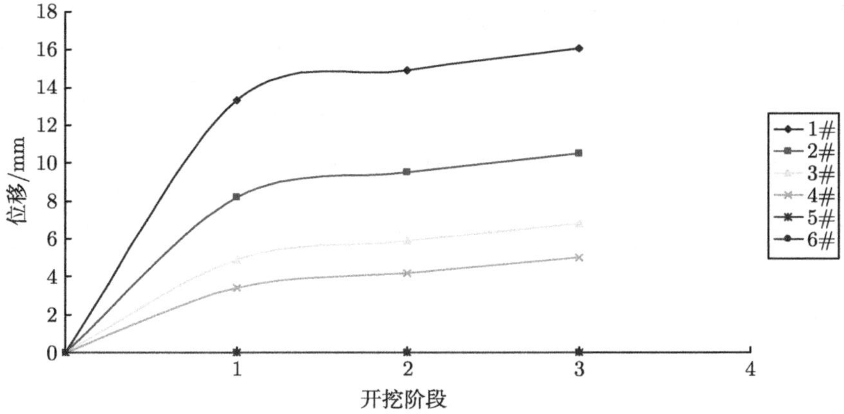

图 3.21 分阶段开挖坡内水平方向 (x 方向) 位移变化曲线

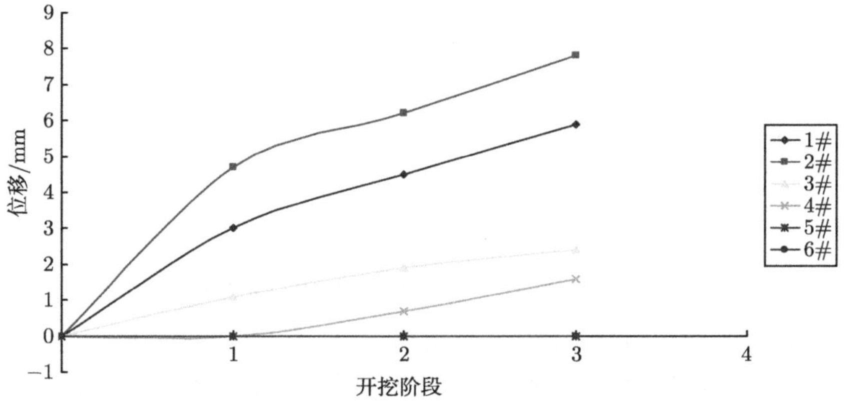

图 3.22 分阶段开挖坡内竖直方向 (z 方向) 位移变化曲线

从反向坡分阶段开挖位移发展趋势来看 (表 3.5 和表 3.6，图 3.21 和图 3.22)，边坡开挖时无论是水平位移还是竖向位移均变形较小，在边坡同一点，水平位移基本大于竖向位移。由于开挖卸荷作用，水平位移和竖向位移最大值均出现在坡顶 1# 测点，5# 和 6# 测点水平位移和竖向位移均为零，说明反向坡开挖对边坡的变形影响相对较小。

2. 应力分析

为分析反向坡体内部应力，统一在坡体内选用与顺向坡应力坡敏感测点位置相同的 4#~12# 测点为代表作为研究对象，分别通过跟踪的手段得到其分阶段开挖过程中坡内对应点的最大主应力变化情况，见表 3.7，并得到对应变化曲线，如图 3.23。

表 3.7　分阶段开挖反向坡坡内最大主应力变化　　(单位：Pa)

阶段	测点								
	4#	5#	6#	7#	8#	9#	10#	11#	12#
0	668171	697602	797902	825580	855415	1046161	1294314	1406914	1496474
1	647583	691455	769386	793611	833983	983933	1258913	1345266	1466231
2	644609	680662	755249	781764	813546	950643	1244966	1319632	1438049
3	639177	665962	741739	771366	780643	937532	1214107	1227376	1384831

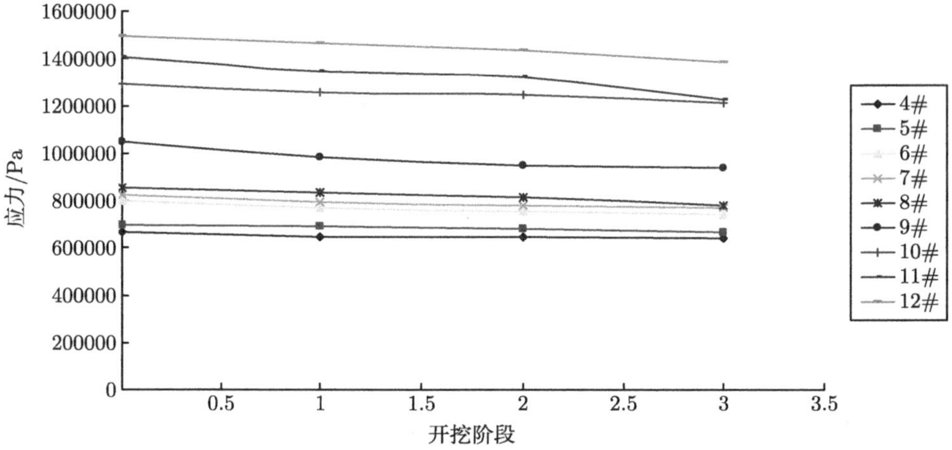

图 3.23　分阶段开挖最大主应力变化曲线

模拟开挖过程中，每个开挖阶段完成后，层间应力变化不明显，坡脚出现应力集中现象；从反向坡分阶段开挖最大主应力变化发展趋势来看 (表 3.7，图 3.20)，边坡开挖过程中坡内应力调整过程随着开挖卸荷作用，每个测点最大主应力逐渐减小，不出现如顺向坡个别测点应力衰减的波动现象；从应力释放率来看，第 1 级坡附近的量测点应力释放率最大，如 11# 测点大应力从初始状态的约 140.69kPa 下降到约 122.74kPa，释放率约为 12.8%，其他测点应力释放率较低。

3.3　切向坡卸荷力学

3.3.1　模型设计及数值计算

切向坡模型建立与顺向坡模型宽高比一致，模型高 40m，模型横向进深 30m。开挖模型亦不以实际工程为例，以规则的顺向岩石边坡进行模型设计，模型为单斜构造，岩体完整，岩层倾角 ∠24°。开挖方向与岩层走向成 40° 夹角。左边坡分两级开挖，第一级开挖高度为 10m，第二级开挖高度为 11m，开挖坡比为 1:0.3，右边坡第一级开挖高度为 10m，第二级开挖高度为 4m，开挖坡比为 1:0.3。开挖后左侧边坡形成走向斜交顺层岩石边坡，右侧形成走向斜交反倾岩石边坡，本节主要分析开挖较深的左侧走向斜交顺层岩石边坡。

采用了 ANSYS 数值软件对开挖过程进行了同步模拟，网格模型是由 11266 个节点组成的 50195 个单元，开挖模型如图 3.24。分三次开挖，分别得到了位移、最大主应力、最小主应力及 xz 向应力等值线图 (图 3.25~图 3.29)。

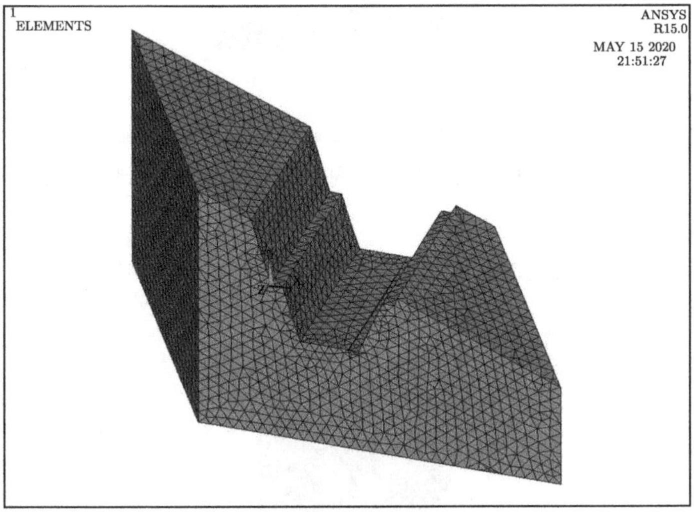

图 3.24 切层边坡开挖模型

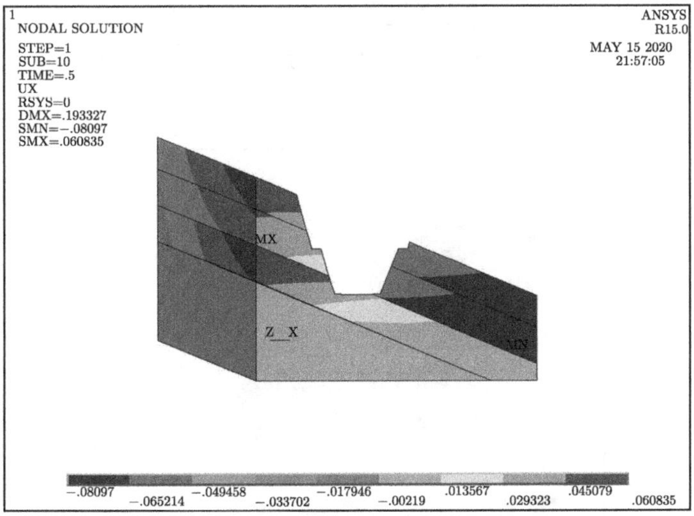

图 3.25 开挖完成后水平方向 (x 方向) 位移 (后附彩图)

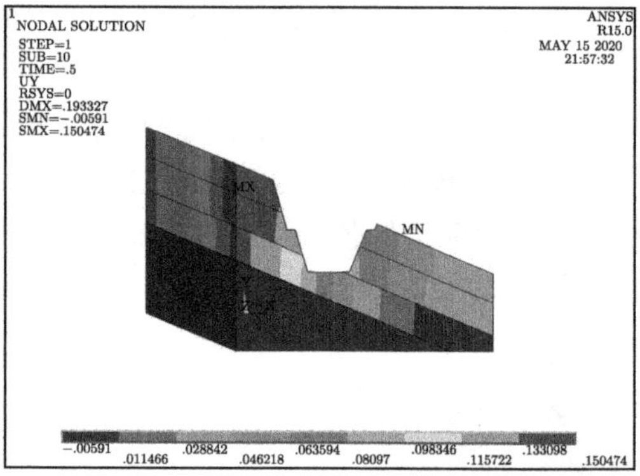

图 3.26　开挖完成后竖直方向 (z 方向) 位移 (后附彩图)

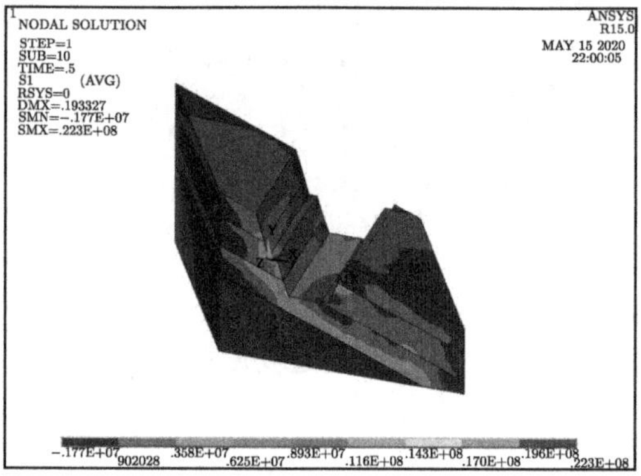

图 3.27　开挖完成后最大主应力等值线 (后附彩图)

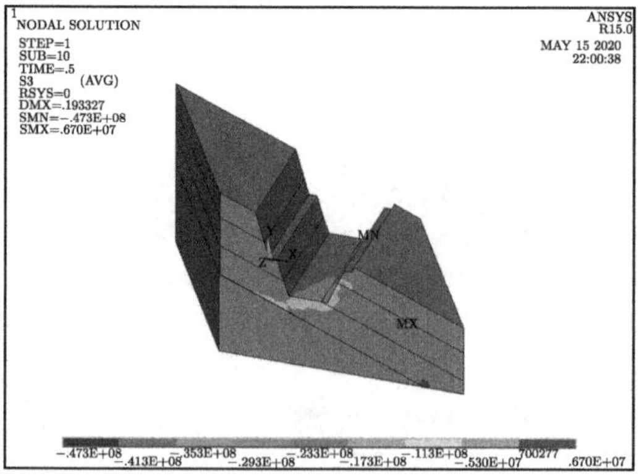

图 3.28　开挖完成后最小主应力等值线 (后附彩图)

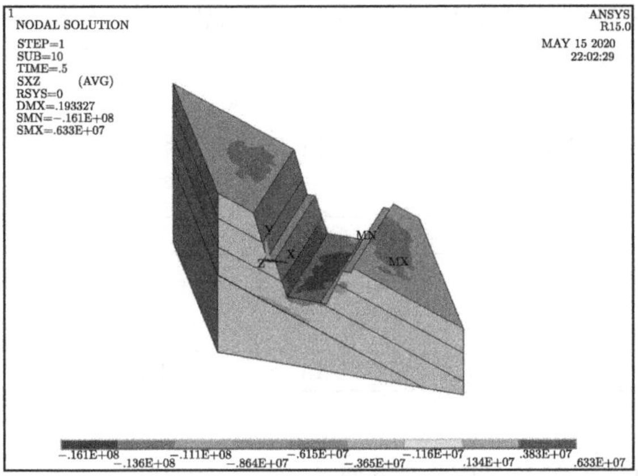

图 3.29 开挖完成后 xz 方向应力等值线 (后附彩图)

从模拟结果来分析，三次开挖后开挖较深的左侧走向斜交顺层岩石边坡的水平方向 (x 方向) 和竖直方向 (z 方向) 最大位移发生均在坡脚附近，而且水平方向和竖直方向变形较小。

开挖过程中，层间应力变化不明显，每次开挖后应力集中现象分布较松散 (图 3.27~图 3.29)。

3.3.2 数值模拟结果分析

1. 位移分析

为分析切向坡开挖过程中的变形情况，同样选取开挖切向坡表层六个敏感点 1#~6# 为研究对象 (图 3.30)，得到敏感点在三次开挖后的位移变化值，如

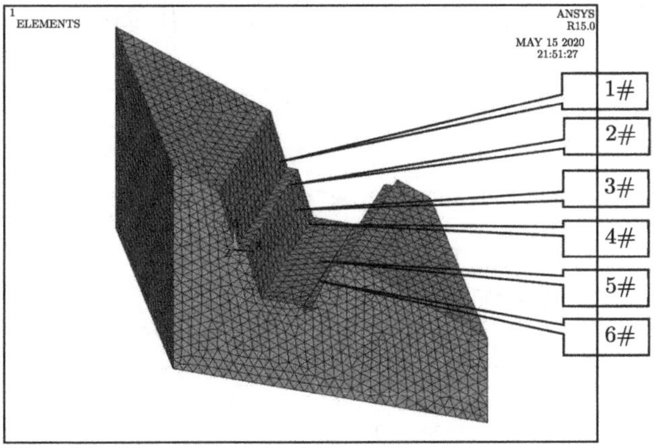

图 3.30 切向坡 1#~6# 敏感点

表 3.8 和表 3.9，并得到位移变化曲线图 3.31 和图 3.32，分析敏感点在三次开挖完成后的水平位移和竖向位移的变化。

表 3.8　分阶段开挖水平方向 (x 方向) 位移　　(单位：mm)

阶段	测点					
	1#	2#	3#	4#	5#	6#
0	0	0	0	0	0	0
1	3	3	4	9	14	17
2	8	5	9	18	23	29
3	13	9	15	26	33	41

表 3.9　分阶段开挖竖直方向 (z 方向) 位移　　(单位：mm)

阶段	测点					
	1#	2#	3#	4#	5#	6#
0	0	0	0	0	0	0
1	0	0	4	6	10	13
2	0	2	8	13	18	27
3	0	6	13	22	32	39

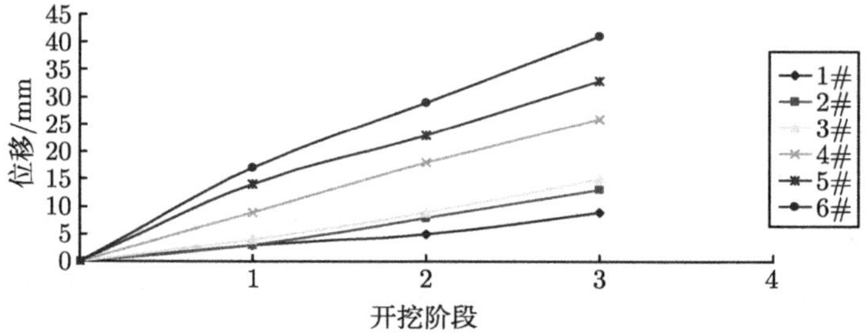

图 3.31　分阶段开挖坡内水平方向 (x 方向) 位移变化曲线

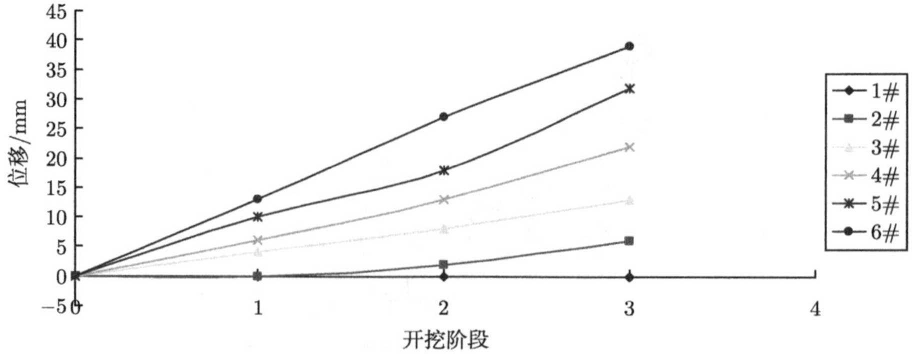

图 3.32　分阶段开挖坡内竖直方向 (z 方向) 位移变化曲线

从切向坡分阶段开挖位移发展趋势来看 (表 3.8 和表 3.9，图 3.31 和图 3.32)，由于边坡走向斜交顺层岩石边坡，切向边坡一般较为稳定不易破坏，边坡开挖时水平位移和竖向位移均变形较小，在边坡同一点水平位移大于竖向位移。由表 3.8、表 3.9、图 3.31 和图 3.32 可以看出，水平位移和竖向位移最大值均出现在坡脚附近，由坡脚到坡顶测点的位移量逐渐减小。

2. 应力分析

为分析切向坡体内部应力，统一在坡体内选用与顺向坡应力坡敏感点位置相同的 4#～12# 测点为代表作为研究对象，分别通过跟踪的手段得到其分阶段开挖过程中坡内对应点的最大主应力变化情况，见表 3.10，并得到对应的变化曲线，如图 3.33。

表 3.10 分阶段开挖坡内最大主应力变化 (单位：Pa)

阶段	测点								
	4#	5#	6#	7#	8#	9#	10#	11#	12#
0	339254	307223	380503	361191	430082	454289	454794	513133	518739
1	322375	295732	331860	358092	385952	426524	446589	477258	500881
2	309165	245047	314709	307305	350007	415515	431459	471545	488627
3	298514	234334	302498	284328	343658	395465	415214	457923	459545

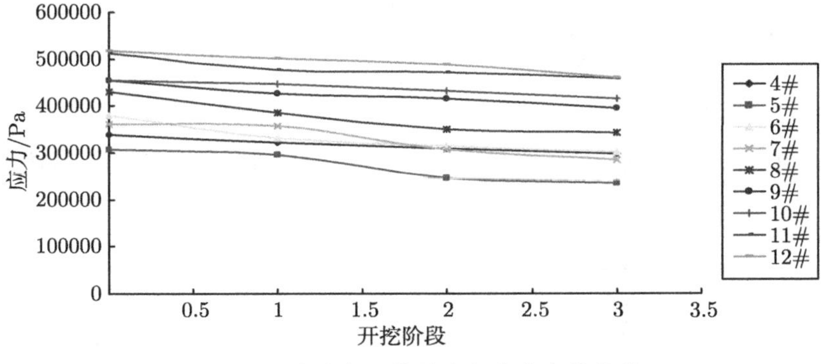

图 3.33 分阶段开挖最大主应力变化曲线

模拟开挖过程中，每个开挖阶段完成后，层间应力变化不明显，应力集中的现象分布较松散；从切向坡分阶段开挖最大主应力变化发展趋势来看 (表 3.10 和图 3.33)，边坡开挖过程中坡内应力调整过程较复杂，个别测点应力衰减具有波动现象，但比顺向坡波动幅度小；从应力释放率来看，第 2 级坡附近的测点应力释放率较大，如 5# 测点最大主应力从初始状态的约 307.22kPa 下降到约 234.33kPa，释放率约为 23.7%，其他测点应力释放率为 10%～20%。

3.4　开挖边坡卸荷带宽度计算

3.4.1　开挖岩体边坡力学模型

楔形体平面力学模型 [8,9] 见图 3.34，楔形体表面作用有面荷载 F_1 和 F_2，楔形体内作用有体力 P，β 和 α 分别为左右边界与 z 轴的夹角，该楔形体模型的应力场在弹性力学中已有经典解答 [10]。边坡开挖楔形体力学模型相当于图 3.35 中 β=90°，90°<α<180°，该模型可视为坡体在由上而下分级开挖过程中每级开挖完成后的情况，作用于开挖岩体边坡的荷载主要有重力和坡面开挖卸荷形成的面力 (图 3.35)。边坡开挖过程中，坡体内应力释放，使边坡岩体向临空面方向发生卸荷回弹。坡体开挖后，坡体内各点发生应力调整，形成新的应力场，可采用楔形体理论进行其力学问题分析。开挖岩体边坡卸荷模型见图 3.36，力学模型见图 3.37。

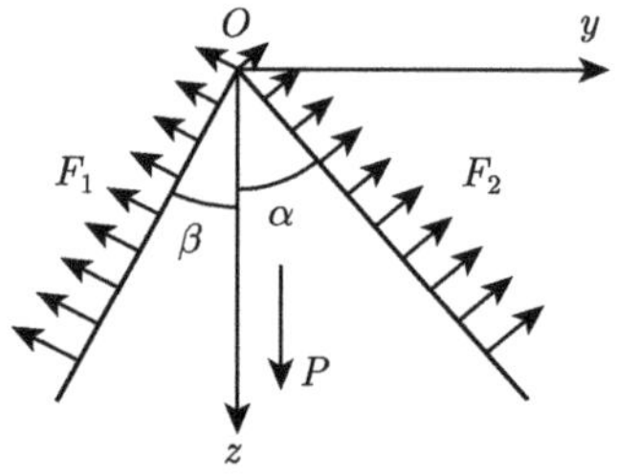

图 3.34　楔形体力学模型图

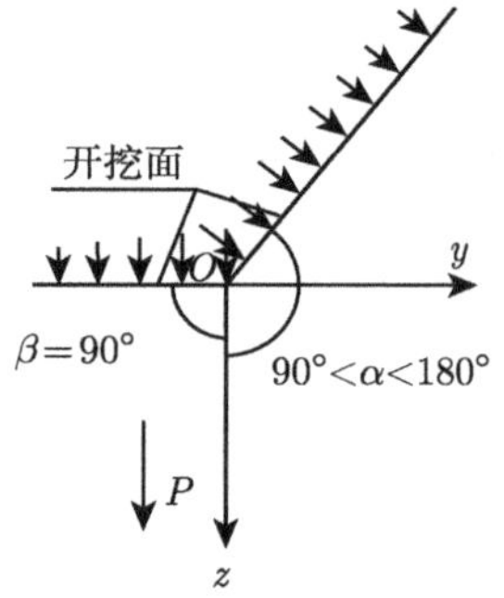

图 3.35　边坡开挖楔形体模型

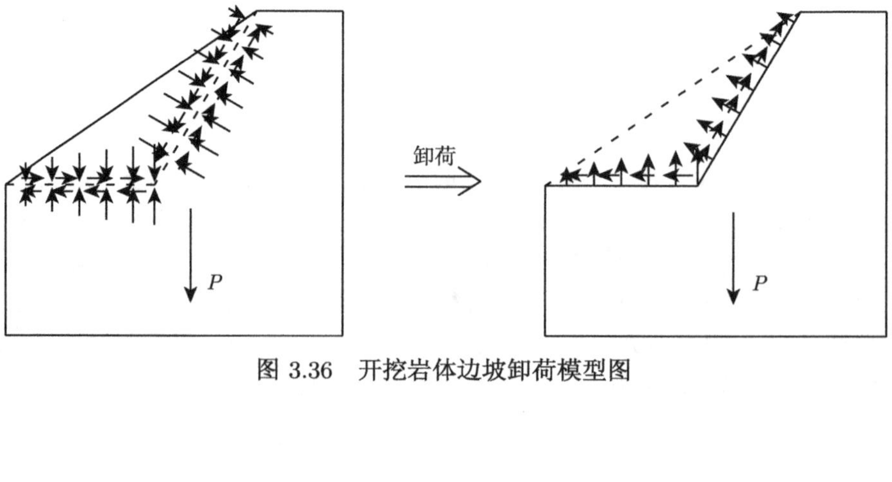

图 3.36　开挖岩体边坡卸荷模型图

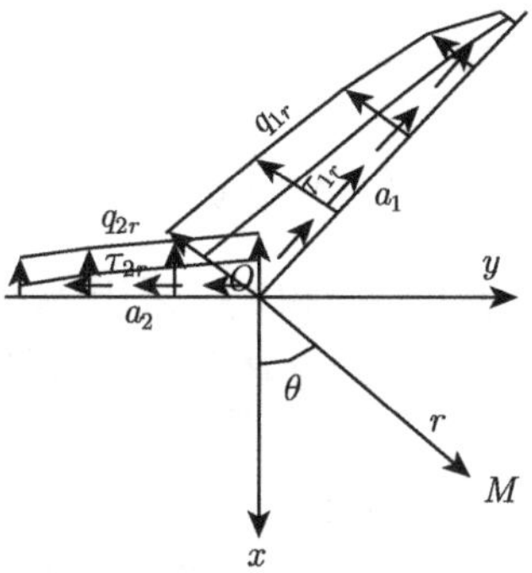

图 3.37 开挖岩体边坡力学模型

3.4.2 开挖岩体边坡应力计算方法

采用逆做法施工，每级边坡开挖施工完成后坡体内卸荷带宽度计算方法包括三个步骤。

(1) 求第一步开挖产生的卸荷荷载。由初始自重应力场 σ_{ij}^0，将此自重应力作用产生的荷载反向施加于开挖面上，即为边坡卸荷荷载。根据弹性力学方法 [10] 可得开挖边坡斜面段及水平段上的正应力 q_{1r}、q_{2r} 和剪应力 τ_{1r}、τ_{2r}：

$$\begin{cases} q_{1r} = \gamma h_1 \left[(1+\lambda) - \dfrac{1}{2}(1-\lambda)\cos 2\eta\right], & q_{2r} = \lambda h_2 \\ \tau_{1r} = \dfrac{1}{2}\gamma h_1 (1-\lambda)\sin 2\eta, & \tau_{2r} = 0 \end{cases} \tag{3.1}$$

式中，h_1 和 h_2 分别为斜面段和水平段上的点距坡顶面的高度 (m)；η 为该级边坡角 (°)；γ 为边坡岩体容重 (kN/m^3)；λ 为岩土体的侧压力系数。

计算边坡开挖后斜面段及水平段的长度 a_{11} 和 a_{12}，假定应力在开挖面均匀分布，取斜面段及水平段正应力、剪应力的几何平均值作为各段开挖面的均匀分布荷载 q_1、q_2、τ_1、τ_2，据此由楔形体解答 [9] 得到第一步开挖后坡体内的应力场增量，通过叠加初始自重应力场，得到第一步开挖完成后坡体内的应力场 $(\sigma_r, \sigma_\theta, \tau_{r\theta})$。

(2) 将开挖后坡体内任一点的应力状态 $(\sigma_r, \sigma_\theta, \tau_{r\theta})$ 用下列公式转换为直角坐标系下的应力状态 $(\sigma_x, \sigma_y, \tau_{xy})$。

$$\begin{cases} \sigma_x = \sigma_r \cos^2\theta + \sigma_\theta \sin^2\theta - 2\tau_{r\theta}\sin\theta\cos\theta \\ \sigma_y = \sigma_r \sin^2\theta + \sigma_\theta \cos^2\theta - 2\tau_{r\theta}\sin\theta\cos\theta \\ \tau_{xy} = (\sigma_r - \sigma_\theta)\sin\theta\cos\theta + \tau_{r\theta}(\cos^2\theta - \sin^2\theta) \end{cases} \tag{3.2}$$

进而求解该点的主应力 σ_1 和 σ_3：

$$
\begin{cases}
\sigma_1 = \dfrac{1}{2}(\sigma_x + \sigma_y) + \dfrac{1}{2}\sqrt{(\sigma_x - \sigma_y)^2 + 4\tau_{xy}^2} \\
\sigma_3 = \dfrac{1}{2}(\sigma_x + \sigma_y) - \dfrac{1}{2}\sqrt{(\sigma_x - \sigma_y)^2 + 4\tau_{xy}^2}
\end{cases}
\tag{3.3}
$$

针对开挖岩体边坡内不同点的 σ_1 和 σ_3，采用 Mohr-Coulomb 准则和单轴抗拉强度准则判断该点的强度性态 [11]，归并达到临界破坏状态的点集，即为第一步开挖完成后坡体卸荷带范围。

(3) 将下一步拟开挖面的斜面段和水平段端点的 r 和 θ 代入上一步开挖施工完成后的应力场计算式，计算得到上一步开挖后在下一步拟开挖面 (含斜面段和水平段) 上的应力大小，将其等效为法向应力和切向应力，并反向施加到下一步开挖坡面上作为此步开挖的卸荷荷载，计算此步开挖时坡体应力场增量，并与该开挖完成后的应力场叠加，即为本步开挖后坡体的应力场，据此计算本级开挖完成后坡体内的卸荷范围。

可以求得各级开挖后坡体应力场和开挖卸荷范围，直至整个边坡开挖完成 (图 3.38)。

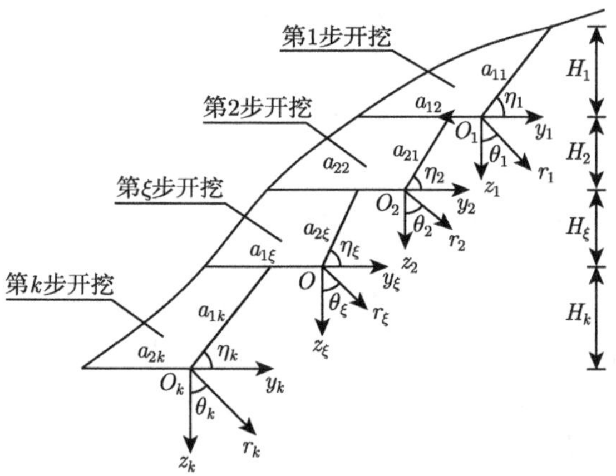

图 3.38　边坡坡体分步开挖示意图

3.4.3　边坡开挖卸荷影响因素敏感性分析

基于前述计算方法，以及 Matlab 软件编程，分析边坡开挖高度、开挖坡度、开挖台阶宽度、岩体强度参数 c、φ 值及岩体容重等对边坡开挖卸荷带的影响。

1. *开挖高度*

边坡岩体容重 γ=20kN/m^3，强度参数 c=150kPa、φ=25°，泊松比 μ=0.35。按一级开挖，开挖台阶宽度 b=5.8m，切坡坡角 η=45°。边坡最大开挖高度 12m，以

2m 为一级差。计算边坡开挖卸荷范围，如图 3.39 所示，卸荷带平均宽度与开挖高度之间的关系见图 3.40。可见，随着开挖高度的增加，卸荷带范围线性增大。

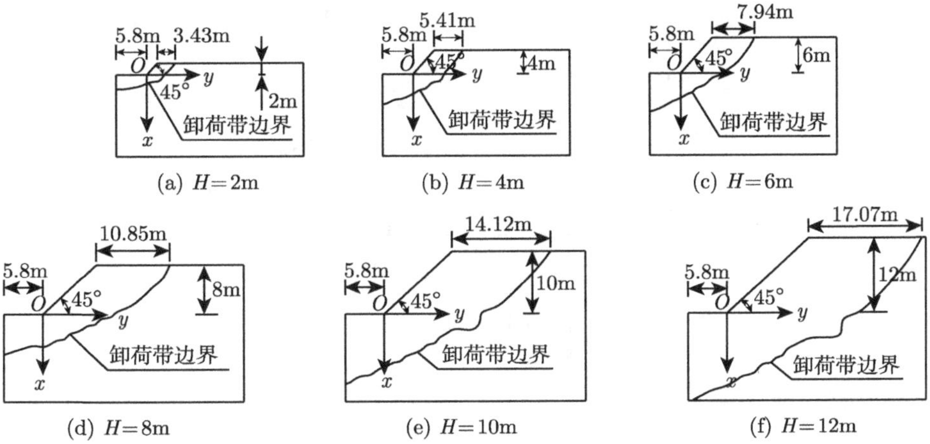

图 3.39 不同开挖高度时边坡卸荷范围

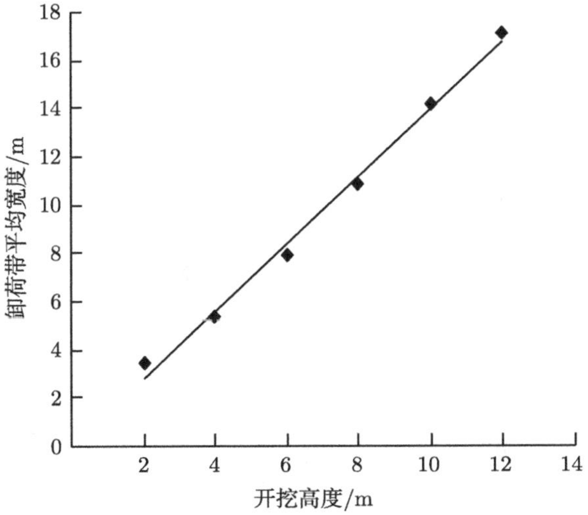

图 3.40 卸荷带平均宽度与开挖高度的关系

2. *开挖坡度*

边坡岩体物理力学参数同前，边坡按一级开挖，开挖台阶宽度 b=5.8m，高度 H=8m，开挖坡角 45°~90°，分别取 45°，50°，60°，70°，80°，90° 开始测量。计算结果显示，边坡开挖卸荷边界基本与开挖面平行，且随着边坡开挖坡度的增加，卸荷范围逐渐增大，卸荷带平均宽度随开挖边坡坡度的余切值线性降低 (图 3.41)。

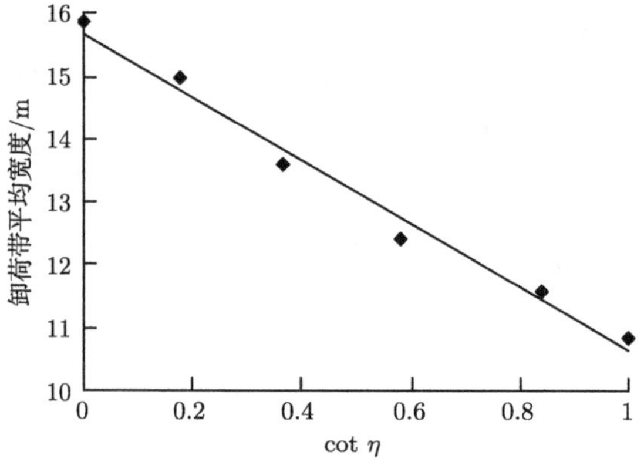

图 3.41　卸荷带平均宽度与开挖坡度的关系图

3. 开挖台阶宽度

边坡岩体物理力学参数同前，切坡高度 H=8m，开挖坡角 η=53°，边坡开挖台阶宽度 0.5~5.8m。计算结果显示，随着开挖台阶宽度的增加，卸荷带平均宽度逐渐减小，与开挖台阶宽度呈线性递减关系 (图 3.42)。

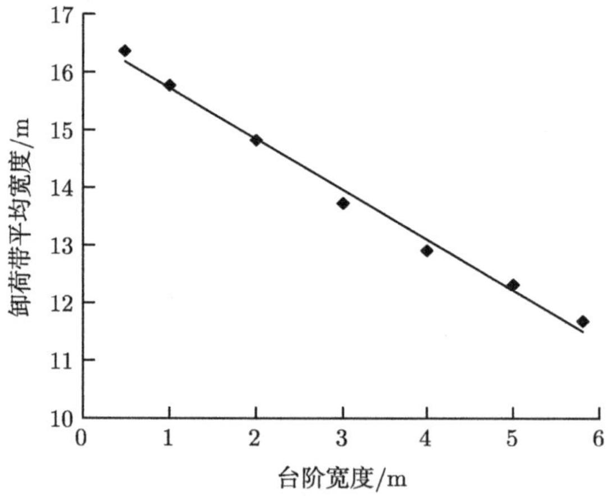

图 3.42　卸荷带平均宽度与开挖台阶宽度的关系

4. 岩体强度参数和容重

边坡岩体强度参数 c=150kPa、φ=25°，泊松比 μ=0.35，按一级开挖，开挖台阶宽度 b=5.8m，切坡高度 H=8m，开挖坡度 η=53°，边坡岩体容重 20~30kN/m^3，以 2kN/m^3 为一级差。计算结果显示，随着岩体容重的增大，卸荷带平均宽度逐渐减小 (图 3.43)。

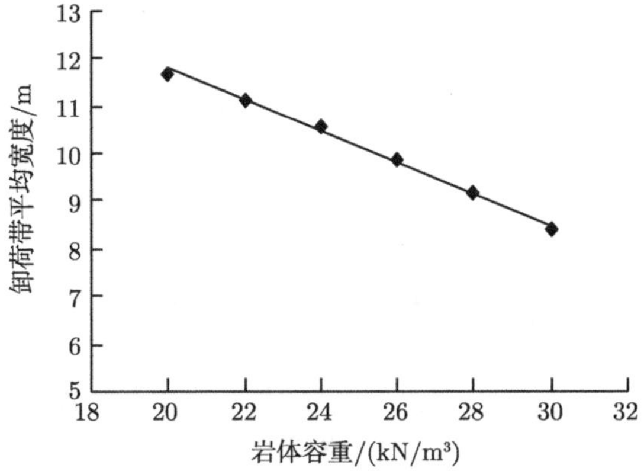

图 3.43 卸荷带平均宽度与岩体容重的关系

5. 内摩擦角

边坡岩体容重 γ=20kN/m^3，强度参数 c=150kPa，泊松比 μ=0.35，按一级开挖，开挖台阶宽度 b=5.8m，切坡高度 H=8m，开挖坡度 η=53°，岩体内摩擦角 25°～45°，以 5° 为一级差。计算结果显示，随着岩体内摩擦角的增加，卸荷带平均宽度逐渐减小 (图 3.44)。

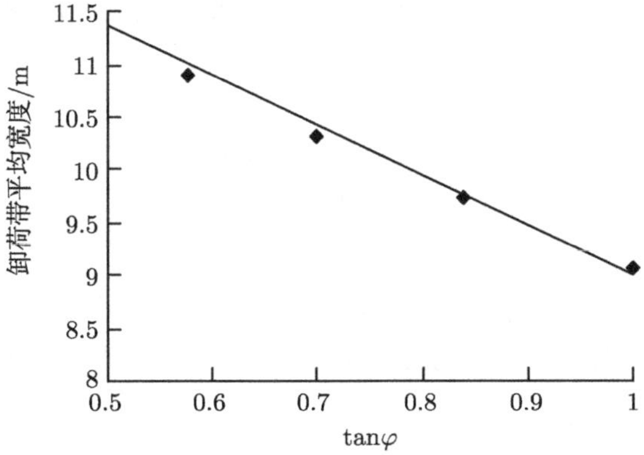

图 3.44 卸荷带平均宽度与岩体内摩擦角的关系

6. 黏结力

边坡岩体容重 γ=20kN/m^3，强度参数 φ=25°，泊松比 μ=0.35，按一级开挖，开挖台阶宽度 b=5.8m，切坡高度 H=8m，开挖坡度 η=53°，黏结力 100～300kPa，以 50kPa 为一级差。计算结果显示，随着岩体黏结力的增加，卸荷带平均宽度逐渐增加 (图 3.45)。

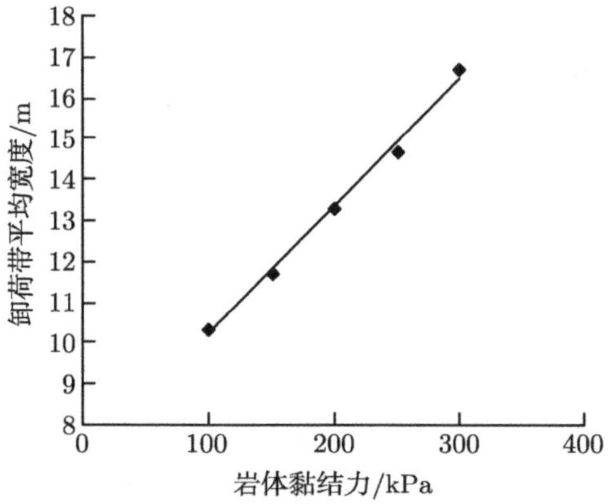

图 3.45　卸荷带平均宽度与岩体黏结力的关系

3.4.4　开挖边坡平均宽度计算方法

开挖岩体边坡平均宽度 (B) 与边坡开挖高度 (H)、台阶宽度 (b)、坡度 (η) 及边坡岩体物理力学参数 c、φ、γ 等密切相关，存在状态方程

$$B = f(H, b, \eta, c, \varphi, \gamma) \tag{3.4}$$

根据前述敏感性分析揭示的开挖边坡卸荷带宽度变化规律，卸荷带平均宽度 B 可用 $\dfrac{cH}{b\gamma\tan\varphi\cot\eta}$ 表达，令

$$B = \frac{kcH\tan\eta}{b\gamma\tan\varphi} \tag{3.5}$$

式中，k 为比例系数。

通过敏感性分析结果拟合，得 k=0.045。由于敏感性分析未考虑边坡开挖方式、机具、不同岩性等因素对平均宽度的影响，引入修正系数 α，则开挖岩体边坡卸荷带平均宽度估算式为

$$B = 0.045\alpha\frac{cH\tan\eta}{b\gamma\tan\varphi} \tag{3.6}$$

式中，B 为开挖边坡卸荷带平均宽度 (m)；H 为边坡开挖高度 (m)；b 为边坡开挖台阶宽度 (m)；η 为边坡开挖坡度 (°)；c 为边坡岩体黏结力 (kPa)；φ 为边坡岩体内摩擦角 (°)；γ 为边坡岩体容重 (kN/m^3)；α 为开挖修正系数，爆破开挖时，取 $\alpha = 1.2$，其余方式取 $\alpha = 1.1$。

以重庆市巫溪至巫山二级干线公路 k88 岩体挖方边坡为例，该边坡于 2006 年五六月采用爆破施工方法开挖，开挖高度 28m、台阶宽度 b=8m、开挖坡度 η=60°。边坡岩体结构破碎，厚度 9~18m，基岩为三叠系砂岩和泥岩交互沉积 (图 3.46)。现

场取样测得岩体 c=180kPa、φ=27°、γ=24.6kN/m^3。运用本章方法计算得到开挖卸荷带平均宽度 B=4.71m，与现场实际情况基本相符。

图 3.46　重庆市巫溪至巫山二级公路 k88 高边坡外貌

第 4 章　公路岩石边坡破坏机制

4.1　岩石开挖边坡变形特性试验解译

4.1.1　模型试验设计

1. 地质模型

本书模型试验的原型采自重庆市巫山县至巫溪县二级公路 (简称两巫路) k88+720~k88+750 段。区内山体发育，属低山斜坡地貌，坡度为 20°~33°，坡向 135°，本区属朝阳—官阳背斜南翼，以单斜构造为主，未发现断层及次级褶皱，岩体较完整，岩层产状 169°∠24°，开挖后公路左侧形成 15~26m 顺层边坡，右侧形成 3~13m 的反倾边坡。

场地内出露地层主要为第四系全新统残坡积碎石土 (Q^{el+dl}) 及三叠系中统巴东组 (T_2b^3) 泥灰岩：

碎石土 (Q^{el+dl})：灰色、灰褐色，松散~稍密，干~稍湿，以泥灰岩碎块石为主，呈强~弱风化状，形状不规则，粒径 2~15cm，含量 60%，土石比 3:7，土质不均匀。分布于斜坡中下部，厚 0.5~1.40m。

三叠系中统巴东组 (T_2b^3) 泥灰岩：灰褐色、深灰色，隐晶结构，厚层状构造，含方解石、黏土矿物，岩芯呈短柱状、柱状，强风化岩体岩芯质中硬，层面无充填物质。

2. 工程设计方案

该路堑断面如图 4.1，左边坡分两级开挖，第一级开挖高度为 10m，第二级开挖高度为 11.4m，开挖坡比为 1:0.3，右边切坡第一级开挖高度为 10m，第二级开挖高度为 1.2m，开挖坡比为 1:0.3。最大开挖深度为 13.99m，路基加附属设施宽度为 10.8m。

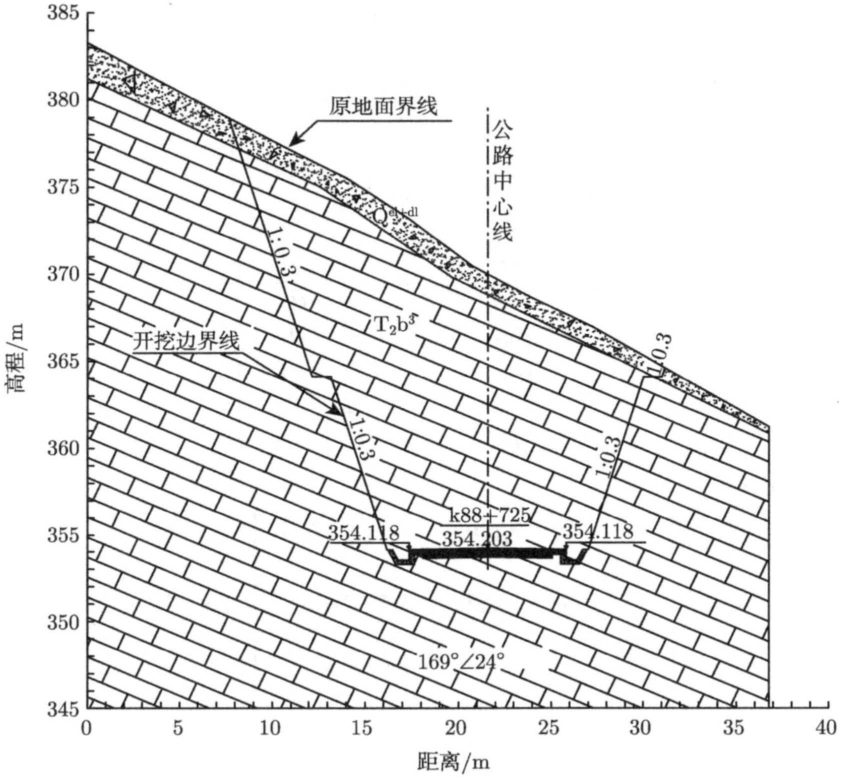

图 4.1 k88+725 路堑边坡设计方案

4.1.2 试验方法与过程

1. 模型试验相似原理 [10,12]

物理现象相似是指物理体系的形态和某种变化过程的相似。通过对一种现象的研究去了解与其变化的数学规律相同而物理性质不同的另一种现象，称为“模拟”。通过试验与理论研究，人们已经发现某些物理现象中各物理量之间的函数关系，即物理定律。在针对实际工程时，可以通过现场量测的手段来获取其物理现象的变化规律，但是往往需要耗费大量的人力、财力。在性价比的比较过程中，人们普遍采用相似模型来模拟实际工程原型以达到对物理现象及规律的认识。模型试验的主要步骤为：相似条件的确定、模型材料的选择、模型制作、量测及成果分析。

应力试验的相似条件可从弹性力学的基本方程和边界条件推出，受力体内所有点均应满足以下方程。

平衡微分方程：

$$
\left.\begin{aligned}
&\frac{\partial\sigma_x}{\partial x}+\frac{\partial\tau_{yx}}{\partial y}+\frac{\partial\tau_{zx}}{\partial z}+X=0\\
&\frac{\partial\sigma_y}{\partial y}+\frac{\partial\tau_{zy}}{\partial z}+\frac{\partial\tau_{xy}}{\partial x}+Y=0\\
&\frac{\partial\sigma_z}{\partial z}+\frac{\partial\tau_{xz}}{\partial x}+\frac{\partial\tau_{yz}}{\partial y}+Z=0
\end{aligned}\right\} \tag{4.1}
$$

几何方程：

$$
\left.\begin{aligned}
&\varepsilon_x=\frac{\partial u}{\partial x},\quad \gamma_{xy}=\frac{\partial u}{\partial y}+\frac{\partial v}{\partial x}\\
&\varepsilon_y=\frac{\partial v}{\partial y},\quad \gamma_{yz}=\frac{\partial w}{\partial y}+\frac{\partial v}{\partial z}\\
&\varepsilon_z=\frac{\partial w}{\partial z},\quad \gamma_{zx}=\frac{\partial u}{\partial z}+\frac{\partial w}{\partial x}
\end{aligned}\right\} \tag{4.2}
$$

物理方程：

$$
\left.\begin{aligned}
&\varepsilon_x=\frac{1}{E}\left[\sigma_x-\mu(\sigma_y+\sigma_z)\right]\\
&\varepsilon_y=\frac{1}{E}\left[\sigma_y-\mu(\sigma_z+\sigma_x)\right]\\
&\varepsilon_z=\frac{1}{E}\left[\sigma_z-\mu(\sigma_x+\sigma_y)\right]\\
&\gamma_{xy}=\frac{2(1+\mu)}{E}\tau_{xy}\\
&\gamma_{yz}=\frac{2(1+\mu)}{E}\tau_{yz}\\
&\gamma_{zx}=\frac{2(1+\mu)}{E}\tau_{zx}
\end{aligned}\right\} \tag{4.3}
$$

应力边界条件：

$$
\left.\begin{aligned}
&\overline{X}=\sigma_x\cdot l+\tau_{yz}\cdot m+\tau_{zx}\cdot n\\
&\overline{Y}=\tau_{xy}\cdot l+\sigma_y\cdot m+\tau_{zy}\cdot n\\
&\overline{Z}=\tau_{xz}\cdot l+\tau_{yz}\cdot m+\sigma_x\cdot n
\end{aligned}\right\} \tag{4.4}
$$

位移边界条件：

$$
\left.\begin{aligned}
&u=u^*\\
&v=v^*\\
&w=w^*
\end{aligned}\right\} \tag{4.5}
$$

式中，σ 和 τ 为应力分量，ε 和 γ 为应变分量，u、v、w 为三个方向的变形分量；E、μ 为弹性模量及泊松比；$\overline{X}$、$\overline{Y}$、$\overline{Z}$ 和 l、m、n 分别为三个方向的面力分量及面力分量和表面点处法线方向的余弦；X、Y、Z 为体积力分量；$*$ 为边界上的已知位移分量。

假设原型与模型的相似常数如下。

几何相似常数：

$$C_l = \frac{x_{\mathrm{p}}}{x_{\mathrm{m}}} = \frac{y_{\mathrm{p}}}{y_{\mathrm{m}}} = \frac{z_{\mathrm{p}}}{z_{\mathrm{m}}} = \frac{u_{\mathrm{p}}}{u_{\mathrm{m}}} = \frac{v_{\mathrm{p}}}{v_{\mathrm{m}}} = \frac{w_{\mathrm{p}}}{w_{\mathrm{m}}} = \frac{l_{\mathrm{p}}}{l_{\mathrm{m}}} \tag{4.6}$$

应力相似常数：

$$C_\sigma = \frac{(\sigma_x)_{\mathrm{p}}}{(\sigma_x)_{\mathrm{m}}} = \frac{(\sigma_y)_{\mathrm{p}}}{(\sigma_y)_{\mathrm{m}}} = \frac{(\sigma_z)_{\mathrm{p}}}{(\sigma_z)_{\mathrm{m}}} = \frac{(\tau_{xy})_{\mathrm{p}}}{(\tau_{xy})_{\mathrm{m}}} = \cdots = \frac{\sigma_{\mathrm{p}}}{\sigma_{\mathrm{m}}} \tag{4.7}$$

应变相似常数：

$$C_\varepsilon = \frac{(\varepsilon_x)_{\mathrm{p}}}{(\varepsilon_x)_{\mathrm{m}}} = \frac{(\varepsilon_y)_{\mathrm{p}}}{(\varepsilon_y)_{\mathrm{m}}} = \frac{(\varepsilon_z)_{\mathrm{p}}}{(\varepsilon_z)_{\mathrm{m}}} = \frac{(\gamma_{xy})_{\mathrm{p}}}{(\gamma_{xy})_{\mathrm{m}}} = \cdots = \frac{\varepsilon_{\mathrm{p}}}{\varepsilon_{\mathrm{m}}} \tag{4.8}$$

位移相似常数：

$$C_\delta = \delta_{\mathrm{p}}/\delta_{\mathrm{m}} \tag{4.9}$$

弹性模量相似常数：

$$C_E = E_{\mathrm{p}}/E_{\mathrm{m}} \tag{4.10}$$

泊松比相似常数：

$$C_\mu = \mu_{\mathrm{p}}/\mu_{\mathrm{m}} \tag{4.11}$$

边界面力相似常数：

$$C_{\overline{X}} = \overline{X}_{\mathrm{p}}/\overline{X}_{\mathrm{m}} \tag{4.12}$$

体积力相似常数：

$$C_X = X_{\mathrm{p}}/X_{\mathrm{m}} \tag{4.13}$$

容重相似常数：

$$C_\gamma = \gamma_{\mathrm{p}}/\gamma_{\mathrm{m}} \tag{4.14}$$

从平衡微分方程 (4.1) 得

对于原型存在：

$$\left(\frac{\partial \sigma_x}{\partial x} + \frac{\partial \tau_{yx}}{\partial y} + \frac{\partial \tau_{zx}}{\partial z} + X\right)_{\mathrm{p}} = 0 \tag{4.15}$$

对于模型存在：

$$\left(\frac{\partial \sigma_x}{\partial x} + \frac{\partial \tau_{yx}}{\partial y} + \frac{\partial \tau_{zx}}{\partial z} + X\right)_{\mathrm{m}} = 0 \tag{4.16}$$

从式 (4.6)~(4.14) 中有

$$\left.\begin{array}{l}(\sigma_x)_{\mathrm{p}} = C_\sigma(\sigma_x)_{\mathrm{m}},\quad (\tau_{yx})_{\mathrm{p}} = C_\sigma(\tau_{yx})_{\mathrm{m}},\quad (\tau_{zx})_{\mathrm{p}} = C_\sigma(\tau_{zx})_{\mathrm{m}} \\ x_{\mathrm{p}} = C_l \cdot x_{\mathrm{m}},\quad y_{\mathrm{p}} = C_l \cdot y_{\mathrm{m}},\quad z_{\mathrm{p}} = C_l \cdot z_{\mathrm{m}} \\ X_{\mathrm{p}} = C_X \cdot X_{\mathrm{m}},\quad \gamma_{\mathrm{p}} = C_\gamma \cdot \gamma_{\mathrm{m}}\end{array}\right\} \tag{4.17}$$

将式 (4.17) 代入式 (4.15) 得

$$\frac{C_\sigma}{C_l}\left(\frac{\partial\sigma_x}{\partial x}\right)_{\mathrm{m}}+\frac{C_\sigma}{C_l}\left(\frac{\partial\tau_{yx}}{\partial y}\right)_{\mathrm{m}}+\frac{C_\sigma}{C_l}\left(\frac{\partial\tau_{zx}}{\partial z}\right)_{\mathrm{m}}+C_X X_{\mathrm{m}}=0 \tag{4.18}$$

即

$$\left(\frac{\partial\sigma_x}{\partial x}+\frac{\partial\tau_{yx}}{\partial y}+\frac{\partial\tau_{zx}}{\partial z}+\frac{C_l C_X}{C_\sigma}X\right)_{\mathrm{m}}=0 \tag{4.19}$$

根据相似原理，如果模型和原型相似，则方程 (4.19) 和 (4.16) 应相同，即要求：

$$C_l C_X/C_\sigma=1 \tag{4.20}$$

同时，$C_X=C_\gamma$，则可改写成

$$C_l C_\gamma/C_\sigma=1 \tag{4.21}$$

也就是相似指标等于 1。

同理，其余各式相似指标如下。

由物理方程可得

$$C_\varepsilon\cdot C_E/C_\sigma=1 \quad 及 \quad C_\mu=1 \tag{4.22}$$

由应力边界条件得

$$C_{\overline{X}}/C_\sigma=1 \tag{4.23}$$

如果再以面积力 $\overline{X}=\gamma h$ 代入则得

$$C_{\overline{X}}=\frac{\gamma_{\mathrm{p}}h_{\mathrm{p}}}{\gamma_{\mathrm{m}}h_{\mathrm{m}}}=\frac{\gamma_{\mathrm{p}}}{\gamma_{\mathrm{m}}}\cdot C_l=C_\gamma\cdot C_l \tag{4.24}$$

又 $C_\delta=C_\varepsilon\cdot C_l$，其中 $C_\varepsilon=1$，则得

$$C_\delta=C_l \tag{4.25}$$

2. 相似材料选择原则

可以用于制作模型的材料很多，但没有一种是绝对理想的，所以，要选择一种或几种合适的材料制作结构模型，必须较全面地了解各种模型材料的性能，比较各自的优缺点，然后作出合理的选择。在选择模型材料时，应遵循以下原则：

1) 满足相似条件

模型材料的性能应满足模型设计提出的相似条件要求，这就要求对模型材料进行全面的材料性能试验，如材料的弹性模量、泊松比、容重、各种强度等，寻找尽可能适合于所设计的模型条件的材料 [13]。这是一个十分艰巨的任务，但它是成功完成模型试验的先决条件。

2) 满足试验目的

每次模型试验的目的不尽相同，模型材料的选择结合研究目的可作不同的要求。对于研究静力弹性模型，只要保证模型材料在试验范围内具有足够良好的线弹

性特性 [14]。对于研究变形破坏形态模型，除了要保证材料在弹性范围的特性满足相似条件外，还要使材料的强度特性满足相似条件。

3) 满足试验仪器的测量精度

模型试验总是通过测量模型的变形来分析结构特性的，试验常用的检测传感元件也大都是通过对变形的感知传导出各类物理量，所以模型在试验荷载作用下所能产生的变形量十分重要。为了使试验测量的精度较高，总是希望变形量较大，则要求模型材料的弹性模量较低，但过低弹性模量的材料，往往会导致较明显的非线性特性。因此需要综合考虑模型相似条件要求和试验测量精度要求之间的平衡。在模型试验过程中还要注意测点的刚度以及贴片胶水引起的刚化带来的非模型材料特性因素对测试结果的影响，另外，对于一些内埋式传感元件，还要注意模型材料刚度与元件刚度之间的匹配问题 [15,16]。

4) 易于加工

模型材料应易于加工，这对加快试验速度和降低试验费用很重要，对于一些复杂和形状不规则的结构，模型材料的选择取决于制造加工工艺水平，但是在现实世界中，很难找到一种既能满足力学性能，又具有良好的加工性能的模型材料 [17]。

对于模型试验，单纯从试验技术角度来分析，许多具体问题需要在选择材料时仔细加以考虑。

1) 弹性模量

材料的弹性模量过低，往往伴随着非线性特性的过早出现，同时，也会导致结构刚度过低，测量仪器的刚性都可能会影响模型的变形结果。但弹性模量过高，必然要增加试验荷载量以获得足够的变形量来满足测量精度的要求。但荷载的增加对于模型支座的刚度会提出更高的要求，同时，对加载设备及反力系统也提出了更高的要求，使整个试验装置复杂化。

2) 泊松比

泊松比是一个无量纲物理量，相似理论要求模型材料的泊松比与原型材料相一致。如果泊松比不相同，必然会给试验结果带来一定的误差，误差的大小要视模型的受力情况而定，例如，当法向应力引起的变形与剪切变形之比在所考虑的体系的弹性特征中是一个重要因素时，泊松比的不同就会明显地影响应力测量结果的正确性。因此在选择模型材料时，应使模型与原型材料的泊松比相同。

3) 徐变

一切合成材料几乎都存在徐变现象。徐变本身是一个十分复杂的物理量，只有将徐变研究作为模型试验的重要目的时，才充分考虑模型材料的徐变特性相似问题，在一般的模型中，则常采用一些试验技术加以补偿或利用数据处理加以修正、扣除，在选择模型材料时不专门考虑徐变性能的相似，而尽可能选用徐变小的材料，以提高试验检测的目的性和准确性。

4) 导热性

模型材料的导热性会直接影响模型上测量传感元件的测量结果。目前常用电阻应变测试手段进行模型应变测量，这种传感元件热敏感性很强，当模型材料导热较差时，会在传感元件周围产生较大的温度变化，从而影响测量的结果，造成较大的误差。

总之，模型材料的选择应综合上述多方面的要求考虑，择优用之。

3. 试验模型设计

1) 几何相似模型

本模型采用与实际工程路堑边坡为 1:30 的几何相似比，模型右侧高度为 150cm，左侧高度为 59.43cm，宽度为 200cm，长度为 80cm。用石膏–水泥砂浆预制岩层，层间距为 5cm，倾角为 24°，层间无充填。路堑分两级开挖左边坡 (坡比为 1:0.3)，中间设置一个平台；右边坡 (坡比为 1:0.3) 中间设置一个平台。模型公路路基及两侧的排水等设施的总宽度为 36.33cm，第一级与第二级之间的平台宽度为 3.3cm，最大开挖深度为 46.66cm，左边坡最大高度为 62.32cm，其中第一级为 33.33cm，第二级为 38.25cm，右边坡最大高度 33.84cm，其中第一级为 33.33cm，第二级为 2.04cm (图 4.2 和图 4.3)。

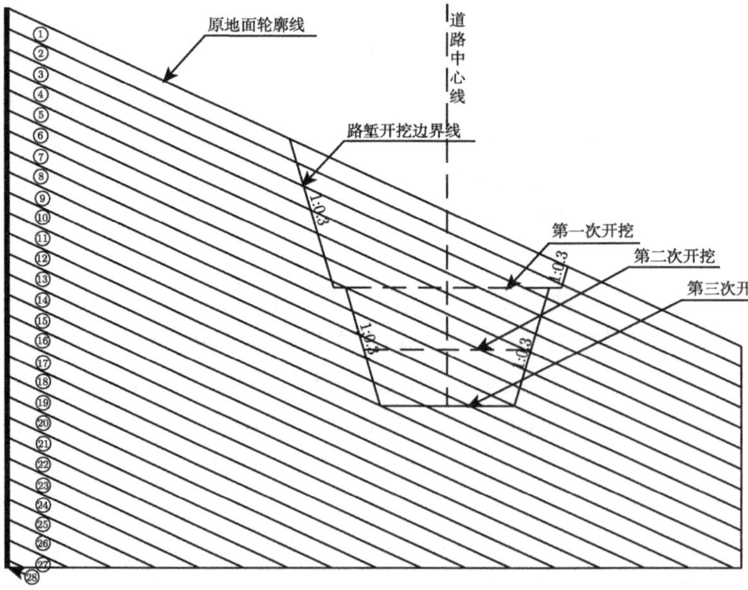

图 4.2　相似模型试验设计

图 4.3 试验模型与反力系统

2) 模型材料配比

据地质资料可知，该路段泥灰岩泊松比为 0.28，为满足相似条件，模型试验材料的泊松比必须达到或接近 0.28 方可确保较高的试验精度。本试验采用石膏-水泥-砂加添加剂混合材料作为相似材料，在实验室反复配比，并做成试件试压 (图 4.4)，得出了相应的配比参数 (表 4.1)。通过 5 组材料参数的对比分析，得出第 1 组配比材料最适合做此次模型试验的相似材料。

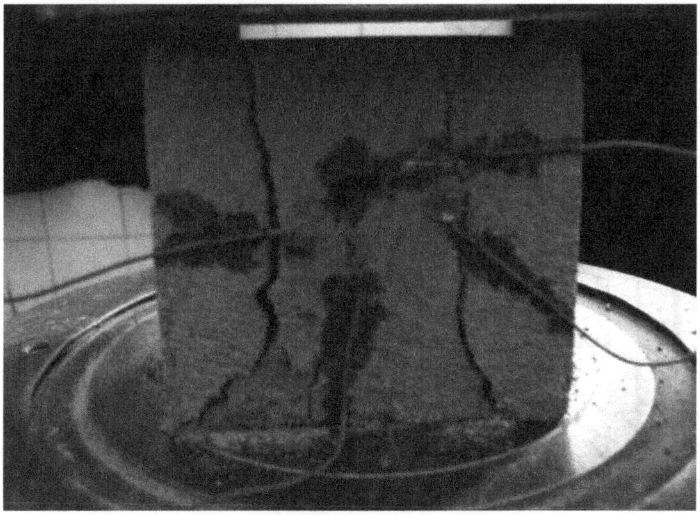

图 4.4 极限承载力作用下的试件

表 4.1 相似材料配比参数

配比编号	硼砂:水:砂:水泥:石膏 (质量比)	$\gamma/(\mathrm{kN/m^3})$	σ_c/MPa	弹性模量 E/Pa	泊松比 μ
1	0.01:1:7.705:0.384:0.900	20	1.35	16500	0.2855
2	0.01:1:7.705:0.642:0.642	20	2.73	45219	0.2859
3	0.01:1:7.87:0.337:0.787	20	1.32	20000	0.2692
4	0.01:1:7.99:0.699:0.300	20	1.46	25799	0.2237
5	0.01:1:7.705:0.900:0.384	20	1.35	29348	0.2155

4. *加载系统的选取*

1) 水平方向应力加载

由自重形成的竖向自重应力为 γH，则水平方向的应力为 $\lambda\gamma H$，其中 λ 为侧压力系数，则此试验模型侧向应力可以等效成集中力：

$$P=\frac{1}{2}\frac{\mu}{1-\mu}\gamma Hl \tag{4.26}$$

式中，l 表示模型沿里程方向的长度 (m)，本模型 $l=0.8\mathrm{m}$。

因为侧面的应力呈三角形分布，而三角形的重心在其长直角边 1/3 处，则加载系统如图 4.5 所示。

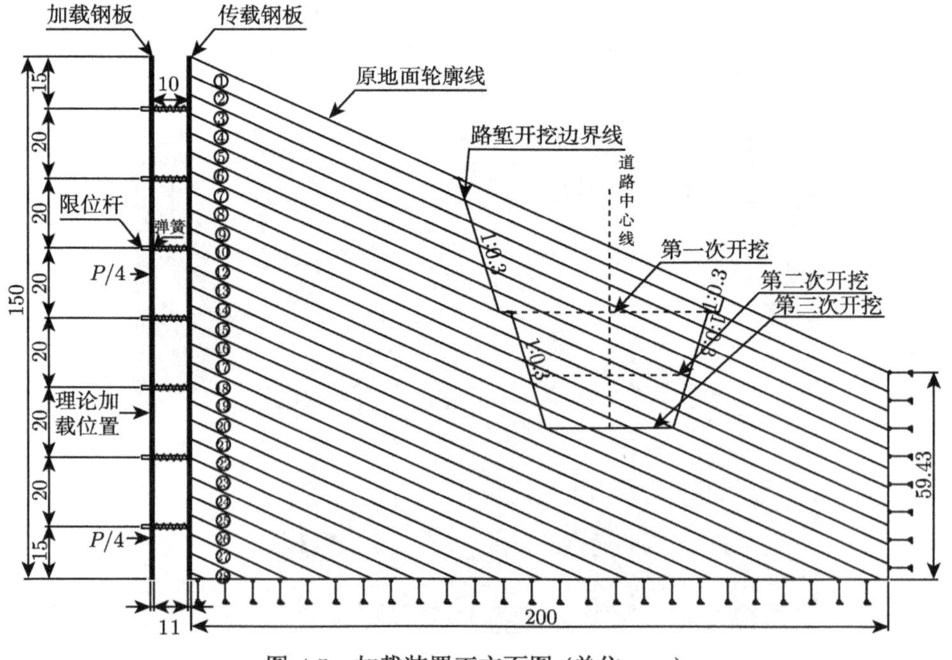

图 4.5 加载装置正立面图 (单位：cm)

侧向荷载通过在模型外侧面用千斤顶加载，理论上应放 1 个千斤顶在离底面 $h/3$ (h 为模型高度) 且为加载板的中心线上加载，加载数值为 P，但是在加载时为了能够使加载钢板和传力钢板平衡稳定，可分解成 4 个千斤顶加载，每个千斤顶加载数值大小等于 $P/4$，其合力等于 P，合力作用点也在其应力三角形重心。千斤顶安放位置如图 4.6~图 4.8。

图 4.6 试验中自重应力水平分量通过反力系统加载

传力弹簧可以根据胡克定律 $P=kx$ 来确定，此次试验使用的弹簧长度为 10cm，k=4000N/m，初定使用 27 根，则

$$P = \frac{1}{2}\frac{\mu}{1-\mu}\gamma H l = 27kx \tag{4.27}$$

估算可得弹簧是符合要求的。

2) 自重应力加载

由于地质力学模型相似材料与原型材料的容重十分接近，因此可以认为自重应力自然形成，无须另外施加自重力 [18,19]。

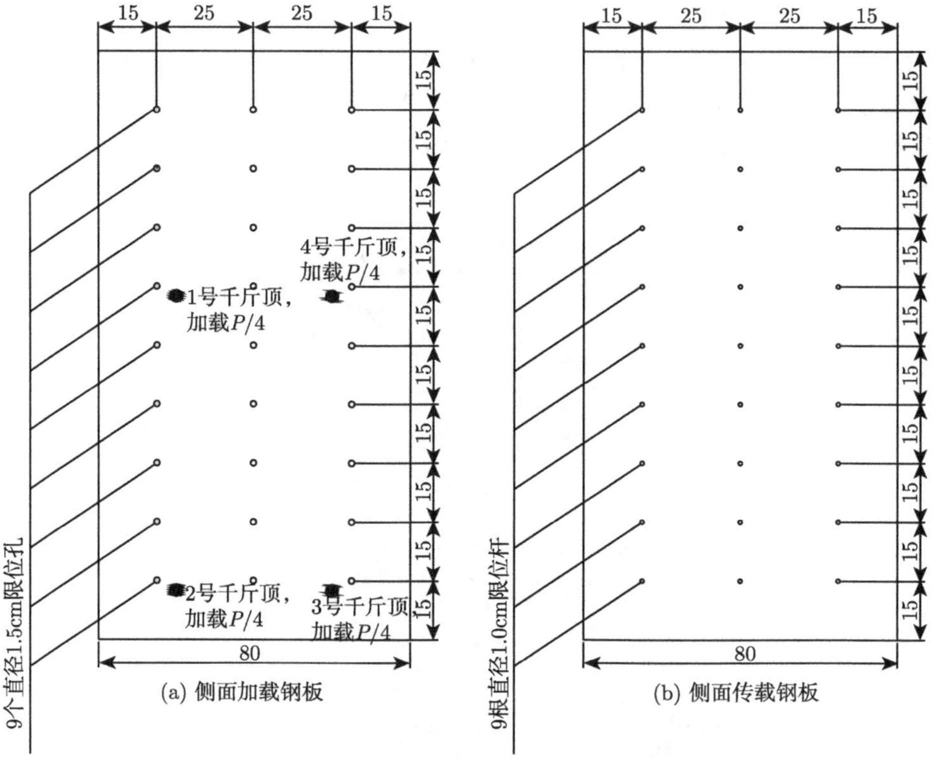

图 4.7　千斤顶在加载钢板侧面布置 (单位：cm)

图 4.8　加载与传载钢板在模型侧面安装

5. 模型试验测试内容

根据岩层厚度、顺层结构面特征、物理力学参数、边界条件等因素，采用分层加预制砂浆板制成坡体结构模型。制作时在相应层面和坡体内的指定位置 (板横向中心线上)，埋设预埋件外挂百分表来测坡内位移 (图 4.9)，测试开挖施工条件下坡体内的变形规律；并在不同层面上贴上应变片，以测试开挖卸荷条件下应力调整的规律 (图 4.10)。

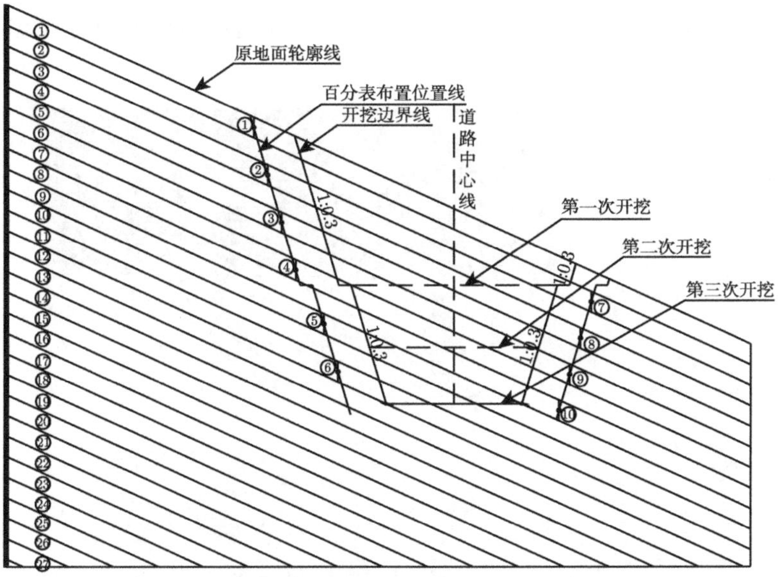

图 4.9 百分表安放位置 (测点在板横向中心线上)

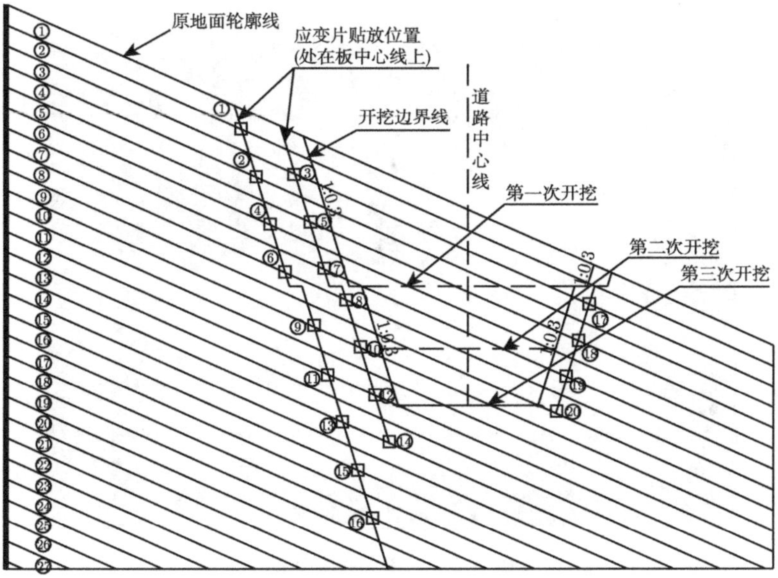

图 4.10 应变片贴放位置 (测点在板横向中心线上)

6. 模型试验测试方法

该模型试验的目的在于模拟边坡开挖后不加支护情况下的工况，分三阶段切坡。在试验过程中，首先开挖上面的第一层，然后第二、第三各层 (图 4.11~图 4.13)。开挖完毕后每隔一定时间读取位移数 (图 4.14)，并用静态应变仪连续量测坡内应力变化。

图 4.11　第一阶段开挖

图 4.12　第二阶段开挖

图 4.13 第三阶段开挖

图 4.14 读取坡体内测点位移

4.1.3　公路高边坡开挖过程位移及应力变化规律

1. 测试结果分析方法

1) 确定模型各测点应变片的应变值

根据误差理论，对一种荷载情况，至少应进行 4 或 5 次加荷测试。在反复加载时，各次的读数误差不应大于 $\pm 5\mu\varepsilon$ [20]。整理所得的数据时，应剔除因操作不当或某些可以察觉的偶然因素所造成的显然不合理的读数，并分析数据误差原因。确定了所有的原始读数以后，一般可用测点多次读数的算术平均值作为该测点的平均值 (图 4.15)。

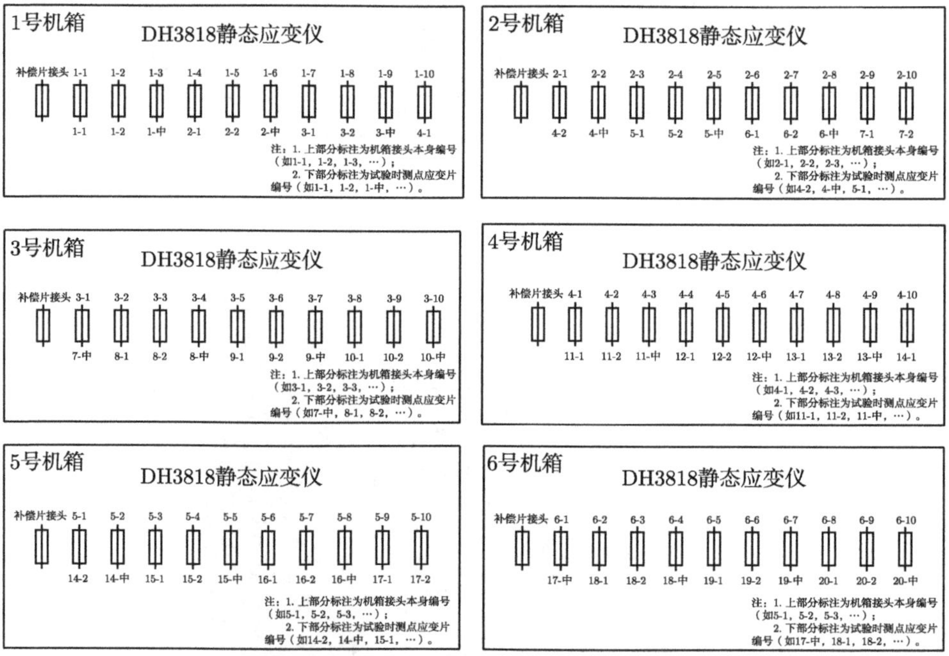

图 4.15　模型中应变片与应变仪对接顺序

2) 计算剪应变

根据弹性力学公式：

$$\varepsilon_\phi = \frac{\varepsilon_x + \varepsilon_y}{2} + \frac{\varepsilon_x - \varepsilon_y}{2} \times \cos 2\phi + \frac{\gamma_{xy}}{2} \times \sin 2\phi \tag{4.28}$$

式中，γ_{xy} 为剪应变；ϕ 为应变片布置方向角度 (°)。

当 ϕ=45° 时：

$$\gamma_{xy} = 2\varepsilon_{45^\circ} - \varepsilon_{0^\circ} - \varepsilon_{90^\circ} \tag{4.29}$$

式中，ε_{0°、ε_{45°、ε_{90° 为应变片与水平轴沿逆时针方向的夹角所测应变 (图 4.16)。

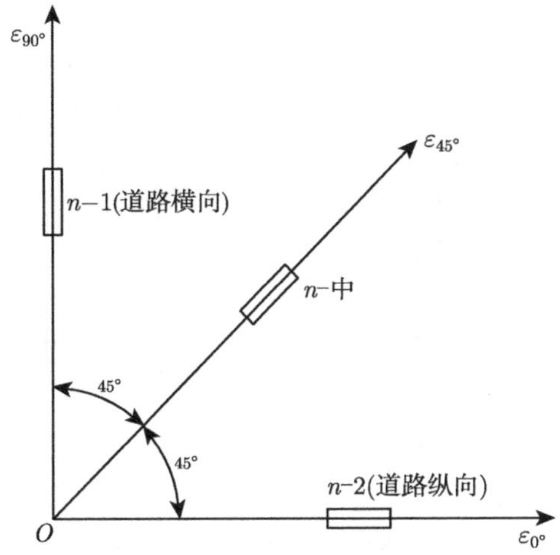

图 4.16 应变花的构成

n 为应变量测点编号

3) 计算模型内应力

当材料处于线弹性阶段时，可用测得的应变值按弹性力学物理方程计算模型应力 [10]。

对于平面应力模型：

$$\sigma_x = \frac{E}{1-\mu^2}(\varepsilon_{0°} + \mu\varepsilon_{90°}) \tag{4.30}$$

$$\sigma_y = \frac{E}{1-\mu^2}(\varepsilon_{90°} + \mu\varepsilon_{0°}) \tag{4.31}$$

$$\tau_{xy} = \frac{E}{2(1+\mu)}\gamma_{xy} \tag{4.32}$$

对于平面应变模型，需在上面的各个方程中将 E 换为 $E/(1-\mu^2)$，将 μ 换为 $\mu/(1-\mu)$，此次模型试验应视为平面应变问题。

得到 σ_x、σ_y、τ_{xy} 后，即可计算该测点的主应力值：

$$\sigma_{1,2} = \frac{\sigma_x + \sigma_y}{2} \pm \frac{1}{2} \times \sqrt{(\sigma_x - \sigma_y)^2 + 4\tau_{xy}^2} \tag{4.33}$$

$$\tan 2\alpha = \frac{2\tau_{xy}}{\sigma_x - \sigma_y} \tag{4.34}$$

$$\tau_{\max} = \frac{\sigma_1 - \sigma_2}{2} \tag{4.35}$$

式中，α 为最大主应力的方向角，即最大主应力与 0° 方向线的夹角 (从 0° 方向线沿逆时针为正，沿顺时针为负)。

2. 位移变化特征

分别在 2008 年 9 月 29 日下午、2008 年 10 月 4 日下午、2008 年 10 月 10 日下午分三个阶段开挖试验模型得到位移测试结果如表 4.2 和表 4.3 所示，所有的百分表初始读数调到 1mm，表中数据表示连续观测过程中的读数变化。并据此表得到位移变化曲线，如图 4.17 和图 4.18。

表 4.2　模型开挖过程水平方向 (x 方向) 位移读数　　(单位：mm)

时间	测点									
	1#	2#	3#	4#	5#	6#	7#	8#	9#	10#
初始读数	1.000	1.000	1.000	1.000	1.000	1.000	1.000	1.000	1.000	1.000
2008-9-29 17:20	5.609	2.859	2.597	1.321	1.000	1.153	1.637	1.158	1.107	1.002
2008-9-29 18:20	5.975	5.173	2.692	1.333	1.000	1.408	1.892	1.173	1.119	1.012
2008-9-30 10:00	6.250	5.328	2.831	1.419	1.028	1.457	1.941	1.196	1.119	1.014
2008-9-30 17:00	6.251	5.337	2.833	1.423	1.030	1.481	1.965	1.196	1.119	1.014
2008-10-1 10:00	6.280	5.360	2.833	1.422	1.031	1.493	1.977	1.209	1.124	1.014
2008-10-2 10:00	6.312	5.385	2.833	1.421	0.970	1.509	1.993	1.222	1.131	1.013
2008-10-3 10:00	6.330	5.394	2.833	1.422	0.970	1.515	1.999	1.223	1.130	1.013
2008-10-4 10:00	6.334	5.396	2.832	1.422	0.970	1.536	2.020	1.222	1.130	1.012
2008-10-4 17:30	6.380	5.397	2.832	1.428	0.998	1.555	2.039	1.223	1.127	1.012
2008-10-4 18:00	13.282	6.517	11.412	2.398	2.099	1.554	2.084	1.379	1.193	1.012
2008-10-5 10:00	13.291	6.520	11.419	2.398	2.099	1.555	2.107	1.422	1.207	1.012
2008-10-5 18:00	13.289	6.518	11.414	2.396	2.109	1.555	2.143	1.421	1.215	1.013
2008-10-6 10:00	13.299	6.520	11.410	2.405	2.099	1.555	2.145	1.447	1.232	1.012
2008-10-7 10:00	13.319	6.521	11.405	2.402	2.105	1.557	2.210	1.480	1.301	1.012
2008-10-8 10:00	13.318	6.521	11.403	2.401	2.105	1.556	2.212	1.480	1.302	1.013
2008-10-9 10:00	13.320	6.520	11.405	2.401	2.105	1.555	2.210	1.480	1.303	1.012
2008-10-10 10:00	13.320	6.519	11.403	2.402	2.104	1.550	2.211	1.479	1.303	1.012
2008-10-10 17:10	13.812	6.943	11.770	2.826	2.717	2.292	2.635	2.000	1.285	1.110
2008-10-10 17:30	13.901	7.011	11.840	2.837	2.734	2.373	2.636	2.001	1.263	1.110
2008-10-11 10:00	12.009	7.111	11.930	2.993	3.247	2.507	3.006	2.586	1.295	1.109
2008-10-12 10:00	12.051	7.137	11.941	5.022	3.251	2.474	3.019	2.600	1.305	1.108
2008-10-13 10:00	12.080	7.171	11.953	5.039	3.258	2.490	3.036	2.607	1.305	1.109
2008-10-14 10:00	12.123	7.191	11.968	5.042	3.266	2.517	3.036	2.667	1.318	1.126
2008-10-15 10:00	12.213	7.208	11.974	5.042	3.271	2.540	3.036	2.668	1.337	1.148
2008-10-16 10:00	12.258	7.208	11.978	5.044	3.272	2.554	3.039	2.667	1.344	1.160
2008-10-17 10:00	12.253	7.231	11.990	5.044	3.276	2.573	3.038	2.668	1.348	1.162
2008-10-18 10:00	12.295	7.236	11.991	5.047	3.277	2.607	3.049	2.671	1.348	1.177
2008-10-19 10:00	12.293	7.240	11.992	5.053	3.277	2.604	3.061	2.670	1.362	1.183
2008-10-20 10:00	12.292	7.259	11.991	5.053	3.278	2.605	3.091	2.700	1.352	1.185
2008-10-21 10:00	12.294	7.263	11.991	5.052	3.308	2.607	3.119	2.700	1.353	1.191
2008-10-22 10:00	12.294	7.269	11.999	5.053	3.278	2.613	3.141	2.700	1.353	1.192
2008-10-23 10:00	12.294	7.271	11.999	5.054	3.278	2.615	3.142	2.700	1.353	1.192
2008-10-24 10:00	12.338	7.268	11.999	5.057	3.278	2.623	3.167	2.747	1.352	1.216

表 4.3 模型开挖过程竖直方向 (z 方向) 位移读数 (单位：mm)

时间	测点									
	1#	2#	3#	4#	5#	6#	7#	8#	9#	10#
初始读数	1.000	1.000	1.000	1.000	1.000	1.000	1.000	1.000	1.000	1.000
2008-9-29 17:20	3.052	2.718	2.601	1.143	1.000	1.068	1.284	1.070	1.048	1.001
2008-9-29 18:20	3.215	2.858	2.644	1.148	1.000	1.182	1.397	1.077	1.053	1.005
2008-9-30 10:00	3.337	2.927	2.706	1.187	1.012	1.203	1.419	1.087	1.053	1.006
2008-9-30 17:00	3.338	2.931	2.707	1.188	1.013	1.214	1.430	1.087	1.053	1.006
2008-10-1 10:00	3.351	2.941	2.707	1.188	1.014	1.219	1.435	1.093	1.055	1.006
2008-10-2 10:00	3.365	2.952	2.707	1.187	0.987	1.227	1.442	1.099	1.058	1.006
2008-10-3 10:00	3.373	2.956	2.707	1.188	0.987	1.229	1.445	1.099	1.058	1.006
2008-10-4 10:00	3.375	2.957	2.706	1.188	0.987	1.239	1.454	1.099	1.058	1.005
2008-10-4 17:30	3.395	2.958	2.706	1.191	0.999	1.247	1.463	1.099	1.057	1.005
2008-10-4 18:00	6.468	3.456	5.636	2.513	1.489	1.247	1.483	1.169	1.086	1.005
2008-10-5 10:00	6.472	3.458	5.639	2.513	1.489	1.247	1.493	1.188	1.092	1.005
2008-10-5 18:00	6.471	3.457	5.637	2.512	1.494	1.247	1.509	1.187	1.096	1.006
2008-10-6 10:00	6.476	3.458	5.635	2.516	1.489	1.247	1.510	1.199	1.103	1.005
2008-10-7 10:00	6.485	3.458	5.633	2.515	1.492	1.248	1.539	1.214	1.134	1.005
2008-10-8 10:00	6.484	3.458	5.632	2.514	1.492	1.248	1.540	1.214	1.134	1.006
2008-10-9 10:00	6.485	3.458	5.633	2.514	1.492	1.247	1.539	1.214	1.135	1.005
2008-10-10 10:00	6.485	3.457	5.632	2.515	1.492	1.245	1.539	1.213	1.135	1.005
2008-10-10 17:10	6.704	3.646	5.795	2.703	1.764	1.575	1.728	1.445	1.127	1.049
2008-10-10 17:30	6.744	3.676	5.826	2.708	1.772	1.611	1.728	1.446	1.117	1.049
2008-10-11 10:00	6.792	3.721	5.866	2.778	2.000	1.671	1.893	1.706	1.131	1.049
2008-10-12 10:00	6.811	3.732	5.871	2.791	2.002	1.656	1.899	1.712	1.136	1.048
2008-10-13 10:00	6.824	3.748	5.877	2.798	2.005	1.663	1.906	1.715	1.136	1.049
2008-10-14 10:00	6.843	3.756	5.883	2.800	2.009	1.675	1.906	1.742	1.142	1.056
2008-10-15 10:00	6.883	3.764	5.886	2.800	2.011	1.686	1.906	1.743	1.150	1.066
2008-10-16 10:00	6.903	3.764	5.888	2.801	2.012	1.692	1.908	1.742	1.153	1.071
2008-10-17 10:00	6.901	3.774	5.893	2.801	2.013	1.700	1.907	1.743	1.155	1.072
2008-10-18 10:00	6.919	3.776	5.894	2.802	2.014	1.715	1.912	1.744	1.155	1.079
2008-10-19 10:00	6.918	3.778	5.894	2.805	2.014	1.714	1.918	1.744	1.161	1.081
2008-10-20 10:00	6.918	3.787	5.894	2.805	2.014	1.715	1.931	1.757	1.157	1.082
2008-10-21 10:00	6.919	3.788	5.894	2.804	2.028	1.715	1.943	1.757	1.157	1.085
2008-10-22 10:00	6.919	3.791	5.897	2.805	2.014	1.718	1.953	1.757	1.157	1.085
2008-10-23 10:00	6.919	3.792	5.897	2.805	2.014	1.719	1.954	1.757	1.157	1.085
2008-10-24 10:00	6.938	3.791	5.897	2.806	2.014	1.723	1.965	1.778	1.157	1.096

就整体而言，边坡开挖过程中位移最大的处于顺层 (左侧) 坡顶位置 (1#)，水平方向和竖直方向分别达 13.213mm 和 5.938mm，坡后沿出现明显的拉–张裂缝，其次处于第二级坡层间位置也比较大，这是由于开挖卸荷后，层间发生了相对的滑动。路堑反倾坡 (右侧) 发生位移不太明显 (以 7# 为例)，水平方向和竖直方向位移分别为 2.167mm 和 0.965mm。同时值得指出的是 2# 的位移明显比 3# 的位移要小，这是由于在制作砂浆板过程中 2# 所处位置的表面比 3# 粗糙些。

对比三次开挖后相对位移的增长量，第一次、第二次开挖位移增长量最为明显 (如图 4.17 和图 4.18)，开挖位移变化主要是在开挖后较短时间内完成 (一般为 0~5 小时) 的，随后位移变化不太明显，只是发生较小的位移。每一次开挖完成后 4 天左右位移基本上趋于稳定。

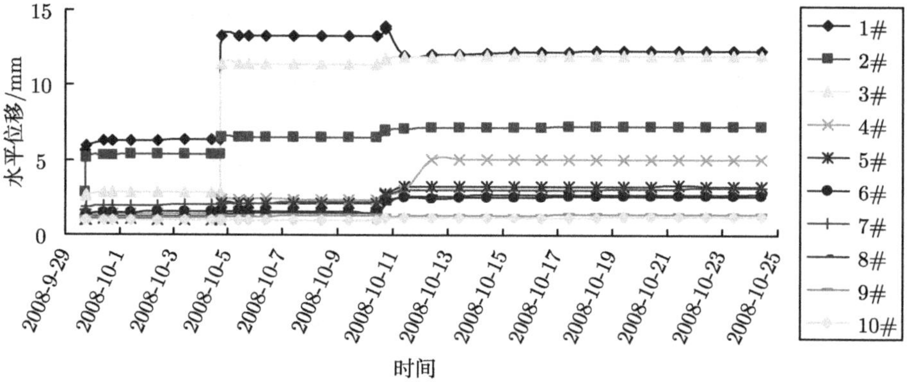

图 4.17　模型开挖过程中坡内水平方向 (x 方向) 位移读数变化曲线

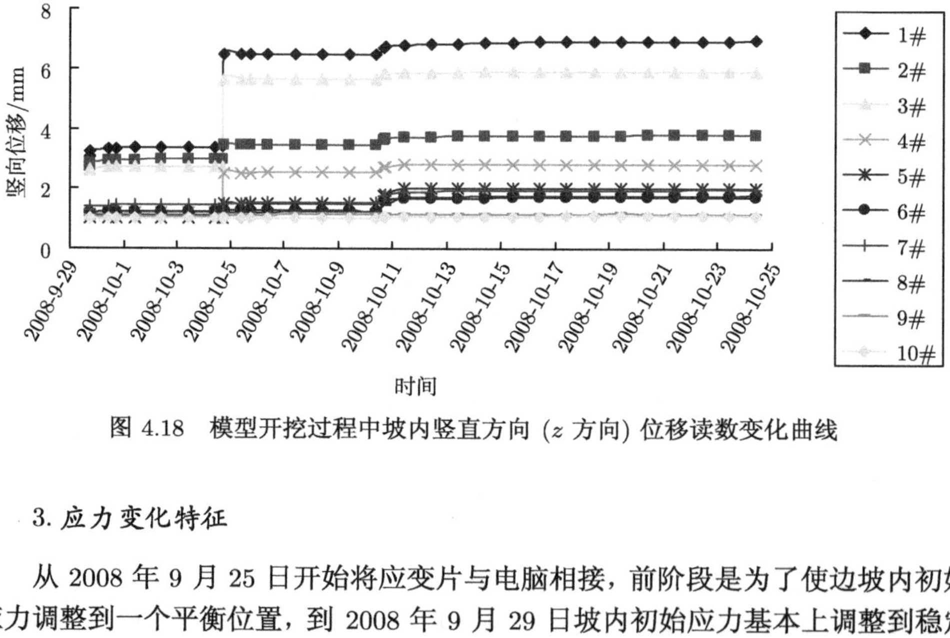

图 4.18　模型开挖过程中坡内竖直方向 (z 方向) 位移读数变化曲线

3. 应力变化特征

从 2008 年 9 月 25 日开始将应变片与电脑相接，前阶段是为了使边坡内初始应力调整到一个平衡位置，到 2008 年 9 月 29 日坡内初始应力基本上调整到稳定状态，从此时开始第一步开挖，连续观测到 2008 年 10 月 23 日，历时一个月，共得到 330 多万组数据。通过计算，并取每一天的平均值来代表该边坡模型开挖过程中应力变化结果，如表 4.4 和表 4.5 所示。并据此表得到了开挖过程最大主应力、最小主应力的变化曲线，如图 4.19 和图 4.20。

表 4.4 模型开挖过程中最大主应力变化 (单位：Pa)

时间	测点																			
	1#	2#	3#	4#	5#	6#	7#	8#	9#	10#	11#	12#	13#	14#	15#	16#	17#	18#	19#	20#
2008-09-28	36495	38098	32221	42982	35320	44299	44760	44420	44425	44822	45103	45174	47727	48798	56931	58324	35484	33340	34355	38844
2008-09-29	32260	34659	29669	39856	31075	41519	40074	44019	44402	45103	45095	44427	47722	48559	55598	56141	33247	30520	33506	36750
2008-09-30	31919	30520	27799	37232	29075	38978	38380	44039	44400	44860	44604	43900	46552	48378	55319	55861	33171	28087	31291	36868
2008-10-01	30522	30434	27675	36247	26140	37583	38052	44321	44250	44177	43274	41699	47815	47161	55338	54975	31978	27804	28580	36109
2008-10-02	30379	30021	27480	35670	22552	37047	37699	43699	44046	44075	43032	41819	46847	46316	54930	54417	30701	27853	27052	36312
2008-10-03	30525	30709	27421	35679	25565	36231	37021	43274	43958	44048	43420	41699	46874	46944	54709	54120	30198	27552	27582	36257
2008-10-04	30003	30235	27083	34563	25006	35961	36308	43604	44002	44425	43709	41442	46722	46147	54579	54115	30164	27587	27482	36163
2008-10-05	28521	30058	27099	33251	25073	35583	35451	41838	41265	43522	43874	41975	44002	45418	51227	54379	29138	26635	27552	38002
2008-10-06	28054	30235	26938	33715	25074	35452	35816	41460	40525	43321	44181	41999	43819	46537	53939	54466	30022	25368	26431	37810
2008-10-07	27927	29658	26563	34012	23970	33047	35685	41004	41482	43860	42522	40075	39067	45837	55955	55347	30436	25646	25829	36910
2008-10-08	27089	29566	26710	33943	23244	33231	36251	44028	41573	43009	41116	39900	40900	45727	55583	54889	29401	26267	26140	35148
2008-10-09	27902	29957	26683	33915	23900	32010	35892	42479	39853	41699	38024	34413	38996	40890	50351	52323	29274	25796	25975	35006
2008-10-10	25363	28131	25598	32667	23247	33919	33127	40049	38324	40039	37238	34902	37241	41476	52525	52217	28250	25577	25807	34012
2008-10-11	24799	27363	24359	30592	22637	33561	32901	39642	38978	39047	36829	34673	37950	40031	50157	52452	29654	25442	24413	34659
2008-10-12	24827	25363	24780	29620	21367	32973	33608	38763	38996	40001	36537	34092	38340	40525	50248	50415	23886	25363	23220	34812
2008-10-13	24799	25169	24359	29333	20714	31047	32798	39855	37618	39246	36342	34147	36626	40174	49346	50992	25450	25048	22599	34446
2008-10-14	23783	25781	24799	29755	21977	31900	30860	39056	37579	39075	36372	33777	36049	38312	47727	49759	24912	25087	20209	33456
2008-10-15	20540	24036	24359	30520	21482	30815	29637	38653	37075	39423	35659	33047	36051	38601	46452	49758	24279	24941	20759	33047
2008-10-16	20362	24285	24683	30592	21679	30423	29682	36257	36777	38973	35046	33035	36047	38600	46147	48905	24381	24543	20078	33134
2008-10-17	20052	23142	24721	29774	21517	30437	29517	36183	36075	38429	34915	33024	35096	37817	46082	48674	24131	24525	19775	32820
2008-10-18	20024	23436	23997	29639	21146	30587	29444	36024	35775	38117	34565	33002	35070	37442	45955	47699	23445	23841	19691	32382
2008-10-19	20019	23205	23792	29642	21109	30322	29307	36029	35222	38105	34348	33237	35009	36848	44440	47039	23280	23624	19305	32252
2008-10-20	19118	23174	22175	29580	20957	30092	29447	36007	35220	38094	34211	33197	35007	36118	43479	47041	23107	23389	18684	32243
2008-10-21	18965	22860	22124	29481	20519	30012	28852	36008	35225	38124	33919	33075	34915	36001	43056	46897	23131	23386	18682	32146
2008-10-22	18963	22363	22147	28738	20849	30015	28429	35939	35218	38121	33537	33062	34623	35964	43016	45896	23210	23327	18927	32303
2008-10-23	18729	22427	22144	28617	20328	30006	28357	34251	35170	38120	33451	33061	34423	35311	42458	45367	23038	23222	18927	32287
2008-10-24	18729	22406	22146	27932	20289	30001	28337	34211	35165	38107	33461	33060	34411	35028	41465	45196	23038	23217	18640	31713

表 4.5　模型开挖过程中最小主应力变化　　(单位：Pa)

时间	测点																			
	1#	2#	3#	4#	5#	6#	7#	8#	9#	10#	11#	12#	13#	14#	15#	16#	17#	18#	19#	20#
2008-09-28	18076	27257	21207	24043	21679	22347	23870	26012	25053	26238	23158	25046	21771	27208	30815	32300	21107	24509	26745	22644
2008-09-29	16626	23741	20712	23937	18360	20939	21679	25075	25020	25520	22046	24859	21770	27261	30010	30520	21725	22552	23495	22005
2008-09-30	13900	21683	20420	23332	18223	20849	20114	25075	25037	25582	22038	23629	21075	26593	30039	30809	20029	21687	22056	21517
2008-10-01	11163	21243	20049	22639	17850	20799	19952	26140	25175	25397	22087	22933	21799	25370	29187	30601	20055	21409	23577	21809
2008-10-02	11123	21033	19625	21771	17015	21637	20480	25073	25073	25279	22017	22579	21239	24814	29467	29791	19889	22239	22314	22776
2008-10-03	11173	22927	19626	22347	16523	20020	19431	25002	25173	25278	21941	21679	21112	24353	29801	29324	19499	22506	22314	21516
2008-10-04	11460	21159	19515	22685	16620	20706	20142	25140	24979	25173	22003	21421	21683	24332	29844	29465	19390	22666	21601	20898
2008-10-05	11068	20799	19703	22833	16596	19722	20174	25093	23945	25020	21508	21624	20001	23513	27799	27271	18934	22001	20757	20026
2008-10-06	11007	20235	19295	21605	15950	18621	19747	25260	22322	24072	21670	20020	20357	22357	25078	27815	19641	22543	21552	22204
2008-10-07	11064	20159	19464	20246	16626	18900	19472	25175	22222	24018	21845	20281	20716	22324	24420	28120	18895	20611	22331	20477
2008-10-08	11018	089	18973	21232	16352	19048	18376	24208	22289	23421	20726	20006	20790	20741	24789	26658	16598	21227	22342	20603
2008-10-09	11011	21093	18313	21683	15900	19075	18293	24209	21683	20114	19265	18694	19072	21990	25668	25232	16356	21052	22017	19178
2008-10-10	11464	20185	18056	21353	15474	18620	19900	22078	20828	20124	19465	18678	18523	21964	24053	26577	16090	20014	20836	19100
2008-10-11	10839	19335	16335	20587	15614	18618	18721	23938	20416	21018	19683	18602	18946	21224	24154	25160	16269	20078	21249	19082
2008-10-12	10001	18900	16251	18415	15276	18900	18638	21266	21099	20423	19205	18612	18627	20016	23477	25248	16571	20614	20735	19017
2008-10-13	9728	17532	16033	19187	15290	18679	18847	21595	20175	21078	19197	18324	18818	19530	22624	26405	16742	20603	20726	19028
2008-10-14	9028	17030	15533	17467	15119	18474	18899	20600	20720	21000	19015	18098	18523	19708	21771	25595	16353	20726	20533	19015
2008-10-15	9486	17078	16335	18466	15248	18989	18736	20552	20016	20015	18476	18045	18517	19367	21605	25261	16314	20624	20535	19002
2008-10-16	9454	17265	16442	17340	15016	18117	18572	20599	20079	20375	18900	18594	18516	19367	21536	25063	16425	20217	20709	18925
2008-10-17	9422	17266	16408	17313	15010	18003	18159	20561	20067	20097	18441	18459	18501	19371	21368	25003	16153	20225	20632	18640
2008-10-18	9314	17654	16420	17153	15197	18002	18025	20223	19965	19206	18395	18295	18010	19288	21097	24886	16108	19973	19352	18392
2008-10-19	9028	17271	16269	17133	15002	17876	18015	20078	19218	19175	17936	18270	18003	19071	21059	24796	16162	19928	18832	18215
2008-10-20	9018	16918	15834	17149	14998	17696	18023	20052	19419	19130	17929	18074	17919	19012	20914	24213	16160	19360	18559	18058
2008-10-21	8997	16869	15820	17027	14942	17695	18032	20039	19075	19168	17576	18067	17523	18628	20032	24216	16178	19331	18652	18042
2008-10-22	8583	16835	15833	17235	14915	17627	18144	20000	19063	18602	17215	18096	17258	18586	20015	24256	16124	19241	18526	18043
2008-10-23	8539	16834	15822	17042	14843	17218	18118	19187	19008	18397	17379	18018	17252	18580	20005	24190	16056	19084	18509	18034
2008-10-24	8533	16824	15821	17036	14626	16952	18115	19106	18840	18224	17363	18001	17157	18437	20004	24144	16055	19080	18518	18023

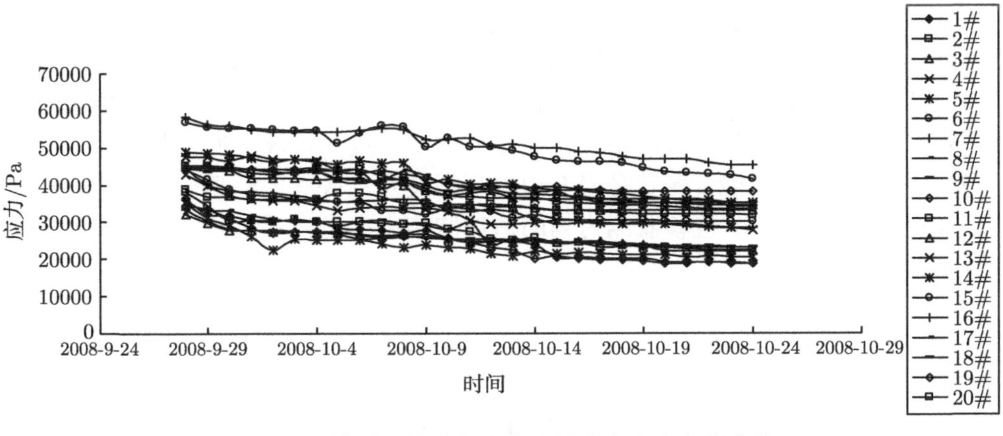

图 4.19 模型开挖过程中坡内最大主应力变化曲线

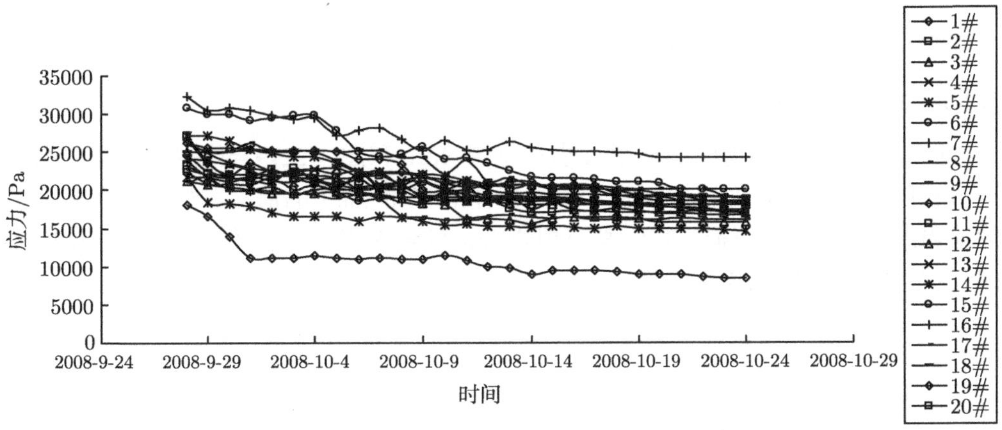

图 4.20 模型开挖过程中坡内最小主应力变化曲线

从连续量测结果来看，边坡开挖过程坡内应力变化是一个复杂的过程，从每一个量测点应力变化来看，发现开挖卸荷过程中，应力并不是一直减小的，而是有增有减，增大的原因是坡内各点应力调整过程中发生了应力转移使量测点的应力发生了暂时的增大，但是，随着时间的推移，坡内应力总体是减少的，应力释放量最大的主要是在开挖面附近的，而其他地方虽然有变化，但是变化不大。

开挖完成后，临空面附近量测点的应力并不是瞬间释放很大，同时也不是像位移一样在很短时间内完成，而是一个长期的过程。

从应力释放率来看，在二级坡上的量测点应力释放率最大。以第 1 点为例，其最大应力从 36495Pa 下降到 18729Pa，释放率达到了 48.5%，随着时间的推移，应力还将进一步释放，直到平衡。其他测点释放率一般在 30%左右。

该模型试验表面，边坡位移对开挖过程反应较敏感，量值突增现象显著；而应力调整远比位移复杂，存在显著的波动现象，越接近坡脚，波动越明显，达到稳定状态所需的时间是位移稳定时间的两倍以上。边坡开挖过程中位移和应力反映的不一致特征警示我们，目前相关技术规范主要通过对边坡位移监测来监控边坡的安全性存在一定风险，尤其是岩石边坡存在突发性失稳的地质安全隐患，因此以三维应力监测为主、位移监测为辅的边坡监测方案是揭示边坡安全性态的有效途径。

4.2　岩石边坡结构面蠕变力学

受结构面控制的边坡稳定性问题一般采用极限平衡法来求其稳定系数，以评价边坡是否稳定，该方法只能评价边坡的即时稳定性，而不能评价边坡的长期稳定性。研究表明，结构面具有明显的流变性质，它不但控制边坡的变形、失稳，而且还制约着蠕动边坡滑坡灾害的发生 [21−24]。

4.2.1　结构面蠕变特性

高边坡内常见结构面蠕动滑移模式见图 4.21 和图 4.22。岩体沿结构面的蠕动是岩石边坡内各结构面互相贯通、形成整体滑移面 (带) 的前奏。对于含有充填物的软弱结构面，其蠕变损伤特性受充填物特性的影响很大。本书仅研究硬性结构面 (不含充填物) 的蠕变损伤特性。

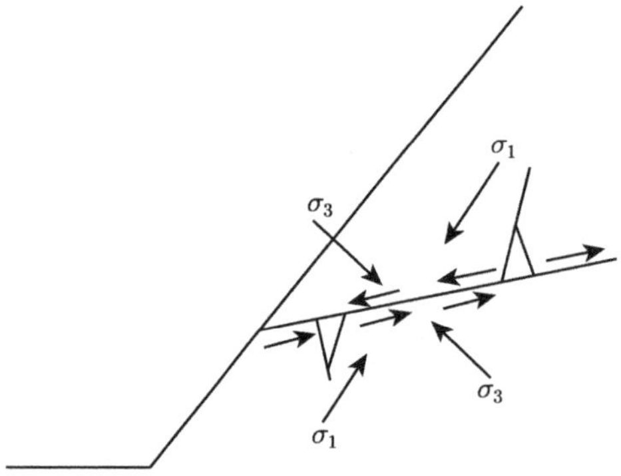

图 4.21　沿结构面进行蠕滑

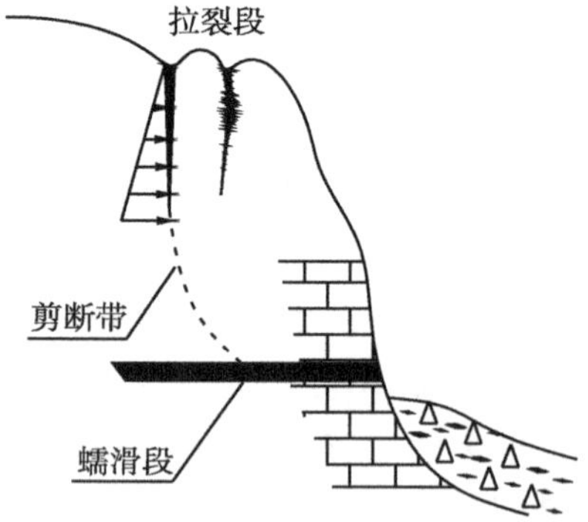

图 4.22　蠕滑–剪断–拉裂变形示意图

试验发现，在应力水平相同的条件下，表面平整光滑、无起伏度，有薄层黏土类充填物的节理面，在恒载作用下产生较大的蠕变量，其蠕变曲线呈连续分布，蠕变稳定历时较长；表面粗糙、起伏度较小但没有充填物夹杂的节理面，蠕变量比较小，并随节理面凸出部分应力集中的发展蠕变曲线呈一定的波动跳跃状；表面虽较光滑，但起伏度较大而又镶嵌严密的节理面，则只有在以下情况才有可能产生蠕变：剪胀 —— 即沿节理面法向发生位移 (扩容)，或者节理表面突出的尖齿状部分被压碎。当法向应力水平较高、岩样又较坚实时，节理面一般都观测不到明显的剪切蠕变。

从已取得的研究成果来看，结构面的蠕变过程可划分为 3 个阶段，其典型的蠕变曲线如图 4.23。该变形特征也由工程监测所证实 [25,26]。

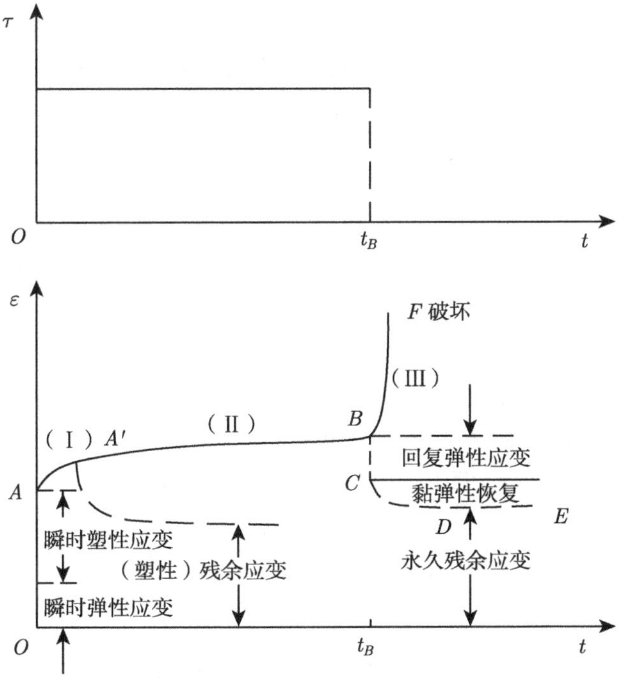

图 4.23　结构面蠕变曲线

第Ⅰ阶段：瞬时施加剪力后，立刻产生瞬时的剪切变形，而且随着施加剪切力的增大，瞬时的剪切变形也增大。随时间的增长，变形随之增大，蠕变速率逐渐降低。由不同正应力下的试验曲线发现，曲线下凹的曲率半径随正应力增大而变小，所经过的历时也比较小正应力的历时来得长，而且有随爬坡角增大而增长的趋势。

第Ⅱ阶段：随时间的增加，开始向稳态蠕变转化，该阶段历时较长，蠕变速率近似为常数。在较低应力水平条件下，结构面的位移随时间的变化将趋于稳定，蠕变持续时间的长短与切向应力水平有关。随着剪切应力水平增大，稳态蠕变阶段的斜率也会有所增大。

第Ⅲ阶段：当剪力增加到某一值时，结构面蠕变速率急剧增大并发生迅速滑移而破坏，破坏持续时间很短。

与岩石蠕变特性 [27−30] 不同的是，岩石在恒定外载作用下的蠕变破坏是微破裂不断累积和发展，裂隙相互连通，最后导致宏观断裂的过程；结构面第III阶段的蠕变没有明显的加速蠕变阶段，蠕变破坏呈剪切蠕变破坏的特征，其蠕变破坏呈现出更明显的瞬态特征，与应力水平的关系也更为密切。

4.2.2　结构面蠕变损伤模型 [31]

对含有节理裂隙的岩体，用损伤张量来研究这种起主导作用的节理群，将岩体视为被节理群纵横切割的岩石块体构成，损伤张量定义为

$$\boldsymbol{\Omega} = \frac{l}{V}\sum_{k=1}^{n} a_k(\boldsymbol{n}_k \otimes \boldsymbol{n}_k) \tag{4.36}$$

式中，$\boldsymbol{\Omega}$ 为节理岩体损伤张量；l 为节理平均间距；V 为样本体积；n 为样本中节理数；a_k 为样本中第 k 条节理表面积；$\boldsymbol{n}_k$ 为样本中第 k 条节理表面上的单位法向矢量。

但是，一般认为，损伤张量适合于研究没有贯通的节理裂隙，而对于贯通的对边坡失稳破坏起控制作用的结构面则不适合，因为它不能表征结构面的剪切破坏特征，更不能表征其爬坡、啃断的损伤机理。

常用来研究结构面蠕变的模型有 Burgers 模型和西原模型 (图 4.24)。

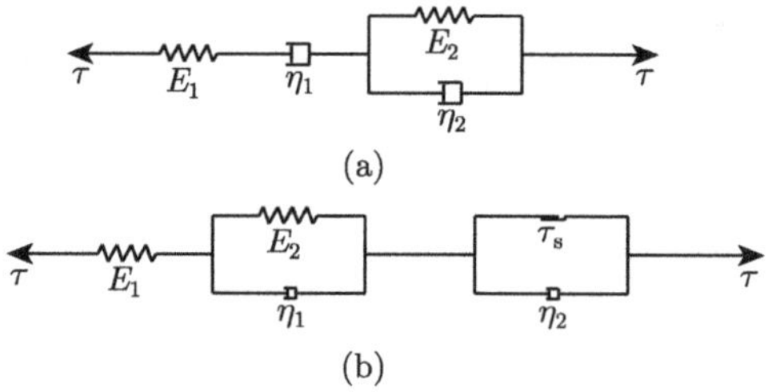

图 4.24　(a) Burgers 模型；(b) 西原模型

Burgers 模型蠕变方程：

$$\gamma(t) = \tau_0\left[\frac{1}{E_1} + \frac{t}{\eta_1} + \frac{1}{E_2}\left(1 - \mathrm{e}^{-\frac{E_2}{\eta_2}t}\right)\right]$$

西原模型蠕变方程：

$$\begin{aligned}
\gamma(t) &= \frac{\tau_0}{E_1} + \frac{\tau_0}{E_2}\left[1 - \exp\left(-\frac{E_2}{\eta_1}t\right)\right], \quad \tau_0 < \tau_\mathrm{s} \\
\gamma(t) &= \frac{\tau_0}{E_1} + \frac{\tau_0}{E_2}\left[1 - \exp\left(-\frac{E_2}{\eta_1}t\right)\right] + \frac{\tau_0 - \tau_\mathrm{s}}{\eta_2}t, \quad \tau \geqslant \tau_\mathrm{s}
\end{aligned} \tag{4.37}$$

其蠕变特性曲线如图 4.25 所示 (其中西原模型蠕变曲线为 $\tau < \tau_s$ 时的曲线，本书研究低剪应力情况)。

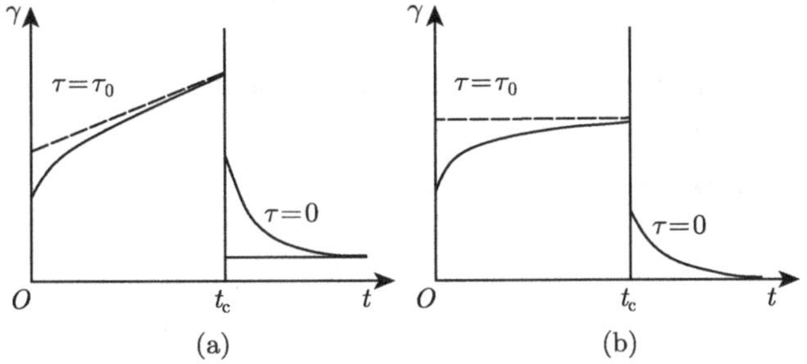

图 4.25 (a) Burgers 模型蠕变特性曲线；(b) 西原模型蠕变特性曲线 ($\tau < \tau_s$)

从 Burgers 模型的蠕变曲线可看出，当 t=0 时，只有弹性元件起作用，$\gamma_0 = \tau_0/E_1$。当时间足够长时，根据陶波等的研究 [32]，存在

$$\gamma(t) = \tau_0\left(\frac{1}{E_1} + \frac{t}{\eta_1} + \frac{1}{E_2}\right) \tag{4.38}$$

其应变呈线性增长，当 $t \to \infty$ 时，$\gamma_\infty \to \infty$，不符合实际，且 Burgers 模型中需要计算 4 个参数，不易求取。

对于西原模型，当 $\tau < \tau_s$ 时，西原模型属稳定蠕变型。当 t=0 时，只有弹性元件起作用，$\gamma_0 = \tau_0/E_1$；当 $t \to \infty$ 时，变形趋于一稳定值 $\tau_0/(1/E_1 + 1/E_2)$。卸载后，弹性元件的变形立即消失，Kelvin 体的变形逐渐消失。虽然它不能反映结构面的卸荷特性，但可更全面、合理地反映结构面的变形特征；模型中的参数也易于求取。基于上述原因，采用西原模型来研究结构面的蠕变损伤特性。

西原模型中各参数可参考文献 [33] 确定：

$$E_1 = \frac{\tau_0}{\gamma_0} \tag{4.39}$$

$$E_2 = \frac{\tau_0}{\gamma_\infty - \gamma_0} \tag{4.40}$$

$$\eta_1 = \frac{E_2 t}{\ln \tau_0 - \ln\{\tau_0 - E_2[\gamma(t) - \gamma_0]\}} \tag{4.41}$$

当 $\tau < \tau_s$ 时，由式 (4.37) 得

$$\frac{\tau_0}{\gamma(t)} = \frac{1}{\dfrac{1}{E_1} + \dfrac{1}{E_2}\left[1 - \exp\left(-\dfrac{E_2}{\eta_1}t\right)\right]} \tag{4.42}$$

由 $\tau=G\gamma$，有

$$G(t)=\frac{1}{\dfrac{1}{E_1}+\dfrac{1}{E_2}\left[1-\exp\left(-\dfrac{E_2}{\eta_1}t\right)\right]} \tag{4.43}$$

则 $G(t)$ 为结构面在 t 时刻的剪切刚度求解公式。将式 (4.39)~(4.41) 求得的数据代入式 (4.43) 即可得结构面在 t 时刻的剪切刚度量值。

以剪切模量为变量，定义结构面损伤变量为

$$D=1-\frac{G(t)}{G_0} \tag{4.44}$$

式中，G_0 为初始剪切模量，且

$$G_0=\frac{\tau_0}{\gamma_0} \tag{4.45}$$

则任意时刻的损伤变量可表示为

$$D(t)=1-\frac{1}{\dfrac{G_0}{E_1}+\dfrac{G_0}{E_2}\left[1-\exp\left(-\dfrac{E_2}{\eta_1}t\right)\right]} \tag{4.46}$$

并且，当 t=0 时，

$$D_0=1-\frac{E_1}{G_0}=0 \tag{4.47}$$

当 $t\to\infty$ 时，

$$D_\infty=1-\frac{E_1E_2}{G_0(E_1+E_2)} \tag{4.48}$$

4.2.3　算例分析

应用文献 [23] 中第 409 页表 17.2-1 中的数据来检验本书采用的模型并研究其时效损伤。该表为泥岩结构面在不同剪应力持续作用下，对应各个不同时刻的蠕变试验值，试件所受正压力为 3.0MPa。

从表中的蠕变试验数据可知，泥岩材料在剪应力 τ=6.3MPa 作用下，经过加载 192h 后，其蠕变呈稳定状态，其蠕变应变量 $\gamma=4.43\times10^{-4}$；在剪应力 τ=8.6MPa 作用下加载 240h 后，其蠕变亦处于稳定状态，其蠕变应变量 $\gamma=9.81\times10^{-4}$。在以上二级荷载作用下，蠕变增量随时间推移而减小，蠕变曲线呈衰减趋势。在剪应力 τ=11.3MPa 作用下，加载 240h 后，蠕变并未处于稳定状态；相反，在持续加载 12h 后，蠕变增量仍随时间推移而增加，蠕变曲线呈上凹趋势，在持续加载 240h 后，其蠕变量为 $\gamma=25.75\times10^{-4}$。在剪应力 τ=12.2MPa 作用下，蠕变曲线的上凹趋势与前级荷载作用下的蠕变曲线相比更为明显，持续加载 240h 后，其蠕变应变量值达到 $\gamma=33.21\times10^{-4}$。

可知在 τ=6.3MPa 和 τ=8.6MPa 两种情况下，较适合西原模型 ($\tau < \tau_s$)，并认为 $\tau = \tau_s$=11.3MPa，将各时刻数据代入式 (4.43) 计算得到剪切模量，绘出如图 4.26 所示曲线。将求得的各剪切模量值代入式 (4.44) 得结构面在各时刻的损伤值，绘出如图 4.27 所示曲线。

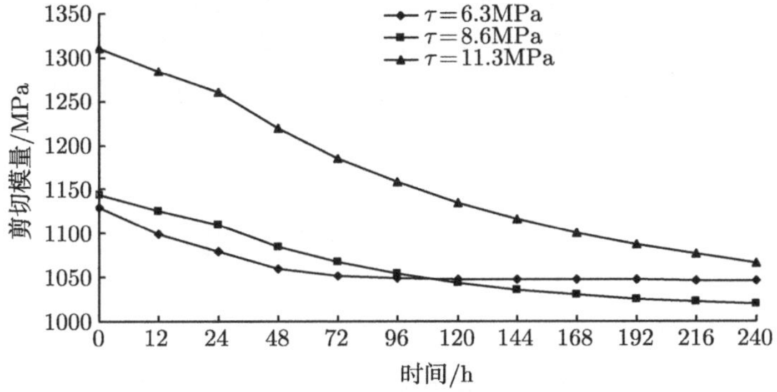

图 4.26　剪切模量随时间的变化曲线

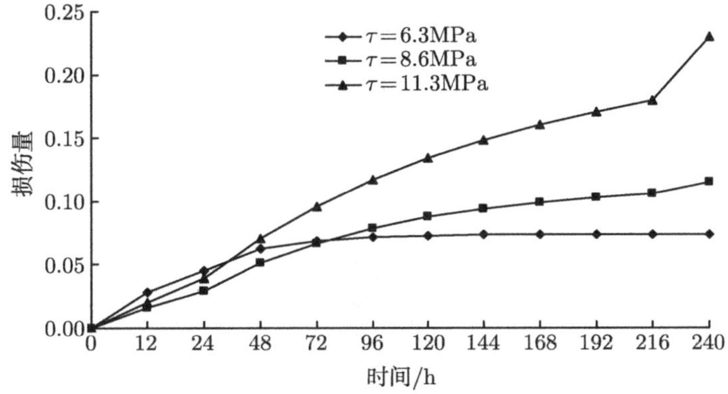

图 4.27　结构面损伤变化曲线

从图 4.26 和图 4.27 曲线可看出，在相同正压力作用下，剪应力越大，其初始剪切模量越大，随时间降低越快，达到稳定蠕变阶段时降低量也相应越大；剪应力越大，结构面损伤值随时间增长越快，在达到稳定蠕变阶段时，损伤量也越大。

以上分析可得到如下结论：

第一，在 $\tau < \tau_s$ 情况下，西原模型较 Burgers 模型更适合于研究结构面的蠕变损伤特性，虽然它不能反映结构面的卸荷特性，但可更全面、合理地反映结构面的变形特征。

第二，以剪切模量为变量，定义结构面损伤变量为 $D = 1 - \dfrac{G(t)}{G_0}$，推出损伤变

量的求解公式为

$$D(t) = 1 - \frac{1}{\dfrac{G_0}{E_1} + \dfrac{G_0}{E_2}\left[1 - \exp\left(-\dfrac{E_2}{\eta_1}t\right)\right]} \tag{4.49}$$

第三，以结构面剪切试验为例，计算了相同正压力作用下的剪切模量和损伤量，结果表明剪应力越大，其初始剪切模量越大，随时间降低越快，达到稳定蠕变阶段时降低量也越大；剪应力越大，结构面损伤值随时间增长越快，在达到稳定蠕变阶段时，损伤量也越大。

4.3 顺向坡屈曲破坏机理

4.3.1 滑动破坏机理

山区公路高边坡经常出现顺层滑动破坏。其破坏条件是施工切断了顺层岩体，如图 4.28 所示。岩体稳定平衡条件为 $T < S$，则平衡条件表达式为

$$\gamma t \cos\alpha \tan\varphi + cl \leqslant \gamma t l \sin\alpha \tag{4.50}$$

式中，t 为岩层厚度 (m)；α 为岩层倾角 (°)；l 为坡长 (m)；γ 为岩体平均容重 (kN/m^3)；其余变量同前。

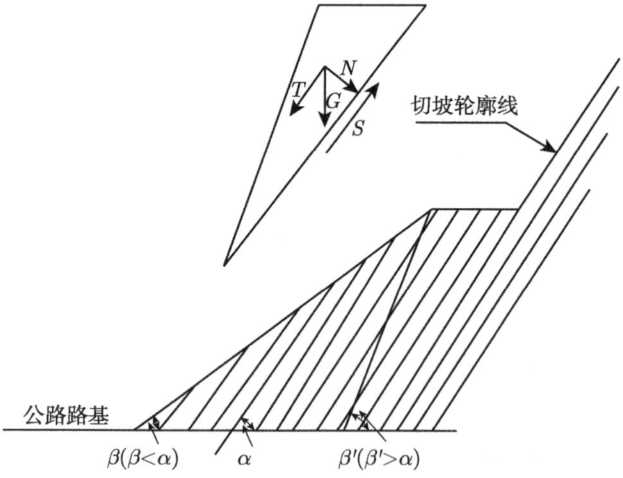

图 4.28 顺向高边坡滑动平衡条件及岩层倾角与高边坡角关系

新鲜、干燥的层面间，c、$\tan\varphi$ 值较高，被切脚的高边坡岩体可维持相对稳定。遇水软化后，c、$\tan\varphi$ 降低很快，特别是层面上含有泥膜或薄层页岩时，饱和后 c 值接近于零，降雨时或雨后、被切断坡脚的顺向高边坡岩体极易垮塌，如重庆至长

寿高速公路 k42+400 处高边坡即为典型的滑动破坏 (图 4.29)。设计施工中切忌造成顺层陡倾高边坡的切脚现象，不慎在局部造成时需立即填砌或做好孤立岩体的锚固。

图 4.29 重庆至长寿高速公路 k42+400 顺层岩质高边坡破坏形迹

4.3.2 溃屈破坏机理

研究成果表明，在所有层状岩质高边坡中，以顺层岩质高边坡的稳定性最差。当在高边坡前缘坡脚处受阻时，发生顺层滑移溃屈破坏，这类破坏是顺层岩质高边坡的一种典型破坏模式之一。

1. *溃屈破坏的机理及过程*

在顺层岩质高边坡溃屈破坏的形成过程中，如图 4.30，在重力和其他一些荷载的作用下，高边坡岩体各点的应力状态将不断变化，主要体现在两个方面：一是应力椭圆由垂直过渡到倾斜，最大主应力平行坡面，最大剪应力与层面的夹角愈接近坡面愈小；二是在坡脚处形成应力集中。薄板状的岩层沿层间挤压带启开，沿岩层方向发生轻微差异性层间错动。由于不均匀的层间错动，岩体在裂隙面上的剪应变累积，在坡体后缘出现一系列的拉裂缝和顺层错动，同时还在层间出现局部的陷落带。这种剪位移在临空条件较好时，受软弱层面本身剪切特性的控制，但当坡脚附近无临空条件时，差异性层间错动受阻，因而在坡脚上部岩层发生轻微弯曲隆起变形，局部出现微弱的架空现象 [34]。随着荷载的进一步作用及岩层的蠕变，在层状结构面比较密集、层状体较薄时，坡脚处应力集中，滑移弯曲变形进一步加剧，弯曲的岩层形成类似褶曲的弯曲形态。浅表部岩层发生明显的层间差异错动，后缘拉裂，并在局部地段形成拉裂陷落带。

初始挠曲发生后，在该部位将有地下水渗入，会对岩体产生静压及风化和软化作用，并进一步降低岩体的强度，最终主应力、剪应力达到一个临界值，发生弯曲，向溃屈型破坏转化。挠曲的最终破坏受抗拉和抗折强度控制，一旦折断破坏，岩层将发生突然的剧烈滑动，其后部顺层滑动，前缘沿弯折破碎带剪出，即发生所谓的溃屈，最终导致高速滑坡的产生。

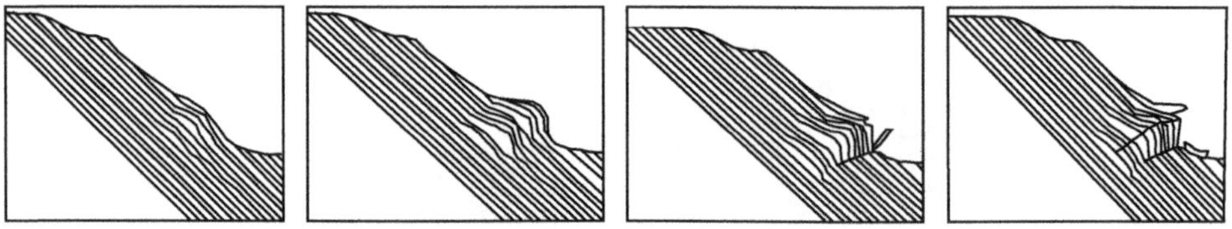

(a) (b) (c) (d)

图 4.30 顺层岩质高边坡溃屈破坏形成过程

2. 模型建立及力学分析

对滑移–溃屈破坏，通常采用板梁在纵向力作用下的稳定临界条件 (采用临界荷载、临界坡长或临界挠度) 来判别。类比材料力学压杆稳定问题，顺层高边坡岩层自重为主要荷载，其横向分力对岩层屈曲稳定性是有利的，并且只有当岩层屈曲达到一定临界值后，才产生屈曲破坏。

由于发生溃屈破坏层状高边坡的岩层厚度相对坡长较小，岩层走向与高边坡走向接近，岩层变形较小，故可按小变形理论分析受力并求解；坡面相对于岩层厚度较宽，故可把岩层的弯曲变形作为平面应变问题来分析。为简单起见，认为岩体及各结构面具有相同的岩石力学参数。由于坡脚处层面未与临空面相交，故可假定静水压力线性分布。同时由于降雨对该类高边坡的影响较大，故考虑最不利情况，认为最高水位与地表平齐。另外，李云鹏等在分析层状高边坡的溃屈破坏时分析了后屈曲的影响 [35]。但考虑到层状高边坡中裂隙、结构面的存在，一旦发生初始屈曲，在地下水的作用及蠕变的影响下，最终将会导致溃屈破坏的发生，故不考虑其溃屈后的性能。针对层状结构岩质高边坡的破坏模式及上述假定，在研究其滑移溃屈变形破坏的力学机理时，视岩层为放置在斜坡上的单位宽度的板梁，如图 4.31 所示，采用欧拉理论进行分析。设岩层的容重为 γ，弹性模量为 E，层厚为 b，长度为 L，岩层横截面关于中性轴的惯性矩为 I，设各岩层间的内摩擦角和黏结力分别为 φ 和 c，高边坡的坡角为 β，并建立如图 4.31 所示的坐标系进行分析。由于其他层岩体与表层受力情况不同，要多受到其上一层传来的作用力 (图 4.32)，故在 x 截面处各取一长度为 $\mathrm{d}x$ 的微元分别进行分析。

第一，表层岩体弹性曲线微分方程的建立 ($n = 1$)。

首先对表层进行受力分析。对于表层板状结构岩体，其受力如图 4.32(a) 所示。该坡体所受的荷载分别为：坡体自重 $\mathrm{d}G = \gamma b \mathrm{d}x$，静水压力 $\mathrm{d}w = \dfrac{\gamma_{\mathrm{w}} x \cos\beta \mathrm{d}x}{2}$，锚杆预加应力部分 $\mathrm{d}P = P\mathrm{d}x$，地震惯性力 $\mathrm{d}S = k_{\mathrm{s}}\beta_{\mathrm{s}}\gamma b \mathrm{d}x$，其中 γ_{w} 为水的体积质

量，β_s 为动力放大系数，k_s 为地震系数。

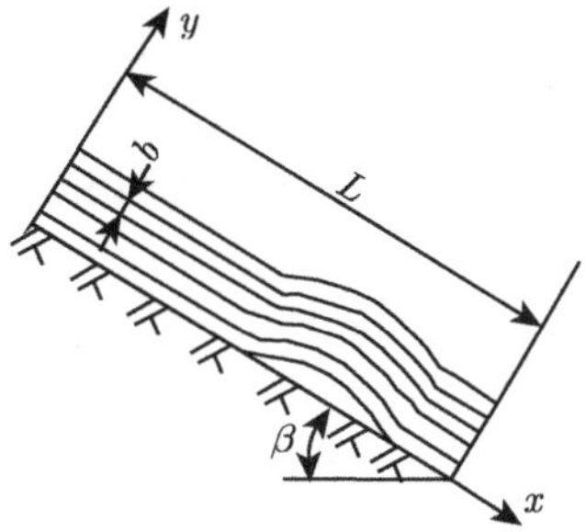

图 4.31　顺层高边坡溃屈变形的力学分析模型

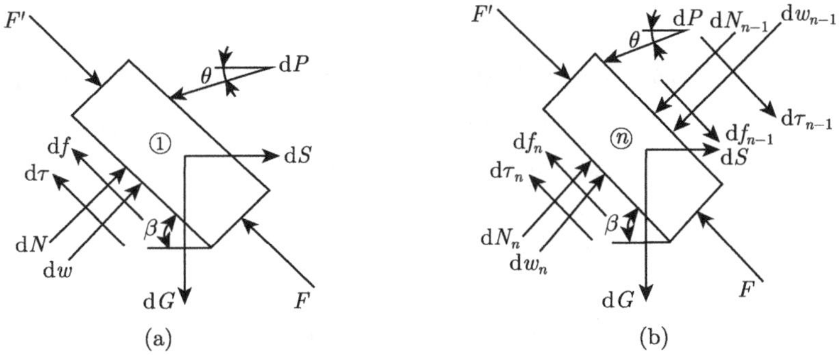

图 4.32　顺向层状高边坡岩梁的微元受力分析

故层面上的法向作用力 N 主要有重力、地震力及锚杆预加应力部分的法向分力及静水压力，则 $\mathrm{d}N=\cos\beta\mathrm{d}G+\cos(\beta+\theta)\mathrm{d}P-\sin\beta\mathrm{d}S-\mathrm{d}w$。顺坡方向上除受到上、下微元对其的作用力 F'、F 外，由于各板状结构岩体间存在层间错动，故可得层间的摩阻力 $\mathrm{d}f=\tan\varphi\mathrm{d}N$ 及黏结力 $\mathrm{d}\tau=(c+\tau_\mathrm{b})\mathrm{d}x$，$\tau_\mathrm{b}$ 为加锚结构面中锚杆的等效黏结力。

则 x 处截面上所受的顺坡向荷载为

$$\begin{aligned}F&=\int_0^x \sin\beta\mathrm{d}G+\cos\beta\mathrm{d}S-\sin(\beta+\theta)\mathrm{d}P-(\mathrm{d}f+\mathrm{d}\tau)\\&=(R-T)x+\frac{\gamma_\mathrm{w}}{2}x^2\cos\beta\tan\varphi\end{aligned}\tag{4.51}$$

式中，R 为坡体的下滑力，$R=\gamma b\sin\beta+\beta_s k_s\gamma b\cos\beta-P\sin(\beta+\theta)$；$T$ 为不考虑静水压力时的抗滑力，$T=[\gamma b\cos\beta+P\cos(\beta+\theta)-\beta_s k_s\gamma b\sin\beta]\times\tan\varphi+c+\tau_{\mathrm{bmax}}$。

由于摩阻力和黏结力作用在板梁的底面上，可等效为轴心力所引起的附加弯矩 M'：

$$M'=\int_0^x\frac{b}{2}(\mathrm{d}f+\mathrm{d}\tau)=\frac{b}{2}\left(Tx-\frac{\gamma_\mathrm{w}}{2}x^2\cos\beta\tan\varphi\right)\tag{4.52}$$

由静水压力引起的 x 截面的弯矩为

$$M''=\int_0^x L\mathrm{d}w=\int_0^x \gamma_{\mathrm{w}}\sin\beta(x-L)L\mathrm{d}L=\frac{1}{6}\gamma_{\mathrm{w}}x^3\sin\beta \tag{4.53}$$

故 x 处截面上所受的弯矩 $M=M'+M''$。则 x 处截面的弹性曲线近似微分方程为

$$\begin{aligned}\frac{\mathrm{d}^2y}{\mathrm{d}x^2}=-\frac{Fy-M}{EI}&=-\frac{1}{EI}(R-T)xy-\frac{\gamma_{\mathrm{w}}}{2EI}x^2y\cos\beta\cdot\tan\varphi+\frac{b}{2EI}Tx\\&-\frac{b}{4EI}\gamma_{\mathrm{w}}x^2\cos\beta\tan\varphi+\frac{1}{6EI}\gamma_{\mathrm{w}}x^3\sin\beta\end{aligned} \tag{4.54}$$

式中，轴向力 F 在 x 处所引起弯矩的精确值为

$$\int_0^x F(\xi)[y(x)-y(\xi)]\mathrm{d}\xi=F(x)y(x)-\int_0^x F(\xi)y(\xi)\mathrm{d}\xi \tag{4.55}$$

在高边坡顺层滑移溃屈变形破坏中，在坡体中上部岩层以沿层面倾向的滑动变形为主，而沿层面法向的变形受到限制。位于坡脚的岩层因无临空的地形条件，其变形受到约束。显然，板梁状的岩层的边界条件为

$$\begin{cases}x=0\\y=0\end{cases}\quad 及 \quad\begin{cases}x=L\\y=0\end{cases} \tag{4.56}$$

第二，第 $n(n\geqslant 2)$ 层岩体弹性曲线微分方程的建立。

对于第 $n(n\geqslant 2)$ 层板状结构岩体，其受力情况与第一层略有区别，较第一层要多受到 $n-1$ 层传来的静水压力、摩阻力和黏结力，如图 4.32(b) 所示。由于第 n 层岩体上下表面均受到静水压力的作用，且其数值相等，故静水压力只影响该层的应力分布及抗滑力，对其法向受力平衡无影响；第 $n-1$ 层的法向作用 $\mathrm{d}N_{n-1}=(n-1)\cos\beta\mathrm{d}G+\cos(\beta+\theta)\mathrm{d}P-(n-1)\sin\beta\mathrm{d}S-\mathrm{d}w$，故层间的摩阻力 $\mathrm{d}f_{n-1}=\tan\varphi\mathrm{d}N_{n-1}$。第 n 层的法向作用力 $\mathrm{d}N_n=n\cos\beta\mathrm{d}G+\cos(\beta+\theta)\mathrm{d}P-n\sin\beta\mathrm{d}S-\mathrm{d}w$，层间的摩阻力 $\mathrm{d}f_n=\tan\varphi\mathrm{d}N_n$。滑面上的黏结力 $\mathrm{d}\tau_{n-1}=\mathrm{d}\tau_n=(c+\tau_{\mathrm{bmax}})\mathrm{d}x$。故 x 处截面上所受的顺坡向荷载为

$$F=\int_0^x[\sin\beta\mathrm{d}G+\cos\beta\mathrm{d}S+(\mathrm{d}f_{n-1}+\mathrm{d}\tau_{n-1})-(\mathrm{d}f_n+\mathrm{d}\tau_n)]=R_nx \tag{4.57}$$

式中，$R_n=(\gamma b\sin\beta+\beta_{\mathrm{s}}k_{\mathrm{s}}\cos\beta)-(\gamma b\cos\beta-\beta_{\mathrm{s}}k_{\mathrm{s}}\gamma b\sin\beta)\tan\varphi$。

同样，由于摩阻力和黏结力等效成轴心力所引起的附加弯矩为

$$M=\int_0^x\frac{b}{2}(\mathrm{d}f_{n-1}+\mathrm{d}\tau_{n-1}+\mathrm{d}f_n+\mathrm{d}\tau_n)=T_nbx \tag{4.58}$$

式中，$T_n=\left[\left(n-\dfrac{1}{2}\right)\gamma b\cos\beta+P\cos(\beta+\theta)-\left(n-\dfrac{1}{2}\right)\beta_{\mathrm{s}}k_{\mathrm{s}}\gamma b\sin\beta\right]\tan\varphi+c+\tau_{\mathrm{bmax}}$。

则 x 处截面的弹性曲线近似微分方程为

$$\frac{\mathrm{d}^2y}{\mathrm{d}x^2}=-\frac{Fy-M}{EI}=-\frac{1}{EI}R_nxy+\frac{b}{EI}T_nx \tag{4.59}$$

以上建立了各层岩体的弹性曲线近似微分方程，对这些方程求解，就可以得到层状岩体高边坡发生溃屈破坏时各岩层的破坏形态。

第三，工程实例分析。

以巫山—巫溪段 k88+655~k88+710 路堑高边坡为例，论证前述力学分析结果及其未来失稳破坏特征。场地位于庙溪村境内，工程场地起止里程桩号 k88+655~k88+710，全长 55m，拟建公路在此段主要为挖方，挖方高达 14m。本区属朝阳—官阳背斜南翼，以单斜构造为主，未发现断层及次级褶皱，岩体较完整，岩层产状 169°∠45°，主要发育节理：J_1 组产状 45°∠64°，间距 0.3~0.5m；J_2 组产状 352°∠54°，间距 0.5~0.8m。场区无断裂和褶皱，拟建公路开挖后左侧高边坡稳定，但右侧将形成倾斜顺层岩质高边坡，易发生溃屈破坏。场区地层内无地下水，水文地质条件简单。该段高边坡岩体描述：0~1.4m 为碎石土：灰色、褐色，松散；主要由泥灰岩碎石组成。碎石含量为 70%~80%，呈强~弱风化状，呈棱角状，块径一般为 2~13cm；局部含块石，含量为 10%，以泥灰岩为主，块径为 20~50cm；亚黏土充填，土质不均匀。1.40~17.20m 为灰岩：灰色、灰黄色，隐晶结构，薄~中厚层状构造，主要成分为方解石和黏土矿物，含钙质，岩质较硬。节理裂隙发育，裂面粗糙；岩芯比较完整，一般为柱状、短柱状，长度一般为 7~27cm，最长岩芯为 37cm。井深 3.30m 以上基岩为强风化，以下为弱风化。实测的岩体力学参数如表 4.6 所示。

表 4.6 k88+655~k88+710 路堑高边坡岩体力学参数

岩石名称	岩石状态	地基容许承载力 /MPa	容重 /(kN/m³)	抗压强度		抗剪强度		抗拉强度 /kPa	基底摩擦系数 /μ
				天然 /MPa	饱和 /MPa	c /kPa	φ /(°)		
泥灰岩	强风化	0.70	—	—	—	—	—	—	0.5
	弱风化	2.0	25.54	38.91	32.30	50	20	1.36	0.6

该高边坡若发生溃屈破坏，则是由开挖卸荷后其内部岩体形成卸荷裂隙，岩层之间挤压造成的，对于第 1 层碎石土体，x 处截面上所受的顺坡向荷载为

$$F=\gamma b\sin\beta-\gamma b\cos\beta\tan\varphi-c=19.80\mathrm{kN/m^2} \tag{4.60}$$

由于第 1 层是碎石土体，比较松散，因此不能等效为板梁，其对第 2 层岩体的摩阻力也就不能等效为轴心力所引起的附加弯矩 M'。由于场区地层内无地下水，水文地质条件简单，可不考虑静水压力作用。故第 1 层 x 处截面上所受的弯矩 $M=0$。则 x 处截面的弹性曲线近似微分方程为

$$\frac{\mathrm{d}^2y}{\mathrm{d}x^2}=-\frac{Fy}{EI}=-\frac{19.80y}{EI} \tag{4.61}$$

对于第 2 层灰岩层 x 处截面上所受的顺坡向荷载为

$$F=(\gamma b\sin\beta-\gamma b\cos\beta\tan\varphi)x=21.82\mathrm{kN/m^2} \tag{4.62}$$

由于摩阻力和黏结力等效成轴心力所引起的附加弯矩为

$$M=\left[\left(n-\frac{1}{2}\right)\gamma b\cos\beta\tan\varphi+c\right]bx=233.30x \tag{4.63}$$

则 x 处截面的弹性曲线近似微分方程为

$$\frac{\mathrm{d}^2y}{\mathrm{d}x^2}=-\frac{Fy-M}{EI}=-\frac{21.82y-233.30x}{EI} \tag{4.64}$$

利用上述过程可建立各层岩体的弹性曲线近似微分方程，求解这些方程即得各个岩层发生破坏时的曲线形状及发生破坏的位置，进而确定需要治理的最不利位置。

4.4　反向坡弯曲折断破坏机理

反向层状岩石高边坡的变形破坏模式可分为弯曲倾倒和块体群倾倒两类 [36]，弯曲倾倒的表现形式可分为延性弯曲和脆性折断两种 [37]，但最终破坏状态均表现为岩层折断。在反向层状高边坡的成坡过程中，附加构造应力一般已释放殆尽，最多仅存少量的残余应力，所以高边坡岩体主要受自重力、上部岩层的重力以及岩层间的摩擦力作用。

4.4.1　岩层受力分析

反倾岩质高边坡坡中单个岩层的受力见图 4.33 和图 4.34。

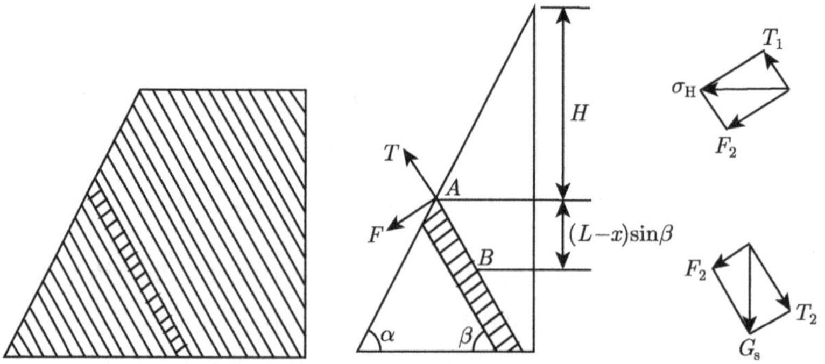

图 4.33　反倾岩质高边坡受力分析

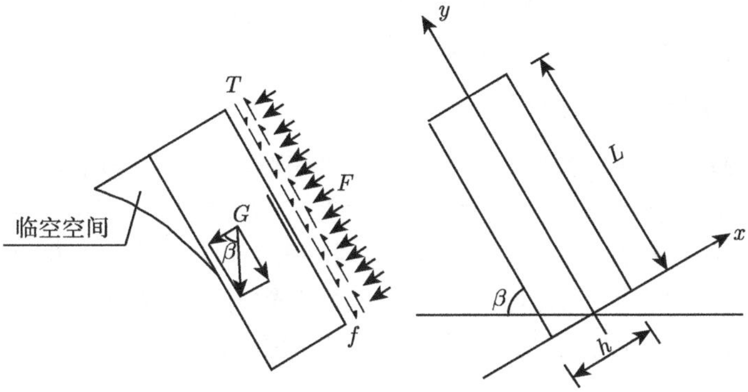

图 4.34 反倾岩质高边坡应力图示

1. 上部岩层的作用力

如图 4.33 所示，σ_H、G_s 分别为分析岩层顶端 A 点 (即 $x=L$ 处) 所受上部岩层侧向压力及重力荷载，其分量 F 为上部岩层施加的法向作用力，T 为上部岩层施加的轴向剪切力，其表达式为

$$\sigma_\mathrm{H}=K\gamma H \tag{4.65}$$

$$G_\mathrm{s}=\gamma H \tag{4.66}$$

式中，γ 为岩石的容重 ($\mathrm{kN/m^3}$)；H 为所选岩层顶部到坡顶的距离 (m)；K 为侧压力系数。

岩层任意点 B 处 (x 处) 侧向压力及重力为

$$\sigma_\mathrm{H}=K\gamma[H+(L-x)\sin\beta] \tag{4.67}$$

$$G_\mathrm{s}=\gamma[H+(L-x)\sin\beta] \tag{4.68}$$

$$T=T_1-T_2=\sigma_\mathrm{H}\cos\beta-G_\mathrm{s}\sin\beta=\gamma[H+(L-x)\sin\beta](K\cos\beta-\sin\beta) \tag{4.69}$$

$$F=F_1+F_2=\sigma_\mathrm{H}\sin\beta+G_\mathrm{s}\cos\beta=\gamma[H+(L-x)\sin\beta](K\sin\beta+\cos\beta) \tag{4.70}$$

由于 F 的作用，产生层间摩擦力 f，$f=\mu F=\mu\gamma[H+(L-x)\sin\beta](K\sin\beta+\cos\beta)$，$\mu$ 为摩擦系数。

2. 岩层自重

G 为岩层的重力 (图 4.34)。若将待分析的岩层视为悬臂板梁，岩层厚度为 h，岩层长度为 L，岩层宽度为 b，则单位长度上的重力为

$$G=\gamma hb \tag{4.71}$$

将重力分为沿 x 轴和 y 轴两个分量 G_x 和 G_y，其中 G_x 引起岩层轴向压缩，而 G_y 引起岩层弯曲，且 $G_y=\gamma hb\sin\beta$。

4.4.2　岩层弯曲折断应力分析

在上述力系作用下，分析岩层将发生弯曲变形。弯矩的作用使分析岩层下边界产生压应力，而上边界产生拉应力。一般情形，岩体的抗压强度远大于抗拉强度，因此，在弯曲折断应力分析中，可将岩体抗拉强度作为弯曲折断破坏的判断标准。通过岩层上边界拉应力 (包括弯矩产生拉应力及轴向作用力产生的边界应力) 和抗拉强度的对比分析，从而达到判定岩层是否弯曲折断的工程目的。

1. 弯矩作用引起的拉应力

引起分析岩层弯曲变形的力为垂直于岩层轴线的作用力，包括重力分量 G_y 以及上部岩层引起的作用力 F，则任意 x 处弯矩值为

$$M_x=M_{\mathrm{c}}+M_{\mathrm{F}}=\frac{1}{2}\gamma hb\sin\beta(L-x)^2+\frac{1}{2}\gamma H(K\sin\beta+\cos\beta)(L-x)^2+\frac{1}{2}\gamma\sin\beta(K\sin\beta+\cos\beta)(L-x)^3 \tag{4.72}$$

式中，β 为岩层倾角 (°)。

由图 4.34 可得分析岩层的抗弯强度为

$$W_z=\frac{1}{6}bh^2 \tag{4.73}$$

则岩板上边界拉应力为

$$\sigma_1=\frac{M_x}{W_x}=\frac{3\gamma\sin\beta(L-x)^2}{h}+\frac{3\gamma H(K\sin\beta+\cos\beta)(L-x)^2}{bh^2}+\frac{3\gamma\sin\beta(K\sin\beta+\cos\beta)(L-x)^3}{bh^2} \tag{4.74}$$

2. 其他作用力

重力分量 G_x 在分析岩层边界产生压应力时，任意 x 处压应力值为

$$\sigma_2=\gamma\cos\beta(L-x) \tag{4.75}$$

摩擦力 f 所引起的任意 x 处的压应力为

$$\sigma_3=F\tan\varphi=\gamma[(H+(L-x)\sin\beta)](K\sin\beta+\cos\beta)\tan\varphi \tag{4.76}$$

式中，φ 为层间摩擦角 (°)。

轴向剪应力 T 的作用是使分析岩层上边界产生一个相当于拉应力的作用力，其在任意 x 处的值为

$$\sigma_4=\gamma[H+(L-x)\sin\beta](K\cos\beta-\sin\beta) \tag{4.77}$$

3. *岩层弯曲折断判据*

由上述分析可知，岩板上侧边界上任意一点的拉应力为

$$
\begin{aligned}
\sigma_x = \sigma_1 - \sigma_2 - \sigma_3 + \sigma_4 = & \frac{3\gamma \sin\beta (L-x)^2}{h} + \frac{3\gamma H(K\sin\beta + \cos\beta)(L-x)^2}{bh^2} \\
& + \frac{3\gamma \sin\beta (K\sin\beta + \cos\beta)(L-x)^3}{bh^2} \\
& - \gamma (L-x)\cos\beta - \gamma\left[H + (L-x)\sin\beta\right](K\sin\beta + \cos\beta)\tan\varphi \\
& + \gamma[H + (L-x)\sin\beta](K\cos\beta - \sin\beta)
\end{aligned} \tag{4.78}
$$

依据最大拉应力破坏准则，可得岩层弯曲折断判据：

$$
\sigma_x - \sigma_{\rm t} = 0 \tag{4.79}
$$

根据式 (4.74)，可得对应最小折断深度为 $(L-x_{\rm b})$，$x_{\rm b}$ 为最高折断点的 x 坐标 (m)，$\sigma_{\rm t}$ 为分析岩层的抗拉强度 (kPa)。

由于高边坡底部岩层的临空空间较小，变形初期一般仅会发生弯曲变形，不会发生破坏。而高边坡中部岩层因临空距离较小，仅在超过抗拉强度的地方出现细微裂纹；而越向上，裂纹宽度越大。因此高边坡应从高边坡中上部岩层的拉裂缝开始破坏，当各岩层的裂缝贯穿时，就会出现滑坡现象。对于抗拉强度较大的岩层，$(L-x)$ 值越大，下部岩层所能提供的临空空间越小，因此这类岩体极有可能只弯不折。如果岩层中有裂隙存在，则裂隙处由于有应力集中，极易发生破坏 (可演化为断裂力学判据)。利用式 (4.79) 描述的应力判据，可初步判定层状高边坡弯曲折断破坏状态，并确定弯曲折断深度 $x_{\rm b}$。

4.4.3 算例分析

以两巫 (巫山—巫溪) 公路巫溪段 k86+295~k86+360 路堑高边坡为例，论证前述力学分析结果及其未来失稳破坏特征。场地位于庙溪村境内，工程场地起止里程桩号 k86+295~k86+360，全长 75m，拟建公路在此段为挖方，主要为左侧挖方，挖方高达 7~8m，右侧只存在小开挖，高边坡类型为岩质高边坡。本区属朝阳—官阳背斜南翼，以单斜构造为主，未发现断层及次级褶皱，岩体较完整，无软弱层，层间结合较好，岩层产状 182°∠20°，主要发育节理：J_1 组产状 22°∠71°，间距 0.3~0.5m，闭合；J_2 组产状 306°∠68°，间距 0.4~0.6m，闭合。区内无地表水，施工时可不考虑地表水的影响。勘察期间未揭露地下水，场地水文地质条件简单。实测的岩体力学参数如表 4.7 所示。

选取距离坡顶 10m 的岩层为研究对象进行分析 (图 4.33 和图 4.34)。$K=\cos\beta=0.93$，岩层任意点 B 处 (x 处) 侧向压力及重力为

$$\left.\begin{aligned}&\sigma_{\mathrm{H}} = K\gamma[H + (L-x)\sin\beta] = 23.40[10 + 0.34(L-x)]\\&\sigma_{\mathrm{s}} = \gamma[H + (L-x)\sin\beta] = 25.16[10 + 0.34(L-x)]\\&T = \gamma[H + (L-x)\sin\beta](K\cos\beta - \sin\beta) = 13.61[10 + 0.34(L-x)]\\&F = \gamma[H + (L-x)\sin\beta](K\sin\beta - \cos\beta) = 31.65[10 + 0.34(L-x)]\end{aligned}\right\} \tag{4.80}$$

层间摩擦力

$$f = \mu\gamma[H + (L-x)\sin\beta](K\sin\beta + \cos\beta) = 15.83[10 + 0.34(L-x)] \tag{4.81}$$

表 4.7　k86+295～k86+360 路堑高边坡岩体力学参数

岩石名称	岩石状态	地基容许承载力/MPa	容重/(kN/m³)	抗压强度		结构面抗剪强度		抗拉强度/MPa	基底摩擦系数(μ)
				天然/MPa	饱和/MPa	c/MPa	φ/(°)		
泥岩	强风化	0.40	—	—	—	—	—	—	0.4
	弱风化	0.90	25.16	14.08	9.80	2.45	37°40′	0.78	0.5

单位长度上岩层自重为 $G = \gamma hb = 25.16\mathrm{kN/m}$，则 y 方向上的分力 $G_y = \gamma hb\sin\beta = 9.247\mathrm{kN/m}$。

$$\begin{aligned}M_x &= \frac{1}{2}\gamma hb\sin\beta(L-x)^2 + \frac{1}{2}\gamma H(K\sin\beta + \cos\beta)(L-x)^2\\&\quad + \frac{1}{2}\gamma\sin\beta(K\sin\beta + \cos\beta)(L-x)^3\\&= 164.619(L-x)^2 + 1.80(L-x)^3\end{aligned} \tag{4.82}$$

该岩层的抗弯强度为 $W_z = \dfrac{1}{6}bh^2 = 0.17\mathrm{m}^3$。岩板上边界拉应力为

$$\sigma_1 = \frac{M_x}{W_x} = 968.35(L-x)^2 + 10.59(L-x)^3 \tag{4.83}$$

在任意 x 处重力分量 G_x 在岩层边界产生的压应力为

$$\sigma_2 = \gamma\sin\beta\cdot(L-x) = 8.61(L-x) \tag{4.84}$$

摩擦力 f 所引起的任意 x 处的压应力

$$\sigma_3 = F\tan\phi = 24.43[10 + 0.34(L-x)] \tag{4.85}$$

由剪应力 T 所引起的压应力为

$$\sigma_4 = \gamma[H + (L-x)\sin\beta](K\cos\beta - \sin\beta) = 13.16[10 + 0.34(L-x)] \tag{4.86}$$

由上述分析可知，岩板上侧边界上任意一点的拉应力

$$\sigma_x = \sigma_1 - \sigma_2 - \sigma_3 + \sigma_4 = 10.59(L-x)^3 + 968.35(L-x)^2 - 12.45(L-x) - 112.7 \quad (4.87)$$

代入式 (4.80)，得

$$10.59(L-x)^3 + 968.35(L-x)^2 - 12.45(L-x) - 112.7 = 0.78 \quad (4.88)$$

求解上述方程，得最小折断深度 $(L - x_{\rm b})$。

4.5 楔形体破坏机理

4.5.1 楔形体定义 [38]

对于楔形体的概念，普遍观点是根据组成楔形体的两个结构面的倾向角来定义或划分的，蓝宇、金晓东等指出：楔形体就是两个倾向相反的滑动面，其交线倾向与坡向相同，倾角小于坡角且大于滑动面摩擦角，常见于坚硬块状岩体边坡中。姜立春、陈嘉生、吴爱祥等指出：楔形破坏的特征为两组结构面倾角相反，组合交线的倾向与坡面倾向一致，交线的倾角小于坡角而大于其摩擦角。王海斌、李永盛等认为：楔形体是由两组或两组以上的结构面组成的一种滑动形式，其滑动的具体条件为：① 组合交线必须在边坡出露，即组合线的倾角必须小于坡面的倾角；② 交线的倾角必须大于该面的摩擦角。

高全等将楔形体分为广义楔形体和狭义楔形体。

(1) 广义楔形体。仅从几何形态方面, 只要其横剖面为 V 字形剖面, 两结构面相交即可构成楔形体。它没有考虑该楔形体是否稳定，与工程实践是否相关。

(2) 狭义楔形体。就是横剖面为 V 字形剖面, 两个结构面相交所构成的势能有减小趋势的封闭结构体即为楔形体。

4.5.2 楔形体岩坡滑动破坏模式分析 [39]

岩石边坡一般由多种岩性的岩层组成。岩性条件较差、强度较弱的岩层常构成岩体的软弱带，形成滑体的底滑面，为坡体的滑动破坏提供条件。同时由于岩体在内、外地质营力作用下，常具有很多构造节理及次生节理，较大的构造节理形成岩体的侧裂面。

楔形结构岩石边坡滑动模式主要与结构面的产状、组合情况及强度紧密相关。首先根据岩层的倾向和坡向的关系判断出滑坡发生的可能性。当岩层面倾向与坡面倾向相反时，坡体处于稳定状态；当岩层面倾向与坡向一致或呈一定交角时，坡体可能产生滑动破坏，可将楔形结构岩坡滑动破坏模式分为两种：沿底滑面的单面滑动、沿底滑面和侧裂面的双面滑动。

沿底滑面的单面滑动：当坡体岩层倾向坡外时，楔形滑体的滑动方向只受底滑面的控制，在自身重力作用下，沿着底滑面的真倾向滑动 (图 4.35)。根据底滑面倾角和坡角大小关系，其变形破坏机制可以分为两类，一类是当底滑面倾角小于坡角时，底滑面随着坡面的出露或开挖的进行而出露于坡面，其变形破坏机制相对简单，表现为顺层的蠕滑–拉裂或平面滑移，这类滑坡规模一般较小；另一类是当底滑面倾角大于坡角时，底滑面隐伏于坡脚，不直接在坡面出露，滑动面的形成和贯穿会是一个长期和复杂的过程，坡体的变形破坏机制相对复杂，大规模滑坡往往形成于此，其变形破坏机制可以概括为 “滑移–剪断” 型，滑坡体中上部岩体在自重作用下，沿着软弱结构面滑移，但由于坡脚处的岩层未出露，会产生被动挤压，为了协调中上部岩体所施加的挤压力，坡脚处岩层会产生 “弯曲–隆起” 现象，坡脚处的 “弯曲–隆起” 部位阻碍着中上部滑体的滑动，一旦其抗剪能力低于下滑力，滑体将从此切层剪出。

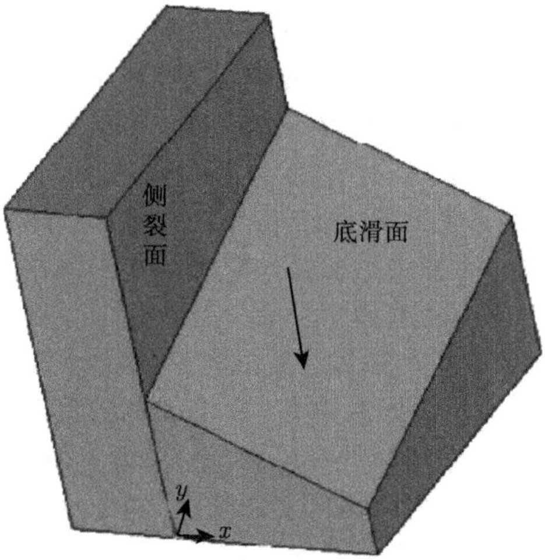

图 4.35　沿底滑面单面滑动

沿底滑面和侧裂面的双面滑动：当坡体岩层倾向坡内时，滑体首先沿着底滑面真倾向蠕动，在侧裂面的阻挡作用下，滑体滑动方向发生改变，受到底滑面和侧裂面的双重控制，顺着侧裂面沿着底滑面的视倾向滑动。其中这种滑动模式可以分为三类。

(1) 若侧裂面为一斜直型裂隙面，不存在弯曲转折处：可将坡体分为后缘下滑体和前缘阻滑体两部分，当前缘阻滑体抗剪强度足以承担后缘下滑体所产生推力时，坡体稳定；反之，前缘阻滑体将被破坏，下滑体顺着侧裂面沿着底滑面的视倾向滑动，如图 4.36。

(2) 侧裂面存在转折处，且转折处凸出侧裂面时：坡体在自重应力的长期作用下，沿缓倾结构面持续蠕滑变形，导致后缘拉裂缝向下扩展，形成后缘拉裂段和前缘蠕滑段，拉裂段和蠕滑段之间的完整岩体就形成了“锁固段”，“锁固段”维系着边坡的稳定性，而“锁固段”的应力也随着时间逐渐累积，当后缘拉裂发展到一定阶段后，“锁固段”的应力积累使岩体遭到破坏，并最终使“锁固段”被剪断，发生突发性的脆性破坏，滑体长期积累的应变能突然释放，沿着底滑面高速滑动，滑动方向会顺着侧裂面在转折处发生突然偏转，由于滑体速度极大，会对转折处侧裂面岩体产生强烈撞击。岩口滑坡正属于这一类型，如图 4.37。

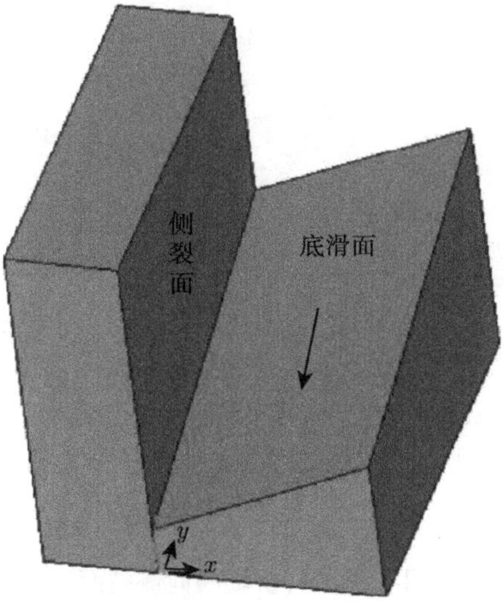

图 4.36 沿底滑面和侧裂面双面滑动

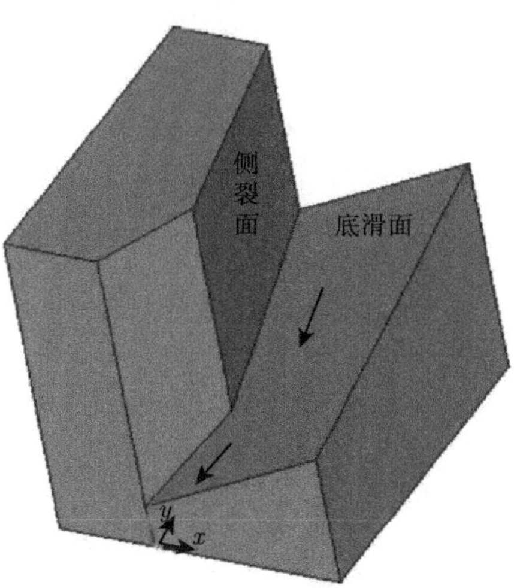

图 4.37 转折处凸出侧裂面

(3) 侧裂面存在转折处，且转折处凹向侧裂面时：侧裂面在坡体前缘处发生转折，滑体在滑动过程中，受到坡体转折处“关键块体”阻挡，若“关键块体”强度较大，足以承受后面驱动块体所施加的下滑推力作用，则下滑块体将停止滑移，此时，坡体产生应力重分布，“关键块体”产生应力集中，当“关键块体”强度达到极限，不能承受后部驱动块体的推动作用时，将发生破坏，此时驱动块体积累的巨大应变能突然释放，顺着转折处裂隙面产生一定的旋转而高速滑动，如图 4.38。

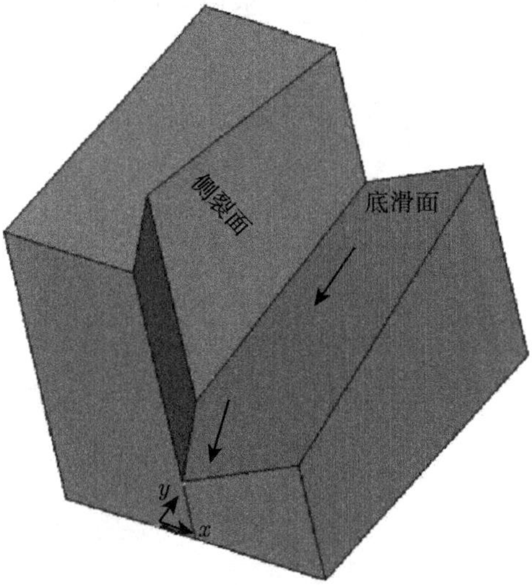

图 4.38　转折处凹向侧裂面

第 5 章　公路岩石边坡稳定性分析

稳定性评价是公路岩石边坡地质安全理论的重要环节，需要考虑地层岩性、地质构造、岩体结构、坡体结构、水文地质条件等自然属性以及人为改造程度，如开挖高度、坡形及坡率、排水和加固工程及施工方法等 [40]。在已有地质勘查资料和设计资料的基础上，对现场每一个公路岩石边坡的地质条件进行调查复核，利用宏观地质判断并辅以必要的力学计算手段对公路岩石边坡的整体稳定性进行评价，分析开挖后能否产生大规模的坡体变形，并对公路岩石边坡的坡形、坡率、坡高和加固工程设计提出修改意见和建议 [41]。

5.1　开挖岩石边坡稳定性结构推断法

岩石边坡的稳定问题历来是边坡工程稳定性分析和研究的重要课题，对于岩石边坡的稳定性分析，可以说仍没有一套比较完善统一的体系，到目前为止，我国的相关规范中建议使用赤平投影的方法进行定性分析，说明该方法在定性分析方面是比较成熟的。

岩石边坡的变形和破坏主要受岩体中发育的各类结构面所控制，利用赤平投影方法进行岩石边坡稳定性的分析，可直观地表明各组结构面的组合关系、组合切割体与边坡的相对关系、不稳结构体可能变形失稳的方向等，由此得到边坡变形的边界条件，对边坡的稳定性作出定性分析和评价 [42]。

5.1.1　赤平投影的基本原理 [43]

一切通过球心的面和线，延伸后均会与球面相交，并在球面上形成大圆和点。以球顶 (或叫球极) 为发射点，将空间任意产状的线、平面与设想的空心球 (投影球) 的交点、交线投影到赤平面上，这种投影称为极射赤平投影。投影的办法可以用上半球的极点作为发射点，投影到下半球，也可以用下半球的极点作为发射点，投影到上半球。采用上半球投影，即只投影上半球的大圆弧和点。

图 5.1 为一球体，AC 为垂直轴线，BD 是水平的东西轴线，FP 是水平的南北轴线，$BFDP$ 为过球心的水平面，即赤平面。

1. 平面的投影方法

设一平面走向南北、向东倾斜、倾角 40°，若此平面过球心，则其与上半球相交

为大圆弧 FGP，以 C 点为发射点，FGP 弧在赤平面上的投影为 FHP 弧。FHP 弧向东凹陷，代表平面向东倾斜、走向南北，BH 之长短代表平面的倾角 (图 5.1)。

2. 直线的投影方法

设一直线向东倾伏、倾伏角 40°，此线交上半球面于 G 点。以 C 为发射点，球面上的 G 点在赤平面上的投影为 H。HB 的长短代表直线的倾伏角，D 的方位角即直线的倾伏向。同理，一条直线向南西倾伏、倾伏角 20°，此线交上半球面于 J 点，其赤平投影为 K 点 (图 5.2)。

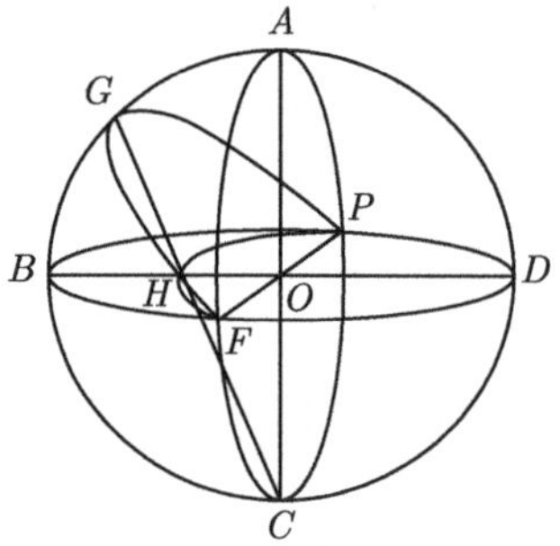

图 5.1 平面的投影方法

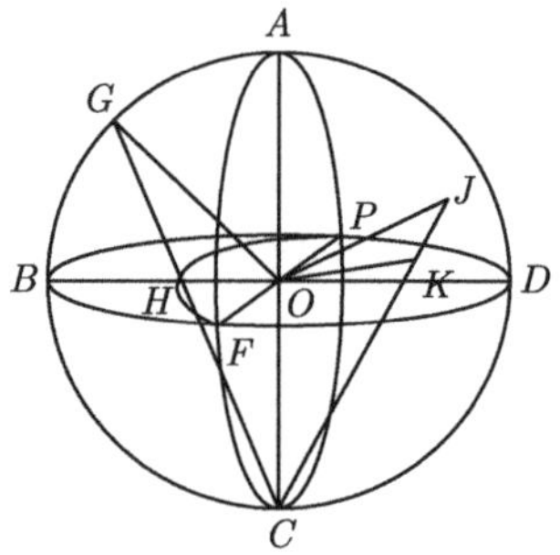

图 5.2 一组结构面极射赤平投影图

5.1.2 赤平投影法分析岩石边坡稳定性的基本方法

赤平投影法在进行工程岩石边坡的稳定性分析时，具有一定的假设前提，即边坡岩体是刚性的，不考虑内部块体之间的应变，同时忽略条件力的作用，只考虑块体滑动力与抗滑力的作用。

1. 岩体中发育 1 组结构面的情况

分布有 1 组结构面的边坡稳定性比较简单，一般包括三种情况。

(1) 当结构面走向与边坡的走向一致而倾向相反时 (图 5.3(a))，边坡 M 与结构面 J_1 投影弧相对，属于稳定结构。

(2) 当结构面与边坡的走向、倾向均相同，但其倾角小于坡角时 (图 5.3(b))，结构面 J_2 的投影弧位于边坡 M 的投影弧之外，属于不稳定结构。

(3) 当结构面与边坡的走向、倾向均相同，但其倾角大于坡角时 (图 5.3(c))，结构面 J_3 的投影弧位于边坡 M 的投影弧之内，属于稳定结构。

2. 岩体中发育 2 组结构面的情况

存在两组结构面的边坡，根据结构面交线与边坡的组合关系，定性判别边坡稳定性可分为五种情况。

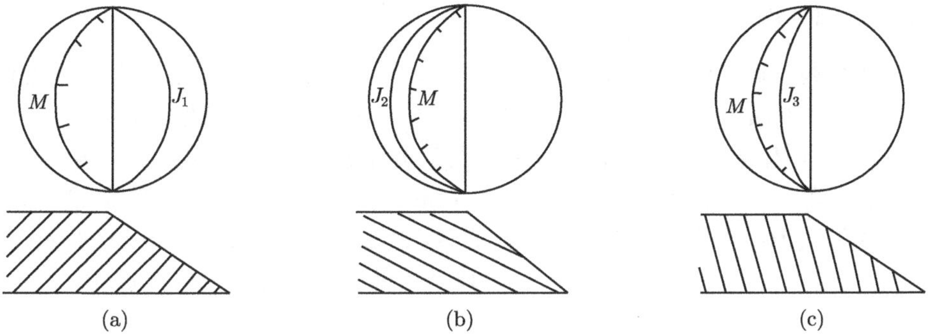

图 5.3 一组结构面极射赤平投影图

(1) 两结构面 J_1、J_2 的交点 M 位于边坡投影弧 cs (人工边坡) 及 ns (天然边坡) 的对侧 (图 5.4(a))，说明组合交线的倾向与边坡倾向相反，所以没有发生顺层滑动的可能性，属于最稳定结构。

(2) 两结构面 J_1、J_2 的交点 M 与边坡投影弧在同一侧，但在 cs (人工边坡) 的内侧 (图 5.4(b))，说明结构面组合交线的倾向与坡面倾向一致，倾角大于坡角，属于稳定结构。

(3) 两结构面 J_1、J_2 的交点 M 与边坡投影弧在同一侧，但在 ns (天然边坡) 的外侧 (图 5.4(c))，说明结构面组合交线的倾向与坡面倾向一致，但倾角小于天然坡角，在坡顶无出露点，属于较稳定结构。

(4) 两结构面 J_1、J_2 的交点 M 与边坡投影弧在同一侧，但在 cs (人工边坡) 和 ns (天然边坡) 之间 (图 5.4(d))，说明结构面组合交线的倾向与坡面倾向一致，但倾角小于开挖坡角而大于天然坡角，在坡顶有出露点，但出露点 C_0 距离开挖坡面较远，结构面交线在开挖坡面上没有出露，而插于坡角以下，对结构具有一定的支撑作用，属于较不稳定结构。

(5) 与图 5.4(d) 类似，结构面组合交线的倾向与坡面倾向一致，但倾角小于开挖坡角而大于天然坡角，结构面交线在两种坡面均有出露 (图 5.4(e))，属于不稳定结构。

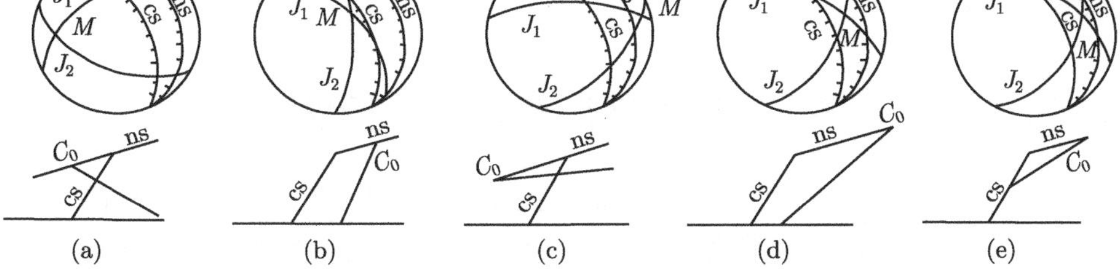

图 5.4 两组结构面极射赤平投影图

5.1.3　算例分析

广西金秀县城关法庭北侧山脚的边坡，为岩石边坡，出露的地层岩性为寒武系下统水口群含泥质砂岩、砂岩，岩层产状为 315°∠45°，边坡的自然坡度为 40° ～ 50°，坡向 170°。此边坡经人工开挖后形成的人工边坡高 12.5m，坡度 70°，坡向 170°。坡面基岩裂隙发育，岩体被切割成 0.3 ～ 1.0m 的岩块。经测量，主要裂隙有 5 组，由强至弱依次为：第 ① 组 224°∠60°，第 ② 组 244°∠26°，第 ③ 组 292°∠65°，第 ④ 组 116°∠85°，第 ⑤ 组 168°∠85°。边坡结构面的极射赤平投影图如图 5.5。

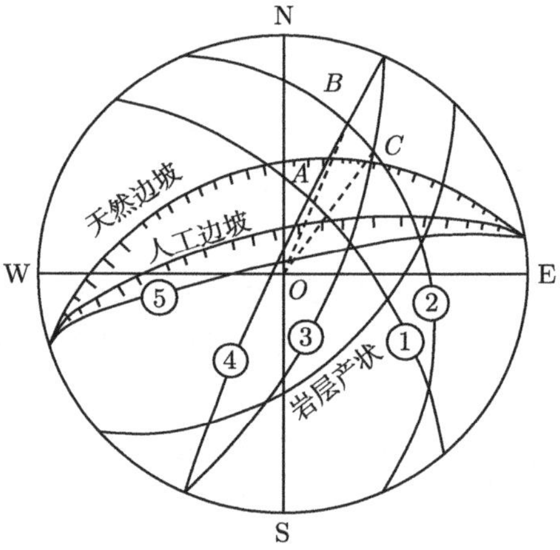

图 5.5　一边坡极射赤平投影图

从极射赤平投影图上可以看出，①、④ 组裂隙面的交点 A 与边坡投影弧在同一侧，在自然边坡及人工边坡投影弧之间，说明裂隙面组合交线的倾向与坡面倾向一致，倾角小于开挖坡角而大于天然坡角，为不稳定结构；第 ② 组与第 ③、④ 组裂隙面的交点 C 和 B 和边坡投影弧在同一侧，但在天然边坡的外侧，说明结构面组合交线的倾向与坡面一致，但倾角小于天然坡角，属于较稳定结构。所以，第 ① 组和第 ④ 组裂隙对边坡稳定性的影响最大，第 ②、③ 组次之。综上所述，该边坡的稳定性较差，边坡岩体在 ①~④ 组裂隙的切割下，形成大小不等的分离体，可能沿着 AO(200°∠62°) 和 BO(206°∠20°)、CO(214°∠22°) 方向滑动，从而造成边坡失稳。

5.2　极限平衡稳定性分析法

边坡稳定性分析中，极限平衡法属于经典方法 [44−53]，得到全世界的广泛应用，建立在莫尔–库仑强度准则的基础上。对于边坡稳定性分析，大多数是静不定问题，极限平衡法通过引入一些简化假定来使问题变得静定可解。其计算过程一般先假定边坡破坏是岩土体沿某一确定的滑裂面滑动，再根据滑裂岩土体的静力平衡条件和莫尔–库仑破坏准则计算沿该滑裂面滑动的可能性，即安全系数的大小，或是破坏概率的高低，然后系统地选取多个可能的滑动面，用同样的办法计算稳定安全系数或是破坏概率。最后安全系数最小或者是破坏概率最高的滑动面就是最可能的滑动面。

5.2.1 平面滑动法

1. 稳定性计算方法

公路沿线地形复杂，通常出现顺向岩层边坡或表层堆积物沿下部基岩面滑动的边坡破坏类型，这类边坡的整体稳定性分析方法可概化为平面滑动法，其力学模型见图 5.6。图中，W 为滑体单宽重力，U 为作用在滑动面上的水压力，V 为坡后拉张裂隙中的水压力，P 为水平地震力。

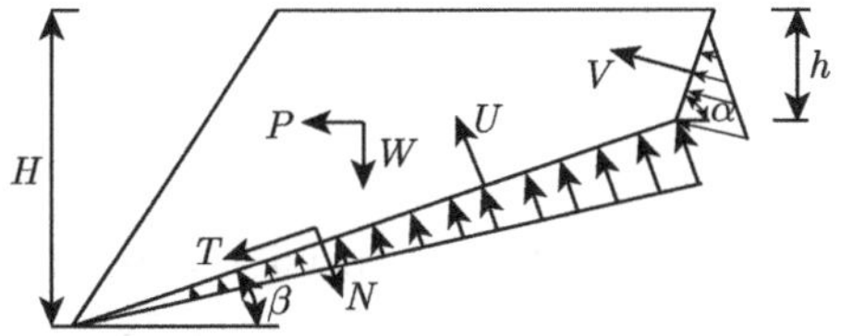

图 5.6 高边坡平面滑动法力学模型

针对滑动面进行力分解：

法向分量：

$$N = W\cos\beta - P\sin\beta - U - V\sin\alpha\sin\beta - V\cos\alpha\cos\beta \tag{5.1}$$

切向分量：

$$T = W\sin\beta + P\cos\beta + V\sin\alpha\cos\beta - V\cos\alpha\sin\beta \tag{5.2}$$

则该滑动边坡块体的稳定系数 F_s 为

$$F_s = \frac{(W\cos\beta - P\sin\beta - U - V\sin\alpha\sin\beta - V\cos\alpha\cos\beta)\tan\varphi + cl}{W\sin\beta + P\cos\beta + V\sin\alpha\cos\beta - V\cos\alpha\sin\beta} \tag{5.3}$$

式中，$l = \dfrac{H-h}{\sin\beta}$ 为破坏面的长度，其余参数同前。

2. 稳定性评价标准

《建筑边坡工程技术规范》(GB 50330—2002) 对 30m 以下的岩石边坡稳定性评价做了以下规定：边坡工程稳定性验算时，其稳定系数应不小于表 5.1 规定的稳定安全系数的要求，否则应对边坡进行处理。在进行危石工程治理设计时，根据《地质灾害防治工程勘察规范》(DB 50/143—2003) 的规定，在进行岩石边坡工程治理设计时，安全系数按表 5.2 取值。

表 5.1　建筑边坡安全系数取值 [42]

	一级边坡	二级边坡	三级边坡
平面滑动法	1.35	1.30	1.25
圆弧滑动法	1.30	1.25	1.20

表 5.2　地质灾害防治安全系数取值 [54]

	防治工程等级		
	一级	二级	三级
非校核工况稳定安全系数	1.25	1.15	1.05
校核工况稳定安全系数	1.05	1.03	1.01

3. 工程算例

某岩石高边坡 (图 5.7)，坡高 31m，坡角 60°，结构面倾角 45°，结构面黏结力 50kPa，结构面摩擦角 30°，张裂隙距坡顶距离 8m，裂隙水埋深 2m，容重 20kN/m^3。计算结果如下。

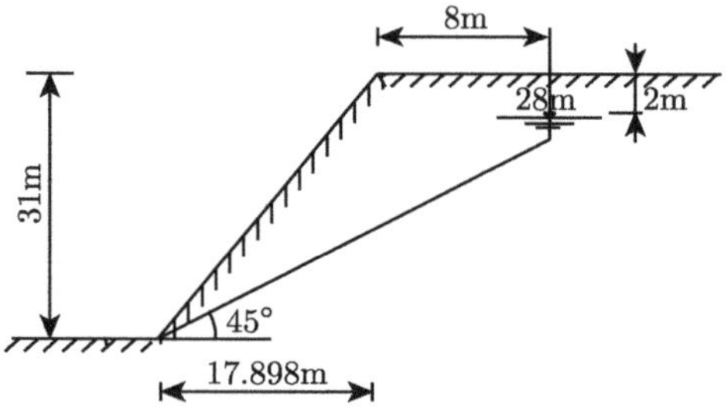

图 5.7　平面滑动边坡算例简图

岩体重量 3801.3kN，侧面裂隙水压力 48.1kN，底面裂隙水压力 568.1kN，结构面上正压力 2085.9kN，总下滑力 2722.0kN，总抗滑力 3035.5kN，稳定系数 1.115。

5.2.2　圆弧法 [55]

1. 稳定性计算方法

对于均质土坡及没有断裂面的岩石边坡，圆弧形破裂面整体失稳破坏是常见的公路边坡整体失稳模式，在一定条件下可看作平面问题，用圆弧法进行稳定分析。首先假定滑动面为一圆弧，把滑动岩体看作刚体，求滑动面上的滑动力及抗滑力，再求这两个力对滑动圆心的力矩。抗滑力矩 M_{R} 和滑动力矩 M_{s} 之比，即为该岩石边坡的稳定系数 F_{s}：

$$F_{\mathrm{s}}=\frac{M_{\mathrm{R}}}{M_{\mathrm{s}}} \tag{5.4}$$

如果 $F_{\mathrm{s}}>1$，则沿着这个滑动面稳定；如果 $F_{\mathrm{s}}\leqslant 1$，则不稳定；如果 $F_{\mathrm{s}}=1$，则说明这个计算滑动面处于极限平衡状态。

由于假定计算面上的各点覆盖岩体重量各不相同，因此，由岩体重量引起在滑动面上各点的法向压力也不同。如图 5.8，把滑体分为 n 条，其中第 i 条传给滑动面上的重量为 W_i，它可以分解为两个力：一是垂直于圆弧的法向力 N_i，另一是切于圆弧的切向力 T_i，可得

$$\begin{cases} N_i=W_i\cos\alpha_i \\ T_i=W_i\sin\alpha_i \end{cases} \tag{5.5}$$

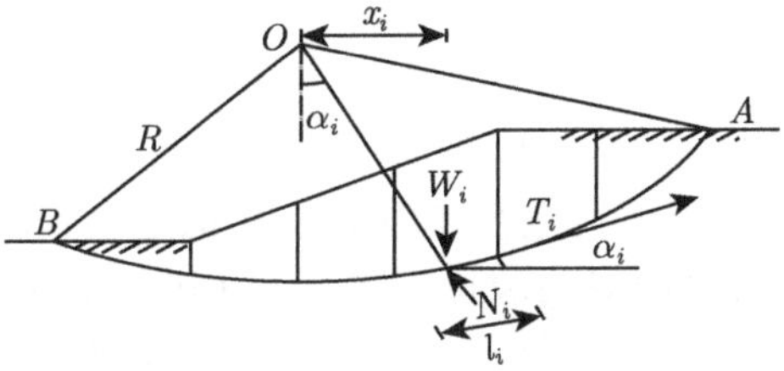

图 5.8 圆弧法计算图示

N_i 力通过圆心，其本身对岩石边坡滑动不起作用。但是 N_i 可使岩条滑动面上产生摩擦力 $N_i\tan\varphi_i$ (φ_i 为该弧所在岩体的内摩擦角)，其作用方向与岩体滑动方向相反，故对岩石边坡起抗滑作用。此外，滑动面上的黏结力 c 也起抗滑作用，故第 i 条岩条滑弧上的抗滑力 $\tau_{\mathrm{f}i}$ 为

$$\tau_{\mathrm{f}i}=c_il_i+N_i\tan\varphi_i \tag{5.6}$$

第 i 条产生的抗滑力矩为

$$(M_{\mathrm{R}})_i=(c_il_i+N_i\tan\varphi_i)R \tag{5.7}$$

式中，c_i 为第 i 条滑弧所在岩层的黏结力 (kPa)；φ_i 为第 i 条滑弧所在岩层的内摩擦角 (°)；l_i 为第 i 条岩条的滑弧长度 (m)。

同样，对每一岩条进行类似分析，可得到总的抗滑力矩为

$$M_{\mathrm{R}}=\left(\sum_{i=1}^{n}c_il_i+\sum_{i=1}^{n}N_i\tan\varphi_i\right)R \tag{5.8}$$

式中，n 为分条数目。

而滑动面上总的滑动力矩为

$$M_s = \sum_{i=1}^{n}(T_i + U_i)R \tag{5.9}$$

U_i 为动水压力，假定其作用于滑动面上 (最不利于稳定的情况)。

将式 (5.8) 及式 (5.9) 代入式 (5.4)，得边坡稳定系数:

$$F_s = \frac{\sum_{i=1}^{n} c_i l_i + \sum_{i=1}^{n} N_i \tan\varphi_i}{\sum_{i=1}^{n}(T_i + U_i)} \tag{5.10}$$

由于圆心和滑动面为任意假定，因此要假定多个圆心和相应的滑动面做类似的分析，进行试算，从中找到最小的安全系数，即为真正的安全系数，其对应的圆心和滑动面即为最危险的圆心和滑动面。

2. 稳定性评价标准

《建筑边坡工程技术规范》(GB 50330—2002) 对 30m 以下的岩石边坡稳定性评价做了以下规定：边坡工程稳定性验算时，其稳定系数应不小于表 5.1 规定的稳定安全系数的要求，否则应对边坡进行处理。在进行危石工程治理设计时，根据《地质灾害防治工程勘察规范》(DB 50/143—2003) 的规定，在进行岩石边坡工程治理设计时，边坡稳定安全系数应根据边坡防治工程的等级按表 5.2 确定。

3. 工程算例

如图 5.9 所示为一黏性土坡，坡高 25m，坡比 1:2.0，土容重 20kN/m^3，内摩擦角 26.6°，黏结力 10kPa。用圆弧法对其进行稳定性计算。

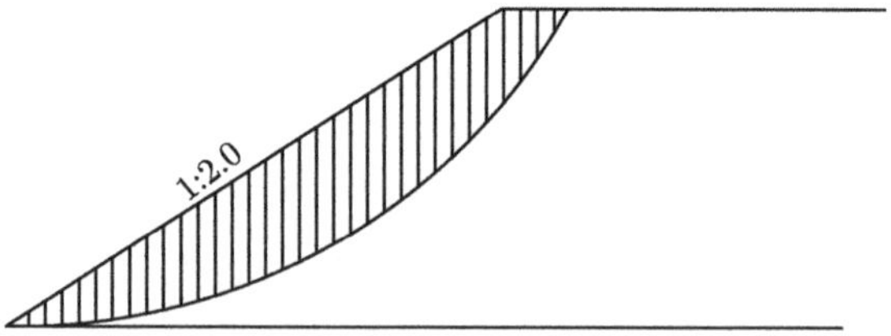

图 5.9　圆弧法算例图示

坐标原点在坡脚，计算详表见表 5.3，土条总数 54。圆心半径 (m)(4.480, 58.080)，$R = 58.253$。总的下滑力 =2721.326(kN)，总的抗滑力 = 3573.699(kN)。滑动安全系数 =1.313。表 5.3 中，i 为土条编号，x 为起始 (m)，l 为土条底长 (m)，α 为土条底部倾角 (°)，c 为土条底部黏结力 (kPa)，φ 为土条底部内摩擦角 (°)，W 为土条重 (kN)，N 为土条底部法向力 (kN)，T 为土条底部切向力 (kN)。

表 5.3 土条计算详表

i	x/m	l/m	α/(°)	c/kPa	φ/(°)	W/kN	N/kN	T/kN
1	0.00	1.00	−3.92	10.0	25.6	5.63	5.62	9.74
2	1.00	1.00	−2.94	10.0	25.6	15.73	15.71	13.96
3	1.99	1.00	−1.96	10.0	25.6	27.49	27.48	18.06
4	2.99	1.00	−0.98	10.0	25.6	37.91	37.91	22.04
5	3.98	1.00	−0.00	10.0	25.6	47.99	47.99	25.88
6	4.98	1.00	0.98	10.0	25.6	57.73	57.73	29.59
7	5.97	1.00	1.96	10.0	25.6	67.14	67.10	33.17
8	5.97	1.00	2.94	10.0	25.6	75.20	75.10	35.61
9	7.96	1.00	3.92	10.0	25.6	84.92	84.73	39.91
10	8.96	0.98	4.89	10.0	25.6	91.51	91.17	42.24
11	9.94	0.98	5.86	10.0	25.6	99.26	98.74	45.13
12	10.91	0.98	5.83	10.0	25.6	105.69	105.93	47.89
13	11.89	0.99	7.79	10.0	25.6	113.78	112.73	50.50
14	12.87	0.99	8.77	10.0	25.6	120.55	119.14	52.96
15	13.85	0.99	9.74	10.0	25.6	125.99	125.16	55.28
16	14.82	0.99	10.72	10.0	25.6	133.09	130.77	57.44
17	15.80	1.00	11.70	10.0	25.6	138.86	135.97	59.45
18	15.78	1.00	12.68	10.0	25.6	144.28	140.76	61.30
19	17.75	1.01	13.67	10.0	25.6	149.35	145.13	63.00
20	18.73	1.01	14.66	10.0	25.6	154.09	149.07	64.54
21	19.71	1.01	15.65	10.0	25.6	158.46	152.59	65.91
22	20.69	1.02	15.65	10.0	25.6	162.48	155.66	67.12
23	21.66	1.03	17.66	10.0	25.6	165.13	158.30	68.17
24	22.64	1.03	18.67	10.0	25.6	169.41	160.49	69.05
25	23.62	1.04	19.69	10.0	25.6	172.32	162.24	69.77
26	24.59	1.04	20.71	10.0	25.6	174.84	163.54	70.32
27	25.57	1.05	21.74	10.0	25.6	175.96	164.37	70.69
28	25.55	1.06	22.78	10.0	25.6	178.70	164.75	70.90
29	27.53	1.07	23.83	10.0	25.6	180.02	164.67	70.93
30	28.50	1.08	24.88	10.0	25.6	180.92	164.12	70.79
31	29.48	1.09	25.95	10.0	25.6	181.39	163.10	70.47
32	30.46	1.10	27.02	10.0	25.6	181.42	161.62	69.98
33	31.43	1.11	28.11	10.0	25.6	181.01	159.66	69.32
34	32.41	1.12	29.20	10.0	25.6	180.11	157.22	68.48
35	33.39	1.13	30.31	10.0	25.6	178.74	154.31	67.46
36	34.37	1.15	31.43	10.0	25.6	175.88	150.93	65.27
37	35.34	1.16	32.56	10.0	25.6	174.49	147.06	64.91
38	35.32	1.17	33.71	10.0	25.6	171.57	142.72	63.37
39	37.30	1.19	34.87	10.0	25.6	168.09	137.90	61.66
40	38.27	1.21	35.05	10.0	25.6	164.04	132.62	59.77

续表

i	x/m	l/m	α/(°)	c/kPa	φ/(°)	W/kN	N/kN	T/kN
41	39.25	1.23	37.25	10.0	25.6	159.37	125.86	57.72
42	40.23	1.25	38.47	10.0	25.6	154.07	120.63	55.50
43	41.21	1.27	39.71	10.0	25.6	148.11	113.94	53.12
44	42.18	1.29	40.97	10.0	25.6	141.43	105.79	50.58
45	43.16	1.32	42.26	10.0	25.6	134.01	99.19	47.88
46	44.14	1.35	43.57	10.0	25.6	125.80	91.15	45.03
47	45.11	1.38	44.91	10.0	25.6	115.75	82.69	42.04
48	45.09	1.41	45.28	10.0	25.6	105.80	73.81	38.91
49	47.07	1.45	47.69	10.0	25.6	95.87	64.53	35.66
50	48.05	1.49	49.14	10.0	25.6	83.89	54.88	32.30
51	49.02	1.54	50.63	10.0	25.6	70.76	44.88	28.85
52	50.00	1.32	52.04	10.0	25.6	44.54	27.40	20.47
53	50.81	1.36	53.35	10.0	25.6	27.33	15.31	15.55
54	51.62	1.40	54.71	10.0	25.6	9.26	5.35	12.71

5.2.3　嵌入型公路岩石边坡稳定性分析

嵌入型岩石边坡是指土质边坡或破碎岩体边坡表面嵌入尺寸较大的完整岩块，边坡开挖使危石距离临空面较近时，在危石自重、裂隙水压力和地震力作用下存在失稳安全隐患 (图 5.10)。山区公路沿线边坡的嵌入型危石失稳问题对交通畅通和车辆人员的安全构成了巨大的威胁。为此，建立嵌入型危石的稳定性分析方法，为有效治理嵌入型危石提供了科学依据。

图 5.10　已崩落的边坡嵌入型危石

1. 基本假定

将嵌入型岩石边坡概化为长方体，其稳定性分析属于三维问题；边坡失稳模式属于滑移式破坏。

2. 计算荷载及其组合

(1) 危石自重 W，作用在危石重心。

(2) 裂隙水压力：作用在危石后部，天然状态取 1/2 危石水柱高度，暴雨状态下危石后部裂隙充水深度取危石高度。

(3) 地震力：水平地震力由 $P_{\mathrm{h}}=\mu_{\mathrm{h}}W$ 计算，μ_{h} 为水平地震系数；竖向地震力由 $P_{\mathrm{v}}=\mu_{\mathrm{v}}W$ 计算，μ_{v} 为竖向地震系数。

根据荷载出现频率，现拟定四种荷载组合：

组合一：自重 + 裂隙水压力 (天然状态)；

组合二：自重 + 裂隙水压力 (暴雨状态)；

组合三：自重 + 裂隙水压力 (暴雨状态) + 水平地震力；

组合四：自重 + 裂隙水压力 (暴雨状态) + 竖向地震力。

3. 计算模型

嵌入型危石的计算模型见图 5.11~图 5.13。图中，a 为危岩沿边坡走向的长度 (m)；b 为危石沿边坡倾向的宽度 (m)；h 为危石的高度 (m)；z_0 为危石上部岩土体的厚度 (m)；N_1 为危石顶部扩散岩土体重 (kN)；N_2 为危石地基提供的支撑力 (kN)；τ_1 为危石底部围岩产生的抗剪强度 (kPa)；τ_2 为危石后部围岩产生的抗剪强度 (kPa)；τ_3 为危石两侧围岩产生的抗剪强度 (kPa)，由 τ_1、τ_2、τ_3 提供给危石的抗剪力分别用 T_1、T_2、T_3 表示；W 为危石自重 (kN)；P_{h} 为水平地震力 (kN)；P_{v} 为竖向地震力 (kN)；Q 为裂隙水压力 (kN)；c 和 φ 分别为危石周围岩土体抗剪强度参数黏结力 (kPa) 和内摩擦角 (°)；α 为危石底部潜在破坏面倾角 (°)，为增加安全储备，取 $\alpha=\varphi$。

根据模型中拟定的四种荷载组合，取使危石稳定系数最小者为设计荷载工况。

4. 稳定系数计算方法

运用极限平衡理论 [211] 建立嵌入型危石稳定系数计算方法。

危石自重：

$$W=abh\gamma_1 \tag{5.11}$$

危石后部天然状态下孔隙水压力：

$$Q_{\text{天然}}=\frac{1}{4}\gamma_{\mathrm{w}}ah^2 \tag{5.12}$$

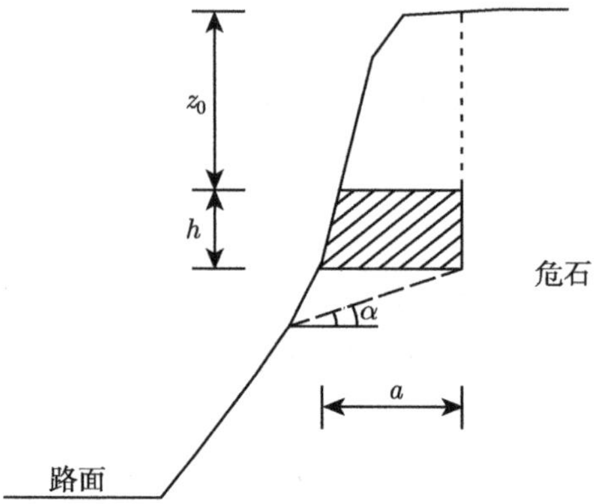

图 5.11　嵌入型危石地质模型

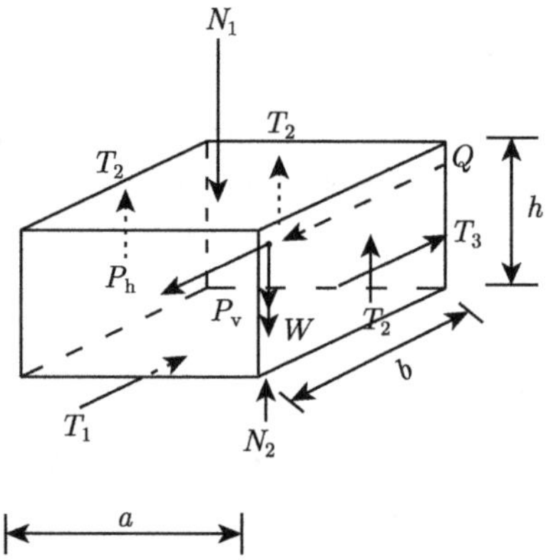

图 5.12　危石受荷模式

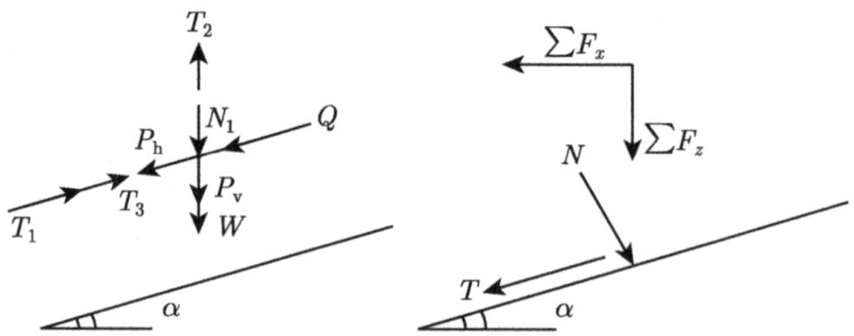

图 5.13　危石滑动破坏力学模型

危石后部暴雨状态下孔隙水压力：

$$Q_{饱和} = \frac{1}{2}\gamma_w a h^2 \tag{5.13}$$

危石顶部扩散岩土体重：

$$N_{1天然} = abz_0\gamma_{2天然} - (az_0 + 2bz_0)\,c_0 \tag{5.14}$$

$$N_{1饱和} = abz_0\gamma_{2\ 饱和} - (az_0 + 2bz_0)\,c_0 \tag{5.15}$$

危石底部受到的抗剪力：

$$T_1 = abc_1 \tag{5.16}$$

危石侧面受到的向上抗剪力：

$$T_2 = ahc_1 \tag{5.17}$$

危石侧面受到的向后抗剪力：

$$T_3 = bhc_1 \tag{5.18}$$

不考虑危石和潜在破坏面之间的岩土体自重，则

$$\sum F_x = Q + P_{\rm h} - 2T_3 \tag{5.19}$$

$$\sum F_z = W + P_{\rm v} + N_1 - 3T_2 \tag{5.20}$$

进一步沿破坏面进行分解：

$$N = \sum F_z \times \cos\alpha - \sum F_x \times \sin\alpha \tag{5.21}$$

$$T = \sum F_z \times \sin\alpha - \sum F_x \times \cos\alpha \tag{5.22}$$

令 N，T 在破坏面上均布，潜在破坏面长度 l 可取 $\dfrac{\alpha}{\cos\alpha}$，则

$$\sigma = \frac{1}{a}\left(\sum F_z\cos\alpha - \sum F_x\sin\alpha\right)\cos\alpha \tag{5.23}$$

$$\tau = \frac{1}{a}\left(\sum F_z\sin\alpha - \sum F_x\cos\alpha\right)\cos\alpha \tag{5.24}$$

得稳定系数：

$$F_{\rm s} = \frac{\tau_{\rm f}}{\tau} = \frac{c_1 \times a + \left(\sum F_z\cos\alpha - \sum F_x\sin\alpha\right)\cos\alpha\tan\varphi}{\left(\sum F_z\sin\alpha + \sum F_x\cos\alpha\right)\cos\alpha} \tag{5.25}$$

针对组合一：

$$F_{\rm s} = \frac{c_1 \times a + \left[(W + N_{1天然} - T_2)\cos\alpha - (Q_{饱和} - 2T_3)\sin\alpha\right]\cos\alpha\tan\varphi}{\left[(W + N_{1天然} - T_2)\sin\alpha - (Q_{饱和} - 2T_3)\cos\alpha\right]\cos\alpha} \tag{5.26}$$

针对组合二：

$$F_s=\frac{c_1\times a+\left[\left(W+N_{1饱和}-T_2\right)\cos\alpha-\left(Q_{饱和}-2T_3\right)\sin\alpha\right]\cos\alpha\tan\varphi}{\left[\left(W+N_{1饱和}-T_2\right)\sin\alpha+\left(Q_{饱和}-2T_3\right)\cos\alpha\right]\cos\alpha} \tag{5.27}$$

针对组合三：

$$F_s=\frac{c_1\times a+\left[\left(W+N_{1饱和}-T_2\right)\cos\alpha-\left(Q_{饱和}+P_h-2T_3\right)\sin\alpha\right]\cos\alpha\tan\varphi}{\left[\left(W+N_{1饱和}-T_2\right)\sin\alpha+\left(Q_{饱和}+P_h-2T_3\right)\cos\alpha\right]\cos\alpha} \tag{5.28}$$

针对组合四：

$$F_s=\frac{c_1\times a+\left[\left(W+P_v+N_{1饱和}-T_2\right)\cos\alpha-\left(Q_{饱和}-2T_3\right)\sin\alpha\right]\cos\alpha\tan\varphi}{\left[\left(W+P_v+N_{1饱和}-T_2\right)\sin\alpha+\left(Q_{饱和}-2T_3\right)\cos\alpha\right]\cos\alpha} \tag{5.29}$$

式中，z_0 为危石顶部上覆围岩体的平均厚度 (m)，γ_1 为危石容重 (kN/m^3)，γ_2 为危石顶部围岩体的容重 (kN/m^3)，c_0 为危石与周围岩土体之间的黏结力 (kPa)，c_1 和 φ 分别为危石周围岩土体抗剪强度参数黏结力 (kPa) 和内摩擦角 (°)。

5. 稳定性评价标准

根据危石的稳定系数，提出稳定性评价标准如表 5.4。在进行危石工程治理设计时，按照表 5.5 取安全系数。

表 5.4　公路岩石边坡嵌入型危石稳定性评价标准

	稳定状态			
	稳定	基本稳定	欠稳定	不稳定
稳定系数 F_s	$\geqslant 1.20$	$1.15\sim1.20$	$1.0\sim1.15$	<1.0

表 5.5　公路岩石边坡嵌入型危石防治安全系数

	公路等级		
	高速公路	一级、二级公路	其他等级公路
安全系数 K_s	1.25	1.20	1.15

6. 工程算例

国道 316 河南省旬阳县—白河县段某处公路边坡出露典型的嵌入型危石。该段公路边坡高约 15m，坡度约 65°。其边坡表面岩体破碎，为黑色变质泥岩 (含煤质)，其间嵌入有 $0.5\sim51$m^3 规模不等的危石。其中已有部分危石失稳崩落，阻碍交通。该段边坡嵌入危石为受动力挤压的灰黄色变质碳质砂岩，节理发育，是易发生塌方地段。该段边坡坡脚处有一块已失稳坠落的嵌入型危石。以其为例进行本次建立的嵌入型危石稳定性分析。

采集现场测得已坠落危石体 $a = 7.70\text{m}$，$b = 2.50\text{m}$，$h = 2.65\text{m}$，危石顶部上覆围岩体的平均厚度 $z_0 = 4.5\text{m}$。采取现场嵌入型危石、边坡破碎岩体样品。室内进行三轴试验测得围岩黏结力 $c_1 = 15\text{kPa}$，内摩擦角 $\varphi = 21°$，$c_0 = 10\text{kPa}$。危石体容重 $\gamma_1 = 25.1\text{kN/m}^3$，围岩体容重 $\gamma_{2天然} = 21.4\text{kN/m}^3$，$\gamma_{2饱和} = 22.0\text{kN/m}^3$。由前述计算方法，计算结果见表 5.6。表明该嵌入型危石在天然状态下处于稳定状态，在暴雨状态下处于不稳定状态，与实情相符。

表 5.6　嵌入型危石稳定性分析结果

	荷载组合			
	组合一	组合二	组合三	组合四
稳定系数 F_s	1.21	0.90	0.83	0.89
稳定状况	稳定状态	不稳定	不稳定	不稳定

5.2.4　凸出型岩石边坡稳定性分析

随着西部大开发战略的快速发展，高等级公路、现代化城镇以及大量库区就地后靠移民工程的兴建，开挖过程中，为减小开挖方量，坡率较大，形成了凸出型危岩体，崩塌灾害日益凸显，如三峡库区仅重庆境内便有危岩体 5 万多个，直接威胁着 20 多万人的生命安全和数百亿元的财产安全；2007 年 11 月 23 日发生在国道 318 线湖北巴东高阳寨的崩塌灾害，崩塌体瞬间掩埋一辆客车，造成 36 名乘客当场遇难！因此，全面实施危岩稳定性研究，有效防治崩塌灾害的社会效益和环境效益重大。基于极限平衡理论系统建立了危岩稳定性分析方法 [56,57]。

1. *危岩稳定性评价标准*

陈洪凯等 [57] 根据危岩稳定系数将危岩稳定性分为不稳定、基本稳定和稳定三种状态 (表 5.7)，《地质灾害防治工程设计规范》(DB 50/5029—2004) 提出了防治工程安全系数标准 (表 5.8)。一般地，处于稳定状态的危岩灾害体可以不采用工程防治措施，处于基本稳定状态的危岩应加强监测并采用地表排水，处于欠稳定状态的危岩除采用监测、地表及地下排水外尚需在必要部位采用局部工程治理，处于不稳定状态的危岩应采取系统的工程治理，治理后的危岩稳定系数应满足防治工程安全系数要求 [57]。

表 5.7　危岩稳定性评价标准

危岩破坏模式	不稳定	基本稳定	稳定
滑塌式危岩	< 1.0	$1.0 \sim 1.3$	> 1.3
倾倒式危岩	< 1.0	$1.0 \sim 1.5$	> 1.5
坠落式危岩	< 1.0	$1.0 \sim 1.5$	> 1.5

注：表中数据为危岩体的稳定系数。

表 5.8　危岩防治工程安全系数

	一级	二级	三级
滑塌式危岩	1.40	1.30	1.20
倾倒式危岩	1.50	1.40	1.30
坠落式危岩	1.60	1.50	1.40

注：表中数据为危岩治理后的安全系数，安全等级简述如下：

一级：危及县和县级以上城市、大型工矿企业、交通枢纽及重要公共设施，破坏后果特别严重；

二级：危及一般城镇、居民集中区、重要交通干线、一般工矿企业等，破坏后果严重；

三级：除一、二级以外的地区。

在进行危岩稳定性计算中，可将危岩体视为完全刚性块体，采用极限平衡理论推导不同类型危岩在不同荷载组合下的稳定性计算方法。

2. *滑塌式危岩稳定性计算方法*

滑塌式危岩计算模型见图 5.14，图中 AB 为主控结构面长度 (m)，其倾角为 $\beta(^\circ)$、等效强度参数为 c、φ。W 为危岩体的自重 (kN)，P 为水平地震力 (kN)。针对主控结构面进行分解：

法向分量：

$$N = W\cos\beta - P\sin\beta \tag{5.30}$$

切向分量：

$$T = W\sin\beta + P\cos\beta \tag{5.31}$$

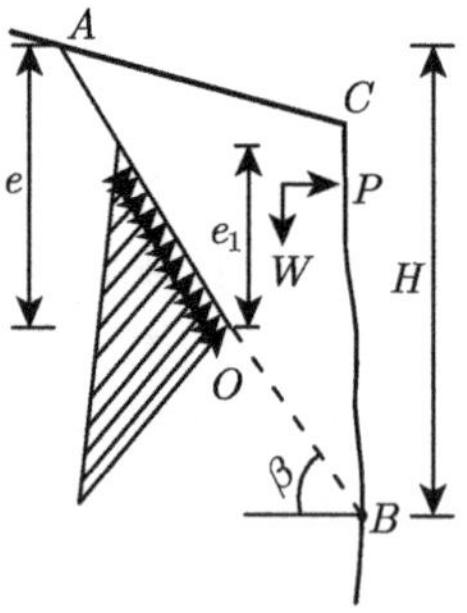

图 5.14　滑塌式危岩计算模型

假定法向分量和切向分量沿主控结构面均匀分布，则平均法向应力和平均剪应力分别由式 (5.32) 和式 (5.33) 计算。

$$\sigma = \frac{N\sin\beta}{H} \tag{5.32}$$

$$\tau = \frac{T\sin\beta}{H} \tag{5.33}$$

进而可得主控结构面的抗剪强度为

$$\tau_{\mathrm{f}} = c + \sigma \tan \varphi \tag{5.34}$$

则危岩的稳定系数

$$F_{\mathrm{s}} = \frac{\tau_{\mathrm{f}}}{\tau} = \frac{(W\cos\beta - P\sin\beta - Q)\tan\varphi + c\dfrac{H}{\sin\beta}}{W\sin\beta + P\cos\beta} \tag{5.35}$$

式中，Q 为主控结构面内作用在危岩体上的裂隙水压力 (kN)。

对于组合一，$e_1 = e/3$，裂隙水压力和危岩稳定系数分别由式 (5.36) 和式 (5.37) 计算

$$Q = \frac{1}{2}\gamma_{\mathrm{w}} e_1^2 l = \frac{1}{18}\gamma_{\mathrm{w}} e^2 l \tag{5.36}$$

$$F_{\mathrm{s}} = \frac{(W\cos\beta - Q)\tan\varphi + c\dfrac{H}{\sin\beta}}{W\sin\beta} \tag{5.37}$$

式中，l 为危岩体沿陡崖走向的长度 (m)；e 为主控结构面贯通段的垂直高度 (m)。

对于组合二，$e_1 = 2e/3$，裂隙水压力由式 (5.36) 计算，将其代入式 (5.37) 得该荷载条件的稳定系数

$$Q = \frac{1}{2}\gamma_{\mathrm{w}} e_1^2 l = \frac{2}{9}\gamma_{\mathrm{w}} e^2 l \tag{5.38}$$

对于组合三，裂隙水压力由式 (5.36) 计算，稳定系数由式 (5.35) 计算。

3. 倾倒式危岩稳定性计算方法

倾倒式危岩计算模型见图 5.15 和图 5.16，图中 C 为危岩体底部与基座接触的可能倾覆点，其余变量同前。

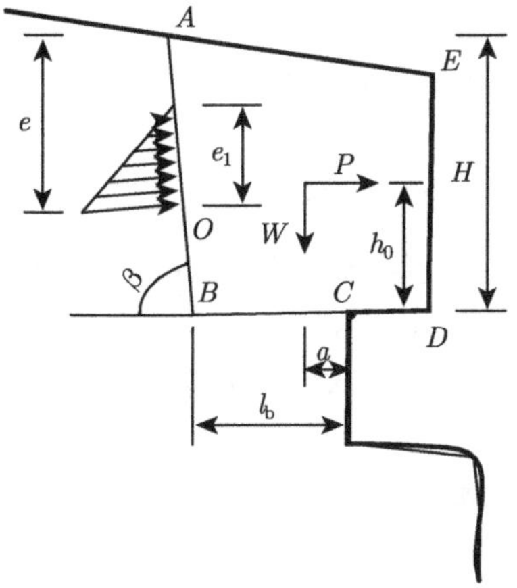

图 5.15　第一类倾倒式危岩计算模型

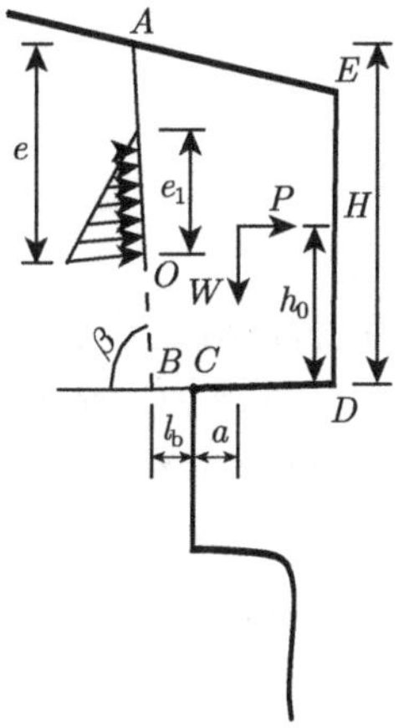

图 5.16　第二类倾倒式危岩计算模型

(1) 危岩体重心在倾覆点内侧时，围绕可能倾覆点 C，倾覆力矩为

$$M_{倾覆} = Ph_0 + Q\left(\frac{e_1}{3\sin\beta} + \frac{H-e}{\sin\beta}\right) \tag{5.39}$$

抗倾覆力矩为

$$M_{抗倾} = Wa + f_{\mathrm{lk}}\frac{H-e}{\sin\beta} + l_{\mathrm{b}}f_{0\mathrm{k}} \tag{5.40}$$

进而得到危岩稳定系数计算式为

$$F_{\mathrm{s}} = \frac{M_{抗倾}}{M_{倾覆}} = \frac{Wa + f_{\mathrm{lk}}\dfrac{H-e}{\sin\beta} + l_{\mathrm{b}}f_{0\mathrm{k}}}{Ph_0 + Q\left(\dfrac{e_1}{3\sin\beta} + \dfrac{H-e}{\sin\beta}\right)} \tag{5.41}$$

对于荷载组合二，可变荷载仅考虑裂隙水压力，而不考虑地震力。暴雨状态的裂隙水压力由式 (5.36) 计算，则稳定系数为

$$F_{\mathrm{s}} = \frac{Wa + f_{\mathrm{lk}}\dfrac{H-e}{\sin\beta} + l_{\mathrm{b}}f_{0\mathrm{k}}}{\dfrac{2}{9}\gamma_{\mathrm{w}}e^2l\left(\dfrac{2e}{9\sin\beta} + \dfrac{H-e}{\sin\beta}\right)} = \frac{81[(Wa + f_{0\mathrm{k}}l_{\mathrm{b}})\sin\beta + f_{\mathrm{lk}}(H-e)]}{2(9H-7e)\gamma_{\mathrm{w}}e^2l} \tag{5.42}$$

对于荷载组合三，裂隙水压力和地震力同为可变荷载。天然状态的裂隙水压力由式 (5.36) 计算，则稳定系数为

$$F_{\mathrm{s}} = \frac{Wa + f_{\mathrm{lk}}\dfrac{H-e}{\sin\beta} + l_{\mathrm{b}}f_{0\mathrm{k}}}{Ph_0 + \dfrac{1}{18}\gamma_{\mathrm{w}}e^2l\left(\dfrac{e}{9\sin\beta} + \dfrac{H-e}{\sin\beta}\right)} = \frac{162[(Wa + f_{0\mathrm{k}}l_{\mathrm{b}})\sin\beta + f_{\mathrm{lk}}(H-e)]}{162Ph_0\sin\beta + (9H-8e)\gamma_{\mathrm{w}}e^2l} \tag{5.43}$$

式中，f_{lk} 为危岩体抗拉强度标准值 (kPa)；$f_{0\mathrm{k}}$ 为危岩体与基座之间的抗拉强度标准值 (kPa)，当基座为岩体时，$f_{0\mathrm{k}} = f_{\mathrm{lk}}$，当基座为软质岩层 (如泥岩) 时，取该软质岩石的抗拉强度标准值；a 为危岩体重心至倾覆点的水平距离 (m)；l_{b} 为危岩体底部主控结构面尖端至倾覆点的距离 (m)。

(2) 危岩体重心在倾覆点外侧时，围绕可能倾覆点 C，倾覆力矩为

$$M_{倾覆} = Wa + Ph_0 + Q\left(\frac{e_1}{3\sin\beta} + \frac{H-e}{\sin\beta}\right) \tag{5.44}$$

抗倾覆力矩为

$$M_{抗倾}=f_{\rm lk}\frac{H-e}{\sin\beta}+l_{\rm b}f_{0\rm k} \tag{5.45}$$

进而，得到危岩稳定系数计算式为

$$F_{\rm s}=\frac{M_{抗倾}}{M_{倾覆}}=\frac{f_{\rm lk}\dfrac{H-e}{\sin\beta}+l_{\rm b}f_{0\rm k}}{Wa+Ph_0+Q\left(\dfrac{e_1}{3\sin\beta}+\dfrac{H-e}{\sin\beta}\right)} \tag{5.46}$$

对于荷载组合二，裂隙水压力由式 (5.36) 计算，则危岩的稳定系数为

$$\begin{aligned}F_{\rm s}&=\frac{f_{\rm lk}\dfrac{H-e}{\sin\beta}+l_{\rm b}f_{0\rm k}}{Wa+\dfrac{2}{9}\gamma_{\rm w}e^2l\left(\dfrac{2e}{9\sin\beta}+\dfrac{H-e}{\sin\beta}\right)}\\&=\frac{81[f_{0\rm k}l_{\rm b}\sin\beta+f_{\rm lk}(H-e)]}{81Wa\sin\beta+2(9H-7e)\gamma_{\rm w}e^2l}\end{aligned} \tag{5.47}$$

对于荷载组合三，裂隙水压力和地震力同为可变荷载。天然状态的裂隙水压力由式 (5.36) 计算，则危岩的稳定系数为

$$\begin{aligned}F_{\rm s}&=\frac{f_{\rm lk}\dfrac{H-e}{\sin\beta}+l_{\rm b}f_{0\rm k}}{Wa+Ph_0+\dfrac{1}{18}\gamma_{\rm w}e^2l\left(\dfrac{e}{9\sin\beta}+\dfrac{H-e}{\sin\beta}\right)}\\&=\frac{162[f_{0\rm k}l_{\rm b}\sin\beta+f_{\rm lk}(H-e)]}{162\sin\beta(Wa+Ph_0)+(9H-8e)\gamma_{\rm w}e^2l}\end{aligned} \tag{5.48}$$

4. *坠落式危岩稳定性计算方法*

坠落式危岩计算模型见图 5.17，仅考虑荷载组合一和组合三。重力和地震力的法向分量和切向分量可沿主控结构面进行分解，分别由式 (5.30) 和式 (5.31) 计算，进而可得主控结构面上的平均法向应力和平均剪应力，分别由式 (5.32) 和式 (5.33) 计算，主控结构面抗剪强度由式 (5.34) 计算，则危岩稳定系数

$$F_{\rm s}=\frac{(W\cos\beta-P\sin\beta)\tan\varphi+c\dfrac{H}{\sin\beta}}{W\sin\beta+P\cos\beta} \tag{5.49}$$

对于荷载组合一，危岩稳定系数为

$$F_{\rm s}=\frac{0.5W\sin2\beta\tan\varphi+cH}{W\sin^2\beta} \tag{5.50}$$

对于荷载组合三，危岩稳定系数由式 (5.49) 计算。式中变量意义同前。

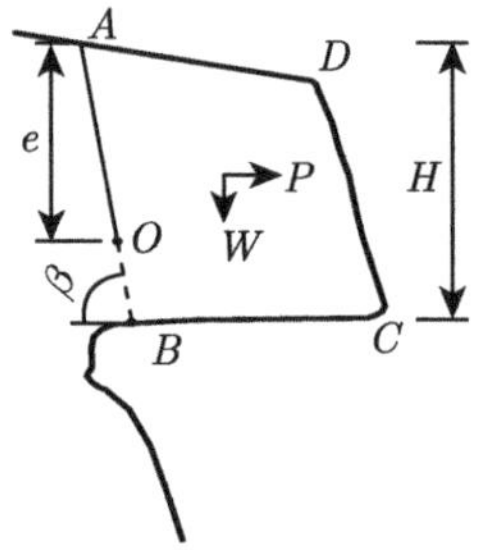

图 5.17　坠落式危岩计算模型

5. **工程算例**

重庆万州城区属亚热带季风气候区，年平均气温 19.1℃，多年平均降水量 1181.2mm，降水多集中在每年 5 ～ 9 月，历年最大月降水量 711.8mm (1982 年 7 月)，日最大降水量 175mm (1997 年 8 月 16 日)。每年夏季多大雨、暴雨等集中降雨过程。太白岩南坡地处万州主城区，位于万州向斜南东翼近轴部，岩层产状平缓，倾向 NW，倾角 5° ～ 10°。岩层为软硬相间的砂岩和泥岩互层组合。太白岩南坡危岩分布于侏罗系上统上沙溪庙组第三段第九岩性层的厚层、巨厚层状长石石英砂岩和长石砂岩组成的三级陡崖，陡崖呈带状分布，三级陡崖间为泥岩夹层。危岩发育于陡崖上，由砂岩组成，砂岩和泥岩接触部位的泥岩出露处多出现岩腔。地震基本烈度为Ⅵ度。

太白岩南坡发育有 61 个危岩，总体积 24562m^3。按照可能的失稳方式可以分为滑塌式危岩、倾倒式危岩和坠落式危岩三类，分别有 18 个、11 个和 26 个。根据地质勘查结果，危岩体完整岩石黏结力为 400kPa、内摩擦角为 35°，危岩体后部裂隙面黏结力为 70kPa、内摩擦角为 25°；岩石抗拉强度取 516kPa，岩体容重取 25.6kN/m^3。W4、W12、W15、W16、W20、W22 等 6 个代表性危岩单体采用“规范法”参数和“贯通率法”参数进行稳定性分析，计算结果见表 5.9。可见，应用本书提出的危岩主控结构面抗剪强度参数贯通率法确定的 c、φ 值比规范推荐的长度加权方法随机性要小，计算结果经 2001~2007 年现场观测验证是比较符合实际情况的，如 W12 危岩按照规范法计算的最小稳定系数为工况三的 1.21，处于稳定状态，故在 2001 年实施的三峡库区首批地质灾害防治工程中未进行工程治理，但在 2003 年 7 月发生崩落，崩塌体冲入陡崖坡脚的沙龙路内侧，事实上，该危岩相应工况按照贯通率法计算的稳定系数仅为 0.94，属于不稳定状态。

值得指出的是，重庆市地质灾害防治工程勘查设计院、重庆市高新岩土工程勘察设计院等 30 余个工程设计单位从 2005 年以来应用本书方法，已在三峡库区实施了 3000 多个危岩体的治理工程方案设计，工程实践及效果反馈表明，本书建立的危岩稳定性计算方法具有精度较高、易于操作的特点。

表 5.9 稳定性计算结果

编号	类别	工况	几何特征/m				地震力/kN	水压力/kN	规范法参数			贯通率法参数		
			下底宽	上底宽	长度	高度			c/kPa	φ/(°)	F_s	c/kPa	φ/(°)	F_s
W4	坠落	一	10	4.04	17.34	6.92	0	0	269.3	31.0	2.94	133.56	29.26	1.53
		三	10	4.04	17.34	6.92	89.65	0	269.3	31.0	2.87	133.56	29.26	1.53
W16	坠落	一	12	5.75	33.25	21.57	0	0	185.9	29.5	1.44	143.64	29.56	1.14
		三	12	5.75	33.25	21.57	244.72	0	185.9	29.5	1.40	143.64	29.56	1.12
W15	坠落	一	9.5	4	20.5	19.5	0	190.1	102	26	1.18	135.2	26.96	1.49
		二	9.5	4	20.5	19.5	0	760.6	102	26	1.04	135.2	26.96	1.34
		三	9.5	4	20.5	19.5	102.5	190.1	102	26	1.14	135.2	26.96	1.46
W12	滑塌	一	21.3	15	9.2	15.1	0	126.7	166.1	27.9	1.42	134.8	26.92	1.07
		二	21.3	15	9.2	15.1	0	506.7	166.1	27.9	1.37	134.8	26.92	0.98
		三	21.3	15	9.2	15.1	86.25	126.7	166.1	27.9	1.21	134.8	26.92	0.94
W22	倾倒	二	10.6	15	4.1	9.4	0	201.6	—	—	2.49	—	—	2.49
		三	10.6	15	4.1	9.4	206.25	50.4	—	—	1.38	—	—	1.38

5.2.5 楔形体稳定性分析

对于顺层岩石边坡，当岩层走向与边坡走向斜交时已出现楔形体模式。在稳定性分析中，为解决楔形体属于三维问题的困难，目前通常将两个滑面抗剪强度参数取为一致而简化计算，有的不考虑可能存在的结构面水压力问题，而实际状况是楔形体两个滑面性质差异可能较大 [58]，存在一个有充填，一个无充填，或者一个滑面仅部分充填的情况，在这种情况下，对单个或两个滑面取统一参数的稳定性分析方法必须予以有效修正，以反映楔形体实际的受力和稳定性状况。

1. 均质楔形体高边坡滑动破坏

将楔形体的两个滑面抗剪强度参数取为同一参数，不考虑结构面的各种复杂情况以简化计算。根据高边坡楔形体破坏的仿平面处理，当楔形岩体由两个结构面组成时，两个结构面为预测的滑动面，高边坡为直立平顶的高边坡 (图 5.18 和图 5.19)。

楔形体的体积：

$$V = \frac{1}{3}Sh \tag{5.51}$$

$$S = \Delta ABC = \frac{1}{2}BCh_0 \tag{5.52}$$

楔形体的重力：

$$W = \frac{\gamma}{6}BChh_0 \tag{5.53}$$

两个侧壁结构面的面积为

$$S_1 = \Delta ABD = \frac{1}{2}ADh_1 \tag{5.54}$$

$$S_2 = \Delta ACD = \frac{1}{2}ADh_2 \tag{5.55}$$

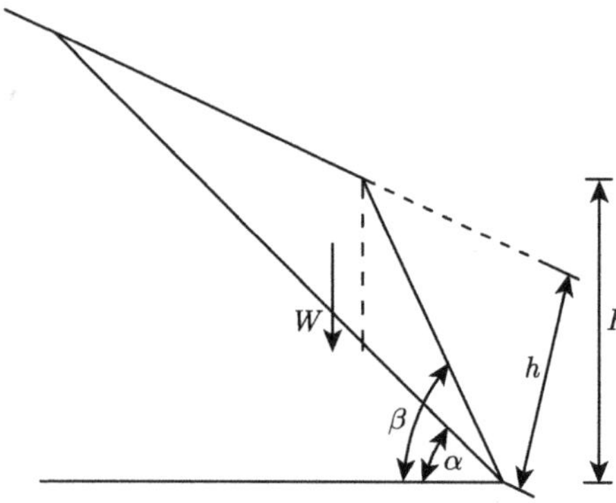

图 5.18　受结构面控制的高边坡

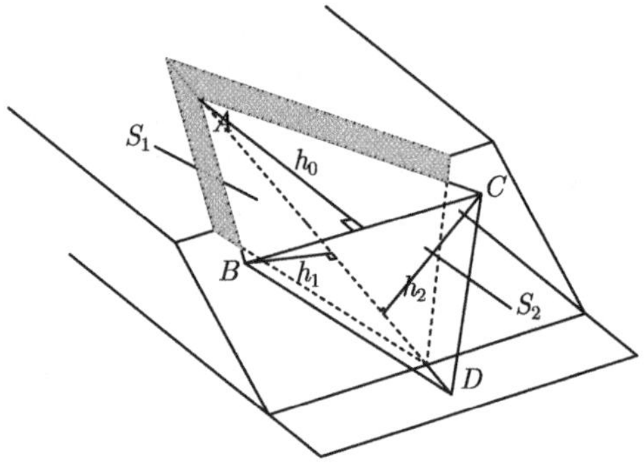

图 5.19　高边坡楔形体破坏模型

令 $AD = L$，设两个结构面的 φ 值相同，并具有相同的结构面单元黏结力 c，则岩体的稳定系数为

$$F_s = \frac{W\cos\alpha\tan\varphi + c(S_1 + S_2)}{W\sin\alpha} = \frac{\tan\varphi}{\tan\alpha} + \frac{3Lc(h_1 + h_2)}{\gamma BChh_0\sin\alpha} \tag{5.56}$$

式 (5.56) 是计算由两个参数相同结构面构成的高边坡楔形体稳定系数的普遍公式。虽由直立平顶高边坡推导求得，但也适用于倾斜高边坡，即适用于两个结构面为预测滑动面，也适用于一个面为预测的滑动面，另一个面为直立面且垂直于滑动面的特例。

2. 非均质楔形体高边坡滑动

对上述均质楔形体高边坡滑动分析时，将楔形体的两个结构面看作具有相同 c、φ 值的滑动面，但在实际高边坡中，这种理想化的高边坡破坏模式十分少见，因此，有必要考虑两个结构面具有不同性质的情况，即部分结构面有充填或部分为硬性结构面的情况 (图 5.20)。

楔形体的体积：

$$V = \frac{1}{3}Sh \tag{5.57}$$

$$S = \frac{1}{2}BCh_0 \tag{5.58}$$

楔形体的重力：

$$W = \frac{\gamma}{6}BChh_0 \tag{5.59}$$

两个侧壁结构面的面积为

$$S_1 = \Delta ABD = \frac{1}{2}ADh_1 \tag{5.60}$$

$$S_2 = \Delta ACD = \frac{1}{2}ADh_2 \tag{5.61}$$

为求得两侧结构面上的反作用力 N_1、N_2 (图 5.21)，在沿交线的视图上进行水平和竖直方向的分解，得

$$N_1 \cos\theta = N_2 \cos\zeta \tag{5.62}$$

$$N_1 \sin\theta + N_2 \sin\zeta = W\cos\alpha \tag{5.63}$$

式中，θ 为 S_1 面与竖直方向的夹角；ζ 为 S_2 面与竖直方向的夹角；ϕ 为楔形体的张角，且 $\zeta = \phi - \theta$。

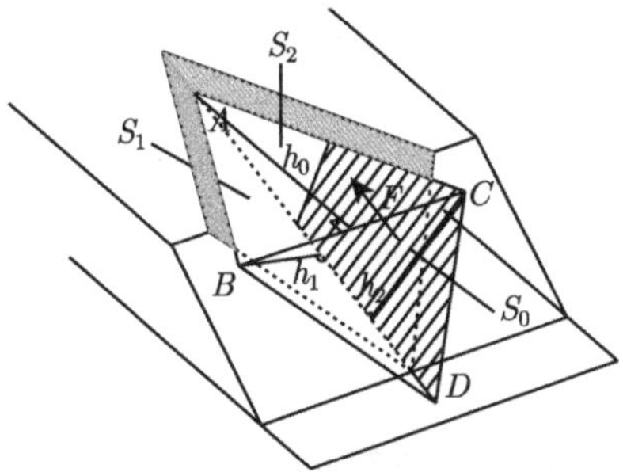

图 5.20 非均质楔形体破坏模型

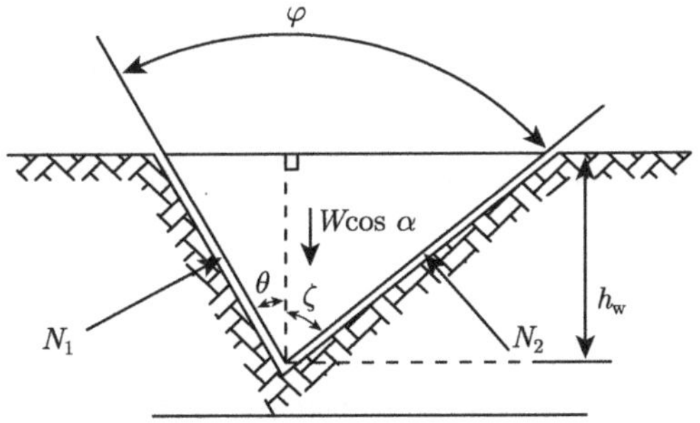

图 5.21 沿交线的视图

由式 (5.62) 和式 (5.63) 解得

$$N_1 = \frac{\cos\theta W\cos\alpha}{\sin\phi} \tag{5.64}$$

$$N_2 = \frac{\cos\zeta W\cos\alpha}{\sin\phi} \tag{5.65}$$

令 $AD = L$，设结构面 S_1 的强度参数指标为 φ_1、c_1，S_2 的强度参数指标为 φ_2、c_2，由于 S_0 面为结构面 S_2 的未贯通部分，其强度参数指标为 φ_0、c_0，则岩体的稳定系数为

$$\begin{aligned} F_s &= \frac{N_1\tan\varphi_1 + kN_2\tan\varphi_2 + (1-k)N_2\tan\varphi_0 + c_1S_1 + c_2S_2 + c_0S_0}{W\sin\alpha} \\ &= \frac{\cos\theta\tan\varphi_1 + \cos\zeta[k\tan\varphi_2 + (1-k)\tan\varphi_0]}{\sin\varphi\tan\alpha} + \frac{3L[c_1h_1 + kc_2h_2 + (1-k)c_0h_0]}{\gamma BChh_0\sin\alpha} \end{aligned} \tag{5.66}$$

式中，k 为未完全贯通结构面的相对面积贯通率，即

$$k = \frac{S_2}{S_0 + S_2} \tag{5.67}$$

以上只考虑了重力作用下的受力情况，若考虑地震力及裂隙水压力的作用，则有

$$N_1 \sin\theta + N_2 \sin\zeta = W\cos\alpha - P\sin\alpha \tag{5.68}$$

其中，P 为水平地震力。由式 (5.68) 与式 (5.65) 得

$$N_1 = \frac{\cos\theta\,(W\cos\alpha - P\sin\alpha)}{\sin\phi} \tag{5.69}$$

$$N_2 = \frac{\cos\zeta\,(W\cos\alpha - P\sin\alpha)}{\sin\phi} \tag{5.70}$$

该楔形体的稳定系数为

$$F_s = \frac{(N_1-U_1)\tan\varphi_1 + k(N_2-U_2)\tan\varphi_2 + (1-k)N_2\tan\varphi_0 + c_1S_1 + c_2S_2 + c_0S_0}{W\sin\alpha + P\cos\alpha} \tag{5.71}$$

式中，U_1、U_2 为两侧结构面的裂隙水压力，且

$$U_1 = u_1 S_1 \tag{5.72}$$

$$U_2 = u_2 S_2 \tag{5.73}$$

式中，u_1 和 u_2 为单位面积上的裂隙水压力 (图 5.22)，在天然状态下取

$$u_1 = \frac{1}{2}\gamma_w \frac{2}{3}\left(\frac{1}{3}H\right) \tag{5.74}$$

$$u_2 = \frac{1}{2}\gamma_w \frac{2}{3}\left(\frac{1}{3}e\right) \tag{5.75}$$

在暴雨状态下取

$$u_1 = \frac{1}{2}\gamma_w \frac{2}{3}\left(\frac{2}{3}H\right) \tag{5.76}$$

$$u_2 = \frac{1}{2}\gamma_w \frac{2}{3}\left(\frac{2}{3}e\right) \tag{5.77}$$

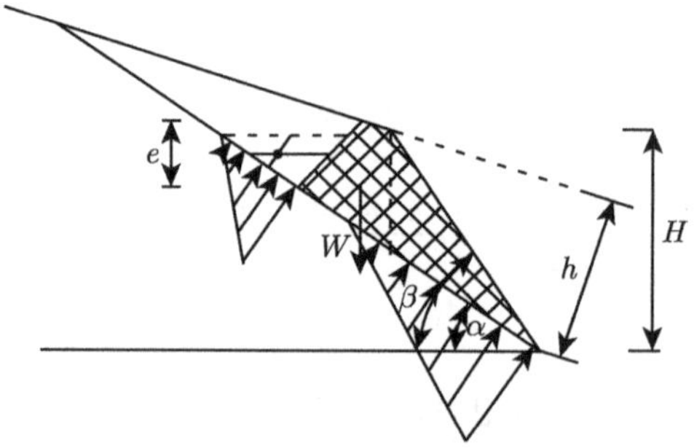

图 5.22　楔形体内的裂隙水压力

5.2.6 局部滑动块体稳定性分析

对于公路岩石边坡局部滑动块体，其侧壁效应对稳定性影响非常突出，除滑动面以外，还有两个侧壁和后壁对滑动块体稳定性有影响，侧壁摩擦效应对抗滑力有贡献，后壁若充水则有水压力影响稳定性，若存在未贯通的完整岩石部分，则该未贯通部分的抗拉强度对抗滑稳定有贡献，必须予以考虑。依据后壁的贯通状况考虑侧壁效应的稳定性分析可细分为后壁完全贯通和未完全贯通两种情况。

1. *后壁完全贯通滑块稳定性分析*

在后壁岩层完全贯通的情况下 (图 5.23)，设滑面的面积为 $S(\mathrm{m}^2)$，后壁面积为 $S_1(\mathrm{m}^2)$，宽度为 $b(\mathrm{m})$，左侧壁面积为 $S_2\ (\mathrm{m}^2)$，右侧壁面积为 $S_3\ (\mathrm{m}^2)$，左侧壁结构面黏结力 $c_2(\mathrm{kPa})$，右侧壁黏结力为 $c_3(\mathrm{kPa})$。

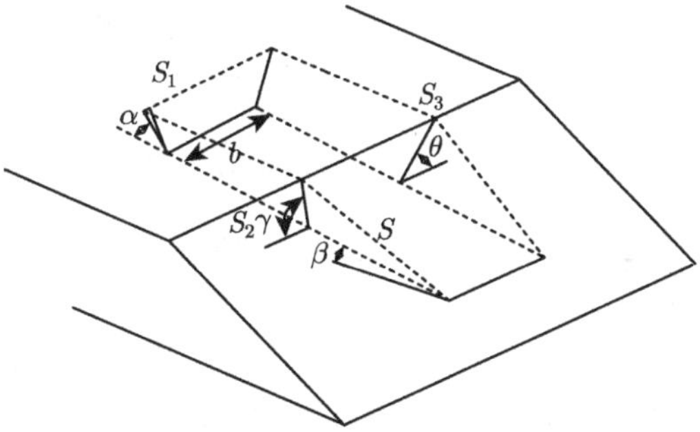

图 5.23 后壁完全贯通情况下的边界

1) 自重 + 天然状态裂隙水压力

相应水压力和稳定系数表达式为

$$U=\frac{1}{2}\gamma_{\mathrm{w}}\left[\frac{1}{3}h\frac{H-h}{\sin\beta}b\right] \tag{5.78}$$

$$V=\frac{1}{2}\gamma_{\mathrm{w}}\left(\frac{1}{3}h\right)^2 b \tag{5.79}$$

$$F_{\mathrm{s}}=\frac{(W\cos\beta-U-V\sin\alpha\sin\beta-V\cos\alpha\cos\beta)\tan\varphi+cS+c_2S_2+c_3S_3}{W\sin\beta+V\sin\alpha\cos\beta-V\cos\alpha\sin\beta} \tag{5.80}$$

2) 自重 + 暴雨状态下的裂隙水压力

相应水压力和稳定系数表达式为

$$U=\frac{1}{2}\gamma_{\mathrm{w}}\left[\frac{1}{3}h\frac{H-h}{\sin\beta}b\right] \tag{5.81}$$

$$V=\frac{1}{2}\gamma_{\mathrm{w}}\left(\frac{2}{3}h\right)^2 b \tag{5.82}$$

$$F_{\mathrm{s}}=\frac{(W\cos\beta-U-V\sin\alpha\sin\beta-V\cos\alpha\cos\beta)\tan\varphi+cS+c_2S_2+c_3S_3}{W\sin\beta+V\sin\alpha\cos\beta-V\cos\alpha\sin\beta}\tag{5.83}$$

3) 自重 + 天然状态裂隙水压力 + 地震力

其裂隙水压力计算同式 (5.78) 和式 (5.79)，稳定系数为

$$F_{\mathrm{s}}=\frac{(W\cos\beta-U-V\sin\alpha\sin\beta-V\cos\alpha\cos\beta)\tan\varphi+cS+c_2S_2+c_3S_3}{W\sin\beta+P\cos\beta+V\sin\alpha\cos\beta-V\cos\alpha\sin\beta}\tag{5.84}$$

2. *后壁未完全贯通滑块稳定性分析*

当后壁未完全贯通时 (图 5.24)，稳定性分析需要考虑后壁未贯通部分岩石的抗拉能力对稳定性的影响。设未贯通部分面积为 S_0 (m^2)，则贯通部分面积为 S_1-S_0，贯通部分高度为 $h_1=(S_1-S_0)/b$ (m)，则统一的各工况稳定系数计算式分别为

$$\begin{aligned}F_{\mathrm{s}}=&\frac{[W\cos\beta-P\sin\beta-U-(V-F)\sin\alpha\sin\beta-(V-F)\cos\alpha\cos\beta]\tan\varphi}{W\sin\beta+P\cos\beta+(V-F)\sin\alpha\cos\beta-(V-F)\cos\alpha\sin\beta}\\&+\frac{cS+c_2S_2+c_3S_3}{W\sin\beta+P\cos\beta+(V-F)\sin\alpha\cos\beta-(V-F)\cos\alpha\sin\beta}\end{aligned}\tag{5.85}$$

式中，$F=\sigma_{\mathrm{t}}S_0$ 为未贯通部分岩石抗拉力，σ_{t} 为岩石抗拉强度设计值；对应自重 + 天然状态裂隙水压力或自重 + 暴雨状态下的裂隙水压力工况，需略去地震力有关项，而且在计算后壁水压力时以 h_1 代替贯通状况下的 h 进行计算即可；对于自重 + 天然状态裂隙水压力 + 地震力工况水压力计算同其他工况，仅需在公式中保留地震力各项。

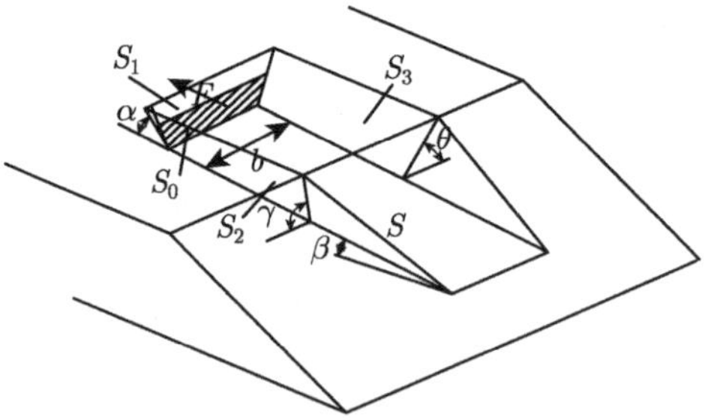

图 5.24　后壁未完全贯通模型

5.3　追踪断裂稳定性分析法

公路岩石边坡危岩体后部贯通或断续的岩体结构面称为主控结构面，其损伤断裂过程是危岩失稳崩塌的根本原因 [59−62]。危岩体的稳定性性态是直接关系到是否需要对危岩实施工程治理的主要依据 [57]。近 10 年来，国内外岩土及地质科

技工作者运用赤平极射投影及模糊数学建立了定性及半定量的危岩稳定性计算方法 [63,64]、基于极限平衡原理初步建立了定量分析法 [57,65]，并提出了稳定性判别标准 [66]。《地质灾害防治工程设计规范》(DB 50/5029—2004) 将危岩主控结构面视为贯通面，据此基于极限平衡理论建立危岩稳定性计算方法，大量的工程实践表明，该方法与实际情况有较大误差，因此，进一步加强危岩稳定性计算方法研究，具有必要性。运用断裂力学方法，探索在荷载作用下危岩主控结构面尖端的断裂扩展行为，并据此建立新的危岩稳定性计算方法。迄今，袁建新 [67]、洪起超 [68] 和匡震邦 [69] 等对裂纹尖端的应力场及断裂扩展机理进行了深入研究，因此，将危岩主控结构面类比为宏观裂纹，建立新的危岩稳定性计算方法具有可行性。

5.3.1 危岩稳定性断裂分析方法

对于危岩主控结构面 (图 5.25)，尖端任意点 Q 的断裂角为 θ_0，则沿着 θ_0 方向的危岩联合断裂强度因子 K_e 的计算方法 [61,67] 表述如下：

$$K_\mathrm{e}=\frac{1}{2}\cos\frac{\theta_0}{2}[K_1(1+\cos\theta_0)-3K_2\sin\theta_0] \tag{5.86}$$

式中，K_1 为第一类断裂强度因子 (kPa$\sqrt{\mathrm{m}}$)；K_2 为第二类断裂强度因子 (kPa$\sqrt{\mathrm{m}}$)。

为了求解 θ_0，令主控结构面尖端 $\tau_{r\theta}=0$，即

$$K_1\sin\theta_0+K_2(3\cos\theta_0-1)=0 \tag{5.87}$$

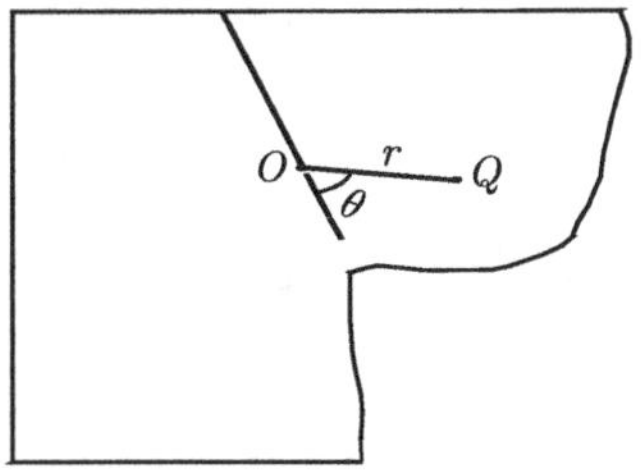

图 5.25 危岩模型

当 $K_2\neq 0$ 时，令 $k_0=(K_1/K_2)^2$，则推导可得

$$\cos\theta_0=\frac{3+\sqrt{k_0^2+8k_0}}{k_0+9} \tag{5.88}$$

进而

$$\theta_0=\arccos\left[\frac{3+\sqrt{k_0^2+8k_0}}{k_0+9}\right] \tag{5.89}$$

根据 K_1 和 K_2 并将式 (5.89) 代入式 (5.86) 可求得联合断裂强度因子 K_e。于是，基于主控结构面联合断裂强度因子和危岩完整岩石得断裂韧度便可建立危岩

稳定系数的断裂力学表达式

$$F_s = \frac{K_{IC}}{K_e} \tag{5.90}$$

式 (5.90) 中，K_e 需要通过不同类型危岩在不同荷载组合下进行求解；断裂韧度 K_{IC} 则需要对组成危岩体的完整岩石进行断裂力学试验确定。

5.3.2　危岩主控结构面断裂强度因子计算方法

1. 危岩受荷模式及荷载计算

根据陈洪凯等 [57] 的研究，可把危岩分为三类，即滑塌式危岩、坠落式危岩和倾倒式危岩，其受荷模式见图 5.26。图中，O 为危岩主控结构面尖端，A 为危岩体重心，H 为危岩体平均高度，e 为主控结构面垂直长度，β 为主控结构面平均倾角，W 为单位长度危岩体重量，P_l 为单位长度危岩体受到的水平地震力，P_v 单位长度危岩体受到的竖向地震力，u 为主控结构面内的裂隙水压力，a 和 b 分别为危岩体重心与主控结构面尖端之间的垂直距离和水平距离。

进一步，将危岩实际受荷模式 (图 5.26) 平移到主控结构面尖端 (图 5.27)。将 W、P_l 和 P_v 沿主控结构面分解，分别得到切向力 T 和法向力 N 的计算式

$$T = P_l \cos\beta + (W + P_v)\sin\beta \tag{5.91}$$

$$N = P_l \sin\beta - (W + P_v)\cos\beta \tag{5.92}$$

当 O 点的位置低于重心 A 点时，主控结构面尖端的弯矩为

$$M = (W + P_v)b + P_l a \tag{5.93}$$

当 O 点的位置高于重心 A 点时，主控结构面尖端的弯矩为

$$M = (W + P_v)b - P_l a \tag{5.94}$$

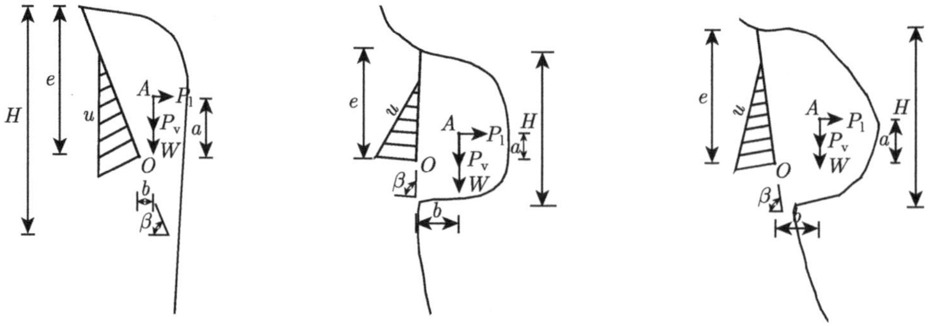

(a) 滑塌式危岩　　(b) 坠落式危岩　　(c) 倾倒式危岩

图 5.26　危岩荷载

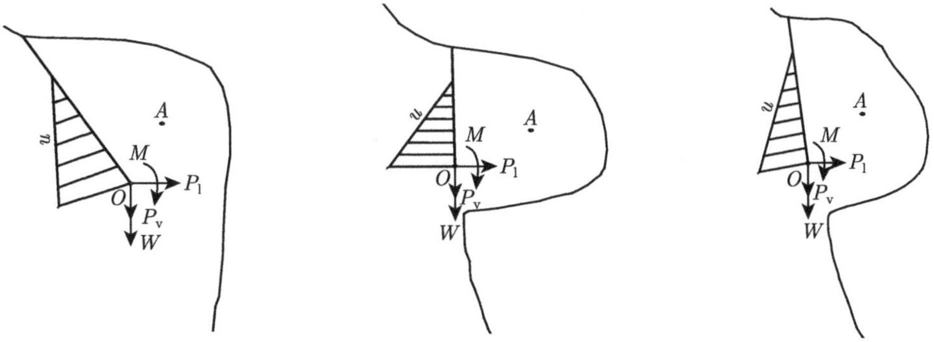

(a) 滑塌式危岩　　(b) 坠落式危岩　　(c) 倾倒式危岩

图 5.27　危岩主控结构面荷载

式 (5.91)~(5.94) 中，W、$P_{\rm l}$ 和 $P_{\rm v}$ 分别由下列公式计算：

$$W = \gamma V \tag{5.95}$$

$$P_{\rm l} = \mu_{\rm l}\gamma V \tag{5.96}$$

$$P_{\rm v} = \mu_{\rm v}\gamma V \tag{5.97}$$

式中，γ 为危岩体岩石容重 (kN/m^3)；V 为单位长度危岩体体积 (m^3)；$\mu_{\rm l}$ 和 $\mu_{\rm v}$ 分别为水平地震系数和竖向地震系数。

需要指出的是，由于地震发生时，地震产生的横波和纵波不可能同时作用于危岩体上，故式 (5.91)~(5.94) 中 $P_{\rm l}$ 和 $P_{\rm v}$ 不宜同时考虑，而应该分别计算仅有 $P_{\rm l}$ 和仅有 $P_{\rm v}$ 作用时的危岩稳定系数，取小者作为控制设计工况。

2. 断裂强度因子计算方法

从断裂力学角度，每类危岩的破坏均是主控结构面在荷载组合作用下的断裂扩展问题，是主控结构面 T、N、M 和 u 综合作用的宏观表象。因此，危岩稳定性分析便可凝聚为断裂模型 (图 5.28) 的求解过程。假定 T 和 N 沿主控结构面均匀分布，则图 5.28 所示的断裂模型可进一步分解为仅由 u、τ、M 和 σ 作用的四种情况 (图 5.29)。图 5.29 中，对于情况 (a)，假定裂隙水压力在主控结构面贯通段均匀分布，则由此产生的断裂强度因子可由下式表示 [70]：

$$K_{11} = 5.51\bar{u}\sqrt{\pi a_0} \tag{5.98}$$

情况 (b) 产生的断裂强度因子可由下式表示 [69]：

$$K_2 = 1.12\tau\sqrt{\pi a_0} \tag{5.99}$$

情况 (c) 产生的断裂强度因子可由下式表示 [70]：

$$K_{13} = F(a)\sigma_{\max}\sqrt{\pi a_0} \tag{5.100}$$

情况 (d) 产生的断裂强度因子可由下式表示 [70]：

$$K_{14} = 1.12\sigma\sqrt{\pi a_0} \tag{5.101}$$

式中

$$a_0 = \frac{e}{\sin\beta} \tag{5.102}$$

$$\bar{u} = \frac{1}{2}\gamma_{\mathrm{w}} e_1 \tag{5.103}$$

$$\tau = \frac{T\sin\beta}{H} \tag{5.104}$$

$$F(a) = 1.122 - 1.40R + 7.33R^2 - 13.08R^3 + 14.00R^4 \tag{5.105}$$

$$\sigma_{\max} = \frac{6M}{H^2} \tag{5.106}$$

$$R = \frac{e}{H} \tag{5.107}$$

$$\sigma = \frac{N\sin\beta}{H} \tag{5.108}$$

式 (5.103) 中，e_1 为主控结构面内充水深度 (m)，暴雨状态 $e_1 = 2e/3$，天然状态 $e_1 = e/3$[1,11]。

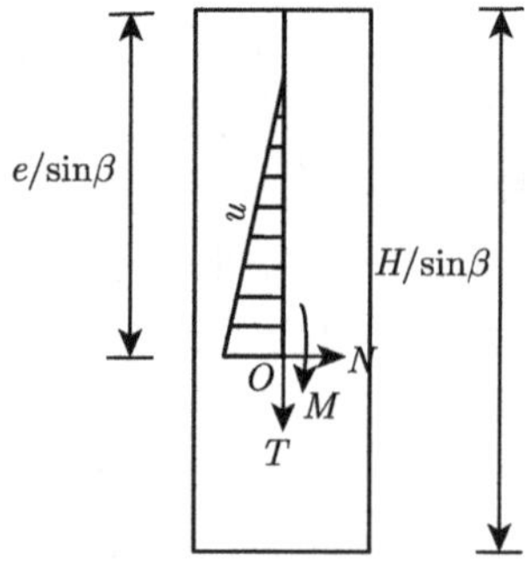

图 5.28　危岩断裂模型

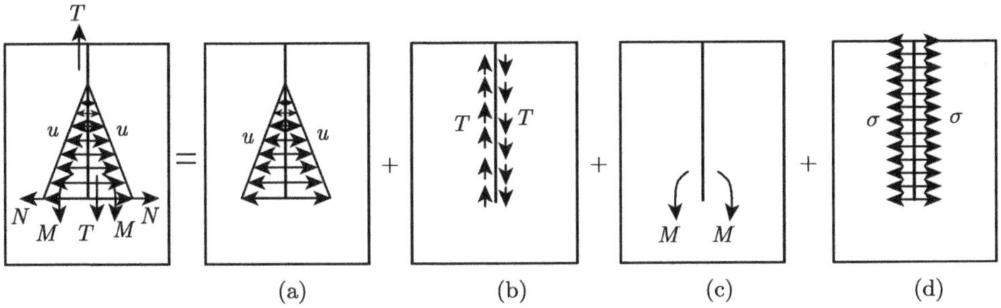

图 5.29 危岩主控结构面断裂模型分解

显然，遵循应力强度因子可叠加性原则，危岩主控结构面第一类断裂强度因子可由下式计算：

$$K_1 = K_{11} + K_{13} + K_{14} \tag{5.109}$$

5.3.3 算例分析

位于三峡库区腹部的万州太白岩，发育两级陡崖，陡崖上已探明的危岩体 127 个。以 W59 号危岩为例 (图 5.30)，该危岩属于倾倒式危岩，由长石石英砂岩组成。相关计算参数：$H = 15.5\text{m}$，厚度 $B = 6\text{m}$，长度 $L = 20\text{m}$，主控结构面贯通段深度 $e = 10\text{m}$、倾角 $\beta = 85°$，体积 $V = 1860\text{m}^3$，$\gamma = 25\text{kN/m}^3$，单位长度危岩体的 $W = 2325\text{kN}$，区域水平地震系数和竖向地震系数分别为 $\mu_\text{l} = 0.05$ 和 $\mu_\text{v} = 0.08$，砂岩断裂韧度 $K_{\text{IC}} = 2096\text{kPa}\sqrt{\text{m}}$。运用本节计算方法计算所得稳定性结果为

天然状态 (考虑地震)：$F_\text{s} = 1.2293$；

天然状态 (不考虑地震)：$F_\text{s} = 1.3658$；

暴雨状态 (考虑地震)：$F_\text{s} = 0.9068$；

暴雨状态 (不考虑地震)：$F_\text{s} = 0.9964$。

而根据文献 [1] 运用文献 [11] 建议的稳定性计算方法计算所得该危岩在天然状态 (不考虑地震) 时的稳定系数为 1.1104，天然状态 (考虑地震) 时的稳定系数为 1.0437。可见，不考虑地震的暴雨工况用两种计算方法所得的结果相近，危岩处于极限平衡状态，但其余工况相差较大，尤其是天然状态下 (不考虑地震) 的现场监测结果危岩体处于完全稳定状态，说明用本节计算方法计算得到 1.3658 的稳定系数比用规范法计算所得的 1.1104 更为合理。

同理，应用本节方法计算获得了太白岩 127 个危岩体在设计工况 (自重 + 暴雨 + 地震) 下的稳定系数，计算结果表明，根据现场宏观判断急需进行工程治理的 119 个危岩体的稳定系数均在 $0.97 \sim 1.13$，表明应用本节方法计算结果反映的危岩稳定状态比规范法更为客观、敏感，易于判别。

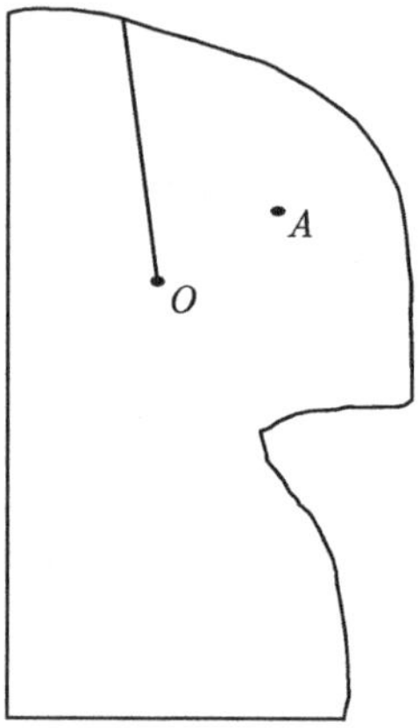

图 5.30　万州太白岩 W59 号危岩

5.4　开挖岩石边坡疲劳寿命计算法

公路岩石边坡开挖后，危岩体后部贯通或断续发育的岩体主控结构面 (control fissure) 的破坏机理是危岩致灾的根本原因 [71]。从 2000 年以来，陈洪凯等 [65] 建立了危岩稳定性计算方法。然而，目前危岩破坏机理尚不清楚，运用断裂力学方法研究危岩主控结构面处于临界状态条件下的疲劳断裂寿命，可为有效评判危岩体的安全状态提供一定的理论依据。

5.4.1　理论基础

研究主控结构面疲劳断裂寿命的技术核心是裂隙水压力作用下主控结构面的疲劳断裂问题。从 20 世纪 50 年代以来，国内外学者对金属、陶瓷、玻璃等工程材料进行损伤及断裂性能研究，袁建新 [67] 于 1993 年对节理岩体的损伤试验、损伤模型等进行了研究，洪起超 [68] 于 1987 年系统总结了工程断裂力学领域的学术成就，匡震邦 [69] 在 2002 年对裂纹端部的应力场、应变场进行了系统研究，陈洪凯等 [71] 建立了危岩主控结构面尖端的损伤模型。关于裂纹的疲劳问题，自 Paris 提出用应力强度因子幅值描述裂纹疲劳扩展速率，特别是 Elber 发现闭合效应以来，裂纹疲劳扩展研究才开始从表象描述向着机理探索方向发展，如王刚等 [72] 对非对称循环荷载作用下材料低周期疲劳断裂寿命问题进行了研究，建立了疲劳断裂寿命预测方法，周俊琪等 [73] 研究了陶瓷材料的疲劳断裂寿命问题。材料等幅荷载试验表明，裂纹疲劳扩展速率 $\mathrm{d}a/\mathrm{d}N$ 随应力强度因子幅值 ΔK 的变化关系在双对数坐标上可用反 S 形曲线描述，Paris 建立了该曲线的方程 [68,73]：

$$\frac{\mathrm{d}a}{\mathrm{d}N}=C\left(\Delta K\right)^{m} \tag{5.110}$$

式中，a 为裂纹长度 (m)；N 为疲劳次数；ΔK 为应力强度因子差值 (kPa$\sqrt{\text{m}}$)；C 和 m 为材料常数，通过裂纹疲劳试验确定。

前述研究成果为实施危岩主控结构面疲劳断裂寿命研究提供了重要的理论基础及试验依据。

5.4.2 危岩主控结构面临界尺寸计算方法

为了估算危岩主控结构面疲劳断裂寿命，首先需要确定在给定荷载作用下主控结构面发生失稳扩展的临界长度 a_0。对于 I 、II 型加载下的平面复合断裂问题，裂纹端部区域的应力极坐标形式为 [68]

$$\sigma_r = \frac{1}{2\sqrt{2\pi r}}\left[K_{\rm I}\cos\frac{\theta}{2}(3-\cos\theta) + K_{\rm II}\sin\frac{\theta}{2}(3\cos\theta - 1)\right] \tag{5.111}$$

$$\sigma_\theta = \frac{1}{2\sqrt{2\pi r}}\cos\frac{\theta}{2}\left[K_{\rm I}(1+\cos\theta) - 3K_{\rm II}\sin\theta\right] \tag{5.112}$$

$$\tau_{r\theta} = \frac{1}{2\sqrt{2\pi r}}\cos\frac{\theta}{2}\left[K_{\rm I}\sin\theta + K_{\rm II}(3\cos\theta - 1)\right] \tag{5.113}$$

式中，r 和 θ 分别为危岩主控结构面尖端区域任意点的极坐标半径 (m) 和极坐标倾角 (°)；$K_{\rm I}$ 为 I 型应力强度因子 (kPa$\sqrt{\text{m}}$)；$K_{\rm II}$ 为 II 型应力强度因子 (kPa$\sqrt{\text{m}}$)。

按最大周向应力理论，主控结构面必然沿着具有最大周向拉应力 $\sigma_{\theta\max}$ 的截面扩展，该截面与主控结构面之间的夹角为主控结构面的断裂角 θ_0，是主控结构面的扩展方向。在 θ_0 方向，由 (5.112) 式的第二式可求得

$$\sigma_{\theta\max} = \sigma_\theta(r,\theta_0) = \frac{1}{2\sqrt{2\pi r}}\cos\frac{\theta_0}{2}\left[K_{\rm I}(1+\cos\theta_0) - 3K_{\rm II}\sin\theta_0\right] \tag{5.114}$$

引入相当应力强度因子 $K_{\rm e}$，其表达式为

$$K_{\rm e} = \lim_{r\to 0}\sqrt{2\pi r}\,\sigma_\theta(r,\theta_0) \tag{5.115}$$

将式 (5.114) 代入式 (5.115)，得

$$K_{\rm e} = \frac{1}{2}\cos\frac{\theta_0}{2}\left[K_{\rm I}(1+\cos\theta_0) - 3K_{\rm II}\sin\theta_0\right] \tag{5.116}$$

求解 θ_0 时，可令式 (5.113) 为零，得

$$\cos\frac{\theta_0}{2}\left[K_{\rm I}\sin\theta_0 + K_{\rm II}(3\cos\theta_0 - 1)\right] = 0 \tag{5.117}$$

其符合裂纹扩展的解为

$$K_{\rm I}\sin\theta_0 + K_{\rm II}(3\cos\theta_0 - 1) = 0 \tag{5.118}$$

求解式 (5.118)，得

$$\theta_0 = \arcsin\left[\frac{K_{\mathrm{II}}}{2K_{\mathrm{I}}^2}(2K_{\mathrm{I}} - 9K_{\mathrm{II}} + \sqrt{(9K_{\mathrm{II}} - 2K_{\mathrm{I}})^2 + 32K_{\mathrm{I}}^2})\right] \tag{5.119}$$

将式 (5.119) 代入式 (5.116)，得

$$K_{\mathrm{e}} = \cos\frac{\theta_0}{2}\left(K_{\mathrm{I}}\cos^2\theta_0 - \frac{3}{2}K_{\mathrm{II}}\sin\theta_0\right) \tag{5.120}$$

进而可以给出主控结构面的扩展条件为

$$K_{\mathrm{e}} = K_{\mathrm{IC}} \tag{5.121}$$

式中，K_{IC} 为危岩体岩石的断裂韧度 (kPa$\sqrt{\mathrm{m}}$)。

在不考虑地震荷载时，作用在危岩主控结构面端部的荷载主要为危岩体自重产生的弯矩和由裂隙水压力产生的张拉应力。沿主控结构面取出单元体 (图 5.31)，并将其分解为两种情况，即仅由弯矩作用 (情况一)(图 5.32) 和仅由裂隙水压力作用 (情况二) (图 5.33)。

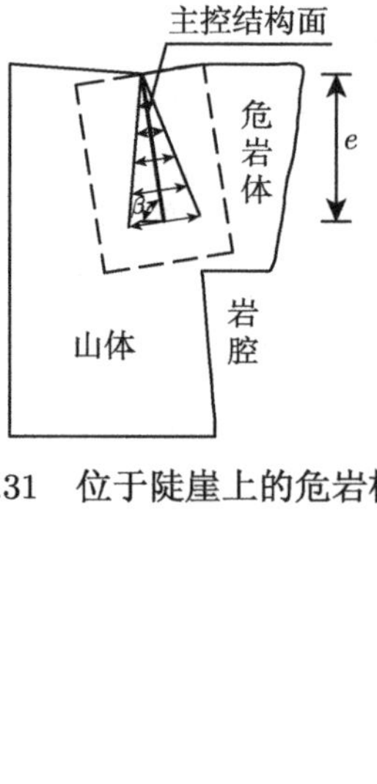

图 5.31　位于陡崖上的危岩模型

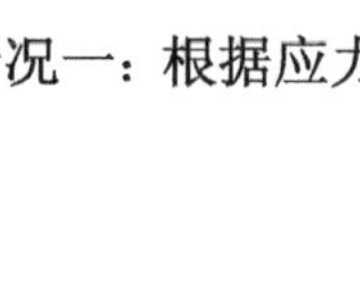

图 5.32　仅由弯矩作用的主控结构面

图 5.33　仅由裂隙水压力作用的主控结构面

对于情况一：根据应力强度因子手册，得

$$K_{\mathrm{I1}} = F(a)\sigma_{\max}\sqrt{\pi a} \tag{5.122}$$

$$F(a) = 1.122 - 1.40\frac{a}{h} + 7.33\left(\frac{a}{h}\right)^2 - 13.08\left(\frac{a}{h}\right)^3 + 14.0\left(\frac{a}{h}\right)^4 \tag{5.123}$$

$$\sigma_{\max} = \frac{6M}{H^2} \tag{5.124}$$

$$a = \frac{e}{\sin\beta} \tag{5.125}$$

$$h = \frac{H}{\sin\beta} \tag{5.126}$$

式中，e 为主控结构面贯通段垂直长度 (m)；M 为由危岩体自重产生的作用在主控结构面尖端的弯矩 (kN·m)；h 为单元体高度 (m)；H 为危岩体高度 (m)。

对于情况二：将裂隙水压力等效为均匀张拉应力 $\bar{\sigma}$，则根据应力强度因子手册，得

$$K_{\mathrm{I}2} = 5.51\bar{\sigma}\sqrt{\pi a} \tag{5.127}$$

在两种情况，K_{II} 均为零，则式 (5.120) 可简化为

$$K_{\mathrm{e}} = K_{\mathrm{I}1} + K_{\mathrm{I}2} \tag{5.128}$$

联合式 (5.121) 和式 (5.128)，可求得主控结构面处于临界扩展状态时的长度 a_0，则

$$F(a_0)\sigma_{\max}\sqrt{\pi a_0} + 5.51a_0\sqrt{\pi a_0} = K_{\mathrm{IC}} \tag{5.129}$$

由于主控结构面处于临界状态时，(a/h) 通常较小，略去 (5.121) 式中的高阶量，仅取

$$F(a_0) = 1.122 - 1.40\frac{a_0}{h} \tag{5.130}$$

把式 (5.124) 和式 (5.130) 代入式 (5.129)，整理得

$$A\sqrt{a_0} + (B + C)a_0\sqrt{a_0} = K_{\mathrm{IC}} \tag{5.131}$$

式中 $A = 11.9322\dfrac{M}{H}, B = -\dfrac{14.8879}{H^2}, C = 9.7664$。

式 (5.131) 为超越方程，必然存在一个实根，通过数值算法求解可获得 a_0。

5.4.3　裂隙水压力变化过程中主控结构面疲劳断裂寿命计算方法

由于危岩主控结构面内的水体从降雨充水、失水到下一次降雨再充水、再失水……，所以裂隙水压力具有交变性，可把该裂隙水压力视为交变荷载。Miner 在 1945 年研究金属材料的疲劳性能时认为，在等幅疲劳试验中，损伤可以认为与应力循环次数呈线性递增关系，当累积损伤达到某一临界值时，产生疲劳破坏。线性累积损伤准则又称为 Palmgren-Miner 线性累积损伤准则 (简称 P-M 准则)[74]。显然，危岩主控结构面损伤问题符合 P-M 准则。由于危岩发育的控制性荷载为暴雨状态的裂隙水压力，所以作用于主控结构面尖端的循环荷载应为暴雨状态的裂隙

水压力。根据文献 [66] 的规定，暴雨状态下主控结构面贯通段内的充水深度 $e_{\rm w}$ 为贯通段 a 的 2/3，即

$$e_{\rm w} = \frac{2}{3}a \tag{5.132}$$

由 Paris 公式 (5.110) 积分可得

$$\int_0^{N_{\rm c}} {\rm d}N = \int_{a_0}^{b} \frac{{\rm d}a}{C(\Delta K)^m} \tag{5.133}$$

式中，b 为主控结构面总长度 (m)。

暴雨状态下主控结构面平均裂隙水压力 $\bar{\sigma}$ 为

$$\bar{\sigma} = \frac{2e\gamma_{\rm w}}{9\sin\beta} \tag{5.134}$$

则裂隙水压力对主控结构面尖端部的应力强度因子差值贡献可由下式计算所得:

$$\Delta K = 12\sqrt{\pi}a^{3/2} \tag{5.135}$$

进一步简化，将式 (5.135) 代入式 (5.133)，得

$$N_{\rm c} = \int_{a_0}^{b} \frac{{\rm d}a}{C \times 12^m \times \pi^{m/2}a^{3m/2}} \tag{5.136}$$

当 $m = \dfrac{2}{3}$ 时，由式 (5.136) 得

$$N_{\rm c} = \frac{1}{C \times 12^m\pi^{m/2}} \ln\frac{b}{a_0} \tag{5.137}$$

当 $m \neq \dfrac{2}{3}$ 时，由式 (5.133) 得

$$N_{\rm c} = \frac{2}{C(2-3m) \times \pi^{m/2}}(b^{1-3m/2} - a_0^{1-3m/2}) \tag{5.138}$$

由于前面求解获得的危岩主控结构面疲劳断裂寿命是指能够承受暴雨状态裂隙水压力交变作用的次数，而对于一个特定地区，暴雨发生的次数通常具有一个统计平均值 N_0，则危岩主控结构面用时间表示的疲劳断裂寿命计算式为

$$S = \frac{N_{\rm c}}{N_0} \tag{5.139}$$

式中，N_0 的单位为“次/年”，S 的单位为“年”。

为了获得式 (5.137) 和式 (5.138) 中的疲劳损伤参数 C 和 m，对砂岩试件进行了疲劳断裂试验。试件尺寸：初始裂纹长度 a_1 = 8cm、试块高 h_1 = 10cm、长度

$L_1 = 20\text{cm}$、厚度 $t_1 = 5\text{cm}$，疲劳振动频率 48.5Hz。测试得到不同振动幅值，即荷载下试件断裂破坏所需的振动次数见图 5.34。假定试件的疲劳破坏符合 Paris 方程，对于某个已知裂纹长度的试件，$\mathrm{d}a$ 即为 a_c、$\mathrm{d}N$ 即为 N_c，则由方程 (5.110) 得

$$\ln\frac{a_c}{N_c} = \ln C + m\ln\Delta K \tag{5.140}$$

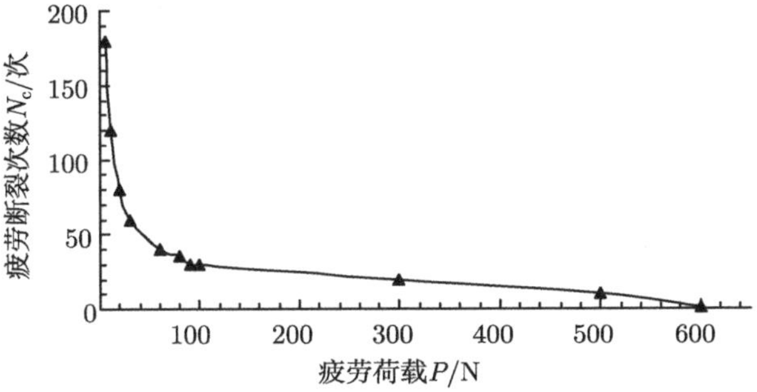

图 5.34 砂岩试件疲劳荷载–断裂次数曲线

对试件进行三点弯曲梁试验，由经典线性断裂力学已给出

$$K_{\mathrm{IC}} = \frac{6P}{h_1 t_1}\sqrt{\pi a_1}F\left(\frac{a_1}{h_1}\right) \tag{5.141}$$

$$F\left(\frac{a_1}{h_1}\right) = \frac{1}{\sqrt{\pi}} \times \frac{1.99 - R(1-R)(2.15 - 3.63R + 2.7R^2)}{(1+2R)(1-R)^{3/2}} \tag{5.142}$$

则对于每个试件，存在

$$\Delta K = K_{\mathrm{IC}} = 8465.1P \tag{5.143}$$

式中，所有变量的单位同前。运用式 (5.141) 可求出每级疲劳荷载下的 ΔK 值，并可计算得到每个试件疲劳破坏时的 $\ln\frac{a_c}{N_c}$。拟合 $\ln\frac{a_c}{N_c}$ 和 $\ln\Delta K$，得到拟合方程为

$$\ln\frac{a_c}{N_c} = -10.37 + 0.6741\ln\Delta K \tag{5.144}$$

式 (5.144) 的拟合系数为 0.9447。据此计算得到 $C = 3.14\times10^{-5}$，$m = 0.6741$。

5.4.4 算例分析

三峡库区重庆市万州城区内太白岩，陡崖长度 2300m、高度 80 ~ 120m，坡度近于直立，陡崖上发育有 400 余个危岩体。危岩由长石石英砂岩组成，完整性好，天然容重 25kN/m^3。以 BW321 号危岩为例，该危岩属于拉裂倾倒型危岩，危岩体几

何尺寸：20m(长)×4m(宽)×12m(高)，主控结构面贯通段长度 11m、倾角 80°、张开度 3 ~ 6cm，长石石英砂岩的断裂韧度为 $5516\text{kPa}\sqrt{\text{m}}$。运用式 (5.135) 求得处于极限状态时的主控结构面贯通段长度为 10.8m，显然，该危岩处于破坏临界状态，裂隙水压力的疲劳断裂是控制危岩体失稳的主要动力机理。运用式 (5.137) 时求得疲劳次数为 2170 次。根据重庆市气象台资料，该地区在 1959 ~ 1998 年共 30 年时间内发生暴雨 490 次，平均每年约 16 次，则该危岩用时间表示的疲劳断裂寿命约为 142 年。

第 6 章　公路岩石边坡地质安全评价理论

6.1　公路岩石边坡地质安全评价指标

6.1.1　指标构建原则

影响公路岩石边坡安全稳定性的因素较多，有定性的，有定量的，有简单的，也有复杂的。因此，如何正确遴选公路岩石边坡安全稳定性的评价指标是一项复杂的、难度较大的系统工程。评价因素过少，会导致信息缺失，不能把影响公路岩石边坡安全性态的综合因素全部考虑，易使评判结果失真；评判因素过多，会影响对评价因素主次关系的判断，不利于指标的权重分配。因此，在选取公路岩石边坡安全评判指标因素时遵循以下原则：

(1) 系统性原则。将公路岩石边坡视为一个复杂的多层嵌套系统，将影响公路岩石边坡安全性态的各因素视为子系统，并在此基础上将各子系统按照不同层次系统科学地遴选评价指标。

(2) 针对性原则。根据公路岩石边坡的特点，尤其是开挖改造行为，有针对性地拟定评价指标。

(3) 实用性原则。紧密结合公路岩石边坡的实际情况，拟定的评价指标与边坡安全防护紧密关联，并易于获取。

6.1.2　指标构建与量化

在现有的文献中，评价指标的选取没有统一的规定，不同的研究人员所选取的评价指标也各不相同，如彭振斌等 [75] 在进行边坡稳定性评价时选取地形、岩体完整性、岩体基本质量指标、风化程度和坡角等 10 个评价指标；梁桂兰等 [76] 选取岩性、坡度、斜坡结构、地震烈度和降雨等 8 个因素作为评价指标；薛新华等 [77] 选取岩土容重、黏结力、内摩擦角、坡角、坡高及水压力比等 6 个指标；薛新华等 [78] 选用滑坡外形特性、滑坡史、滑体结构、滑面特性、水文地质条件、坡体结构、降雨等 22 个因素作为评价指标体系，此外，多数学者根据研究问题的侧重提出了相应的评价指标 [79−87]。

根据公路岩石边坡分类及其破坏机制研究结果及已有研究成果，将影响公路岩石边坡安全稳定性的主要因素分为地形地貌、地质条件、气象条件、边坡岩土性质、地震和工程建设工艺等 6 大因素，据此构建了由 6 大因素层共 26 个评价指标组成的公路岩石边坡岩土整体安全评价指标体系 (表 6.1)。

表 6.1　公路岩石边坡安全评价指标体系及评价标准

因素	一级指标	二级指标	三级指标	安全	基本安全	欠安全	不安全
地形地貌 x_1	坡高 x_{11}/m			< 10	$10 \sim 20$	$20 \sim 40$	> 40
	原始地形坡度 x_{12}/(°)			< 20	$20 \sim 30$	$30 \sim 40$	> 40
	坡形 x_{13}			凹形坡	直线坡	凸形坡	折线坡
地质条件 x_2	岩性 x_{21}			弱风化的花岗岩、粉砂岩、石英砂岩，微风化的泥岩、泥质粉砂岩	弱风化的泥岩、泥质粉砂岩	强 ~ 中风化的粉砂岩、石英砂岩或花岗岩	坡、残积黏性土，全 ~ 强风化泥岩或泥质粉砂岩
	地层厚度 x_{22}/m			> 5	$3 \sim 5$	$1 \sim 3$	< 1
	地层与边坡关系 x_{23}			反倾	顺层，倾角 $< 15°$	顺层，倾角 $15° \sim 30°$	顺层，倾角 $> 30°$
	结构面与边坡关系 x_{24}	主要节理 x_{241}	间距 x_{2411}/m	> 5	$3 \sim 5$	$1 \sim 3$	< 1
			产状 x_{2412}	反倾	顺层，倾角 $< 15°$	顺层，倾角 $15° \sim 30°$	顺层，倾角 $> 30°$
			充填物 x_{2413}	无	石英，氧化铁	膏盐，砾石	黏土
			连通性 x_{2414}	差	较差	较好	好
		两组节理组合 x_{242}	交线 x_{2421}	反倾	顺倾，倾角 $< 10°$	顺倾，倾角 $10° \sim 15°$	顺层，倾角 $> 15°$
			岩体结构 x_{2422}	块状	柱状，层状	碎块状	散体状
		断层 x_{243}		反倾	顺倾，倾角 $< 10°$	顺倾，倾角 $10° \sim 20°$	顺倾，倾角 $> 20°$
	地下水 x_{25}			少	较少	较丰富	丰富
气象条件 x_3	年均降雨量 x_{31}/mm			< 600	$600 \sim 900$	$900 \sim 1200$	> 1200
	日最大降雨量 x_{32}/mm			< 20	$20 \sim 50$	$50 \sim 100$	> 100
边坡岩土性质 x_4	饱和容重 x_{41}/(kN/m^3)			> 25	$23 \sim 25$	$21 \sim 23$	< 21
	饱和黏结力 x_{42}/kPa			> 500	$180 \sim 500$	$50 \sim 180$	< 50
	饱和内摩擦角 x_{43}/(°)			> 25	$20 \sim 25$	$12 \sim 20$	< 12
	开挖卸荷宽度 x_{44}/m			< 1	$1 \sim 5$	$5 \sim 10$	> 10
地震 x_5	地震烈度 x_{51}			$<$ Ⅲ	Ⅳ ~ Ⅵ	Ⅶ ~ Ⅷ	$>$ Ⅷ
工程建设工艺 x_6	开挖方式 x_{61}			机械开挖 (弱)	机械开挖 (强)	爆破开挖 (弱)	爆破开挖 (强)
	开挖台阶数 (级) x_{62}			< 2	$2 \sim 5$	$5 \sim 8$	> 8
	台阶宽度 x_{63}/m			> 2.5	$2 \sim 2.5$	$1 \sim 2$	< 1
	台阶高度 x_{64}/m			< 3	$3 \sim 5$	$5 \sim 8$	> 8
	开挖坡度 (坡比)X_{65}			$< 1:0.75(53°)$	$1:0.5 \sim 1:0.75$ $(63° \sim 53°)$	$1:0.25 \sim 1:0.5$ $(76° \sim 63°)$	$> 1:0.25(76°)$

在评判公路岩石边坡是否安全时，通常提出“安全”和“不安全”两个等级，本书把公路岩石边坡的安全性态分成 4 个等级，即“安全”(Ⅰ级)、“基本安全”(Ⅱ级)、“欠安全”(Ⅲ级) 和“不安全”(Ⅳ级)。

由于各评价指标的单位并不相同，为了消除各指标量纲的影响，采用极差化方法对定量指标数据进行无量纲处理，处理方法如下。

对于越大越有利的指标采用：

$$x'_{ij}=\frac{x_{ij}-x_{i\min}}{x_{i\max}-x_{i\min}} \tag{6.1}$$

对于越小越有利的指标采用：

$$x'_{ij}=\frac{x_{\max}-x_{ij}}{x_{i\max}-x_{i\min}} \tag{6.2}$$

式中，x'_{ij} 为极差化后的数据，x_{ij} 为原始数据，$x_{i\max}$、$x_{i\min}$ 分别为第 i 行数据的最大值与最小值。

对于定性指标则按照评分方法对各指标进行量化，其中安全等级评分为 30 ~ 40，基本安全等级为 20 ~ 30，欠安全等级为 10 ~ 20，不安全等级为 0 ~ 10，然后按照量化指标方法进行无量纲处理。

6.1.3 指标权重确定方法

多指标综合评价中指标权重分配不同会直接导致评价对象优劣顺序的改变，因而权重值的合理性、准确性直接影响评价结果的可靠性。一般来说评价者在分配权重时要考虑三个因素：① 指标变异程度大小，即指标能够分辨出被评价对象之间差异能力的大小；② 指标独立性大小，即与其他指标重复的信息多少；③ 评价者的主观偏好。概括起来目前权重的分配方法主要有主观赋权、客观赋权和组合赋权三类。目前，有不少文献 [88−93] 对如何确定权重进行了研究，也发展了多种常用于确定权重的方法，然而这些方法均不同程度地忽视了对权重确切含义的描述，只考虑评价指标的选取，而没有考虑到指标具体数值的变化对指标权重的影响。

1. *层次分析法*

传统层次分析法的求解过程分为如下四个步骤：

1) 判断矩阵构造

判断矩阵表示针对上一层次中的某一元素而言，评定本层次中各有关元素相对重要性的状况，其形式如表 6.2 所示。

表 6.2 中，b_{ij} 表示对于 A_k 而言，元素 B_i 对 B_j 相对重要性的判断值。b_{ij} 一般取 1，3，5，7，9 等 5 个等级标度，2、4、6、8 表示相邻判断的中值，当 5 个等级不够用时可使用这几个数，具体含义见表 6.3。

表 6.2　判断矩阵表

A_k	B_1	B_2	$\cdots$	B_N
B_1	b_{11}	b_{12}	$\cdots$	b_{1n}
B_2	b_{21}	b_{22}	$\cdots$	b_{2n}
$\vdots$	$\vdots$	$\vdots$		$\vdots$
B_N	b_{n1}	b_{n2}	$\cdots$	b_{nn}

表 6.3　指标重要性判断标度

标度	含义
1	表示两个因素相比，具有同样重要性
3	表示两个因素相比，一个因素比另一个因素稍微重要
5	表示两个因素相比，一个因素比另一个因素明显重要
7	表示两个因素相比，一个因素比另一个因素强烈重要
9	表示两个因素相比，一个因素比另一个因素极端重要
2、4、6、8	为上述相邻判断的中值

2) 层次单排序

层次单排序的目的是对于上层次中的某元素而言的，确定本层次与之有联系的各元素重要性次序的权重值。其任务可归结为计算判断矩阵的特征根和特征向量问题。对于判断矩阵 B，计算满足

$$BW = \lambda_{\max} W_i \tag{6.3}$$

的特征根和特征向量。式中，$\lambda_{\max}$ 为 B 的最大特征根，W 为对应于 $\lambda_{\max}$ 的正规化特征向量，W 的分量 W_i 即为对应元素单排序的权重值。目前主要采用方根法或和积法两种近似算法求解判断矩阵的最大特征根及其所对应的特征向量。

为检验判断矩阵的一致性，需要计算它的一致性指标 CI

$$\mathrm{CI} = \frac{\lambda_{\max} - n}{n - 1} \tag{6.4}$$

式中，当 $\mathrm{CI} = 0$ 时，判断矩阵具有完全一致性；CI 值愈大则判断矩阵的一致性就愈差。为检验判断矩阵是否具有令人满意的一致性，需要将 CI 与平均随机一致性指标 RI (表 6.4) 进行比较，当判断矩阵的随机一致性比例

$$\mathrm{CR} = \frac{\mathrm{CI}}{\mathrm{RI}} < 0.10 \tag{6.5}$$

时，可认为判断矩阵具有令人满意的一致性；否则就需要调整判断矩阵直到满意为止。

3) 层次总排序

利用同一层次中所有层次单排序的结果计算针对上一层次而言的本层次所有

元素的重要性权重值，层次总排序需要从上到下逐层进行。

表 6.4 平均随机一致性指标

阶数	1	2	3	4	5	6	7	8	9	10	11	12	13	14	15
RI	0	0	0.58	0.89	1.12	1.26	1.36	1.41	1.46	1.49	1.52	1.54	1.56	1.58	1.59

4) 一致性检验

为评价层次总排序计算结果的一致性，类似于层次单排序也需要进行一致性检验，分别计算下列指标：

$$\mathrm{CI}=\sum_{j=1}^{m}a_j\mathrm{CI}_j \tag{6.6}$$

$$\mathrm{RI}=\sum_{j=1}^{m}a_j\mathrm{RI}_j \tag{6.7}$$

$$\mathrm{CR}=\frac{\mathrm{CI}}{\mathrm{RI}} \tag{6.8}$$

式中，CI 为层次总排序的一致性指标；CI_j 为与 a_j 对应的 B 层次中判断矩阵的一致性指标；RI 为层次总排序的随机一致性指标；RI_j 为与 a_j 对应的 B 层次中判断矩阵的随机一致性指标；CR 为层次总排序的随机一致性比例。当 $\mathrm{CR}<0.10$ 时认为层次总排序的计算结果具有令人满意的一致性，否则就需要对本层次的各判断矩阵进行调整，直至层次总排序的一致性检验达到要求为止。

在用层次分析法求解权重的过程中，最重要的一步是判断矩阵的构造，一旦判断矩阵构造错误，那么基于判断矩阵的一系列后续计算就失去了意义。在传统层次分析法求解权重过程中，一旦确定了评价指标，再通过若干专家的经验来判断各指标相对于评价系统的相对重要程度，继而给出相应权重值的方法是把更多的关注点放在评价指标的选取上而忽略了指标实际取值的不同对系统影响程度不同这一事实，基于该指标重要性排序来构造判断矩阵进而对指标权重进行求解的结果必然不能正确反映实际情况，从而使求解得出的权重值的有效性值得怀疑，并且最终削弱了评判结果的可靠性及实用性。

2. *改进层次分析法*

基于可拓学简单关联度的评价指标重要性排序方法，通过判断矩阵构造过程的改进避免过多人为因素的干扰，同时利用专家效度对权重值进行修正，为更加合理地分配权重提供依据。

1) 基于简单关联度确定指标的相对重要程度

由于各评价指标的实际取值对公路岩石边坡的安全影响程度不同，因此在判断矩阵的构造过程中需要把指标不同取值的影响考虑进来以正确反映实际情况。物元可拓学中的简单关联函数 [92−95] 可用来评价某个数值相对于某个区间的关联程度，通过对关联度大小的判断可清晰地给出某指标对相应评价等级的关联情况，从而给出评价指标间的相对重要程度排序。

a. 正域为有限区间 $\langle a,b\rangle$ 的简单关联函数

设区间 $X=\langle a,b\rangle$，点 $x\in(-\infty,+\infty)$，$M\in X$，若 $\max\limits_{x\in(-\infty,+\infty)}K(x)=K(M)=1$，则关联函数记为

$$K(x)=\begin{cases}\dfrac{x-a}{M-a}, & x\leqslant M\\ \dfrac{b-x}{b-M}, & x>M\end{cases}\tag{6.9}$$

当 $M=a$ 时取

$$K(x)=\begin{cases}\dfrac{x-a}{b-a}, & x<a\\ \dfrac{b-x}{b-a}, & x>a\\ K(a)=0/1, & x=a\end{cases}\tag{6.10}$$

当 $M=b$ 时取

$$K(x)=\begin{cases}\dfrac{x-a}{b-a}, & x<b\\ \dfrac{b-x}{b-a}, & x>b\\ K(b)=0/1, & x=b\end{cases}\tag{6.11}$$

b. 正域为无限区间 $\langle a,+\infty\rangle$ 的简单关联函数

设区间 $X=\langle a,+\infty\rangle$，点 $x\in(-\infty,+\infty)$，$M\in X$，若 $\max\limits_{x\in(-\infty,+\infty)}K(x)=K(M)=1$，则此时关联函数记为

$$K(x)=\begin{cases}\dfrac{x-a}{M-a}, & x\leqslant M\\ \dfrac{M}{2x-M}, & x>M\end{cases}\tag{6.12}$$

当 $M=a$ 时取

$$K(x)=\begin{cases}x-a, & x<a\\ \dfrac{a}{2x-a}, & x>a\\ K(a)=0/1, & x=a\end{cases}\tag{6.13}$$

若 $K(x)$ 在 $X=\langle a,+\infty\rangle$ 没有最大值，取

$$K(x)=x-a\tag{6.14}$$

根据评价指标体系中各具体指标的特性，选择相应的简单关联函数进行各评价等级的关联度计算，可得到各评价指标相对不同等级的简单关联度大小。计算得到的各关联度值有正有负，正值越大表示指标相对于该等级的相关程度越大，负值越小表示二者越不相关，或者说二者的关联性越差。

在对同一指标的不同关联度比较后可确定出最大关联度。最大关联度 $K_j(x_i)$ 表示指标 x_i 与评价等级 j 关系最大，即在只有该因素影响边坡安全稳定性的前提下，边坡的稳定程度为等级 j。对于边坡安全评价的 4 个评价等级而言，指标所关联的等级越大，代表该指标对边坡的安全稳定性越不利，对边坡系统的影响越大，那么从权重的含义出发，应给对边坡系统影响程度大的指标比较大的权重。若在多指标系统中有 $l(l<i)$ 个指标的最大关联等级相同，则可通过考察其相应最大关联度值的大小进行比较，然后根据由大到小的顺序将各指标进行排序，由此可以确定各指标的相对重要程度。

2) 基于指标重要程度初步求解指标专家权重

在指标重要性排序的基础上可由专家构造判断矩阵并利用层次分析法进一步求解权重。AHP 法中构造判断矩阵的步骤为：建立树状层次结构模型；确立思维判断定量化的标度；基于指标重要程度排序结果运用两两比较法构造判断矩阵。根据判断矩阵提供的信息，用方根法求解最大特征根和特征向量，其中特征向量代表了各指标对待评价边坡影响大小的权重。方根法的具体步骤如下：

(1) 计算判断矩阵每一行指标的乘积 M_i

$$M_i=\prod_{j=1}^{n}x_{ij}\quad(i=1,2,\cdots,n)\tag{6.15}$$

(2) 计算 M_i 的 n 次方根 $\bar{W}_i$，即

$$\bar{W}_i=\sqrt[n]{M_i}\tag{6.16}$$

(3) 进行归一化处理，确定权重 W_i，

$$W_i=\bar{W}_i\Big/\sum_{i=1}^{n}\bar{W}_i\tag{6.17}$$

则 $W=\begin{pmatrix}W_1 & W_2 & \cdots & W_n\end{pmatrix}^{\mathrm{T}}$ 为所求的特征向量，即各指标对应的权重值。

(4) 计算最大特征根 $\lambda_{\max}$

$$\lambda_{\max}=\frac{1}{n}\sum_{i=1}^{n}\frac{\mathrm{BW}_i}{W_i}\tag{6.18}$$

其中

$$\mathrm{BW}=\begin{bmatrix} x_{11} & x_{21} & \cdots & x_{n1} \\ x_{12} & x_{22} & \cdots & x_{n2} \\ \vdots & \vdots & & \vdots \\ x_{1n} & x_{2n} & \cdots & x_{nn} \end{bmatrix}\begin{bmatrix} W_1 \\ W_2 \\ \vdots \\ W_n \end{bmatrix} \tag{6.19}$$

一致性检验公式为

$$\mathrm{CR}=\frac{\mathrm{CI}}{\mathrm{RI}} \tag{6.20}$$

式中，一致性指标 $\mathrm{CI}=\dfrac{\lambda_{\max}-n}{n-1}$；RI 为平均随机一致性指标，可查表 6.4 获得。当 $\mathrm{CR}<0.1$ 时，认为判断矩阵的一致性可以接受。

3) 基于专家效度和专家权重修正指标权重值

以上由 AHP 法确定的指标权重，由于专家的偏好、知识水平、认识能力和对评判对象的了解程度不同，评判的结果也有所不同。利用物元分析理论，将专家作为样本，以各专家判断矩阵得出的专家权重形成的复合物元作为评价因子，通过物元分析得出各专家效度，即专家对评判对象的价值判断与评判对象客观价值的接近程度，在此基础上可更好地确定评价对象 (指标) 的权重值。该方法充分考虑了各专家对事物的不同认识程度，克服了传统 AHP 法在确定指标权重中所存在的片面性，使指标体系能全面客观地反映被评价对象，为提高评价的科学性提供一条较为理想的途径。

设参与评判某一含 n 个因素问题的专家数为 $m(m\geqslant 2)$，第 i 个专家给出的判断矩阵为 $A_i(i=1,2,\cdots,m)$；$\vartheta_{ij}(i=1,2,\cdots,m;\ j=1,2,\cdots,n)$ 为第 i 个判断矩阵通过一致性检验后得到的第 j 个指标的权重。

通过以上的设定构造复合物元 R

$$R=\begin{bmatrix} & & \text{指标 } 1 & \text{指标 } 2 & & \text{指标 } n \\ & & M_1 & M_2 & \cdots & M_n \\ \text{专家 } 1 & c_1 & \theta_{11} & \theta_{12} & \cdots & \theta_{1n} \\ \text{专家 } 2 & c_2 & \theta_{21} & \theta_{22} & \cdots & \theta_{2n} \\ \vdots & \vdots & \vdots & \vdots & & \vdots \\ \text{专家 } m & c_m & \theta_{m1} & \theta_{m2} & \cdots & \theta_{mn} \end{bmatrix} \tag{6.21}$$

根据式 (6.22)~式 (6.27) 可确定经典域物元 R_{0j}、节域物元 R_{pj} 和待评物元 R_{xj}。

$$R_{0j}=\begin{bmatrix} N_{0j} & c_1 & X_{01} \\ & c_2 & X_{02} \\ & \vdots & \vdots \\ & c_m & X_{0m} \end{bmatrix}=\begin{bmatrix} N_{0j} & c_1 & \langle u_{aj},u_{bj}\rangle \\ & c_2 & \langle u_{aj},u_{bj}\rangle \\ & \vdots & \vdots \\ & c_m & \langle u_{aj},u_{bj}\rangle \end{bmatrix} \tag{6.22}$$

$$u_{aj}=u_{bj}=\sqrt[m]{\prod_{i=1}^{m}\theta_{ij}} \quad (i=1,2,\cdots,m;j=1,2,\cdots,n) \tag{6.23}$$

$$R_{pj}=\begin{bmatrix} N_{pj} & c_1 & X_{p1} \\ & c_2 & X_{p2} \\ & \vdots & \vdots \\ & c_m & X_{pm} \end{bmatrix}=\begin{bmatrix} N_{pj} & c_1 & \langle a_{p1},b_{p1}\rangle \\ & c_2 & \langle a_{p2},b_{p2}\rangle \\ & \vdots & \vdots \\ & c_m & \langle a_{pm},b_{pm}\rangle \end{bmatrix} \tag{6.24}$$

$$a_{pj}=\min(\vartheta_{ij}) \quad (i=1,2,\cdots,m;j=1,2,\cdots,n) \tag{6.25}$$

$$b_{pj}=\max(\vartheta_{ij}) \quad (i=1,2,\cdots,m;j=1,2,\cdots,n) \tag{6.26}$$

$$R_{xj}=\begin{bmatrix} N_{xj} & c_1 & \theta_{1j} \\ & c_2 & \theta_{2j} \\ & \vdots & \vdots \\ & c_m & \theta_{mj} \end{bmatrix} \quad (j=1,2,\cdots,n) \tag{6.27}$$

式中，R_{0j} 为第 j 个指标的经典域物元；R_{pj} 为第 j 个指标的节域物元；R_{xj} 为第 j 个待评物元。

利用距的定义计算各待评物元关联函数值，得关联函数复合物元 R_0

$$R_0=\begin{bmatrix} & & \text{指标 }1 & \text{指标 }2 & & \text{指标 }n \\ & & M_1 & M_2 & \cdots & M_n \\ \text{专家 }1 & c_1 & K_1(v_1) & K_1(v_2) & \cdots & K_1(v_n) \\ \text{专家 }2 & c_2 & K_2(v_1) & K_2(v_2) & \cdots & K_2(v_n) \\ \vdots & \vdots & \vdots & \vdots & & \vdots \\ \text{专家 }m & c_m & K_m(v_1) & K_m(v_2) & \cdots & K_m(v_n) \end{bmatrix} \tag{6.28}$$

式中，$K_i(v_j)$ 为第 i 个专家第 j 个指标的关联函数值，可由式 (6.29)~式 (6.32) 计算得到

$$K_i(v_j)=\begin{cases} \dfrac{-\rho(\theta_{ij},X_{0i})}{|X_{0i}|}, & v_i\in x_{0i} \\ \dfrac{-\rho(\theta_{ij},X_{0i})}{-\rho(\theta_{ij},X_{pi})-\rho(\theta_{ij},X_{0i})}, & v_i\notin x_{0i} \end{cases} \tag{6.29}$$

其中，

$$\rho(\theta_{ij},X_{0i})=\left|\theta_{ij}-\frac{1}{2}(U_{aj}+U_{bj})\right|-\frac{1}{2}(U_{aj}-U_{bj})\quad(i=1,2,\cdots,m;j=1,2,\cdots,n) \tag{6.30}$$

$$\rho(\theta_{ij},X_{pi})=\left|\theta_{ij}-\frac{1}{2}(a_{pi}+b_{pi})\right|-\frac{1}{2}(a_{pi}-b_{pi})\quad(i=1,2,\cdots,m;j=1,2,\cdots,n) \tag{6.31}$$

$$|X_{0i}|=U_{aj}-U_{bj} \tag{6.32}$$

根据式 (6.33) 计算第 i 个专家的离散系数 k_i，表示专家对指标整体的认知程度。离散系数越小，认知程度越低；反之则越高。

$$k_i=\sum_{j=1}^{n}K_i(v_j)\quad(i=1,2,\cdots,m;j=1,2,\cdots,n) \tag{6.33}$$

根据式 (6.34) 确定第 k 个专家效度系数 γ_i，γ_i 为第 i 个专家给出指标权重的有效程度

$$\gamma_i=\frac{1}{k_i}\Big/\sum_{i=1}^{m}\frac{1}{k_i}\quad(i=1,2,\cdots,m) \tag{6.34}$$

根据式 (6.35) 构造专家效度物元 R_η

$$R_\eta=\begin{bmatrix}\text{专家 }1 & \text{专家 }2 & \cdots & \text{专家 }m\\ c_1 & c_2 & \cdots & c_m\\ \gamma'_1 & \gamma'_2 & \cdots & \gamma'_m\end{bmatrix} \tag{6.35}$$

式中 $\gamma'_i=\gamma_i\Big/\sum\limits_{i=1}^{m}\gamma_i(i=1,2,\cdots,m)$ 为归一化的各专家效度。

根据专家效度物元和待评物元可得物元 R_r

$$R_r=R_\eta*R=\begin{bmatrix}\text{指标 }1 & \text{指标 }2 & \cdots & \text{指标 }n\\ c_1 & c_2 & \cdots & c_n\\ \omega'_1 & \omega'_2 & \cdots & \omega'_n\end{bmatrix} \tag{6.36}$$

式中“*”表示先乘后加的运算符号；$\omega'_i=\sum\limits_{i=1}^{m}\gamma_i\theta_{ij}\ (i=1,2,\cdots,m;j=1,2,\cdots,n)$。

由此可计算得到指标权重物元 R_ω

$$R_\omega=\begin{bmatrix}\text{指标 }1 & \text{指标 }2 & \cdots & \text{指标 }n\\ c_1 & c_2 & \cdots & c_n\\ \omega_1 & \omega_2 & \cdots & \omega_n\end{bmatrix} \tag{6.37}$$

式中，$\omega_1,\omega_2,\cdots,\omega_n$ 为基于专家效度修正后的评价指标权重值。

6.2 公路岩石边坡物元可拓安全评价模型

6.2.1 物元可拓分析方法概述

物元可拓学是研究解决矛盾问题的规律和方法，是系统科学、思维科学和数学交叉的边缘学科，它可以将复杂问题抽象为形象化的模型，并利用这些模型研究基本理论，提出相应的应用方法。利用物元可拓分析方法，可建立事物多指标性能参数的综合评价模型，并能以定量的数值表示评价结果，从而能够较完整地反映事物的综合水平，并易于用计算机进行规范化处理 [96]。基于物元可拓学识别和综合评价的基本原理是把描述或评价的对象、各特征和对象关于特征的量值组成一个整体即物元来研究，用可拓集合的关联函数值即关联度的大小来描述各种特征参数与所研究对象的从属关系，从而把属于或不属于的定性描述扩展为定量描述。该方法广泛应用于岩土安全 [97]、土地质量 [98]、生态安全 [99] 等领域的综合评价中。

6.2.2 物元可拓分析评价模型

1. 物元与可拓集合

给定事物的名称 N，它关于特征 C 的量值为 V，以有序三元组 $R=$(事物，特征，量值 $)=(N,C,V)$ 作为描述事物的基本元，简称物元。不同的物体可具有相同的特征元，用同征物元表示。

可拓集合是解决矛盾问题的定量化工具，设论域为 U，若对 U 中任一元素 u，$u\in U$，都有一实数 $K(u)\in(-\infty,+\infty)$ 与之对应，则称 $A=\{(u,y)|u\in U,y=K(u)\in(-\infty,+\infty)\}$ 为论域 U 上的一个可拓集合，其中 y 为 A 的关联函数，$K(u)$ 为 u 关于 A 的关联度，它能体现 "既是又非" 的临界概念，且可区分类内不同层次，从而描述 "是变为非，非变为是" 的事物可变性过程。

2. 经典域、节域和待评物元的确定

N 为 N_1，N_2，$\cdots$，N_j，$\cdots$，N_n 事物全体，C_i 为事物 N 的第 i 个特征 (评价指标)，V_{ij} 为事物 N_j 指标 C_i 的量值，则事物可拓评价的 m 个同征物元 R_j 可表示为

$$R_j=(N_j,C,V_j)=\begin{bmatrix} N_j & C_1 & V_{1j} \\ & C_2 & V_{2j} \\ & \vdots & \vdots \\ & C_n & V_{nj} \end{bmatrix} \quad (j=1,2,\cdots,m) \tag{6.38}$$

待评物元 R_p 可表示为

$$R_p = \begin{bmatrix} P & C_1 & V_{1p} \\ & C_2 & V_{2p} \\ & \vdots & \vdots \\ & C_n & V_{np} \end{bmatrix} \quad (p=1,2,3,\cdots) \tag{6.39}$$

式中，P 表示待评价事物或样本；V_{ip} 为 P 关于 C_i 的量值，即待评事物或样本的具体数据。

待评事物的经典域 R_{0j} 为

$$R_{0j} = (N_{0j}, C_i, V_{0ji}) = \begin{bmatrix} N_{0j} & N_{01} & N_{02} & \cdots & N_{0m} \\ C_1 & \langle a_{11}, b_{11}\rangle & \langle a_{12}, b_{12}\rangle & \cdots & \langle a_{1m}, b_{1m}\rangle \\ C_2 & \langle a_{21}, b_{21}\rangle & \langle a_{22}, b_{22}\rangle & \cdots & \langle a_{2m}, b_{2m}\rangle \\ \vdots & \vdots & \vdots & & \vdots \\ C_n & \langle a_{n1}, b_{n1}\rangle & \langle a_{n2}, b_{n2}\rangle & \cdots & \langle a_{nm}, b_{nm}\rangle \end{bmatrix} \tag{6.40}$$

式中，N_{0j} 为评价所划分的 j 个等级；C_i 为评价等级 N_{0j} 的特征 (指标)；V_{0ji} 为 N_{0j} 关于 C_i 所规定的量值范围，即各评价等级关于对应特征所取的数据范围 (经典域)。

若 $V_{pi} = \langle a_{pi},\ b_{pi}\rangle$ 为 P 关于特征 C_i 所规定的量值范围，其中 P 为评价等级的全体，则相应评价指标的节域 R_p 为

$$R_p = \begin{bmatrix} P & C_1 & V_{p1} \\ & C_2 & V_{p2} \\ & \vdots & \vdots \\ & C_n & V_{pn} \end{bmatrix} = \begin{bmatrix} P & C_1 & \langle a_{p1}, b_{p1}\rangle \\ & C_2 & \langle a_{p2}, b_{p2}\rangle \\ & \vdots & \vdots \\ & C_n & \langle a_{pn}, b_{pn}\rangle \end{bmatrix} \tag{6.41}$$

3. 待评事物相对各等级关联度的计算

事物的多指标综合评价用事物关于某些量值符合要求的程度来表达，这种程度通常用由矩定义的关联函数值来刻画，关联函数值由下式计算:

$$K_j(p) = \sum_{i=1}^{n} \lambda_i K_j(v_i), \quad \sum_{i=1}^{n} \lambda_i = 1 \tag{6.42}$$

其中

$$K_j(v_i) = \begin{cases} \dfrac{\rho(v_i, V_{oji})}{\rho(v_i, V_{pj}) - \rho(v_i, V_{oji})} & (v_i \in V_{oji}) \\ \dfrac{-\rho(v_i, V_{oji})}{|V_{oji}|} & (v_i \notin V_{oji}) \end{cases} \tag{6.43}$$

式中，$K_j(p)$ 为待评事物 R_p 对评价等级 j 的关联度；$K_j(v_i)$ 为待评事物评价指标 v_i 对评价等级 j 的关联度；$\rho(v_i, V_{oji})$ 为点 v_i 与有限区间 $V_{oji} = \langle a_{oji}, b_{oji}\rangle$ 的距离；λ_i 为各特征指标的权重值；V_i 为各物元指标的实际值；V_{oji} 为经典域；V_{pj} 为节域。

点 V_i 与有限区间 $V_{ji} = \langle a, b\rangle$ 之间的距离 $\rho(v_i, V_{ji})$ 计算如下式所示：

$$\rho(v_i, \langle a, b\rangle) = \left|v_i - \frac{a+b}{2}\right| - \frac{b-a}{2} = \begin{cases} a - v_i, & v_i < \dfrac{a+b}{2} \\ v_i - b, & v_i \geqslant \dfrac{a+b}{2} \end{cases} \tag{6.44}$$

4. 待评事物等级的评价

待评事物属于何等级，根据上述公式计算关联度值，若与某等级的关联度值越大，则它与某等级的符合程度就越佳，即可按式 (6.45) 来确定：

$$K_{j0}(p) = \max\{K_1(p), K_2(p), \cdots, K_m(p)\} \tag{6.45}$$

相应的级别变量特征值 j^* 可按式 (6.46) 计算求得

$$j^* = \frac{\displaystyle\sum_{j=1}^{m} j \cdot \bar{K}_j(p)}{\displaystyle\sum_{j=1}^{m} \bar{K}_j(p)} \tag{6.46}$$

其中

$$\bar{K}_j(p) = \frac{K_j(p) - \min\limits_j k_j(p)}{\max\limits_j K_j(p) - \min\limits_j K_j(p)} \tag{6.47}$$

式中，j^* 为待评物元 P 的级别变量特征值，从 j^* 数值的大小可判断待评物元偏向相邻级别的程度。

6.2.3 实例分析

1. 两巫路 k88+680 岩石边坡物元可拓安全评价

k88+680 岩石边坡位于庙溪村境内，场地起止里程桩号 k88+655～k88+710，全长 55m，起止点设计标高为 346.06m、347.70m，设计纵坡 3.0%。区内山体发育，属低山斜坡地貌，坡度为 36° ～ 48°，坡向 135°，场区地面高程 335 ～ 385m, 相对高差 50m。场地内出露地层主要为第四系全新统残坡积碎石土 (Q_4^{el+dl}) 及三叠系中统巴东组 (T_2b^3) 泥灰岩 (图 6.1 和图 6.2)。地质构造属朝阳—官阳背斜南翼，以单斜构造为主，未发现断层及次级褶皱，岩体较完整，岩层产状 169°∠45°，主要发育节理：J_1 组产状 45°∠64°，间距 0.3 ~ 0.5m；J_2 组产状 352°∠54°，间距 0.5 ~ 0.8m。

图 6.1　巫山—巫溪公路 k88+680 工程现场施工实况图

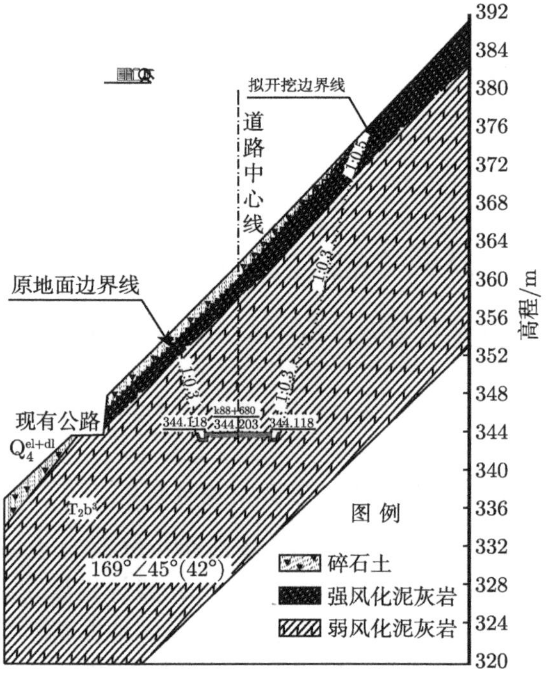

图 6.2　巫山—巫溪公路 k88+680 工程地质剖面图

1) 经典域、节域和待评物元确定

由前述研究方法及 k88+680 边坡具体数据可知待评物元、公路岩石边坡岩土安全评价经典域 R_{0j} 和节域 R_p。

$$R_{0j}=\begin{bmatrix} N_{0j} & \text{安全} & \text{基本安全} & \text{欠安全} & \text{不安全} \\ C_1 & [0,10) & [10,20) & [20,40) & [40,100) \\ C_2 & [0,20) & [20,30) & [30,40) & [40,90) \\ C_3 & [40,30) & [30,20) & [20,10) & [10,0) \\ C_4 & [40,30) & [30,20) & [20,10) & [10,0) \\ C_5 & [5,20) & [3,5) & [1,3) & [0,1) \\ C_6 & [40,30) & [30,20) & [20,10) & [10,0) \\ C_7 & [10,5) & [3,5) & [1,3) & [0,1) \\ C_8 & [40,30) & [30,20) & [20,10) & [10,0) \\ C_9 & [40,30) & [30,20) & [20,10) & [10,0) \\ C_{10} & [40,30) & [30,20) & [20,10) & [10,0) \\ C_{11} & [40,30) & [30,20) & [20,10) & [10,0) \\ C_{12} & [40,30) & [30,20) & [20,10) & [10,0) \\ C_{13} & [40,30) & [30,20) & [20,10) & [10,0) \\ C_{14} & [0,600) & [600,900) & [900,1200) & [1200,2000) \\ C_{15} & [0,20) & [20,50) & [50,100) & [100,200) \\ C_{16} & [25,50) & [23,25) & [21,23) & [21,10) \\ C_{17} & [500,2000) & [180,500) & [50,180) & [50,0) \\ C_{18} & [25,90) & [20,25) & [12,20) & [0,12) \\ C_{19} & [0,1) & [1,5) & [5,10) & [10,20) \\ C_{20} & [40,30) & [30,20) & [20,10) & [10,0) \\ C_{21} & [40,30) & [30,20) & [20,10) & [10,0) \\ C_{22} & [0,2) & [2,5) & [5,8) & [8,12) \\ C_{23} & [2.5,5) & [2,2.5) & [1,2) & [0,1) \\ C_{24} & [0,3) & [3,5) & [5,8) & [8,20) \\ C_{25} & [1:0.75,1:1.2) & [1:0.5,1:0.75) & [1:0.25,1:0.5) & [0,1:0.25) \end{bmatrix} \tag{6.48}$$

评价相应的节域 R_p 为

$$R_p = \begin{bmatrix} P & C_1 & V_{p1} \\ & C_2 & V_{p2} \\ & C_3 & V_{p3} \\ & C_4 & V_{p4} \\ & C_5 & V_{p5} \\ & C_6 & V_{p6} \\ & C_7 & V_{p7} \\ & C_8 & V_{p8} \\ & C_9 & V_{p9} \\ & C_{10} & V_{p10} \\ & C_{11} & V_{p11} \\ & C_{12} & V_{p12} \\ & C_{13} & V_{p13} \\ & C_{14} & V_{p14} \\ & C_{15} & V_{p15} \\ & C_{16} & V_{p16} \\ & C_{17} & V_{p17} \\ & C_{18} & V_{p18} \\ & C_{19} & V_{p19} \\ & C_{20} & V_{p20} \\ & C_{21} & V_{p21} \\ & C_{22} & V_{p22} \\ & C_{23} & V_{p23} \\ & C_{24} & V_{p24} \\ & C_{25} & V_{p25} \end{bmatrix} = \begin{bmatrix} P & C_1 & \langle 0,100\rangle \\ & C_2 & \langle 0,90\rangle \\ & C_3 & \langle 0,40\rangle \\ & C_4 & \langle 0,40\rangle \\ & C_5 & \langle 0,20\rangle \\ & C_6 & \langle 0,40\rangle \\ & C_7 & \langle 0,10\rangle \\ & C_8 & \langle 0,40\rangle \\ & C_9 & \langle 0,40\rangle \\ & C_{10} & \langle 0,40\rangle \\ & C_{11} & \langle 0,40\rangle \\ & C_{12} & \langle 0,40\rangle \\ & C_{13} & \langle 0,40\rangle \\ & C_{14} & \langle 0,2000\rangle \\ & C_{15} & \langle 0,200\rangle \\ & C_{16} & \langle 10,50\rangle \\ & C_{17} & \langle 0,2000\rangle \\ & C_{18} & \langle 0,90\rangle \\ & C_{19} & \langle 0,20\rangle \\ & C_{20} & \langle 0,40\rangle \\ & C_{21} & \langle 0,40\rangle \\ & C_{22} & \langle 0,12\rangle \\ & C_{23} & \langle 0,5\rangle \\ & C_{24} & \langle 0,20\rangle \\ & C_{25} & \langle 0,1:1.2\rangle \end{bmatrix} \tag{6.49}$$

2) 评价指标权重的确定

a. 基于简单关联度判断评价指标的相对重要程度

在 k88+680 岩石边坡中，地形地貌因素指标坡高 x_{11} 值为 32m，坡高相对于公路岩石边坡 4 个安全等级的区间范围分别为：安全 I $(a_{11},b_{11})\in(0,10)$，基本安全II $(a_{12},b_{12})\in(10,20)$，欠安全III $(a_{13},b_{13})\in(20,40)$，不安全IV $(a_{14},b_{14})\in(40,100)$。由于坡高值越大对边坡岩土安全越不利，越小对边坡岩土安全越有利，因此利用简单关联函数计算公式可进行关联度求解，有

$$K_{\mathrm{I}}(x_{11})=\frac{b_{11}-x_{11}}{b_{11}-a_{11}}=\frac{10-32}{10-0}=-2.20,\quad K_{\mathrm{II}}(x_{11})=\frac{b_{12}-x_{11}}{b_{12}-a_{12}}=\frac{20-32}{20-10}=-1.20$$

$$K_{\text{III}}(x_{11})=\frac{b_{13}-x_{11}}{b_{13}-a_{13}}=\frac{40-32}{40-20}=0.40,\quad K_{\text{IV}}(x_{11})=\frac{x_{11}-a_{14}}{b_{14}-a_{14}}=\frac{32-40}{100-40}=-0.13$$

计算结果表明，指标坡高 x_{11} 相对于 4 个评价等级的关联度分别为 -2.20、-1.20、0.40、-0.13，由此可确定出该指标相对于边坡岩土安全评价等级的最大关联度 $\max K_j(x_{11})$，即 $\max\limits_j(K_j(x_{11}))=K_{\text{III}}(x_{11})=0.40$，相应的最大关联等级 $j=$ III；同理，可计算出其他评价指标相对于各等级的关联度，如表 6.5 所示。

表 6.5 巫山—巫溪公路 k88+680 边坡各指标简单关联度大小

	地形地貌 x_1						地质条件 x_2						
	x_{11}	x_{12}	x_{13}	x_{21}	x_{22}	x_{23}	x_{2411}	x_{2412}	x_{2413}	x_{2414}	x_{2421}	x_{2422}	x_{25}
安全 I	−2.20	−1.20	0.20	−0.80	−0.24	−2.20	−0.28	0.60	−2.30	−1.20	−0.60	−0.60	0.20
基本安全 II	−1.20	−1.40	−0.20	0.20	−0.80	−1.20	−1.10	−0.60	−1.30	−0.20	0.40	0.40	−0.20
欠安全 III	0.40	−0.40	−1.20	−0.20	0.20	−0.20	−0.10	−1.60	−0.30	0.80	−0.40	−0.40	−1.20
不安全 IV	−0.13	0.92	−2.20	−1.20	−0.40	0.80	0.80	−2.60	0.70	−0.80	−1.40	−1.40	−2.20

	气象条件 x_3		边坡岩土性质 x_4				地震 x_5	工程建设工艺 x_6				
	x_{31}	x_{32}	x_{41}	x_{42}	x_{43}	x_{44}	x_{51}	x_{61}	x_{62}	x_{63}	x_{64}	x_{65}
安全 I	−0.75	−4.50	−0.06	−0.30	−0.08	−1.60	−0.20	−0.40	−0.50	−0.60	−2.33	−1.00
基本安全 II	−0.50	−2.00	0.25	−0.41	0.00	−0.60	0.80	0.60	0.67	−2.00	−2.50	−0.80
欠安全 III	0.50	−0.20	−0.25	0.00	1.00	0.80	−0.80	−0.60	−0.67	0.00	−0.67	0.20
不安全 IV	−0.19	0.90	−0.23	1.00	−0.67	−0.16	−1.80	−1.60	−1.25	1.00	0.83	−0.20

从表中可看出，在工程建设工艺方面：

$$\max_j(K_j(x_{61}))=K_{\text{II}}(x_{61})=0.60$$

$$\max_j(K_j(x_{62}))=K_{\text{II}}(x_{62})=0.67$$

$$\max_j(K_j(x_{63}))=K_{\text{IV}}(x_{63})=1.00$$

$$\max_j(K_j(x_{64}))=K_{\text{IV}}(x_{64})=0.83$$

$$\max_j(K_j(x_{65}))=K_{\text{III}}(x_{65})=0.20$$

由此可知，评价指标 x_{63} 和 x_{64} 的关联等级均为IV，指标 x_{65} 的关联等级为 III，指标 x_{61} 和 x_{62} 的关联等级为 II，即指标 x_{63} 和 x_{64} 将会使该边坡处于不安全状态，指标 x_{65} 将使该边坡处于欠安全状态；指标 x_{61} 和 x_{62} 对该边坡的影响程度一般，使该边坡处于基本安全状态。继续比较 x_{63} 和 x_{64} 两个指标间最大关联度大小关系有 $K_{\text{IV}}(x_{63})>K_{\text{IV}}(x_{64})$，这说明指标 x_{63} 对该边坡岩土安全的影响最为不利，其次是指标 x_{64}。

同理，可判断各评价因素下，各指标对该边坡影响程度的相对重要性排序。其中地形地貌因素指标排序为 $x_{12} > x_{11} > x_{13}$；地质条件因素指标排序为 $x_{23} > x_{24} > x_{22} > x_{21} > x_{25}$；气象条件因素指标排序为 $x_{32} > x_{31}$；边坡岩土性质因素指标排序为 $x_{42} > x_{43} > x_{44} > x_{41}$；工程建设工艺因素指标排序为 $x_{63} > x_{64} > x_{65} > x_{62} > x_{61}$。

b. 基于相对重要程度排序利用层次分析法求解专家权重

在评价指标重要性排序的基础上可构造判断矩阵并利用层次分析法通过相关计算及检验求得各评价指标的专家权重值。根据指标重要性判断标度表中的判断方法，该边坡岩土性质判断矩阵的构造如表 6.6 所示。

表 6.6　巫山—巫溪公路 k88+680 边坡岩土性质指标判断矩阵表

	x_{41}	x_{42}	x_{43}	x_{44}
x_{41}	1	1/7	1/7	1/5
x_{42}	7	1	1	3
x_{43}	7	1	1	3
x_{44}	5	1/3	1/3	1

根据判断矩阵提供的信息利用方根法求解最大特征根和特征向量。判断矩阵每一行指标的乘积为 M_i，则有

$$M_1 = \prod_{j=1}^{4} x_{4j} = x_{41} \cdot x_{42} \cdot x_{43} \cdot x_{44} = 1 \times 1/7 \times 1/7 \times 1/5 = 0.0041 \tag{6.50}$$

同理，可计算其他三个指标的判断矩阵乘积，见表 6.7。

表 6.7　巫山—巫溪公路 k88+680 边坡权重计算一览表

指标	M_i	$\bar{W}_i$	W_i	BW_i
x_{41}	0.0041	0.2528	0.0468	0.1921
x_{42}	21.0000	2.1407	0.3966	1.6009
x_{43}	21.0000	2.1407	0.3966	1.6009
x_{44}	0.5556	0.8633	0.1600	0.6585

计算 M_i 的 n 次方根 $\bar{W}_i$。对于 M_1 有：$\bar{W}_1 = \sqrt[4]{M_1} = \sqrt[4]{0.0041} = 0.2528$，同理可计算出其他三个指标的 4 次方根，见表 6.7。

通过归一化处理确定权重 W_i。于是有

$$W_1 = \bar{W}_1 \Big/ \sum_{i=1}^{n} \bar{W}_i = 0.2528/(0.2528 + 2.1407 + 2.1407 + 0.8633) = 0.0468 \tag{6.51}$$

其他三个指标归一化处理后的数据见表 6.7。

由此可得各指标的权重向量为

$$W = \begin{pmatrix} W_1 & W_2 & W_3 & W_4 \end{pmatrix}^{\mathrm{T}} = \begin{pmatrix} 0.0468 & 0.3966 & 0.3966 & 0.1600 \end{pmatrix}^{\mathrm{T}}$$

BW 向量为

$$\mathrm{BW} = \begin{bmatrix} 1 & 1/7 & 1/7 & 1/5 \\ 7 & 1 & 1 & 3 \\ 7 & 1 & 1 & 3 \\ 5 & 1/3 & 1/3 & 1 \end{bmatrix} \begin{bmatrix} 0.0468 \\ 0.3966 \\ 0.3966 \\ 0.1600 \end{bmatrix} = \begin{bmatrix} 0.2257 \\ 1.9450 \\ 1.3259 \\ 0.5774 \end{bmatrix} \tag{6.52}$$

$$\lambda_{\max} = \frac{1}{n}\sum_{i=1}^{n}\frac{\mathrm{BW}_i}{W_i} = \frac{1}{4}\sum_{i=1}^{4}\left(\frac{0.2257}{0.0468} + \frac{1.9450}{0.3966} + \frac{1.3259}{0.3966} + \frac{0.5774}{0.1600}\right) = 4.0628 \tag{6.53}$$

一致性检验有

$$\mathrm{CI} = \frac{\lambda_{\max} - n}{n-1} = \frac{4.0628-4}{4-1} = 0.0209 \tag{6.54}$$

$$\mathrm{CR} = \frac{\mathrm{CI}}{\mathrm{RI}} = \frac{0.0209}{0.89} = 0.0235 \tag{6.55}$$

由于 $\mathrm{CR} = 0.0235 < 0.1$，经一致性检验可确定权重计算结果合理。

c. 利用专家效度方法对专家权重进行修正

基于物元可拓理论，根据 20 个专家给出的判断矩阵计算得到通过一致性检验的各指标专家权重，利用专家效度方法计算各个参与评判的专家效度系数，并在此基础上对专家权重进行修正。以岩土性质因素各指标的专家权重修正为例，复合物元 R 为

$$R = \begin{bmatrix} & x_{41} & x_{42} & x_{43} & x_{44} \\ \text{专家 1} & 0.0468 & 0.3966 & 0.3966 & 0.1600 \\ \text{专家 2} & 0.0463 & 0.3543 & 0.4454 & 0.1540 \\ \vdots & \vdots & \vdots & \vdots & \vdots \\ \text{专家 20} & 0.0559 & 0.4771 & 0.3246 & 0.1507 \end{bmatrix} \tag{6.56}$$

根据式 (6.22) ~ (6.27) 确定经典域物元 R_{0j}、节域物元 R_{pj} 为

$$R_{0j} = \begin{bmatrix} c_1 & 0.0550 \\ c_2 & 0.4115 \\ c_3 & 0.3779 \\ c_4 & 0.1507 \end{bmatrix} \tag{6.57}$$

$$R_{pj} = \begin{bmatrix} N_{pj} & c_1 & X_{p1} \\ & c_2 & X_{p2} \\ & c_3 & X_{p3} \\ & c_4 & X_{p4} \end{bmatrix} = \begin{bmatrix} N_{pj} & c_1 & \langle 0.0463, 0.0688 \rangle \\ & c_2 & \langle 0.3543, 0.4771 \rangle \\ & c_3 & \langle 0.3246, 0.4454 \rangle \\ & c_4 & \langle 0.1424, 0.1600 \rangle \end{bmatrix} \tag{6.58}$$

利用距的定义计算各待评物元的关联函数值，得关联函数复合物元 R_0

$$R_0 = \begin{bmatrix} & x_{41} & x_{42} & x_{43} & x_{44} \\ \text{专家 1} & 0.7417 & 0.8412 & 0.8331 & 0.8894 \\ \text{专家 2} & 0.7389 & 0.7924 & 0.7199 & 0.9271 \\ \vdots & \vdots & \vdots & \vdots & \vdots \\ \text{专家 20} & 0.8074 & 0.7380 & 0.7812 & 0.9004 \end{bmatrix} \tag{6.59}$$

由此可计算得到各专家的专家效度系数，在此基础上可计算得到专家效度修正权重值为 0.0556, 0.4135, 0.3800, 0.1509。

同样原理，可计算得到 k88+680 边坡各评价指标的修正权重值如表 6.8 所示。

表 6.8　巫山—巫溪公路 k88+680 边坡安全评价指标权重值

评价指标		权重值	评价指标		权重值	评价指标		权重值
地形地貌 x_1	x_{11}	0.1823	气象条件 x_3	x_{31}	0.1952	工程建设工艺 x_6	x_{61}	0.0465
	x_{12}	0.7028		x_{32}	0.8048		x_{62}	0.0890
	x_{13}	0.1149	边坡岩土性质 x_4	x_{41}	0.0556		x_{63}	0.4216
地质条件 x_2	x_{21}	0.0745		x_{42}	0.4135		x_{64}	0.2650
	x_{22}	0.1399		x_{43}	0.3800		x_{65}	0.1781
	x_{23}	0.4032		x_{44}	0.1509			
	x_{24}	0.3279	地震 x_5	x_{51}	1.0000			
	x_{25}	0.0546						

3) 边坡 k88+680 各安全等级关联度的计算

巫山—巫溪公路 k88+680 边坡岩土安全评价指标对评价等级 j (安全，基本安全，欠安全，不安全) 的关联度如表 6.9 所示。

4) 待评边坡安全等级的评定

由表 6.9 中关联度数据可知两巫路 k88+680 边坡的整体安全评价等级为欠安全等级，同时计算得到的级别变量为 3.0687，同样可认定该边坡为欠安全等级。故该边坡开挖后需要采取相应的防护措施。

表 6.9 巫山—巫溪公路 k88+680 边坡安全评价指标关联度数值及级别变量

	x_{11}	x_{12}	x_{13}	x_{21}	x_{22}	x_{23}	x_{2411}	x_{2412}	x_{2413}
安全	−0.0029	−0.0097	0.0015	−0.0052	−0.0228	−0.0668	−0.0104	0.0000	−0.0095
基本安全	−0.0020	−0.0067	−0.0009	0.0021	−0.0169	−0.0547	−0.0091	−0.0074	−0.0080
欠安全	0.0024	−0.0023	−0.0027	−0.0017	0.0126	−0.0182	−0.0025	−0.0099	−0.0037
不安全	−0.0014	0.0028	−0.0033	−0.0067	−0.0070	0.0304	0.0041	−0.0107	0.0093

	x_{2414}	x_{2421}	x_{2422}	x_{25}	x_{31}	x_{32}	x_{41}	x_{42}	x_{43}
安全	−0.0049	−0.0034	−0.0034	0.0041	−0.0143	−0.0916	−0.0018	−0.1172	−0.0239
基本安全	−0.0012	0.0041	0.0041	−0.0025	−0.0060	−0.0733	0.0007	−0.0941	0.0000
欠安全	0.0015	−0.0025	−0.0025	−0.0074	0.0083	−0.0183	−0.0006	0.0000	0.0000
不安全	−0.0038	−0.0058	−0.0058	−0.0090	−0.0061	0.0229	−0.0027	0.0000	−0.0342

	x_{44}	x_{51}	x_{61}	x_{62}	x_{63}	x_{64}	x_{65}	合计	J^*
安全	−0.0181	−0.0163	−0.0008	−0.0017	−0.0197	−0.0085	−0.0083	−0.4557	3.0687
基本安全	0.0761	0.0228	0.0015	0.0035	−0.0164	−0.0069	−0.0056	−0.1968	
欠安全	−0.0228	−0.0456	−0.0011	−0.0028	0.0000	−0.0034	0.0028	−0.1204	
不安全	−0.0352	−0.0684	−0.0019	−0.0043	0.0000	0.0052	−0.0020	−0.1338	

2. *两巫路 k90+380 岩石边坡物元可拓安全评价*

k90+380 岩石边坡位于巫溪县柚子树境内，工程场地起止里程桩号 k90+320~k90+410，全长 90m，起止点设计标高为 430.95m、432.75m，设计纵坡 3.4%，线形为弧线，公路类型为弧线傍山二级公路。边坡为砂岩石边坡，局部为炭质泥岩夹砂岩石边坡 (图 6.3)。边坡区域属低山斜坡地貌，斜坡坡度为 30° ~ 35°，坡向 N216° W，边坡区域范围内出露地层主要为第四系全新统残坡积含砾黏土 (Q_4^{el+dl})、三叠系中统须家河组炭质泥岩 (T_3xj^1)、砂岩 (T_3xj^2) 砂岩及三叠系中统巴东组 (T_2b^4) 泥岩。在地质构造上属朝阳—官阳背斜南翼，以单斜构造为主，未发现断层及次级褶皱，岩体较完整，层间结合较好，岩层产状 203°∠32°，主要发育两组构造性节理：J_1 组产状 58°∠62°，间距 0.5m；J_2 组产状 109°∠72°，间距 0.3~0.5m。

1) 经典域、节域和待评物元确定

由前面评价体系及 k90+380 边坡具体数值可得到待评物元 R_p、边坡岩土安全评价经典域 R_{0j} 和评价相应的节域 R_p。

2) 评价指标权重的确定

a. 基于简单关联函数相对重要程度排序

按照前述方法可得到 k90+380 边坡岩土安全评价指标的相对重要程度排序。其中地形地貌因素指标排序为 $x_{12} > x_{11} > x_{13}$；地质条件因素指标排序为 $x_{24} > x_{22} > x_{21} > x_{23} > x_{25}$；气象条件因素指标排序为 $x_{32} > x_{31}$；边坡岩土性质因素指标排序为 $x_{44} > x_{42} > x_{43} > x_{41}$；工程建设工艺因素指标排序为 $x_{63} > x_{64} > x_{65} > x_{62} > x_{61}$。

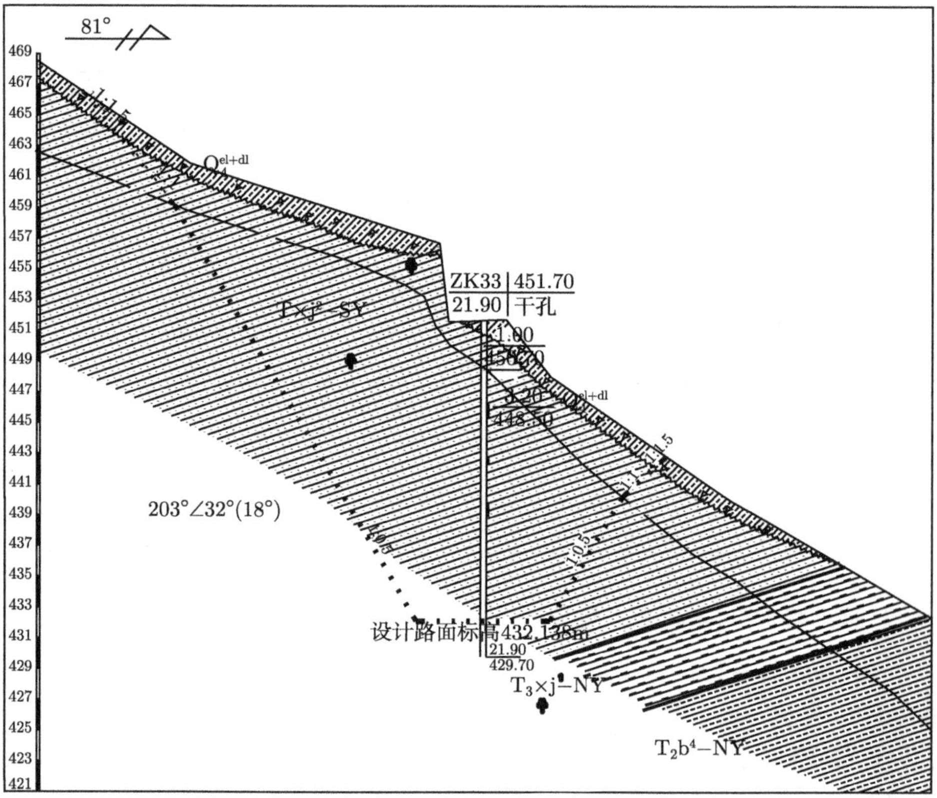

图 6.3　巫山—巫溪公路 k90+380 工程地质剖面图

b. 基于相对重要程度排序的专家权重的确定

在评价指标重要程度排序的基础上构造判断矩阵并利用层次分析法通过相关计算及检验求得 k90+380 边坡岩土安全各指标的专家权重值。

c. 基于专家效度法的专家权重修正

基于物元可拓理论，根据 20 个专家给出的判断矩阵计算得到通过一致性检验的各指标专家权重，利用专家效度方法计算各个参与评判的专家效度系数，并在此基础上对专家权重进行修正，结果如表 6.10 所示。

3) 边坡 k90+380 各等级关联度计算

巫山—巫溪公路 k90+380 边坡岩土安全评价指标对评价等级 j (安全，基本安全，欠安全，不安全) 的关联度如表 6.11 所示。

4) 待评边坡安全等级的评定

由表 6.11 关联度数据可知两巫路 k90+380 边坡的整体安全评价等级为安全等级，但其级别变量为 1.8767，更趋向于基本安全等级，由此可综合评定该边坡为基本安全等级，开挖后在暴雨等特殊情况下需要注意边坡的安全问题。

表 6.10 巫山—巫溪公路 k90+380 边坡岩土安全评价指标权重值

评价指标		权重值	评价指标		权重值	评价指标		权重值
地形地貌 x_1	x_{11}	0.6536	气象条件 x_3	x_{31}	0.1928	工程建设工艺 x_6	x_{61}	0.0454
	x_{12}	0.2470		x_{32}	0.8072		x_{62}	0.0931
	x_{13}	0.0994	边坡岩土性质 x_4	x_{41}	0.0910		x_{63}	0.4297
地质条件 x_2	x_{21}	0.1275		x_{42}	0.2984		x_{64}	0.2603
	x_{22}	0.2360		x_{43}	0.2984		x_{65}	0.1715
	x_{23}	0.0879		x_{44}	0.3122			
	x_{24}	0.4991	地震 x_5	x_{51}	1.0000			
	x_{25}	0.0494						

表 6.11 巫山一巫溪公路 k90+380 边坡岩土安全评价指标关联度数值及级别变量

	x_{11}	x_{12}	x_{13}	x_{21}	x_{22}	x_{23}	x_{2411}	x_{2412}	x_{2413}
安全	−0.0110	−0.0027	−0.0021	−0.0041	−0.0405	0.0050	−0.0169	−0.0138	−0.0051
基本安全	−0.0086	−0.0008	−0.0012	0.0058	−0.0320	−0.0040	−0.0157	−0.0113	0.0063
欠安全	0.0000	0.0010	0.0016	−0.0115	0.0107	−0.0119	−0.0094	−0.0038	−0.0038
不安全	0.0000	−0.0017	−0.0009	−0.0173	−0.0076	−0.0146	0.0188	0.0063	−0.0088

	x_{2414}	x_{2421}	x_{2422}	x_{25}	x_{31}	x_{32}	x_{41}	x_{42}	x_{43}
安全	−0.0088	0.0376	−0.0042	0.0037	−0.0141	−0.0919	0.0019	0.0564	0.0489
基本安全	−0.0038	−0.0056	0.0075	−0.0022	−0.0060	−0.0735	−0.0017	−0.0256	−0.0240
欠安全	0.0063	−0.0122	−0.0056	−0.0067	0.0082	−0.0184	−0.0045	−0.0410	−0.0302
不安全	−0.0051	−0.0144	−0.0100	−0.0082	−0.0060	0.0230	−0.0068	−0.0455	−0.0382

	x_{44}	x_{51}	x_{61}	x_{62}	x_{63}	x_{64}	x_{65}	合计	J^*
安全	−0.0434	−0.0163	−0.0008	−0.0018	−0.0201	−0.0084	−0.0045	−0.1570	1.8767
基本安全	0.0043	0.0228	0.0014	0.0036	−0.0168	−0.0068	0.0000	−0.1877	
欠安全	−0.0039	−0.0456	−0.0011	−0.0029	0.0000	−0.0034	0.0000	−0.1883	
不安全	−0.0511	−0.0684	−0.0019	−0.0045	0.0000	0.0051	−0.0045	−0.2624	

3. 重庆彭水公路 k16+670~k16+930 边坡安全评价实例

彭水公路 k16+670~k16+930 边坡位于彭水县文武乡藿麻沟村，地貌上属构造溶蚀剥蚀中低山地貌。微地貌为一斜坡，场地地面高程在 566.12～647.36m，相对高差约为 19.24m，地形较陡，自然地面坡度 25°～35°，局部达 45°。地质构造位于濯水向斜东翼，场地无断层通过，也无任何新构造活动痕迹，场地处于稳定的地块中，岩层产状较平缓，岩层产状为：346°∠13°～24°。岩体构造裂隙较发育，主要发育有三组：J_1，产状 330°∠69°，闭合状，裂隙间距为 0.50～1.00m，延伸为 2.00～3.00m；J_2，产状为 283°∠87°，微张，裂隙间距为 0.30～0.50m，延伸为 1.00～2.00m；J_3，产状为 310°∠79°，闭合，裂隙间距为 0.50～1.00m，延伸为 0.50～1.00m。地层主要由第四

系全新统填筑土 (Q_4^{me})、残坡积 (Q_4^{el+dl}) 黏土、亚黏土、局部分布的崩坡积 (Q_4^{c+dl}) 块石土及三叠系下统嘉陵江组 (T_1j) 灰岩和飞仙关组 (T_1f) 页岩组成 (图 6.4)。

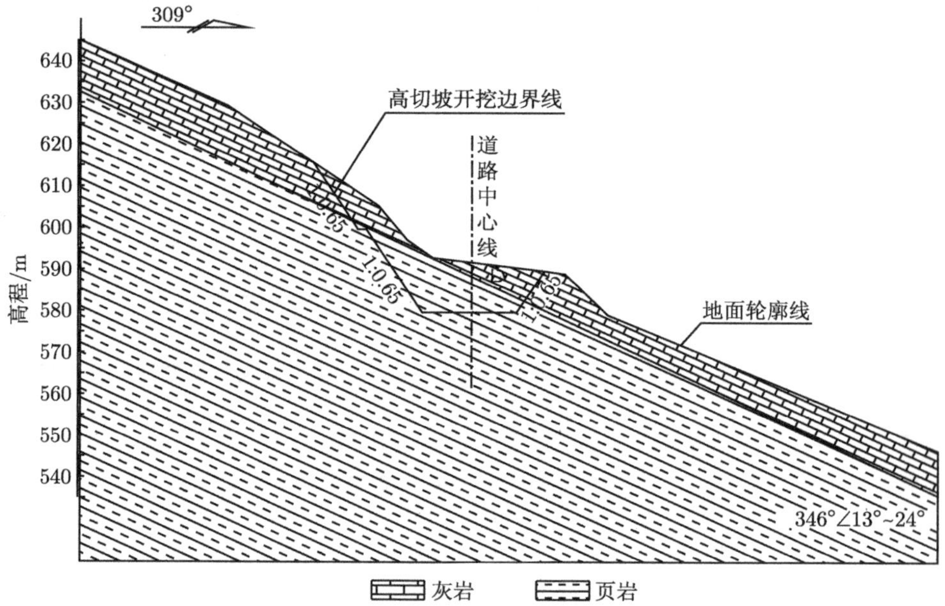

图 6.4　彭水公路 k16+700 断面工程地质剖面图

1) 经典域、节域和待评物元确定

根据前述原理与方法以及 k16+670 边坡的具体数值可得到待评物元、评价相应的节域 R_p 以及该边坡岩土安全评价的经典域 R_{0j}。

2) 评价指标权重的确定

a. 基于简单关联函数相对重要程度排序

按照前述方法可得到彭水公路 k16+670 边坡岩土安全评价指标的相对重要程度排序。其中地形地貌因素指标排序为 $x_{12} > x_{11} > x_{13}$；地质条件因素指标排序为 $x_{24} > x_{22} > x_{23} > x_{25} > x_{21}$；气象条件因素指标排序为 $x_{32} > x_{31}$；边坡岩土性质因素指标排序为 $x_{44} > x_{41} > x_{42} > x_{43}$；工程建设工艺因素指标排序为 $x_{63} > x_{64} > x_{62} > x_{61} > x_{65}$。

b. 基于相对重要程度排序专家权重的确定

在各因素评价指标重要程度排序的基础上构造判断矩阵并利用层次分析法通过相关计算及检验求得 k16+670 边坡岩土安全各指标的专家权重值。

c. 基于专家效度法的专家权重修正

基于物元可拓理论，根据 20 个专家给出的判断矩阵计算得到通过一致性检验的各指标专家权重，利用专家效度方法计算各个参与评判的专家效度系数，并在此基础上对专家权重进行修正，结果如表 6.12 所示。

表 6.12 彭水公路 k16+670 边坡安全评价指标权重值

评价指标		权重值	评价指标		权重值	评价指标		权重值
地形地貌 x_1	x_{11}	0.2026	气象条件 x_3	x_{31}	0.1672	工程建设工艺 x_6	x_{61}	0.0834
	x_{12}	0.6823		x_{32}	0.8328		x_{62}	0.1563
	x_{13}	0.1151	边坡岩土性质 x_4	x_{41}	0.2265		x_{63}	0.4326
地质条件 x_2	x_{21}	0.0591		x_{42}	0.1616		x_{64}	0.2616
	x_{22}	0.2561		x_{43}	0.1584		x_{65}	0.0661
	x_{23}	0.1695		x_{44}	0.4535			
	x_{24}	0.4311	地震 x_5	x_{51}	1.0000			
	x_{25}	0.0842						

3) 边坡 k16+670 各安全等级关联度的计算

重庆彭水公路 k16+670 边坡岩土安全评价指标对评价等级 j (安全，基本安全，欠安全，不安全) 的关联度如表 6.13 所示。

表 6.13 彭水公路 k16+670 边坡岩土安全评价指标关联度数值及级别变量

	x_{11}	x_{12}	x_{13}	x_{21}	x_{22}	x_{23}	x_{2411}	x_{2412}	x_{2413}
安全	−0.0024	−0.0060	−0.0014	0.0045	−0.0278	−0.0144	−0.0133	−0.0130	0.0162
基本安全	0.0010	0.0021	0.0006	−0.0027	−0.0077	0.0128	−0.0114	−0.0114	−0.0130
欠安全	−0.0008	−0.0018	−0.0005	−0.0080	0.0105	−0.0077	−0.0016	−0.0065	−0.0146
不安全	−0.0044	−0.0080	−0.0018	−0.0098	−0.0220	−0.0179	0.0018	0.0325	−0.0152

	x_{2414}	x_{2421}	x_{2422}	x_{25}	x_{31}	x_{32}	x_{41}	x_{42}	x_{43}
安全	−0.0036	−0.0812	−0.0041	0.0381	−0.0169	−0.1053	−0.0048	−0.0102	0.0140
基本安全	0.0065	0.0065	0.0081	−0.0076	−0.0111	−0.0885	0.0055	0.0170	−0.0090
欠安全	−0.0049	−0.0049	−0.0041	−0.0133	−0.0010	−0.0379	−0.0048	−0.0181	−0.0136
不安全	−0.0087	−0.0087	−0.0081	−0.0152	0.0010	0.0632	−0.0126	−0.0238	−0.0192

	x_{44}	x_{51}	x_{61}	x_{62}	x_{63}	x_{64}	x_{65}	合计	J^*
安全	−0.0279	−0.0163	−0.0014	0.0000	−0.0202	−0.0084	0.0052	−0.3007	2.1521
基本安全	0.0457	0.0228	0.0026	0.0000	−0.0169	−0.0068	−0.0029	−0.0577	
欠安全	−0.1051	−0.0456	−0.0020	−0.0073	0.0000	−0.0034	−0.0037	−0.3005	
不安全	−0.1240	−0.0684	−0.0035	−0.0091	0.0000	0.0051	−0.0041	−0.2808	

4) 待评边坡安全等级的评定

由表 6.13 关联度数据可知重庆彭水公路 k16+670 边坡的整体安全评价等级为基本安全等级，级别变量值为 2.1521，开挖后在暴雨等特殊情况下需要注意边坡的安全问题。

4. 杭州至兰州线重庆巫山—奉节段 k23+560 边坡岩土安全评价实例

巫山—奉节高速公路 k23+560 边坡位于重庆市巫山县两坪乡桂花村境内，起止桩号 k23+500~k23+645，长 145m。该边坡区域属构造溶蚀、剥蚀深切谷地斜坡地貌，地表为缓陡相间的折线型斜坡，总体坡向 NNW，斜坡上部延伸至渝巴公路，坡顶地面标高 800m 左右，坡麓溪沟沟底地面高程 200m 左右，相对高差 600m，切割深度大 (图 6.5)。该边坡位于溪沟西侧中上部。该边坡自然坡度 30° ~ 40°。大地构造位于新华夏系第三隆起带和第三沉降带之结合部位，构造较复杂。边坡位于齐耀山背斜南东翼、巫山向斜的北西翼，地层主要为三叠系中统巴东组第三段泥灰岩，岩层产状 210°∠32°，路线走向与地层走向小角度斜交。区域内浅部岩体节理裂隙发育，岩体多切割成块状，主要发育有三组裂隙节理。J_1：产状 80°∠83°，密度 9 条/m，水平延伸小于 3.00m，竖向切深 2.50~3.80m，闭合状，穿层性一般；J_2：产状 162°∠81°，密度 7 条/m，水平延伸小于 3.50m，竖向切深小于 3.00m，闭合状，穿层性一般；J_3：产状 264°∠63°，密度 3 条/m，水平延伸小于 3.00~3.60m，竖向切深 0.70~0.90m，闭合状，穿层性较差。边坡区域出露地层为三叠系中统巴东组第三段及第四系残坡积 (图 6.6)。

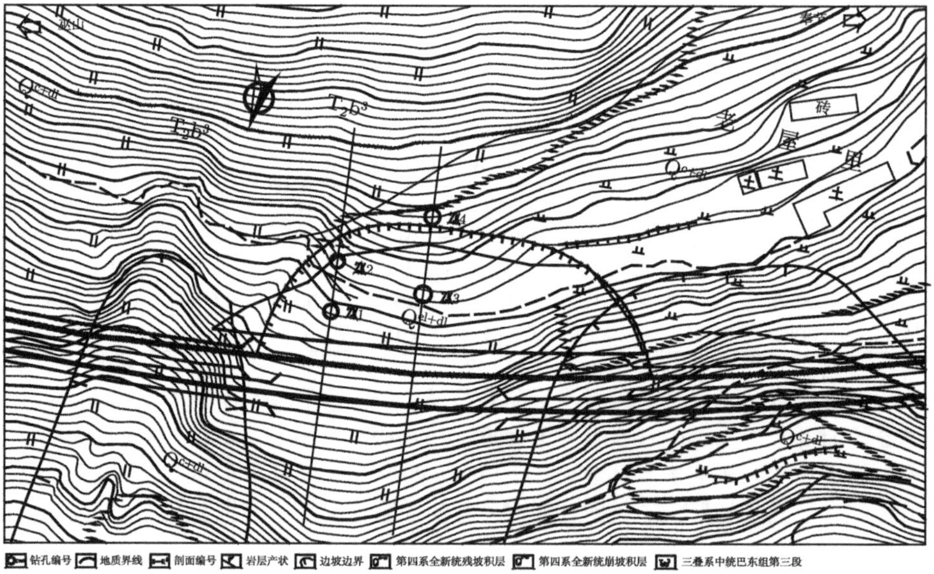

图 6.5　巫山—奉节高速公路 k23+500~k23+645 边坡工程平面图

1) 经典域、节域和待评物元确定

根据前述同样原理与方法以及 k23+560 边坡的具体数值可得到待评物元、评价相应的节域 R_p 以及该边坡岩土安全评价的经典域 R_{0j}。

2) 评价指标权重的确定

a. 基于简单关联函数相对重要程度排序

按照前述方法可得到 k23+560 边坡岩土安全评价指标的相对重要程度排序。其中地形地貌因素指标排序为 $x_{12} > x_{11} > x_{13}$；地质条件因素指标排序为 $x_{24} > x_{23} > x_{22} > x_{21} > x_{25}$；气象条件因素指标排序为 $x_{32} > x_{31}$；边坡岩土性质因素指标排序为 $x_{42} > x_{41} > x_{43} > x_{44}$；工程建设工艺因素指标排序为 $x_{63} > x_{64} > x_{62} > x_{61} > x_{65}$。

b. 基于相对重要程度排序专家权重的确定

在评价指标重要程度排序的基础上构造判断矩阵并利用层次分析法通过相关计算及检验求得 k23+560 边坡岩土安全各指标的专家权重值。

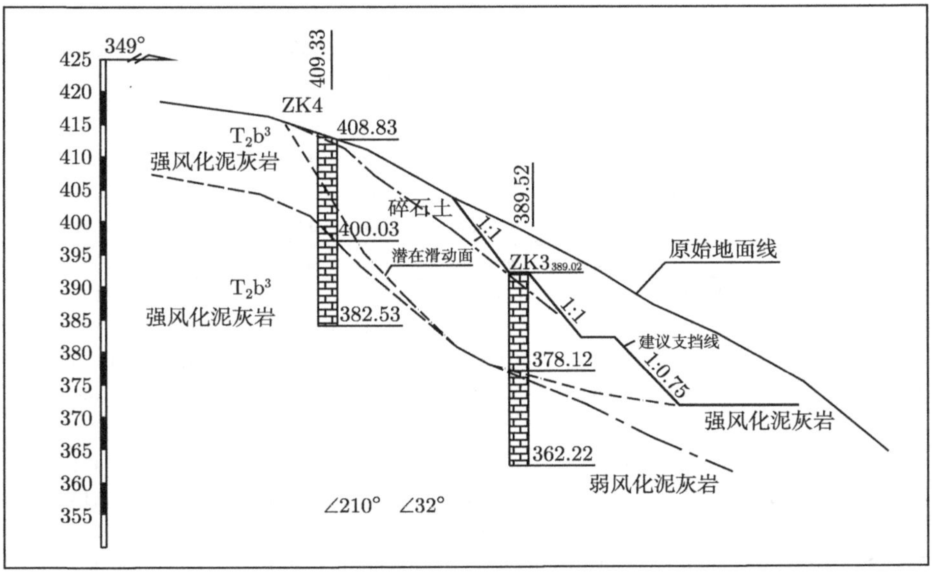

图 6.6 巫山—奉节高速公路 k23+560 工程地质剖面图

c. 基于专家效度法的专家权重修正

基于物元可拓理论，根据 20 个专家给出的判断矩阵计算得到通过一致性检验的各指标专家权重，利用专家效度方法计算各个参与评判的专家效度系数，并在此基础上对专家权重进行修正，结果如表 6.14 所示。

3) 边坡 k23+560 各等级关联度计算

巫山—奉节高速公路 k23+560 边坡岩土安全评价指标对评价等级 j (安全，基本安全，欠安全，不安全) 的关联度如表 6.15 所示。

4) 待评边坡安全等级的评定

由表 6.15 关联度数据可知边坡 k23+560 的整体安全评价等级为欠安全等级，

级别变量为 3.0567，开挖后需要注意边坡的安全问题并采取相应的防范措施。

表 6.14　巫山—奉节高速公路 k23+560 边坡岩土安全评价指标权重值

评价指标		权重值	评价指标		权重值	评价指标		权重值
地形地貌 x_1	x_{11}	0.2342	气象条件 x_3	x_{31}	0.1900	工程建设工艺 x_6	x_{61}	0.0932
	x_{12}	0.5826		x_{32}	0.8100		x_{62}	0.1786
	x_{13}	0.1832	边坡岩土性质 x_4	x_{41}	0.2349		x_{63}	0.4156
地质条件 x_2	x_{21}	0.0873		x_{42}	0.4640		x_{64}	0.2611
	x_{22}	0.1506		x_{43}	0.2054		x_{65}	0.0516
	x_{23}	0.2506		x_{44}	0.0956			
	x_{24}	0.4598	地震 x_5	x_{51}	1.0000			
	x_{25}	0.0517						

表 6.15　巫山—奉节高速公路 k23+560 边坡岩土安全评价指标关联度数值及级别变量

	x_{11}	x_{12}	x_{13}	x_{21}	x_{22}	x_{23}	x_{2411}	x_{2412}	x_{2413}
安全	−0.0036	−0.0076	−0.0034	−0.0118	−0.0218	−0.0850	−0.0166	0.0058	0.0074
基本安全	−0.0020	−0.0046	−0.0014	−0.0079	−0.0136	−0.0227	−0.0162	−0.0035	−0.0052
欠安全	0.0037	0.0000	0.0024	0.0039	0.0272	0.0113	−0.0139	−0.0104	−0.0113
不安全	−0.0028	0.0000	−0.0020	−0.0028	−0.0105	−0.0081	0.0173	−0.0127	−0.0133

	x_{2414}	x_{2421}	x_{2422}	x_{25}	x_{31}	x_{32}	x_{41}	x_{42}	x_{43}
安全	−0.0092	0.0000	−0.0098	0.0039	−0.0125	−0.1053	−0.0178	−0.1400	−0.0065
基本安全	−0.0052	−0.0017	−0.0061	−0.0023	−0.0056	−0.0885	−0.0091	−0.1291	0.0081
欠安全	0.0069	−0.0095	0.0052	−0.0070	0.0066	−0.0379	0.0027	−0.0848	−0.0065
不安全	−0.0038	−0.0121	−0.0032	−0.0086	−0.0049	0.0632	−0.0025	−0.1462	−0.0206

	x_{44}	x_{51}	x_{61}	x_{62}	x_{63}	x_{64}	x_{65}	合计	J^*
安全	0.0085	−0.0163	−0.0020	−0.0035	−0.0195	−0.0084	0.0040	−0.4710	3.0567
基本安全	−0.0054	0.0228	0.0024	0.0070	−0.0162	−0.0068	−0.0022	−0.3150	
欠安全	−0.0252	−0.0456	−0.0015	−0.0056	0.0000	−0.0034	−0.0029	−0.1953	
不安全	−0.0276	−0.0684	−0.0034	−0.0087	0.0000	0.0051	−0.0032	−0.2797	

6.3　公路岩石边坡地质安全分区

目前国内外学者对公路岩石边坡的稳定性评价主要集中在整体安全稳定方面，但随着工程实践和公路管理维护的不断发展，除了需要掌握边坡的整体稳定之外，越来越需要了解边坡的局部安全稳定情况，以便采取有针对性的工程防护。将统一强度理论与 Lode 应力参数进行融合建立计算边坡局部安全稳定的数学模型；在此基础上，利用 ArcGIS9.3 和有限元软件进行数据分析、处理和数值模拟，最后模拟得到边坡局部安全稳定分区图。

6.3.1 统一强度理论与 Lode 应力参数耦合

1. 统一强度理论

早在 20 世纪 60 年代初，俞茂宏就提出了适用于拉压强度相同材料的双剪应力屈服准则和十二边形的双剪应力屈服准则，随后进一步发展和修正了这一理论 [100]。但是其不足在于它只能适用于拉压强度相等的金属类材料，而不能适应拉压强度不等并与静水应力有关的岩土工程类材料。其主要原因是它没有考虑双剪单元体上正应力的影响。为了能够建立适用于岩土类乃至更广泛的材料统一理论，考虑作用于双剪单元体上的全部应力分量以及它们对材料破坏的不同影响，俞茂宏于 1990 年提出了一种新的统一强度理论 [101,102]，其定义为：当作用于双剪单元体上的两个较大剪应力及其面上的正应力影响函数到达某一极值时，材料开始发生破坏，由于统一强度理论是以双剪理论为基础并以此推导得出的，故称之为双剪统一强度理论，近年来相关学者基于该强度理论进行了较深入的研究，取得了较大进展 [103−112]。统一强度理论的数学表达式如下。

当 $\tau_{12}+\beta\sigma_{12}>\tau_{23}+\beta\sigma_{23}$ 时

$$F=\tau_{13}+b\tau_{12}+\beta(\sigma_{13}+b\sigma_{12})=C \tag{6.60}$$

当 $\tau_{12}+\beta\sigma_{12}\leqslant\tau_{23}+\beta\sigma_{23}$

$$F'=\tau_{13}+b\tau_{23}+\beta(\sigma_{13}+b\sigma_{23})=C \tag{6.61}$$

式中，b 为反映中间主剪应力作用的系数；β 为反映正应力对材料破坏的影响系数；C 为材料的强度参数。双剪应力 τ_{13}，τ_{12} 或 τ_{23} 及作用面上的正应力 σ_{13}，σ_{12} 或 σ_{23} 分别等于

$$\begin{aligned}
\tau_{13}&=\frac{1}{2}(\sigma_1-\sigma_3), \quad \sigma_{13}=\frac{1}{2}(\sigma_1+\sigma_3)\\
\tau_{12}&=\frac{1}{2}(\sigma_1-\sigma_2), \quad \sigma_{12}=\frac{1}{2}(\sigma_1+\sigma_2)\\
\tau_{23}&=\frac{1}{2}(\sigma_2-\sigma_3), \quad \sigma_{23}=\frac{1}{2}(\sigma_2+\sigma_3)
\end{aligned}$$

参数 β 和 C 可以由材料拉伸强度极限 σ_{t} 和压缩强度极限 σ_{c} 确定，其条件为

$$\sigma_1=\sigma_{\mathrm{t}}, \quad \sigma_2=\sigma_3=0$$

$$\sigma_1=\sigma_2=0, \quad \sigma_3=-\sigma_{\mathrm{c}}$$

由此可得出统一强度理论中的两个材料参数 β 和 C 分别等于

$$\beta=\frac{\sigma_{\mathrm{c}}-\sigma_{\mathrm{t}}}{\sigma_{\mathrm{c}}+\sigma_{\mathrm{t}}}=\frac{1-\alpha}{1+\alpha} \tag{6.62}$$

$$C=\frac{2\sigma_{\mathrm{c}}\sigma_{\mathrm{t}}}{\sigma_{\mathrm{c}}+\sigma_{\mathrm{t}}}=\frac{2}{1+\alpha}\sigma_{\mathrm{t}} \tag{6.63}$$

在双剪统一强度理论中采用材料拉伸和压缩两个强度参数 σ_{t} 和 $\alpha=\sigma_{\mathrm{t}}/\sigma_{\mathrm{c}}$。如采用岩土工程中常用的两个抗剪强度参数黏结力 c_0 和内摩擦角 φ_0，则将关系式 $\alpha=(1-\sin\varphi_0)/(1+\sin\varphi_0)$，$\sigma_{\mathrm{c}}=\dfrac{2c_0\cos\varphi_0}{1-\sin\varphi_0}$ 代入上式即可得出用 c_0 和 φ_0 表示的双剪统一强度理论，主应力数学表达式分别如下。

当 $\sigma_2<\dfrac{1}{2}(\sigma_1+\sigma_3)+\dfrac{\sin\varphi_0}{2}(\sigma_1-\sigma_3)$ 时

$$F=\frac{1+\sin\varphi_0}{1-\sin\varphi_0}\sigma_1-\frac{1}{1+b}(b\sigma_2+\sigma_3)=\frac{2c_0\cos\varphi_0}{1-\sin\varphi_0} \tag{6.64}$$

当 $\sigma_2\geqslant\dfrac{1}{2}(\sigma_1+\sigma_3)+\dfrac{\sin\varphi_0}{2}(\sigma_1-\sigma_3)$ 时

$$F'=\frac{1+\sin\varphi_0}{(1-\sin\varphi_0)(1+b)}(\sigma_1+b\sigma_2)-\sigma_3=\frac{2c_0\cos\varphi_0}{1-\sin\varphi_0} \tag{6.65}$$

式中，b 为反映中间主剪应力影响的权系数，它与材料的剪切屈服极限 τ_0 和拉压屈服极限 σ_{t}，σ_{c} 之间的关系为

$$b=\frac{(1+\alpha)\tau_0-\sigma_{\mathrm{t}}}{\sigma_{\mathrm{t}}-\tau_0} \tag{6.66}$$

对外凸型强度理论而言，b 的取值范围为 $[0,1]$，当 $b=0$ 时，统一强度准则退化成 Mohr-Coulomb 强度准则，它界定了统一强度准则的下限；当 $b=1$ 时，统一强度准则退化成双剪强度准则，它界定了统一强度准则的上限；当 $b=0.5$ 时，可以得到 Drucker-Prager 准则的逼近，其他情况时，统一强度准则可分别与现有的其他强度准则作直线近似。

2. Lode 应力参数

大量的岩石试验已经验证了岩土材料的应力应变关系和中间主应力有关，为说明中间主应力 σ_2 与 σ_1 和 σ_3 之间的关系，Lode 提出了一个考虑中间主应力影响的参数，其表达式如下。

若主应力次序为 $\sigma_1\geqslant\sigma_2\geqslant\sigma_3$，则

$$\mu_\sigma=\frac{2\sigma_2-\sigma_1-\sigma_3}{\sigma_1-\sigma_3} \tag{6.67}$$

或

$$\sigma_2=\frac{1}{2}(\sigma_1+\sigma_3)+\mu_\sigma\frac{1}{2}(\sigma_1-\sigma_3) \tag{6.68}$$

3. 统一强度理论与 Lode 应力参数的融合

将式 (6.67) 和 (6.68) 分别代入式 (6.64) 和 (6.65) 中，当 $\mu_\sigma \leqslant \sin\varphi_0$ 时，有

$$\begin{aligned} F &= (\sigma_1 - \sigma_3) + \frac{2(1+b)\sin\varphi_0}{2+b(1-\mu_\sigma+\sin\varphi_0+\mu_\sigma\sin\varphi_0)}(\sigma_1+\sigma_3) \\ &= \frac{4c_0\cos\varphi_0(1+b)}{2+b(1-\mu_\sigma+\sin\varphi_0+\mu_\sigma\sin\varphi_0)} \end{aligned} \tag{6.69}$$

当 $\mu_\sigma \geqslant \sin\varphi_0$ 时，有

$$\begin{aligned} F' &= (\sigma_1 - \sigma_3) + \frac{2(1+b)\sin\varphi_0}{2+b(1+\mu_\sigma-\sin\varphi_0+\mu_\sigma\sin\varphi_0)}(\sigma_1+\sigma_3) \\ &= \frac{4c_0\cos\varphi_0(1+b)}{2+b(1+\mu_\sigma-\sin\varphi_0+\mu_\sigma\sin\varphi_0)} \end{aligned} \tag{6.70}$$

与 Mohr-Coulomb 强度理论比较可得

$$F = (\sigma_1 - \sigma_3) + (\sigma_1 + \sigma_3)\sin\varphi_1 = 2c_1\cos\varphi_1 \tag{6.71}$$

可以设在统一强度理论中的抗剪强度参数为 c_1，φ_1，比较可得如下结果。

当 $\mu_\sigma \leqslant \sin\varphi_0$ 时，有

$$\sin\varphi_1 = \frac{2(1+b)\sin\varphi_0}{2+b(1-\mu_\sigma+\sin\varphi_0+\mu_\sigma\sin\varphi_0)} \tag{6.72}$$

$$c_1 = \frac{2c_0\cos\varphi_0(1+b)}{2+b(1-\mu_\sigma+\sin\varphi_0+\mu_\sigma\sin\varphi_0)} \cdot \frac{1}{\sqrt{1-\sin^2\varphi_1}} \tag{6.73}$$

当 $\mu_\sigma \geqslant \sin\varphi_0$ 时，有

$$\sin\varphi_1 = \frac{2(1+b)\sin\varphi_0}{2+b(1+\mu_\sigma-\sin\varphi_0+\mu_\sigma\sin\varphi_0)} \tag{6.74}$$

$$c_1 = \frac{2c_0\cos\varphi_0(1+b)}{2+b(1+\mu_\sigma-\sin\varphi_0+\mu_\sigma\sin\varphi_0)} \cdot \frac{1}{\sqrt{1-\sin^2\varphi_1}} \tag{6.75}$$

则在平面坐标中可以写成

$$\tau_\mathrm{f} = c_1 + \sigma_\mathrm{N}\tan\varphi_1 \tag{6.76}$$

在三维空间问题中有

$$\sigma_\mathrm{N} = \sigma_1 l^2 + \sigma_2 m^2 + \sigma_3 n^2 \tag{6.77}$$

在 x-y 平面中有

$$\sigma_\mathrm{N} = \sigma_1 l^2 + \sigma_2 m^2 \tag{6.78}$$

在 y-z 平面中有

$$\sigma_{\mathrm{N}} = \sigma_2 m^2 + \sigma_3 n^2 \tag{6.79}$$

在 z-x 平面中有

$$\sigma_{\mathrm{N}} = \sigma_1 l^2 + \sigma_3 n^2 \tag{6.80}$$

上述表达式中 l，m，n 为各方向的余弦值。

由式 (6.81) 即可计算得到各个节点的稳定系数

$$F_{\mathrm{s}} = \frac{\tau_{\mathrm{f}}}{\tau} \tag{6.81}$$

6.3.2　公路岩石边坡岩土安全分区过程

边坡岩土安全分区主要包括三个过程：利用勘察设计资料初步确定研究断面，然后利用地形图和地质勘查资料基于 GIS 对研究断面进行修正；利用有限元软件对研究断面进行数值模拟，得到研究断面各节点相关参数；利用 GIS 空间分析技术和符号设计与可视化功能，实现数据计算、空间插值、地表模型创建、空间剪切、符号设计与可视化以及分区成果输出等功能 (图 6.7)。

1. 地理信息系统前期处理与分析

GIS 是在计算机软、硬件系统支持下，对整个或部分地球表层有关地理分布数据进行采集、储存、管理、运算、分析、显示和描述的技术系统。近年来，地理信息系统以其强大的空间数据处理与分析功能，在地质灾害尤其是公路岩石边坡灾害评价中使用日渐增多 [113−122]。在公路岩石边坡安全稳定分区过程中，地理信息系统前期处理与分析主要是利用 ArcGIS9.3 的空间分析技术与可视化显示功能，通过计算机手段实现从计算剖面线确定、剖面图绘制到网格剖分的全过程。

1) 数字地形模型创建

基于 GIS 创建边坡一定范围内开挖前后的数字高程模型 (DEM)，利用 GIS 的三维显示模块将边坡附近的地形起伏状况显示在计算机屏幕上，以便更加全面地了解研究区开挖前后地形情况，并可对边坡的稳定性进行初步判断。如边坡范围内勘测到有软弱地层或明显的地层分界出现，则可按照同样方法针对该地层结合地质图或勘探资料建立结构面数字模型。

2) 倾斜方位分析

基于 DEM 数据对边坡进行坡度坡向分析，了解开挖坡体倾斜方位的分布；同时根据勘察资料和实地调查资料进行判断，如果研究范围内没有可能控制开挖边坡滑动的结构面，则直接根据开挖前后地形判断边坡的可能滑动范围，并确定若干条计算剖面的投影线。如存在软弱地层或明显地层分界，则在结构面数字模型的基

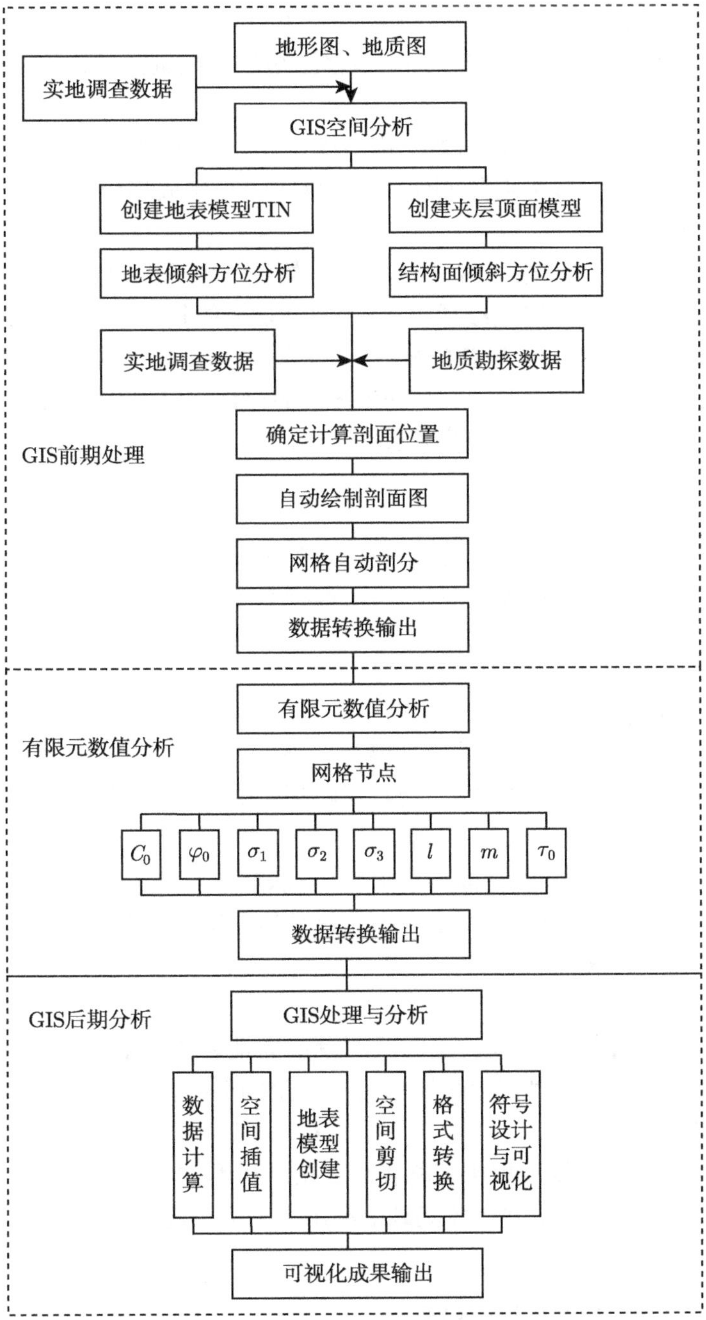

图 6.7 边坡岩土安全分区流程图

础上进行结构面的倾斜方位分析，利用 GIS 的空间叠加功能，计算地表与结构面之间倾斜方位的夹角，从而进一步确定或修正边坡危险剖面的位置。

3) 计算剖面位置确定

在由数字高程模型、结构面数学模型以及计算剖面投影线共同组成的栅格图层叠加窗口中，沿投影线方向绘制切面，由软件自动生成相应剖面图。

4) 自动剖分网格

计算剖面生成后，可在 GIS 中进行网格的自动剖分或建立软件接口程序，将剖面数据导出到其他具有有限元单元自动剖分功能的软件中，然后根据有限元计算模拟的需要进行网格剖分和参数赋值。在实际中由于采用的自动剖分程序不同，接口程序的设计与实现也有所不同。利用编制的接口程序，将剖面数据导出为有限元自动剖分程序中，如可使用共享软件 MEG2.2 实现单元格的自动剖分。

2. 有限元数值模拟

将剖分后的数据导入有限元数值模拟软件中，进行数值模拟，得到统一强度理论和 Lode 应力参数融合计算需要的一系列参数，然后将参数合并转换输出。

3. 地理信息系统后期分析与可视化

1) 数据计算

在 GIS 中利用数据计算与统计功能将有限元数值模拟得到的各节点参数利用统一强度理论与 Lode 应力参数融合模型计算研究断面各节点的 F_s 值。

2) 空间插值分析

利用 GIS 软件空间插值功能采用 IDW 方法对各节点 F_s 值在边坡断面进行由点到面的插值外推计算。同时利用 GIS 三维分析功能创建公路沿线开挖坡面表层各节点 F_s 值的地表模型。

3) 空间剪切分析

将边坡断面插值数据以及公路沿线开挖剖面地表模型数据与相应研究范围图层进行空间剪切分析，得到研究范围内的统一空间数据。

4) 符号设计与可视化

上述得到的结果数据均属于栅格类型，在此利用 GIS 栅格转矢量转换功能将结果数据转换为矢量类型，并在此基础上利用重分类功能进行局部稳定分区，最后对结果进行符号设计并输出。

6.3.3 岩石边坡地质安全分区实例

1. 两巫路边坡 k88+680 岩土安全分区实例

以重庆市巫山—巫溪公路 k88+680 岩石边坡为实例，以 k88+660~k88+700 路段为研究范围，利用勘测得到的地形图及地质勘查和实地考察资料在地理信息系统软件 ArcGIS 平台上进行一系列的前期处理与分析 (图 6.8~图 6.11)。

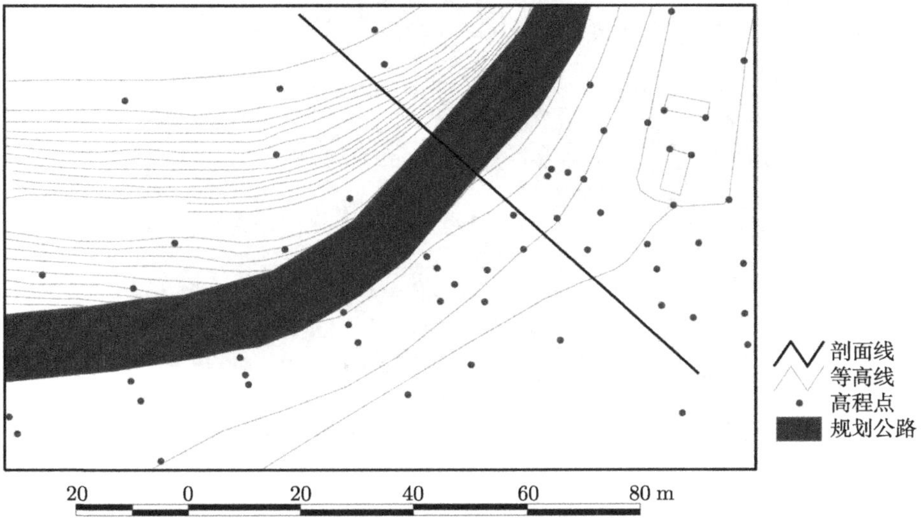

图 6.8 巫山—巫溪公路 k88+680 边坡平面图

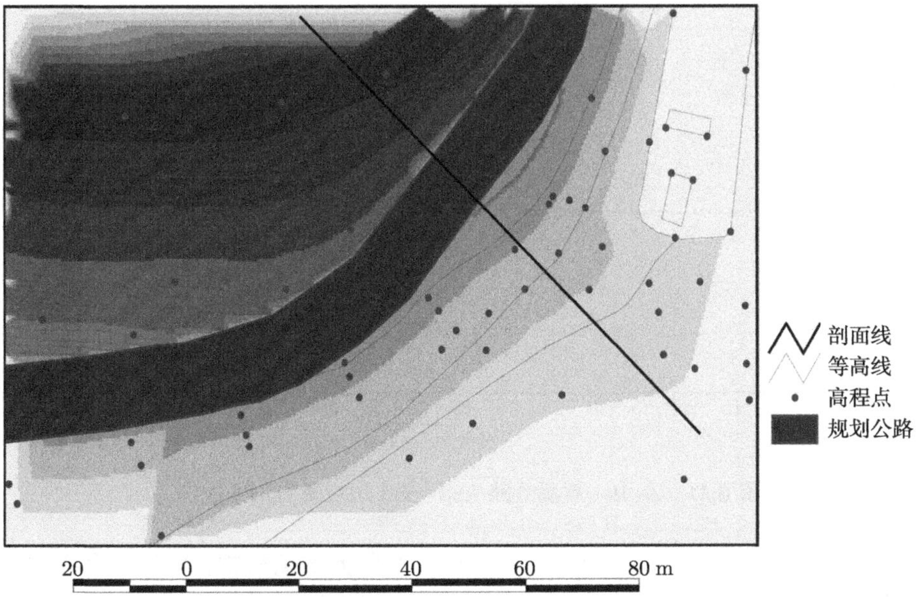

图 6.9 巫山—巫溪公路 k88+680 边坡平面图与数字高程格网图

图 6.10　巫山—巫溪公路 k88+680 边坡三维立体图

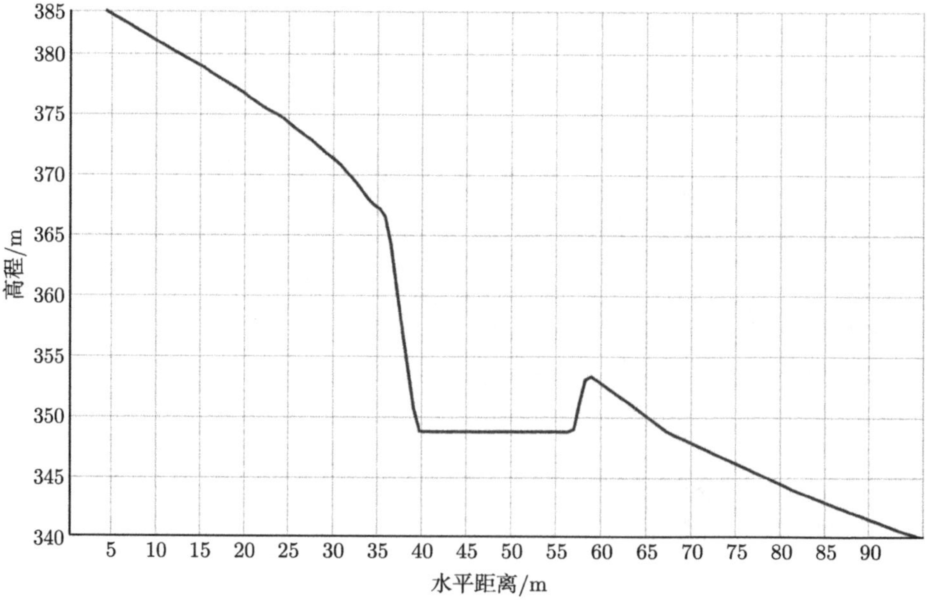

图 6.11　巫山—巫溪公路 k88+680 边坡垂直剖面线图

将前期处理完成的数据在 ANSYS 中进行有限元数值模拟，得到断面各网格节点的相关参数，并将其转换输出为 ArcGIS 软件可读取的数据格式。

在 ArcGIS 中对输入的数据利用统一强度理论与 Lode 应力参数融合方法进行科学计算，得到 k88+660，k88+680 和 k88+700 三个断面各节点的 F_s 值，利用空间插值方法将各节点 F_s 值扩展到整个模拟断面或公路沿线坡面，使断面或坡面范围内都具有相应的 F_s 值；根据 F_s 值的大小按照《重庆市地质灾害防治工程勘察规范》(DB 50/143—2003) 标准将边坡安全分区划分为四个等级，即不安全等级 ($F_s<1$)，欠安全等级 ($1\leqslant F_s<1.05$)，基本安全等级 ($1.05\leqslant F_s<1.2$)，安全等级 ($1.2\leqslant F_s$)。三个断面安全稳定分区如图 6.12～图 6.14 所示。

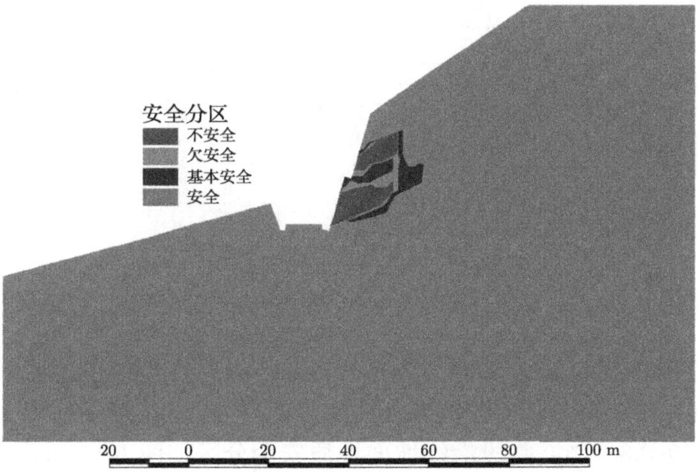

图 6.12 巫山—巫溪公路 k88+660 安全分区等级图 (后附彩图)

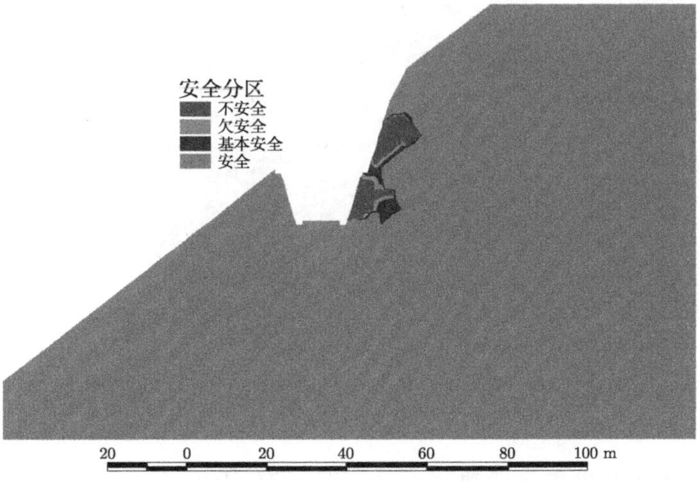

图 6.13 巫山—巫溪公路 k88+680 断面安全分区等级图 (后附彩图)

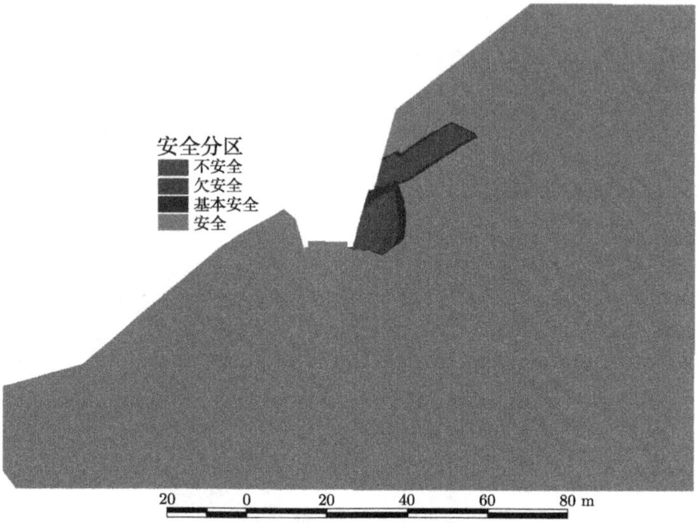

图 6.14　巫山—巫溪公路 k88+700 断面安全分区等级图 (后附彩图)

从三个断面的模拟结果来看，局部不安全区域主要集中在边坡下部以及靠近开挖台阶区域，其延伸方向与边坡岩土性质特征相吻合，可用于指导该边坡的局部防治。k88+660~k88+700 路段沿线坡面地质安全分区如图 6.15 所示。

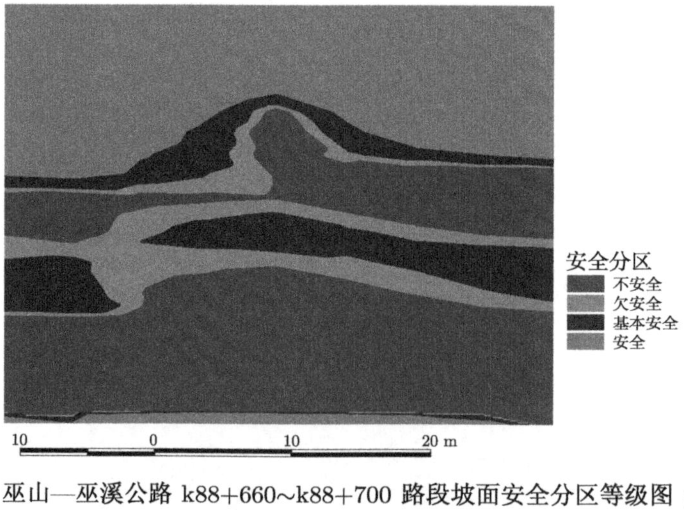

图 6.15　巫山—巫溪公路 k88+660~k88+700 路段坡面安全分区等级图 (后附彩图)

2. 彭水—务川公路彭水段边坡 k16+670~k16+930 岩土安全分区实例

以重庆市彭水—务川公路彭水段边坡 k16+670~k16+930 为实例，利用勘测得到的地形图及地质勘查和实地考察资料在地理信息系统软件 ArcGIS 平台上进行一系列的前期处理与分析。

将前期处理完成的数据在 ANSYS 中进行数值模拟，得到各网格节点的相关参数，并将其输出为 ArcGIS 软件可读取的数据格式。在 ArcGIS 中对输入的数据利用统一强度理论与 Lode 应力参数融合模型进行科学计算，得到 k16+700 和 k16+900 两个断面每个节点的 F_s 值，利用空间插值方法将各节点 F_s 值扩展到整个模拟断面或公路沿线坡面，使断面或坡面范围内都具有相应的 F_s 值；根据 F_s 值的大小将边坡安全分区划分为四个等级，两断面安全稳定分区如图 6.16 和图 6.17 所示。

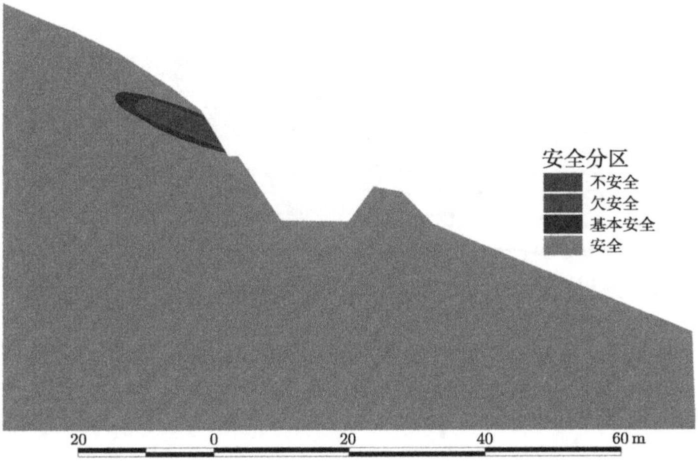

图 6.16 彭水—务川公路 k16+700 断面安全分区等级图 (后附彩图)

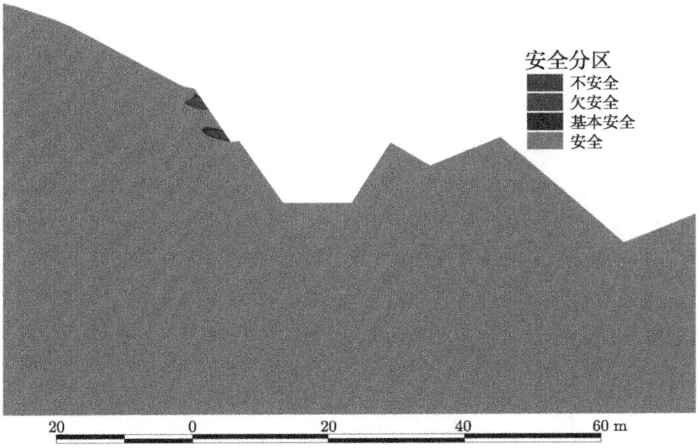

图 6.17 彭水—务川公路 k16+900 断面安全分区等级图 (后附彩图)

从两断面模拟结果来看，局部不安全区域主要集中在靠近开挖台阶区域，其延伸方向与边坡岩土性质特征相吻合，可用于指导该边坡的局部防治。

彭水—务川公路 k16+670～k16+930 路段沿线坡面岩土安全分区如图 6.18 所示。

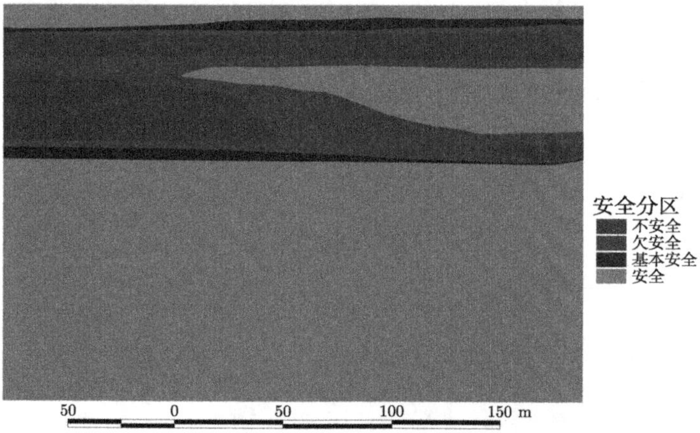

图 6.18　彭水—务川公路 k16+670～k16+930 路段坡面安全分区等级图 (后附彩图)

第 7 章　公路岩石边坡工程防治技术

7.1　台　阶　法

当工程场地有放坡条件，且无不良地质作用时宜优先采用坡率法。当开挖边坡高度较高时，可根据不同的岩石性质和稳定性要求用台阶法开挖成台阶式边坡，边坡边沟外侧应设置碎落台，其宽度不小于 1.0m，台阶式边坡中部应设置平台，边坡平台的宽度不小于 2m。边坡高度大于 20m 的软弱松散岩质边坡，宜采用分层开挖、分层防护和坡脚预加固技术；硬质岩石挖方路基宜采用光面、预裂爆破技术。

7.1.1　边坡坡率规定

在边坡保持整体稳定的条件下，每级岩质边坡开挖的坡率允许值应根据工程经验，按工程类比的原则结合已有稳定边坡的坡率值分析确定。对无外倾软弱结构面的边坡，边坡坡率可按表 7.1 确定。

表 7.1　岩质路堑边坡坡率

边坡岩体类型	风化程度	边坡坡率	
		H <15m	15m≤ H <30m
Ⅰ类	未风化、微风化	1:0.1～1:0.3	1:0.1～1:0.3
	弱风化	1:0.1～1:0.3	1:0.3～1:0.5
Ⅱ类	未风化、微风化	1:0.1～1:0.3	1:0.3～1:0.5
	弱风化	1:0.3～1:0.5	1:0.5～1:0.75
Ⅲ类	未风化、微风化	1:0.3～1:0.5	
	弱风化	1:0.5～1:0.75	
Ⅳ类	弱风化	1:0.5～1:1	
	强风化	1:0.75～1:1	

注：(1) 有可靠的资料和经验时，可不受本表限制；

(2) Ⅳ类强风化包括各类风化程度的极软岩。

有外倾软弱结构面的岩质边坡、坡顶边缘附近有较大荷载的边坡、边坡高度超过表 7.1 范围的边坡的坡率允许值应通过稳定性计算分析确定。

7.1.2 技术规定

(1) 开挖前，必须做好所开挖坡面未防护前的防水工程，可采用遮挡、拦截方式防止雨水、地表水对边坡的损害。

(2) 严格测定和掌控边坡的开挖 (定位和坡率)，用台阶法逐级开挖。

(3) 每开挖至一级台阶后，及时复测，及时修整，及时施工边坡防护。边坡开挖应自上而下进行，不得乱挖、超挖，严禁掏底开挖，坡面应一次成形，且应开挖一级，防护一级。工序衔接要紧密。

(4) 边坡在开挖中和防护过程中，随时以塑料布覆盖，防雨水冲刷。

(5) 提前、充分做好机具和器材的准备。

(6) 顺层边坡应采取跳槽开挖、跳槽防护。

(7) 石质边坡应采用光面、预裂爆破技术；禁止采用大爆破施工，边坡坡面不得有松石、危石，路基边线应顺直、曲线应圆滑。

(8) 一旦开始防护施工，必须组织足够的劳力，整个一级的坡面全面施作，供料和运料紧紧跟上 (从山下往山上搬运，需要大量人工)。

(9) 锚杆施工，可在刷边坡及挖框格梁槽的同时，先进行打眼，眼孔深度可留有适当调整锚杆的余地。

(10) 锚孔每打完一眼，随即插入锚杆，待确认边坡无误之后，进行注浆。

(11) 抗滑桩施工在原地面或浅挖后施工作业平台，开挖位置严格按照设计要求，增加一部分空挖数量，待抗滑桩施工完成后再逐级开挖、逐级防护。

7.1.3 开挖方法及工艺

高边坡工程开挖采用机械配合人工开挖，要求严格按照从上至下的开挖顺序逐级开挖 (图 7.1)，待上级边坡锚固工程全部实施并产生加固作用后方可进行下级边坡的开挖，逐级开挖、逐级加固，直至全部防护工程结束 (图 7.2 和图 7.3)。

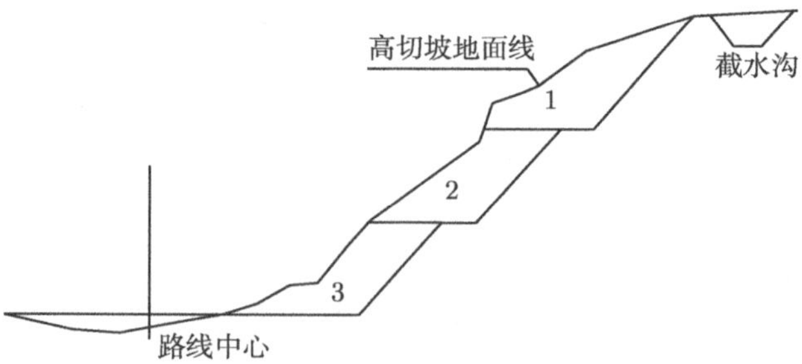

图 7.1　台阶法开挖立面图

在开挖过程中，根据边桩位置，预留 0.2~0.3m 的保护层，以利于人工修坡，施工时逐层控制，每 10m 长边坡范围插杆进行人工修刷。开挖中发现土层性质有变化时，应及时合理地修改方案。

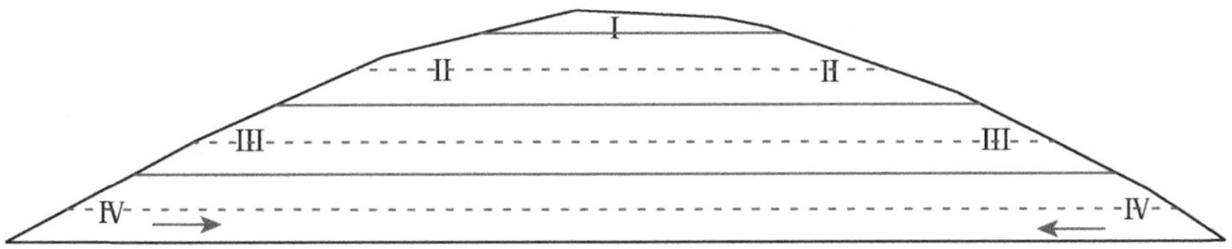

施工说明：
1.路堑开挖按照图示从Ⅰ至Ⅳ顺序进行分台阶开挖，与横向台阶相结合；
2.台阶高度为4m，依次由上而下、由外向两侧纵深推进。

图 7.2　台阶法开挖纵向顺序图

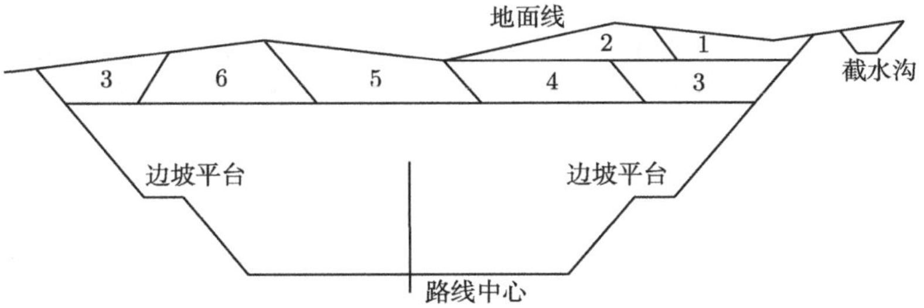

图 7.3　路堑开挖横向顺序图

开挖时沿路线方向开施工便道，便道纵坡应保证自卸汽车空车在正常情况下能顺利爬到坡顶，为施工安全，在路线左右幅各开一条施工便道，上下汽车分道行驶。挖掘机从高至低分层分幅开挖，每层开挖深度控制在 3~5m，每幅宽度控制在 8~10m。开挖采用挖掘机，配合自卸车运输。

施工中，小方量石方段采用机械打眼小炮开挖，大方量石方段采用浅孔松动控制爆破技术分层开挖，严禁放大炮开挖。靠近边坡处，平行于边坡打预裂孔，先起爆预裂孔，再依次从临空面向边坡方向爆破。靠近基床部位，预留 30cm 光爆层，施工时分段顺线路方向平行于路基面钻孔，实行光面爆破。爆破后，使基床、边坡和堑顶山体稳定，不受扰动，爆出的坡面平顺。爆破作业在施工前进行爆破试验，通过试验进一步修正爆破参数，爆破时严格控制装药量。

石方开挖后的边坡，做到顺直、圆滑，大面平整。边坡上无松石、危石。石质路堑边坡因超挖而影响上部边坡岩体稳定时，用浆砌片石补砌。

挖方边坡从开挖面往下分级清刷边坡。下挖 2~3m 时，对新开挖边坡进行刷新。软质岩石边坡用人工或机械清刷；坚石、次坚石边坡，用人工配合机械切割方法，同时清除危石、松石。清刷后的石质路堑边坡不陡于设计规定值。

7.2 排 水 技 术

7.2.1 一般规定

(1) 边坡工程排水应包括排除坡面水、地下水和减少坡面水下渗等措施。坡面排水、地下排水与减少坡面雨水下渗措施宜统一考虑，并形成相辅相成的排水、防渗体系。

(2) 坡面排水应根据汇水面积、降雨强度、历时和径流方向等进行整体规划和布置。边坡影响区内、外的坡面和地表排水系统宜分开布置，自成体系。

(3) 地下排水措施宜根据边坡水文地质和工程地质条件选择，当其在地下水位以上时应采取措施防止渗漏。

(4) 边坡工程的临时性排水设施，应满足坡面水尤其是季节性暴雨、地下水和施工用水等的排放要求，有条件时应结合边坡工程的永久性排水措施进行。

(5) 边坡排水应满足使用功能要求、排水结构安全可靠、便于施工、检查和养护维修。

7.2.2 坡面排水

(1) 建筑边坡坡面排水设施应包括截水沟、排水沟、跌水与急流槽等，应结合地形和天然水系进行布设，并作好进出水口的位置选择。应采取措施防止截、排水沟出现堵塞、溢流、渗漏、淤、冲刷和冻结等现象。

(2) 各类坡面排水设施设置的位置、数量和断面尺寸应根据地形条件、降雨强度、历时、分区汇水面积、坡面径流量和坡体内渗出的水量等因素计算分析确定。各类坡面排水沟顶应高出沟内设计水面 200mm 以上。

(3) 截、排水沟设计应符合下列规定:

坡顶截水沟宜结合地形进行布设，且距挖方边坡坡口或潜在塌滑区后缘不应小于 5m；填方边坡上侧的截水沟距填方坡脚的距离不宜小于 2m；在多雨地区可设一道或多道截水沟。将截水沟、边坡附近低洼处汇集的水引向边坡范围以外时，应设置排水沟。截、排水沟的底宽和顶宽不宜小于 500mm，可采用梯形断面或矩形断面，其沟底纵坡不宜小于 0.3%。截、排水沟需进行防渗处理；砌筑砂浆强度等级不应低于 M7.5，块石、片石强度等级不应低于 MU30，现浇混凝土或预制混凝土强度等级不应低于 C20。当截、排水沟出水口处的坡面坡度大于 10%、水头高差大于 1.0m 时，可设置跌水和急流槽将水流引出坡体或引入排水系统。

7.2.3 地下排水

(1) 在设计地下排水设施前应查明场地水文地质条件，获取设计、施工所需的水文地质参数。

(2) 边坡地下排水设施包括渗流沟、仰斜式排水孔等。地下排水设施的类型、位置及尺寸应根据工程地质和水文地质条件确定，并与坡面排水设施相协调。

(3) 渗流沟设计应符合下列规定：

对于地下水埋藏浅或无固定含水层的土质边坡宜采用渗流沟排除坡体内的地下水。边坡渗流沟应垂直嵌入边坡坡体，其基底宜设置在含水层以下较坚实的土层上；寒冷地区的渗流沟出口，应采取防冻措施；其平面形状宜采用条带形布置；对范围较大的潮湿坡体，可采用增设支沟，按分岔形布置或拱形布置。渗流沟侧壁及顶部应设置反滤层，底部应设置封闭层；渗流沟迎水侧可采用砂砾石、无砂混凝土、渗水土工织物作反滤层。

(4) 仰斜式排水孔和泄水孔设计应符合下列规定：

用于引排边坡内地下水的仰斜式排水孔的仰角不宜小于 6°，长度应伸至地下水富集部位或潜在滑动面，并宜根据边坡渗水情况成群分布。仰斜式排水孔和泄水孔排出的水宜引入排水沟予以排除，其最下一排的出水口应高于地面或排水沟设计水位顶面，且不应小于 200nm。仰斜式泄水孔其边长或直径不宜小于 100mm、外倾坡度不宜小于 5%、间距宜为 2~3m，并宜按梅花形布置；在地下水较多或有大股水流处，应加密设置。在泄水孔进水侧应设置反滤层或反滤包；反滤层厚度不应小于 500mm，反滤包尺寸不应小于 500mm×500mm×500mm，反滤层和反滤包的顶部和底部应设厚度不小于 300mm 的黏土隔水层。

7.2.4 施工

(1) 边坡排水设施施工前，宜先完成临时排水设施；施工期间，应对临时排水设施经常进行维护，保证排水畅通。

(2) 截水沟和排水沟施工应符合下列规定。

截水沟和排水沟采用浆砌块石、片石时，砂浆应饱满，沟底表面粗糙。截水沟和排水沟的水沟线形要平顺，转弯处宜为弧线形。

(3) 渗流沟施工应符合下列规定。

边坡上的渗流沟宜从下向上分段间隔开挖，开挖作业面应根据土质选用合理的支撑形式，并应随挖随支撑、及时回填，不可暴露太久。渗流沟渗水材料顶面不应低于坡面原地下水位；在冰冻地区，渗流沟埋置深度不应小于当地最小冻结深度。在渗流沟的迎水面反滤层应采用颗粒大小均匀的碎、砾石分层填筑；土工布反滤层采用缝合法施工时，土工布的搭接宽度应大于 100mm；铺设时应紧贴保护层，不宜拉得过紧。渗流沟底部的封闭层宜采用浆砌片石或干砌片石水泥砂浆勾缝，寒冷地区应设保温层，并加大出水口附近纵坡；保温层可采用炉渣、砂砾、碎石或草皮等。

(4) 排水孔施工应符合下列规定。

仰斜式排水孔成孔直径宜为 75~150mm，仰角不应小于 60°；孔深应延伸至富水区。仰斜式排水管直径宜为 50~100mm，渗水孔宜采用梅花形排列，渗水段裹 1~2 层无纺土工布，防止渗水孔堵塞。边坡防护工程上的泄水孔可采取预埋 PVC 管等方式施工，管径不宜小于 50mm，外倾坡度不宜小于 0.50%。

7.3 破坏面锁固技术

(1) 本技术针对存在地质安全隐患且整体性较好的高边坡及滑坡破坏面 (包括滑动面及潜在破裂面) 的锁固治理结构及其安设方法。

(2) 锁固体为纵向开缝、侧面多孔的薄壁金属筒内置生石灰和膨胀剂的型材预制构件 (图 7.4 和图 7.5)。

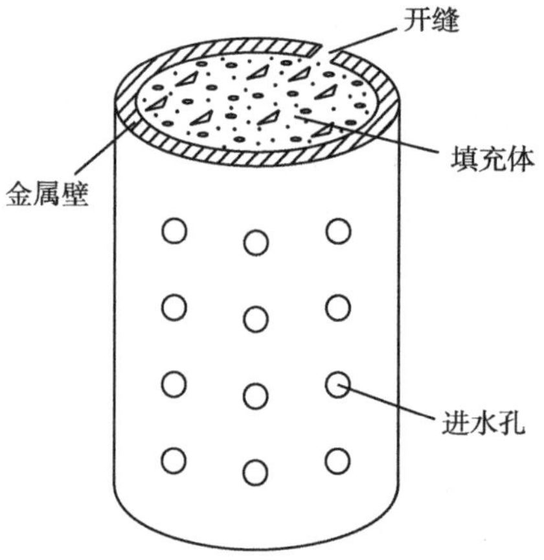

图 7.4　锁固体结构图

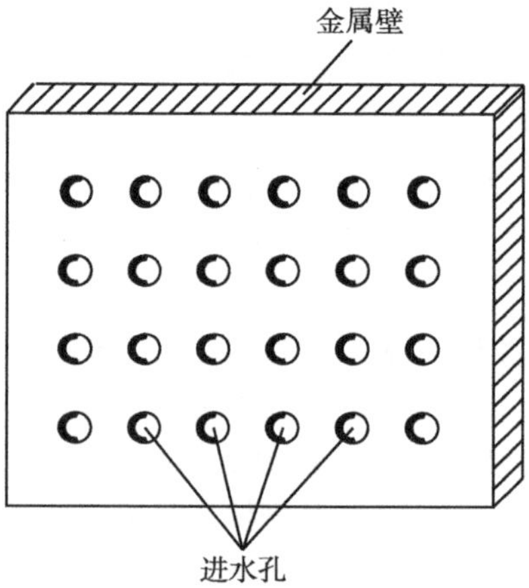

图 7.5　锁固体壁面展开图

(3) 锁固体直径 110mm，长度 50~100cm，与普通地质钻机钻孔匹配。锁固体侧面的进水孔直径不大于 2cm，按照 10cm×10cm 间隔布置。锁固体侧向膨胀率不小于 30%(图 7.6)，断面抗剪强度参数黏结力不小于 300kPa、内摩擦角不小于 35°。

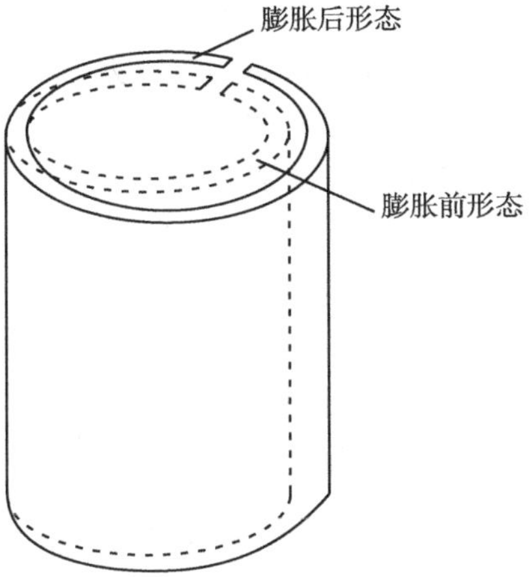

图 7.6 锁固体变形前后示意图

(4) 针对具体的边坡或滑坡，其破坏面已由前期地质勘查工作确定，基于此进行边滑坡破坏面锁固治理时遵循“钻孔 → 安置锁固体 → 黏土回填堵孔”的流程。

(5) 边滑坡锁固治理设计方法如下：

锁固治理前边坡及滑坡稳定系数计算公式为

$$F_{s1}=\frac{\sum(c_{1i}l_i+N_i\tan\varphi_{1i})}{\sum T_i} \tag{7.1}$$

$$N_i=(G_i+G_{bi})\cos\theta_i+P_{wi}\sin(\alpha_i-\theta_i) \tag{7.2}$$

$$T_i=(G_i+G_{bi})\sin\theta_i+P_{wi}\cos(\alpha_i-\theta_i) \tag{7.3}$$

式中，F_{s1} 为边滑坡锁固治理前的稳定系数；c_{1i} 为第 i 条块破坏面治理前的黏结力 (kPa)；φ_{1i} 为第 i 条块破坏面治理前的内摩擦角 (°)；l_i 为第 i 条块破坏面的长度 (m)；θ_i 和 α_i 分别为第 i 条块破坏面倾角和地下水位线倾角 (°)；G_i 为第 i 条块单位宽度岩土体自重 (kN/m)；G_{bi} 为第 i 条块顶部建筑荷载 (kN/m)；P_{wi} 为第 i 条块单位宽度动水压力 (kN/m)；N_i 和 T_i 分别为第 i 条块边滑坡体在破坏面法线和切线上的反力 (kN/m)。

针对一个边滑坡，总共有 n 个条块，破坏面锁固治理后破坏面的抗剪强度参

数由 c_1、φ_1 变化为 c_2、φ_2，则稳定系数 F_{s2} 计算式为

$$F_{s2}=\frac{\sum(c_{2i}l_i+N_i\tan\varphi_{2i})}{\sum T_i} \tag{7.4}$$

式中，c_{2i} 为边滑坡第 i 条块破坏面治理后的黏结力 (kPa)；φ_{2i} 为边滑坡第 i 条块破坏面治理后的摩擦角 (°)；其余变量计算方法同前。

边滑坡破坏面锁固治理的安全系数为 K_0，为使边滑坡通过破坏面锁固治理后达到安全目标，要求

$$F_{s2}\geqslant K_0 \tag{7.5}$$

即

$$\frac{\sum(c_{2i}l_i+N_i\tan\varphi_{2i})}{\sum T_i}\geqslant K_0 \tag{7.6}$$

假定治理后整个边滑坡破坏面的抗剪强度参数相同，则式 (7.6) 变为

$$\frac{\tan\varphi_2\sum N_i+c_2\sum l_i}{\sum T_i}\geqslant K_0 \tag{7.7}$$

令 $\bar{A}=\sum N_i$，$\bar{B}=\sum l_i$，$\bar{C}=\sum T_i$，则

$$\bar{A}\tan\varphi_2+\bar{B}c_2\geqslant K_0\bar{C} \tag{7.8}$$

式中，c_2 取为 c_1，属于已知值，则

$$\tan\varphi_2\geqslant\frac{1}{\bar{A}}(K_0\bar{C}-\bar{B}c_2) \tag{7.9}$$

据此可确定 φ_2，求所需的锁固体数量。

令锁固体材料的抗剪强度参数为 c_3 和 φ_3，A_3 为治理边滑坡所需的锁固体累计断面积 (仅考虑黏结力时为 A_3^c，仅考虑摩擦角时为 A_3^φ)，则存在

$$c_2A=c_1(A-A_3^c)+c_3A_3^c \tag{7.10}$$

$$\varphi_2A=\varphi_1(A-A_3^c)+\varphi_3A_3^c \tag{7.11}$$

计算得

$$A_3^c=\frac{c_2-c_1}{c_3-c_1}A,\quad A_3^\varphi=\frac{\varphi_2-\varphi_1}{\varphi_3-\varphi_1}A \tag{7.12}$$

取

$$A_3=\max\{A_3^c,A_3^\varphi\} \tag{7.13}$$

由于每个锁固体的断面积为 a_0，所需锁固体数量 n 为

$$n = k\frac{A_3}{a_0} \tag{7.14}$$

式中，k 为放大系数，根据边滑坡防治工程等级取值，即一级防治工程取 1.35，二级防治工程取 1.2，三级防治工程取 1.1。

锁固体布设：

针对所治理的边滑坡锁固治理区，布设 n 个锁固体。锁固体间距 a 一般不大于 1.0m。若边滑坡安全隐患区沿边滑坡走向的长度为 B，则锁固体布设的列数为 m_1，即

$$m_1 = \left[\frac{B}{a}\right] \tag{7.15}$$

需锁固体在隐患区的排数为 m_2，即

$$m_2 = \left[\frac{n}{m_1}\right] \tag{7.16}$$

式中，[·] 为取整符号。

(6) 边滑坡锁固治理区锁固体布设方法。

对处于破坏状态前的滑坡，滑坡中前部的滑动面附近为锁固治理区域 (图 7.7 和图 7.8)，锁固体长度在滑动面上下各占约 1/2，放置锁固体后钻孔顶部空置部分采用土体回填。

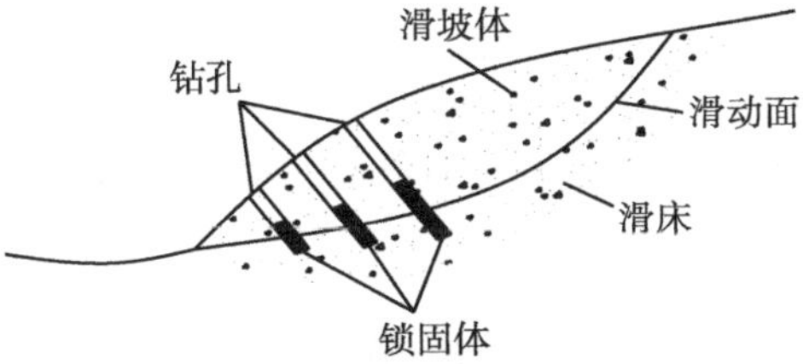

图 7.7　滑坡滑动面锁固体安设模式剖面图

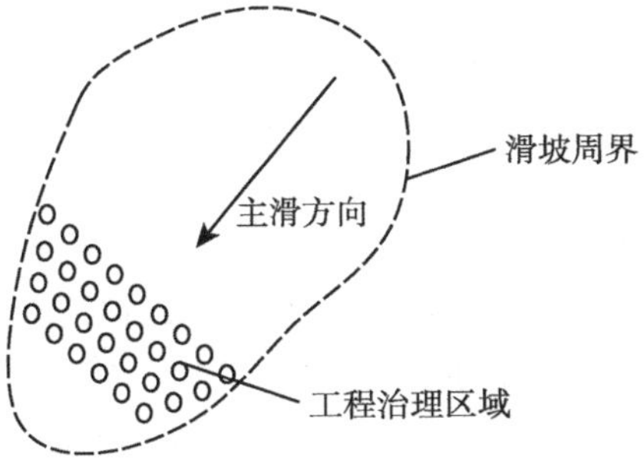

图 7.8　滑坡滑动面锁固体安设模式平面图

对于具有潜在安全隐患的高边坡 (图 7.9)，在坡顶、坡脚分别布置两个治理区域 (图 7.10)，坡脚治理区域占边坡所需锁固体的 2/3 左右，锁固体长度在破坏面上下各占约 1/2，放置锁固体后钻孔顶部空置部分采用土体回填。

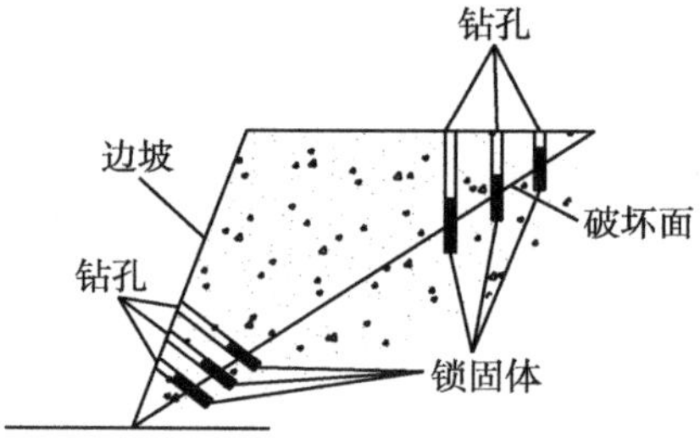

图 7.9　边坡破坏面锁固体安设模式剖面图

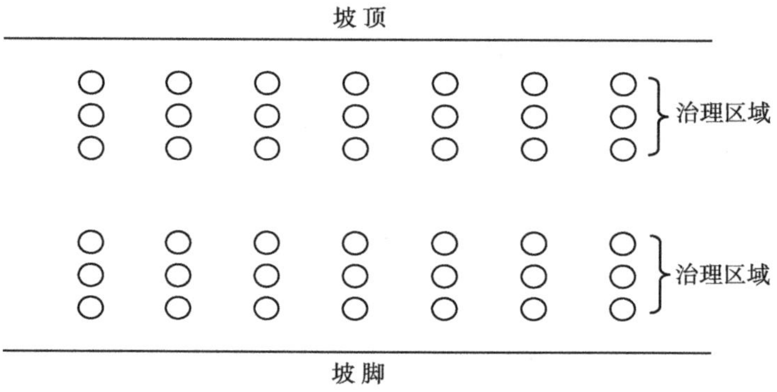

图 7.10　边坡破坏面锁固体安设模式平面图

7.4　破坏面微创治理技术

滑坡是指地表岩土体沿着滑动面发生显著水平及竖向位移的动力地质过程及其地貌形态，滑动面的形成及贯通是诱发滑坡的关键环节。因此，遏制滑动面的破坏扩展、增强滑动面抗剪强度参数是治理具有地质安全隐患公路高边坡滑坡灾害重要的技术思路。

本技术把滑坡的治理重点放在滑坡滑动面上，采用微创愈合治理方法，用所研发的滑动面愈合体提高滑动面的抗剪强度参数，达到消除滑坡安全隐患的目的。

该技术的关键是借助于普通的地质钻探工具和施工工艺，提出一种滑坡工程治理新方法，核心技术在于合理确定所需的强渗透性高强砂浆愈合体的数量及布设方案，使滑坡滑动面的抗剪强度参数由治理前的 c_1 和 φ_1 提高到治理后的 c_2 和

φ_2，实现滑坡工程治理目标。

该技术无须实施大型工程开挖、浇筑大体量钢筋混凝土结构，对滑坡整体扰动小，施工简单易行，使滑坡治理工程具有微创性，主要适用于岩质滑坡及滑动面清晰、单一的土质滑坡。

1. 技术内涵

该技术针对滑坡的滑动面进行微创愈合治理的计算结构及其布置方法，涉及微创钻孔、愈合体的工程计算、灌浆形成、布置方法及其工程设计和施工方法。

假定滑坡的滑动面为圆弧形 (图 7.11)，则微创愈合治理方案见图 7.12 和图 7.13。

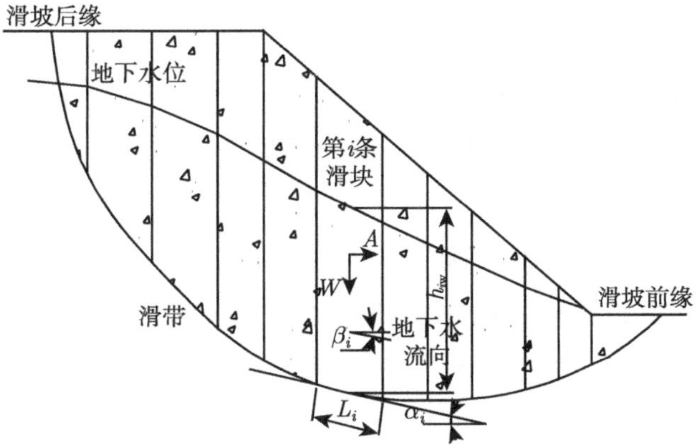

图 7.11　圆弧形滑坡

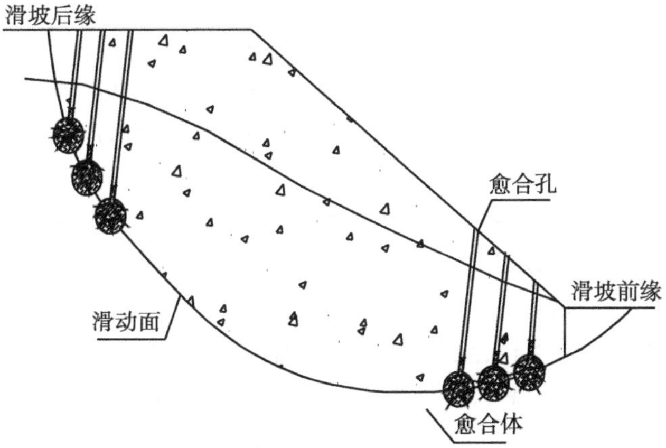

图 7.12　滑坡微创愈合治理方案简图

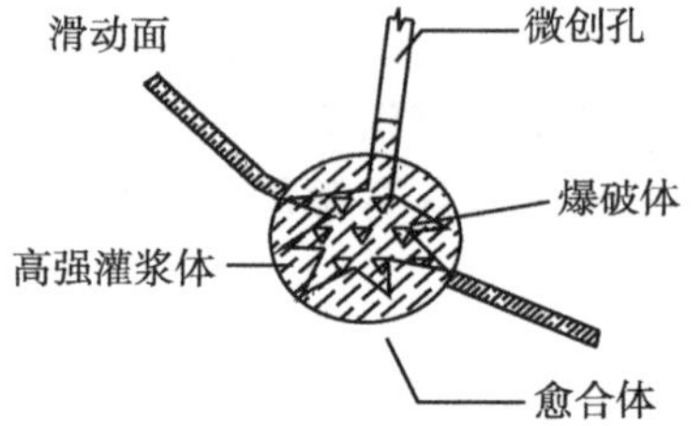

图 7.13　微创孔及愈合体的局部放大图

微创孔直径与普通地质钻机匹配，一般为 18~20cm，孔底微爆后松动球体直径 25~30cm。

愈合体直径为 25~30cm，由强渗透性、高强砂浆固结而成。要求砂浆标号不低于 M15，稠度 70~90mm，砂为中砂，干松散堆积表观密度 1430~1460kg/m^3，含水率不大于 2%，石灰膏稠度 120~125mm，参考配合比 “水泥:石灰膏:砂:水=252:78:1479:310”。

针对具体的滑坡治理工程，其滑动面由前期地质勘查工作确定，在此基础上遵循 “微创钻孔 → 孔底微爆 → 注浆 → 愈合体形成 → 黏土回填闭孔” 的技术流程实施滑坡微创愈合治理。

2. *滑坡微创愈合治理设计方法*

(1) 针对公路高边坡存在地质安全隐患的滑坡，运用传递系数法确定滑坡在最不利荷载组合下的稳定系数 K_{s1}，计算方法如下：

$$K_{s1} = \frac{\sum (c_{1i} l_i + N_i \tan \varphi_{1i})}{\sum T_i} \tag{7.17}$$

$$N_1 = (G_i + G_{bi}) \cos \theta_i + P_{wi} \sin(\alpha_i - \theta_i) \tag{7.18}$$

$$T_1 = (G_i + G_{bi}) \sin \theta_i + P_{wi} \cos(\alpha_i - \theta_i) \tag{7.19}$$

式中，K_{s1} 为滑坡治理前的稳定系数；c_{1i} 为治理前第 i 条块滑动面上岩土体的黏结强度标准值 (kPa)；φ_{1i} 为治理前第 i 条块滑动面上岩土体的内摩擦角标准值 (°)；l_i 为第 i 条块滑动面长度 (m)；θ_i 和 α_i 分别为第 i 条块地面坡角和地下水位面倾角 (°)；G_i 和 G_{bi} 分别为第 i 条块单位宽度滑坡体自重及地表建筑荷载 (kN/m)；P_{wi} 为第 i 条块单位宽度的动水压力 (kN/m)；N_i 和 T_i 分别为第 i 条块滑体在滑动面法线和切线上的反力 (kN/m)。

(2) 根据滑坡防治工程安全等级，选定滑坡治理安全系数，记为 F_s。为了消除滑坡的地质安全隐患，要求实施滑坡滑动面微创治理后的稳定系数 K_{s2}，满足式 (7.20) 要求

$$K_{s2} \geqslant F_s \tag{7.20}$$

$$K_{s2}=\frac{\sum(c_{1i}+c_2)l_i+\sum\tan(\varphi_{1i}+\varphi_2)N_i}{\sum T_i} \tag{7.21}$$

式中，c_2 为滑坡实施微创治理后滑动面的黏结力 (kPa)；φ_2 为滑坡实施微创治理后滑动面的内摩擦角 (°)；F_s 为滑坡治理安全系数，对于一级防治工程 F_s 取 1.25，二级防治工程 F_s 取 1.20，三级防治工程 F_s 取 1.15。

取 $K_{s2}=F_s$，则

$$F_s=\frac{\sum(c_{1i}+c_2)l_i+\sum\tan(\varphi_{1i}+\varphi_2)N_i}{\sum T_i} \tag{7.22}$$

假定滑坡实施微创治理前，滑动面的抗剪强度参数相同，即 $c_{1i}=c_1$、$\varphi_{1i}=\varphi_1$，为安全起见，假定 $c_2=2c_1$，则由式 (7.23) 可求得 φ_2

$$\tan\varphi_2=\frac{E-C}{C+DE} \tag{7.23}$$

式中，$C=\sum N_i$; $D=\tan\varphi_1$; $E=A-3c_1B$，$A=F_s\sum T_i$，$B=\sum l_i$。

(3) 假定滑坡滑动面的总长度为 L，愈合体的直径为 d，愈合体材料的抗剪强度黏结力为 c_0、内摩擦角为 φ_0，则需要愈合体的数量为 n，由下式确定：

$$n=\max\left\{\frac{c_1}{c_0-c_1}\times\frac{L}{d},\frac{\varphi_2-\varphi_1}{\varphi_0-\varphi_1}\times\frac{L}{d}\right\}\times s\times k \tag{7.24}$$

式中，s 为滑坡体的平均宽度 (m)；k 为放大系数，根据滑坡防治工程安全等级取值，一级防治工程取 1.15，二级防治工程取 1.10，三级防治工程取 1.05；其余变量同前。

(4) 将 n 个愈合体布置在滑坡中前部 (图 7.14 和图 7.15)，若愈合体数量较多，

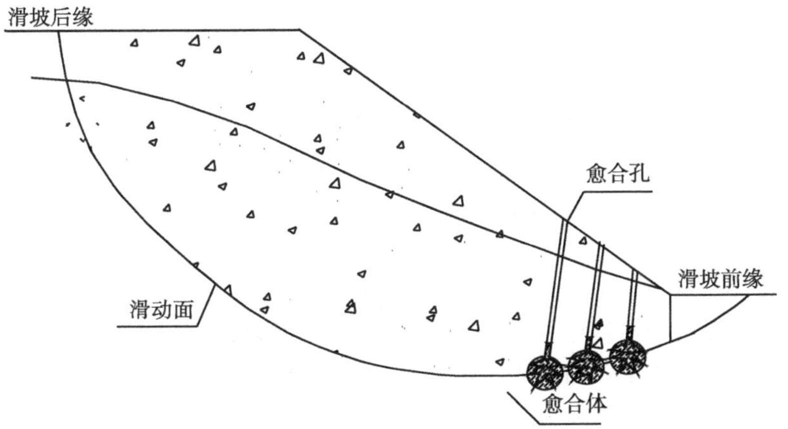

图 7.14 滑坡滑动面愈合体安设模式剖面图

也可将 1/3 左右的愈合体布置在滑坡体中后部，按照梅花桩型布设，愈合体之间的净距离 80~100cm。

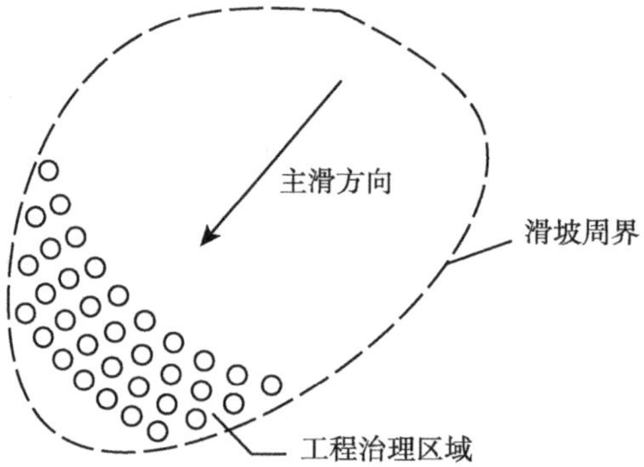

图 7.15　滑坡滑动面愈合体安设模式平面图

3. 实施步骤

(1) 针对具体的滑坡，收集地质勘查部门提供的滑坡几何形态及范围大小、滑动面长度、地下水线、岩土物理参数、滑动面抗剪强度参数等基础资料。

(2) 确定滑坡防治工程安全等级，计算所需愈合体数量 n，并提出工程布置方案。

(3) 现场定位，确定滑坡微创治理范围及微创孔位。

(4) 运用普通地质钻机钻设微创孔，孔径 18~20cm，达到滑动面以下 10~20cm 深度并进行孔底微爆扩孔。扩孔段在滑动面上下各 15~20cm，扩孔段微创孔直径 20~30cm。

(5) 按照强渗透性高强砂浆配合比在地面运用普通搅拌机配制砂浆，备用。

(6) 将灌浆管伸入微创孔底部，采用压力灌浆注浆方式将已经配制好的砂浆注入微创孔底扩孔段，所注入的砂浆液面高出滑动面 15~20cm。

(7) 微创孔内砂浆凝固后，采用黏土回填闭孔。

7.5　格构-锚杆-锚索复合加固技术

对于下滑力巨大的破碎岩石边坡，提出了筏板式格构–锚杆–锚索复合抗滑新型支挡结构，该结构由筏板式格构、膨胀型锚杆和预应力锚索组成，结合了普通格构梁和筏板基础的综合功能。通过建立简化结构计算模型，确定该结构中锚杆以及锚索所需数量的计算方法。并通过室内模型试验，分析该抗滑支挡新结构的受荷性能。

7.5.1　筏板式格构锚固体系分析

1. 结构的组成

该新型结构主要由筏板基础、格构梁、膨胀型锚杆和预应力锚索构成。它与普通格构梁的最大区别在于格构梁底部加设的筏板基础。筏板基础具有施工简单、基础整体刚度较好、能提高地基承载力和调节建筑物不均匀沉降等特点。但是筏板基础也属于扩展基础的一种，一般用于高层框架、框剪、剪力墙结构，当采用条形基础不能满足地基承载力要求时，或当建筑物要求基础有足够刚度以调节不均匀沉降时，采用筏板基础。此处将这两种传统结构进行结合是一种创新性探索。

该结构将筏板基础与格构梁进行结合，综合了这两种结构的优点。当采用该结构来治理大型破碎型岩质边坡及土质边坡时，它既能够发挥传统格构锚固体系的抗滑作用，也可借助筏板基础来预防结构整体的沉陷问题。

膨胀型锚杆是一类新型的摩擦型锚杆，在该结构的理论设计之中，膨胀型锚杆主要施加了生石灰以及静态爆破剂，它克服了现在常用锚杆的不足以及对软岩适应性差的缺陷。

2. 结构的作用机理

筏板式格构锚固体系是一种新型的主动抗滑结构，属于轻型挡土结构。筏板式格构的作用包括以下几个方面：① 将锚索、锚杆和筏板式格构组成空间受力体系；② 便于给锚索施加并锁定预应力，将滑坡体的剩余下滑力或土压力分配给筏板式格构梁结点处的锚索；③ 由于土拱效应，贴于滑坡表面的筏板式格构滑坡表面土层起到框箍作用，限制了滑坡体的进一步变形；④ 筏板基础则增大了结构整体与治理区域的接触面积，使得坡面的受力更加均匀，当对锚索施加较大的预应力时，调节了上部结构的不均匀沉降等问题。

锚索的主要作用是将滑坡推力传递到下部稳定岩石体内，使滑坡垂直于滑面方面的压力增大，滑面的摩擦力增大，进而减小了滑坡体的下滑力，从而，使滑坡体在由锚索以及锚杆提供的锚固力的作用下处于稳定状态。其中，锚杆的作用主要在于增强表层滑坡体的整体性。滑坡推力遵循筏板式格构 $\rightarrow$ 锚索 $\rightarrow$ 围岩的传力顺序。

3. 结构的计算方法

1) 锚索 (杆) 锚固力

通过建立简单的计算模型，对筏板式格构进行受力分析 (此处忽略筏板基础的自重)，推导出在一定滑坡推力的作用下，锚杆和锚索的锚固力，以及其所需要的数量等相关计算公式。

计算模型见图 7.16，给出基本假定：该结构沿滑动面呈平面滑动，加固体为准刚性体 (刚塑性体)；土质滑坡推力平行于滑动面；计算单元体：取一个纵向单元体计算，计算宽度为 D，计算长度为 L，计算高度为 H，一个单元体中有膨胀型锚杆 n_1 根，预应力锚索 n_2 根。

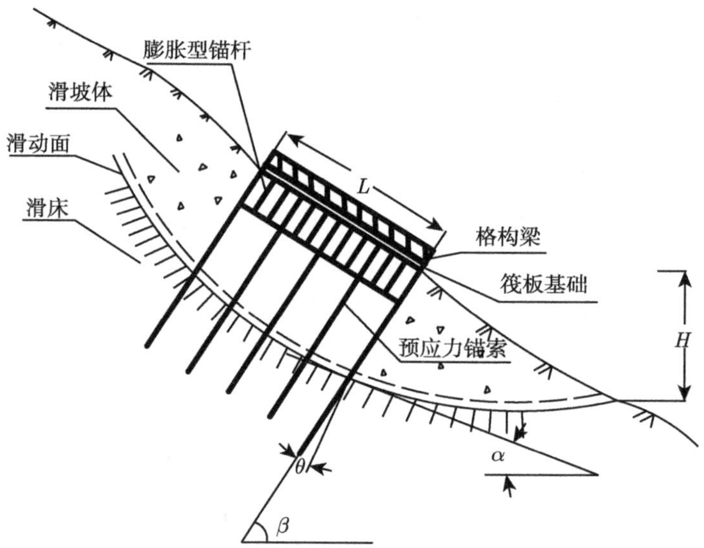

图 7.16　筏板式格构–锚杆–锚索复合抗滑支挡结构模型

a. 膨胀型锚杆计算

假设边坡原地基容许承载力为 $[\sigma_0]$(kPa)，在加入膨胀型锚杆之后，地基容许承载力提高至 $[\sigma_1]$(kPa)，可得下式：

$$n_1 \cdot P_u \cdot (\sin\theta + \cos\theta \cdot \tan\varphi) = ([\sigma_1] - [\sigma_0]) \cdot D \cdot L \tag{7.25}$$

式中，θ—预应力锚索与滑动面法向夹角 (°)；

φ—滑动面内摩擦角 (°)。

经查，锚杆的极限锚固力为

$$P_{\mathrm{u}} = \pi l d q_{\mathrm{s}} \tag{7.26}$$

式中，P_{u}—圆柱型锚杆的极限锚固力 (kN)；

l—锚固体长度 (m)；

d—锚固体直径 (m)；

q_{s}—锚固体表面与周围岩土体之间的极限黏结强度标准值 (kPa)。

在格构梁上钻孔设置膨胀型锚杆，则可根据式 (7.25) 及式 (7.26) 求得所需要的膨胀型锚杆数量 n_1 为

$$n_1 = \frac{([\sigma_1] - [\sigma_0]) \cdot D \cdot L}{P_{\mathrm{u}}(\sin\theta + \cos\theta \cdot \tan\varphi)} \tag{7.27}$$

b. 预应力锚索计算

根据实际工程等级，取筏板式格构–锚杆–锚索复合抗滑结构整体稳定安全系数 F_{s}，按最不利荷载饱水状态进行相关计算。

单元体饱水状态下，治理区域土体自重 (W) 为

$$W = D \cdot L \cdot H \cdot \gamma' \tag{7.28}$$

式中，W—治理区域土体自重 (kN)；

γ'—土体饱和容重 (kN/m^3)。

自重产生的下滑力 (T) 为

$$T = W \cdot \sin\alpha \tag{7.29}$$

式中，T—自重产生的下滑力 (kN)；

α—锚索与滑动面相交处滑动面与水平面夹角 (°)。

自重产生的抗滑力 (F')

$$F' = W \cdot \cos\alpha \cdot \tan\varphi + c \cdot L \cdot D \tag{7.30}$$

式中，F'—自重产生的抗滑力 (kN)；

c—滑动面土体黏结力 (kPa)。

单元体膨胀型锚杆产生的抗滑力 (F_1) 为

$$F_1 = n_1 \cdot P_{\mathrm{u}} \cdot (\sin\theta + \cos\theta \cdot \tan\varphi) \tag{7.31}$$

单元体内预应力锚索所产生的抗滑力 (F_2) 为下式：

$$F_2 = n_2 \cdot N_{\mathrm{t}} \cdot (\sin\theta + \cos\theta \cdot \tan\varphi) \tag{7.32}$$

式中，F_2—单元体预应力锚索产生的抗滑力 (kN)；

N_{t}—每孔锚索设计锚固力 (kN)。

根据《地质灾害防治工程设计规范》(DB 50/5024—2004) 可得，每孔锚索设计锚固力 N_{t}

$$N_{\mathrm{t}} = \frac{F_{\mathrm{n}}}{\sin(\alpha + \beta) \cdot \tan\varphi + \cos(\alpha + \beta)} \tag{7.33}$$

式中，F_{n}—锚处每孔锚索承担的滑坡推力值 (kN)；

β—锚索与水平面的夹角 (°)。

筏板式格构-锚杆-锚索复合抗滑结构整体稳定安全系数为

$$F_{\mathrm{s}}=\frac{F'+F_1+F_2}{T+P} \tag{7.34}$$

式中，P—筏板式格构-锚杆-锚索复合抗滑结构计算单元体上部第一级滑坡推力(取最不利荷载状态设计)(kN)。

将式 (7.28)~(7.33) 代入式 (7.34) 中可得所需预应力锚索根数 n_2

$$n_2=\frac{F_{\mathrm{s}}(T+P)-F'-F_1}{N_{\mathrm{t}}(\sin\theta+\cos\theta\cdot\tan\varphi)} \tag{7.35}$$

2) 节点荷载分配

首先，格构梁需要分成横梁与竖梁进行计算，这就要求考虑锚索力在横梁与竖梁上的分配问题。格构梁受力简图如图 7.17 所示。

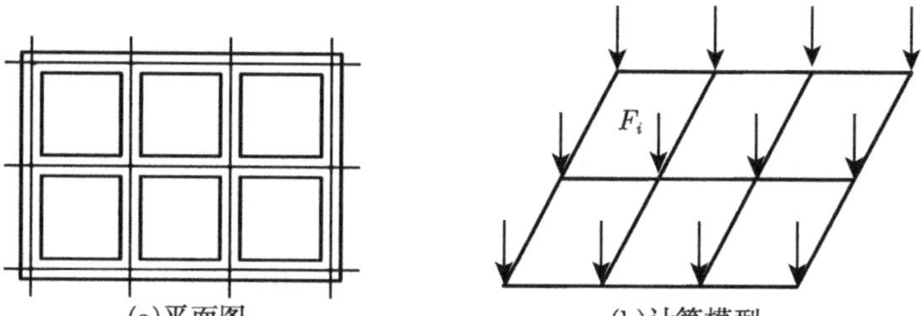

(a)平面图　(b)计算模型

图 7.17 普通格构梁的受力示意图

变形协调条件，即在锚索力的作用下，横梁和竖梁沿垂直坡面方向产生的变形必须相同，用公式表示为

$$w_{ix}=w_{iy}=w \tag{7.36}$$

式中，w—节点 i 处的位移；

w_{ix},w_{iy}—节点 i 处 x 方向垂直于坡面的变形，节点 i 处 y 方向垂直于坡面的变形。

静力平衡条件，即总锚索力沿垂直于坡面方向的分量等于分配到横梁与竖梁上的两个力之和，用公式表示为

$$F_i=F_{ix}+F_{iy} \tag{7.37}$$

式中，F_i——节点 i 处的作用荷载；

F_{ix},F_{iy}——分别为分配到 x，y 方向上的荷载。

格构梁节点的几种类型如图 7.18 所示。

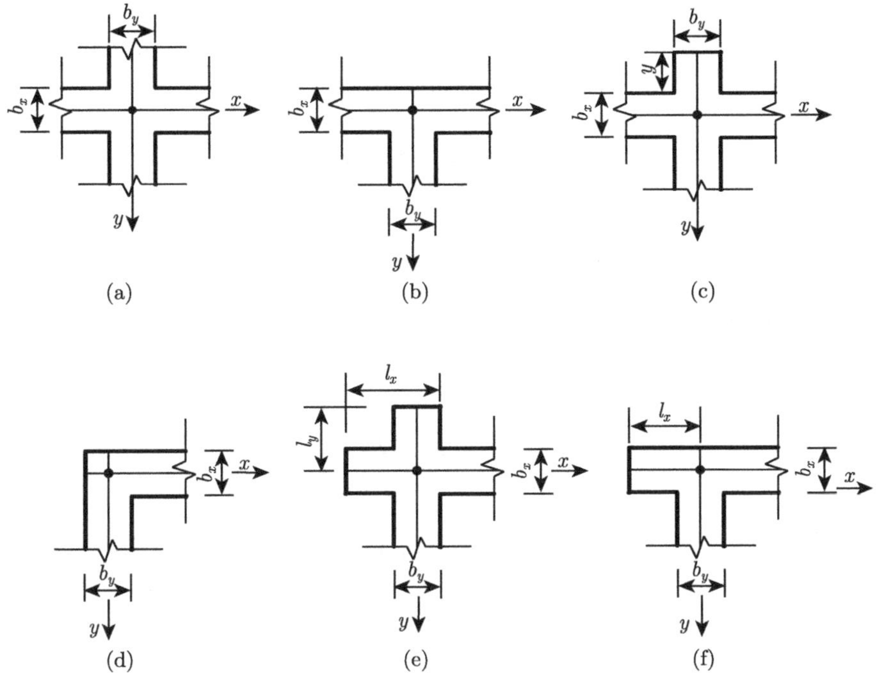

图 7.18 格构梁各节点类型

a. 中间节点

中间节点如图 7.18(a) 所示，设 F_{ix} 和 F_{iy} 分别为 F_i 在 x 向和 y 向单梁基础的分配荷载，可得 x 向单梁在 F_{ix} 作用下 i 节点产生的沉降 w_{ix} 为

$$w_{ix}=\frac{F_{ix}\beta_x}{2kb_x}=\frac{F_{ix}}{2kb_xL_x} \tag{7.38}$$

式中，k—基床系数；

b_x—x 方向单梁基底宽度；

L_x—x 方向单梁的刚度特征值。

同理，y 方向基础在 F_{iy} 作用下节点 i 的沉降为

$$w_{iy}=\frac{F_{iy}\beta_y}{2kb_y}=\frac{F_{iy}}{2kb_yL_y} \tag{7.39}$$

式中，b_y—y 方向单梁基底宽度；

L_y—y 方向单梁的刚度特征值。

由节点变形协调条件 $w_{ix}=w_{iy}$，得

$$\frac{F_{ix}}{2kb_xL_x}=\frac{F_{iy}}{2kb_yL_y} \tag{7.40}$$

联立 $F_i = F_{ix} + F_{iy}$ 与 $\dfrac{F_{ix}}{2kb_xL_x} = \dfrac{F_{iy}}{2kb_yL_y}$，求解得

$$F_{ix} = F_i \frac{b_xL_x}{b_xL_x + b_yL_y} \tag{7.41}$$

$$F_{iy} = F_i \frac{b_yL_y}{b_xL_x + b_yL_y} \tag{7.42}$$

b. 端部节点

端部节点如图 7.18(b) 所示，节点荷载可分解为作用在无限长梁上的 F_{ix} 和作用在半无限长梁上的 F_{iy}，基本方程为

$$\left.\begin{aligned} &F_i = F_{ix} + F_{iy} \\ &\frac{F_{ix}}{2kb_xL_x} = \frac{2F_{iy}}{kb_yL_y} \end{aligned}\right\} \tag{7.43}$$

求解得

$$F_{ix} = F_i \frac{4b_xL_x}{4b_xL_x + b_yL_y} \tag{7.44}$$

$$F_{iy} = F_i \frac{b_yL_y}{4b_xL_x + b_yL_y} \tag{7.45}$$

当端部伸出悬臂时，如图 7.18(c) 所示，悬臂长度 $l_y = (0.6 \sim 0.75)L_y$，节点的分配荷载按以下公式计算：

$$F_{ix} = F_i \frac{\alpha b_xL_x}{\alpha b_xL_x + b_yL_y} \tag{7.46}$$

$$F_{iy} = F_i \frac{\alpha b_yL_y}{\alpha b_xL_x + b_yL_y} \tag{7.47}$$

c. 转角节点

如图 7.18(d)，转角节点的荷载分配公式同式 (7.46) 和式 (7.47)。

如图 7.18(e) 所示，当 $\dfrac{l_x}{L_x} = \dfrac{l_y}{L_y}$ 时，节点荷载分配计算公式同式 (7.46) 和式 (7.47)。

如图 7.18(f) 所示，当角柱节点仅在一个方向伸出悬臂时，节点荷载分配计算公式如下：

$$F_{ix} = F_i \frac{\beta b_xL_x}{\beta b_xL_x + b_yL_y} \tag{7.48}$$

$$F_{iy} = F_i \frac{b_yL_y}{\beta b_xL_x + b_yL_y} \tag{7.49}$$

d. 节点分配荷载的调整

设调整前的地基平均反力为

$$P = \frac{\sum F}{\sum A + \sum \Delta A} \tag{7.50}$$

式中，$\sum F$—交叉条形基础上竖向荷载的总和；

$\sum A$—交叉条形基础支撑总面积；

$\sum \Delta A$—交叉条形基础在节点处重叠面积的总和。

调整后的地基平均反力为

$$P' = \frac{\sum F}{\sum A} \tag{7.51}$$

或写为

$$P' = mP \tag{7.52}$$

式中，m 为修正系数，将式 (7.50) 及式 (7.51) 代入式 (7.52)，得

$$m = 1 + \frac{\sum \Delta A}{\sum A} \tag{7.53}$$

于是式 $P' = mP$ 可写成

$$P' = \left(1 + \frac{\sum \Delta A}{\sum A}\right) P = P + \frac{\sum \Delta A}{\sum A} P = P + \Delta P \tag{7.54}$$

其中，$\Delta P = \dfrac{\sum \Delta A}{\sum A} P$，$\Delta P$ 为地基反力增量，对于任一 i 节点，分配荷载增量为

$$\left.\begin{aligned} \Delta F_{ix} &= \frac{F_{ix}}{F_i} \cdot \Delta A_i \cdot \Delta P \\ \Delta F_{iy} &= \frac{F_{iy}}{F_i} \cdot \Delta A_i \cdot \Delta P \end{aligned}\right\} \tag{7.55}$$

式中，ΔF_{ix}、ΔF_{iy}—i 节点 x 方向和 y 方向的分配荷载增量；

ΔA_i—i 节点基础重叠面积。

于是，调整后的节点荷载在 x、y 方向分配荷载分别为

$$\left.\begin{aligned} F'_{ix} &= F_{ix} + \Delta F_{ix} \\ F'_{iy} &= F_{iy} + \Delta F_{iy} \end{aligned}\right\} \tag{7.56}$$

3) Winkler 地基模型

a. 基本微分方程建立

图 7.19(a) 为弹性地基上的梁，考虑单位梁宽，可得

$$EI\frac{\mathrm{d}^4y}{\mathrm{d}x^4}=q(x)-p(x) \tag{7.57}$$

式中，$q(x)$—作用于弹性地基梁的整个梁宽上的荷载；

$y(x)$—地基的竖向变位，未知量；

$p(x)$—地基作用于整个梁宽上的反力，图 7.19 中的坐标轴以向下为正；

EI—梁的整个梁宽的抗弯刚度；

图 7.20 为格构梁内力计算微元体。

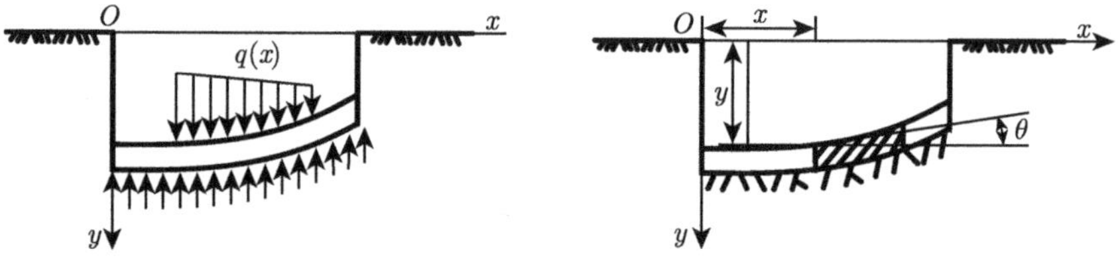

(a) 弹性地基梁受力图示　　(b) 弹性地基梁内力计算模型

图 7.19　格构梁计算模型

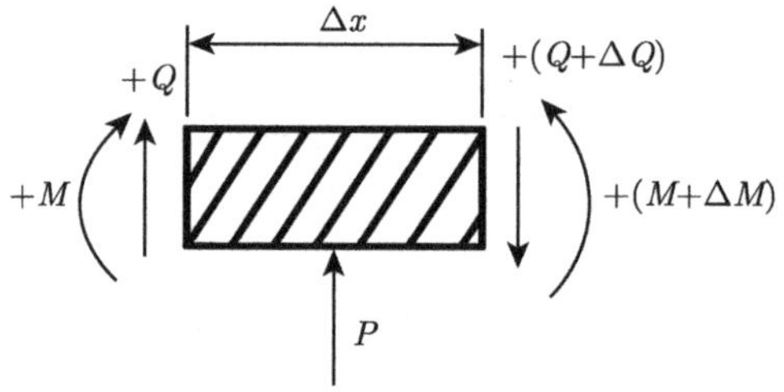

图 7.20　格构梁内力计算微元体

由于文克假设认为 $p=ky$(此式中的 k 按梁的单位宽考虑)，可得

$$EI\frac{\mathrm{d}^4y}{\mathrm{d}x^4}+ky=q(x) \tag{7.58}$$

当地基梁为单位宽度时，式中的截面惯性矩为 I 和地基梁的宽度为 b 时，该式中除 I 应按整个梁宽的截面确定外，而且 k 应乘以梁宽 b，即按 $k\cdot b$ 计算。

上式可改写为

$$\frac{\mathrm{d}^4y}{\mathrm{d}x^4}+4\left(\frac{k}{4EI}\right)y=\frac{q(x)}{EI}$$

令 $\beta=\sqrt[4]{\dfrac{k}{4EI}}$，那么

$$\frac{\mathrm{d}^4y}{\mathrm{d}x^4}+4\beta^4y=\frac{q(x)}{EI} \tag{7.59}$$

通常, 令 $L=\dfrac{1}{\beta}=\sqrt[4]{\dfrac{4EI}{k}}$，$\beta$ 和 L 均与梁和地基的弹性性能有关，β 称为特征系数；L 称为特征长度。

b. 基本微分方程的求解

方程 (7.59) 为非齐次微分方程，它的通解由 $q(x)=0$ 时的下列齐次微分方程

$$\frac{\mathrm{d}^4y}{\mathrm{d}x^4}+4\beta^4y=0 \tag{7.60}$$

的通解

$$y=\mathrm{e}^{\beta x}\left[C_1\sin(\beta x)+C_2\cos(\beta x)\right]+\mathrm{e}^{-\beta x}\left[C_3\sin(\beta x)+C_4\cos(\beta x)\right] \tag{7.61}$$

与方程 (7.59) 的特解 $y=y_1(x)=\dfrac{q(x)}{k}$ 构成，即方程 (7.59) 的通解为

$$y=\mathrm{e}^{\beta x}\left[C_1\sin(\beta x)+C_2\cos(\beta x)\right]+\mathrm{e}^{-\beta x}\left[C_3\sin(\beta x)+C_4\cos(\beta x)\right]+y_1(x) \tag{7.62}$$

c. 内力的求算

当变位 $y(x)$ 求得之后，弹性地基梁中任一截面转角 θ、弯矩 M、剪力 Q 可根据以下各式求得：

$$\begin{cases}\theta=\dfrac{\mathrm{d}y}{\mathrm{d}x}\\ M=-EI\dfrac{\mathrm{d}^2y}{\mathrm{d}x^2}\\ Q=-EI\dfrac{\mathrm{d}^3y}{\mathrm{d}x^3}\end{cases} \tag{7.63}$$

图 7.19(b) 表示 θ、M 和 Q 的正值方向。注意 y 向下为正值。

d. 有限长梁的计算

在实际滑坡治理工程中，格构梁上所受荷载到梁端的距离一般都小于 π/λ，属于弹性地基梁中的有限长梁，因此本节将筏板式格构梁体系上的梁视作有限长梁进行计算讨论。在实际计算中，由于有限长梁确定积分常数比无限长梁复杂，这里采用简化方法，对梁的内力进行计算。

图 7.21 中梁 I 上作用有已知集中力 P 和力矩 M，设想把 A、B 两端向外无限延伸，形成无限长梁 (梁 II)。因此，梁 I 两端 A、B 截面将会产生一定的挠度、转角、弯矩和剪力，设 A、B 两截面的弯矩和剪力为 M_{a}、Q_{a} 及 M_{b}、Q_{b}。然而，

实际上梁 I 的 A、B 两自由端并不存在弯矩和剪力。此时，就必须设法消除发生在梁 II 中 A、B 两截面的弯矩和剪力以满足原来梁端的边界条件。因此，在梁 II 靠近 A、B 两端的外侧，分别加上一对集中荷载 M_A、P_A 和 M_B、P_B，并使这两对附加荷载在 A、B 两截面中产生的弯矩和剪力分别等于 $-M_a$、$-Q_a$、$-M_b$、$-Q_b$，根据这个条件利用

$$\left.\begin{aligned} y=\frac{p_0}{2K}A_L,\quad \theta=-\frac{P_0\lambda^2}{K}B_L \\ M=\frac{p_0}{4\lambda}C_L,\quad Q=-\frac{P_0}{2}D_L \end{aligned}\right\} \tag{7.64}$$

$$\left.\begin{aligned} y=\frac{M_0\lambda^2}{K}B_L,\quad \theta=-\frac{M_0\lambda^3}{K}C_L \\ M=\frac{M_0}{2}D_L,\quad Q=-\frac{M_0\lambda}{2}A_L \end{aligned}\right\} \tag{7.65}$$

当 $x=0$ 时，上列式中系数 $A_L=C_L=D_L=1$, 可列出如下方程组：

$$\left.\begin{aligned} &\frac{P_A}{4\lambda}+\frac{P_B}{4\lambda}C_L+\frac{M_A}{2}-\frac{M_B}{2}D_L=-M_a \\ &-\frac{P_A}{2}+\frac{P_B}{2}D_L-\frac{\lambda M_A}{2}-\frac{\lambda M_B}{2}A_L=-Q_a \\ &\frac{P_A}{4\lambda}C_L+\frac{P_B}{4\lambda}+\frac{M_A}{2}D_L-\frac{M_B}{2}=-M_b \\ &-\frac{P_A}{2}D_L+\frac{P_B}{2}-\frac{\lambda M_A}{2}A_L+\frac{\lambda M_B}{2}=-Q_b \end{aligned}\right\} \tag{7.66}$$

解这个方程组得

$$\left.\begin{aligned} P_A&=(E_L+F_LD_L)Q_a+\lambda(E_L-F_L)M_a-(F_L+E_LD_L)Q_b+\lambda(F_L-E_LA_L)M_b \\ M_A&=-(E_L+F_LC_L)\frac{Q_a}{2\lambda}-(E_L-F_LD_L)M_a+(F_L+E_LC_L)\frac{Q_a}{2\lambda}-(F_L-E_LD_L)M_b \\ P_B&=(E_L+E_LD_L)Q_a+\lambda(F_L-E_LD_L)M_a-(E_L-F_LD_L)Q_b+\lambda(E_L-F_LA_L)M_b \\ M_B&=(E_L+E_LD_L)\frac{Q_a}{2\lambda}+(F_L-E_LD_L)M_a-(E_L+F_LC_L)\frac{Q_a}{2\lambda}+(E_L-F_LD_L)M_b \end{aligned}\right\} \tag{7.67}$$

式中，$E_L=\dfrac{2e^{\lambda L}\sinh\lambda L}{\sinh^2\lambda L-\sin^2\lambda L}$, $F_L=\dfrac{2e^{\lambda L}\sinh\lambda L}{\sin^2\lambda L-\sinh^2\lambda L}$，其中 sinh 表示双曲正弦函数，$E_L$ 及 F_L 按 λL 查表可得。

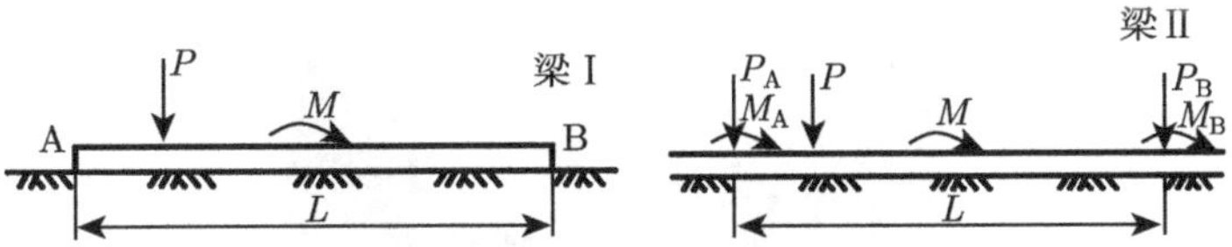

图 7.21 叠加法计算有限长梁

当作用于有限长梁上的荷载对称时，即 $Q_a = -Q_b$，而 $M_a = M_b$, 上式可简化为

$$\left.\begin{aligned} P_A = P_B &= (E_L + F_L)[(1 + D_L)Q_a + \lambda(1 - A_L)M_a] \\ M_A = -M_B &= -(E_L + F_L)[(1 + C_L)\frac{Q_a}{2\lambda} + (1 - D_L)M_a] \end{aligned}\right\} \tag{7.68}$$

7.5.2 室内模型试验

通过室内模型试验，采用坡顶加载的方式，对边坡整体施加荷载，并由此测得结构的应力应变数据。

1. 边坡设计

滑坡模型尺寸：长 × 宽 × 高 =1.08m × 1m × 1m，如图 7.22 所示。该结构用于治理大型破碎岩质边坡及土质边坡，用黏性土人工分层铺筑，滑床采用 M20 砂浆进行浇筑，并采用大块碎石及砖块进行充填，滑坡坡面角度为 60°，滑坡模型试验实物图见图 7.23。

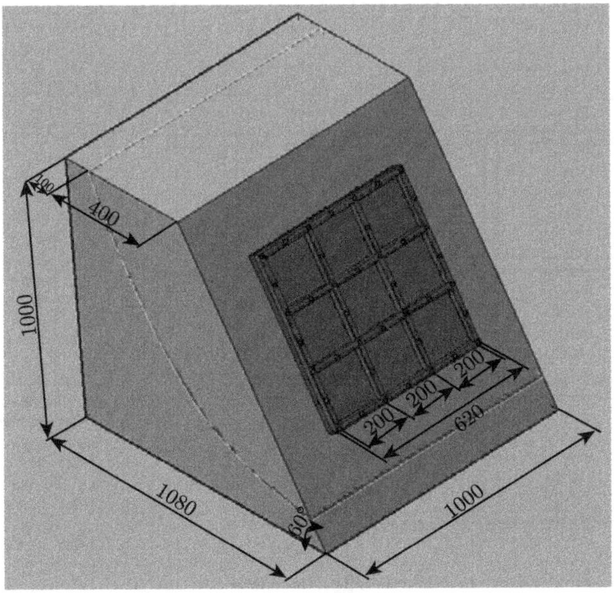

图 7.22 滑坡三维模型图 (单位：mm)

图 7.23　滑坡模型试验实物图

2. 筏板式格构梁尺寸

本试验拟采用 3×3 跨的格构梁，横梁、竖梁的跨距为 0.2m，格构梁截面尺寸为 25mm×20mm，梁内配筋采用 Φ5III 级钢筋 (HRB400)，箍筋采用 2mm 铁丝，格构梁尺寸及配筋见图 7.24。格构梁采用细石混凝土浇筑，混凝土强度为 C25[123]。

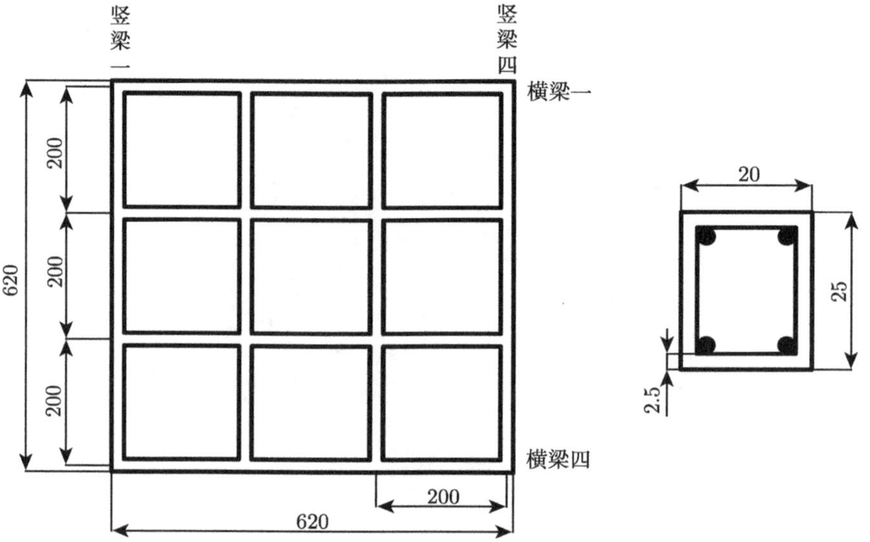

图 7.24　格构梁尺寸图 (单位：mm)

在工程实际之中，筏板基础一般分为平板式和梁板式筏型基础，并且需根据相关受力进行配筋计算。此处为试验操作方便，将筏板基础设计为厚度 25mm 的砂浆板，砂浆强度等级为 M20。筏板基础三维图见图 7.25。

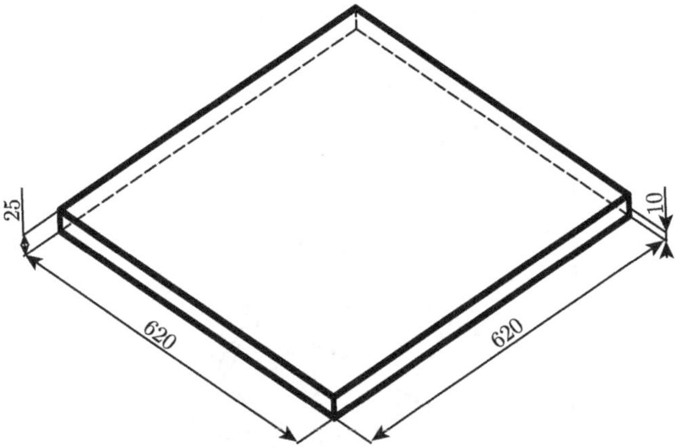

图 7.25 筏板基础三维图 (单位：mm)

3. 锚索 (杆) 尺寸

锚索 (杆) 的设计尺寸及位置布设如下：锚索布设在格构梁节点处，每排 4 根，共计 16 根，锚索采用直径为 8mm 钢筋 (HRB400)，长度为 0.5m。锚杆布设在格构梁每跨的中点处，共计 24 根，锚杆采用直径为 6mm 的钢筋 (HRB400)，长度为 0.25m。筏板式格构–锚杆–锚索复合结构三维示意图如图 7.26 所示。

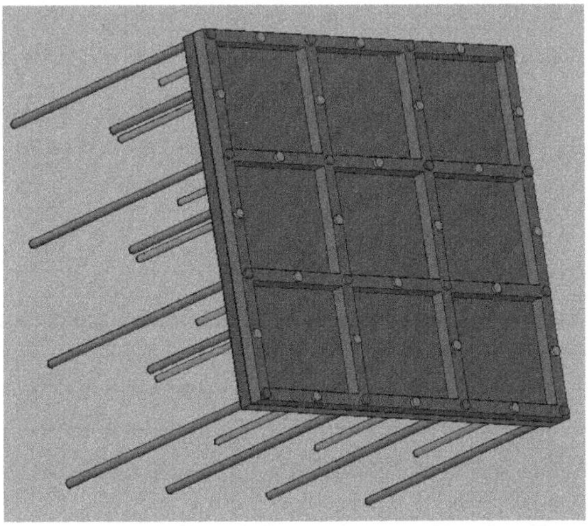

图 7.26 筏板式格构–锚杆–锚索复合结构三维示意图

4. 荷载设计

坡顶竖向荷载的施加采用人工分级堆加砂袋实现。单次施加荷载 50kN，每施加一级荷载，实时测试数据并记录，待数据稳定并读数后施加下一级荷载，本试验加载至 1000kN，共记录 20 组数据，加载示意图如图 7.27 所示。

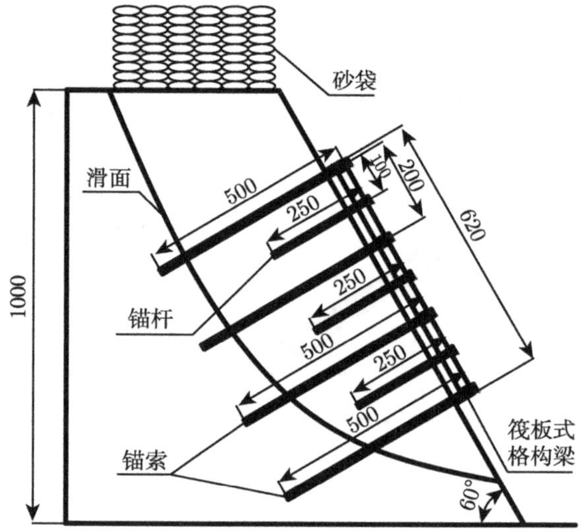

图 7.27　加载示意图 (单位: mm)

5. 测点设计

本模型试验主要采集筏板式格构梁横梁、竖梁以及锚索的应变数据。

筏板式格构梁内钢筋上应变片的布置如图 7.28 所示，对于竖梁一，共粘贴 25 个应变片，从上到下分别为：S1-1，S1-2，···，S1-25(其中，S 为竖梁缩写，1-1 分别表示竖梁编号以及钢筋上应变片的编号)。对于竖梁来说，距两端节点各 10mm 处布设一个应变片，然后每间隔 25mm 布设一个应变片，总计布设 25 个，其中只选取了竖梁一及竖梁二。

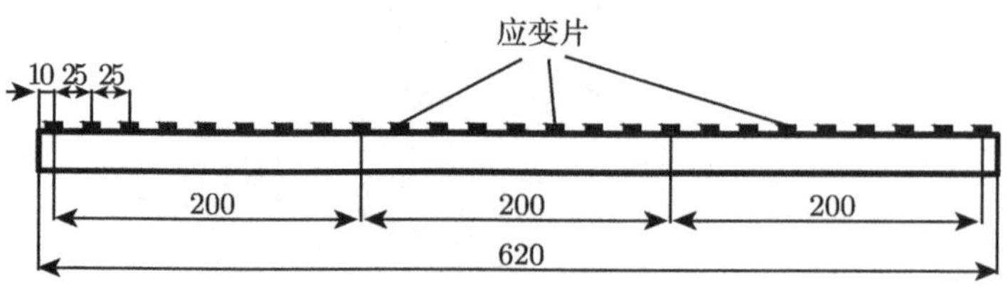

图 7.28　竖梁一内部钢筋表面应变片布置图 (单位：mm)

横梁编号方式如下，如横梁一，从左至右分别为：H1-1，H1-2，···，H1-13(其中，H 为横梁缩写，1-1 分别表示横梁编号以及钢筋上应变片的编号)。对于横梁来说，先在距离左端节点 10mm 处布设一个应变片，然后每间隔 25mm 布设另一个应变片，直至横梁的中点位置，即总共布设 13 个应变片。由于横梁的弯矩整体呈现左右对称分布，因此此处只在横梁的左半部分进行了应变片的布设。

锚索钢筋表面应变片的布设如图 7.29，对于单根锚索，共粘贴 6 个应变片。

具体编号方式如下：例如，对于锚索一，从左至右分别为：M1-1，M1-2，···，M1-6(其中，M 为锚索的缩写，1-1 分别为锚索编号以及应变片编号)。

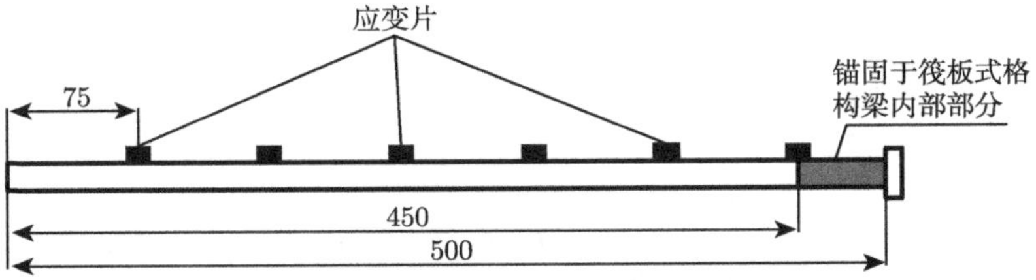

图 7.29 锚索钢筋表面应变片布置图 (单位：mm)

7.5.3 试验数据分析

1. 锚索应变数据分析

在试验过程中，量测了八根锚索的应变值变化，但是为了便于试验结果的分析，此处只选取其中比较有代表性的几根锚索进行分析。由于锚索埋置于滑坡内，粘贴在钢筋上的应变片极易受潮损坏，有些测点的数据存在一定误差，因此在数据分析过程中，需要剔除数据异常的测点，以便结果的分析整理，试验结果整理如图 7.30~ 图 7.32 所示。图 7.30 中数据均分为锚固段及自由段，其分界线即为滑坡的滑动面。

通过粘贴在锚索上部的应变片，可以测得锚索的弯曲应变随加载的变化情况。此处选取锚索一、锚索三以及锚索五 (分别处于第四排、第三排、第二排) 作为分析对象，主要研究筏板式格构梁体系内处于不同排的锚索弯曲应变随加载的变化特征。

由图 7.30~ 图 7.32 可以看出，各个测点的应变值随着加载在逐渐增大，说明锚索的弯曲应变随着加载呈现出逐渐增大的趋势。从锚索弯曲应变值的整体分布情况来看，在滑面位置处，三根锚索的弯曲应变值均存在一定程度的突变，说明锚索钢筋的受力状态在滑面位置处发生了改变。在锚固段锚索的弯曲应变值为正，在自由段大部分为负值，说明锚索钢筋在锚固段为上部受压，而在自由段为上部受拉。

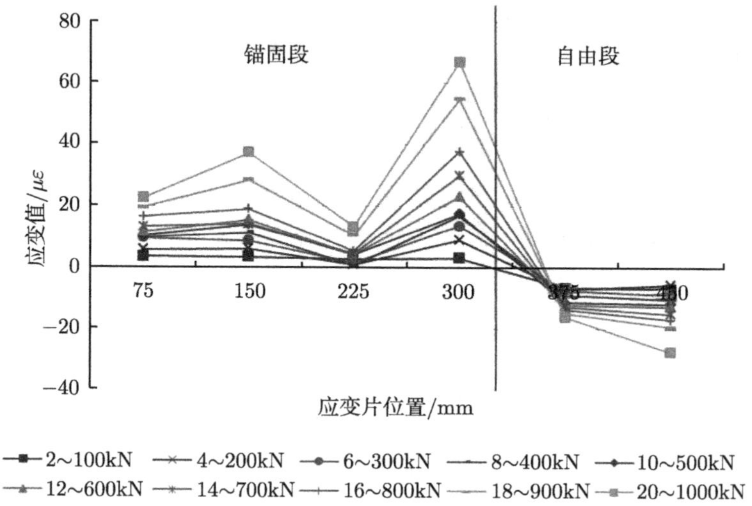

图 7.30　锚索一弯曲应变随加载的变化曲线

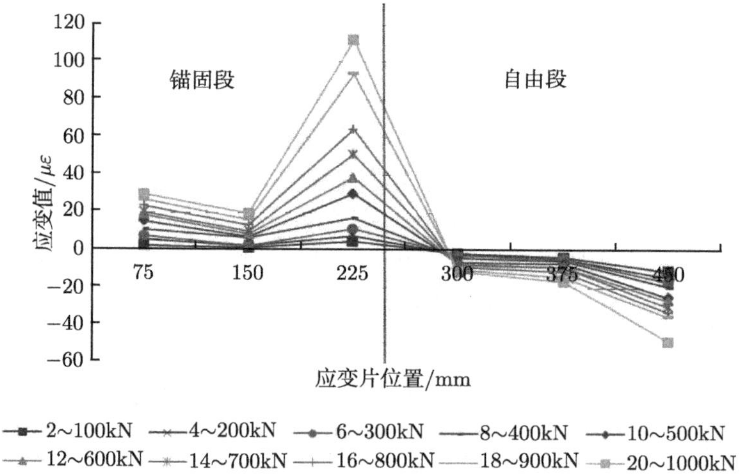

图 7.31　锚索三弯曲应变随加载的变化曲线

图 7.33 为当荷载施加至 1000kN 时各排锚索的应变曲线，由图可见，在加载至 1000kN 的过程中，锚索一的最大应变值为 64.365$\mu\varepsilon$，锚索三的最大应变值为 110.97$\mu\varepsilon$，锚索五的最大应变值为 150.413$\mu\varepsilon$，锚索七的最大应变值为 178.253$\mu\varepsilon$，最上排锚索的最大应变值是最下排锚索的 2.78 倍。由此可见，越靠近上排的锚索，其最大应变值越大，说明在加载的过程中，当滑坡体发生一定滑移的时候，上排锚索钢筋产生的弯曲变形比下排锚索钢筋更大。因此，在实际的工程设计之中，可以

考虑适当加强下排锚索的强度，以避免弯曲变形过大产生剪切破坏。

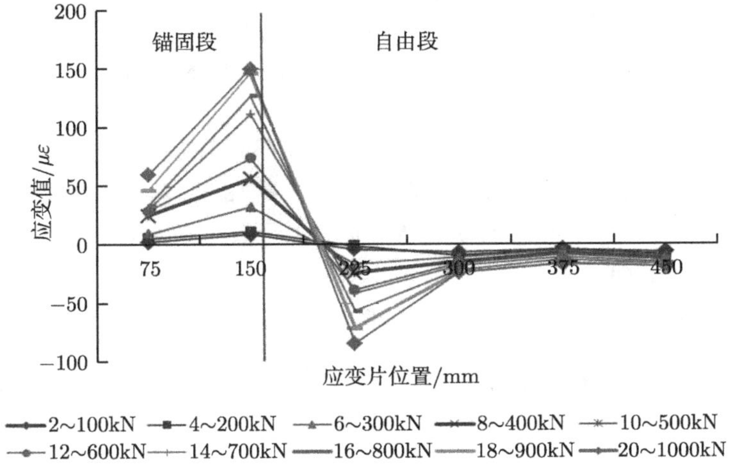

图 7.32 锚索五弯曲应变随加载的变化曲线

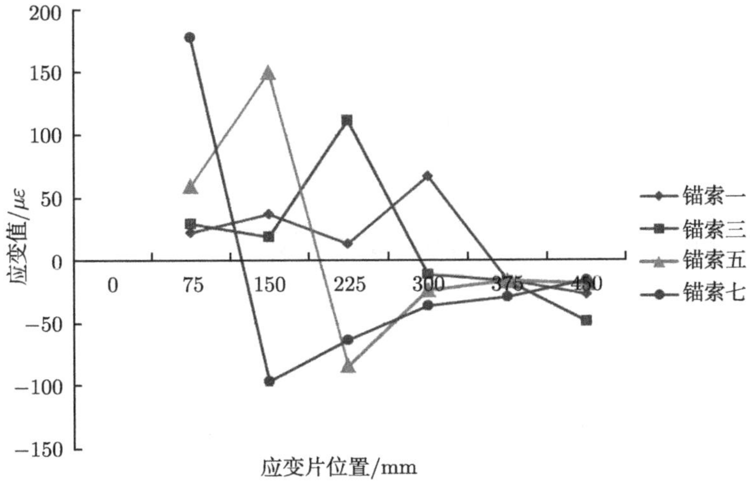

图 7.33 加载至 1000kN 时各排锚索弯曲应变曲线

2. 筏板式格构梁应变数据分析

在试验模型的设计过程中，筏板式格构体系内的梁采用 HRB400 型钢筋，其中箍筋采用了 22 号铁丝，而应变片则按照试验设计位置粘贴在梁内的钢筋上。在实际试验操作过程中，粘贴应变片的方法是否得当，在模型框架内浇筑混凝土的时候是否注意应变片的防潮防护等都会影响到梁内应变值。在试验测试之前，采用了万用表对每个测点的应变片进行检测，注意记录下应变片的电阻值有明显偏差的点，在处理数据的时候，适当去除一些明显不合理的数据。最后在分析横梁以及竖梁内弯矩变化情况的时候，注意从中选取比较具有代表性且数据较为规律的横梁以及竖梁。

此处选取了横梁二以及竖梁一进行分析，通过对应变值进行换算得到了各点的弯矩值，进而研究了横梁以及竖梁随着荷载的施加，其弯矩值的变化情况以及变形特点。同时，对处于不同排的横梁弯矩值进行了比对分析，从其中研究处于不同排的横梁的变形规律。

根据《混凝土结构设计规范》(GB 50010—2010) 可查得 [123]，RB400 钢筋的弹性模量 $E_\mathrm{s} = 2 \times 10^8\mathrm{kN/m^2}$，相关系数：截面惯性矩为 $I_z = \dfrac{bh^3}{12}$，$b \times h = 0.02\mathrm{m} \times 0.025\mathrm{m}$。

根据材料力学，可知

$$\sigma = E_\mathrm{s}\varepsilon \tag{7.69}$$

$$\sigma = \frac{My}{I_z} \tag{7.70}$$

$$y = \frac{h}{2} \tag{7.71}$$

根据上式，即可求出梁内各个测点的弯矩值

$$M = \frac{2I_z E_\mathrm{s}\varepsilon}{h} \tag{7.72}$$

经整理数据测试结果，如图 7.34 和图 7.35 所示。

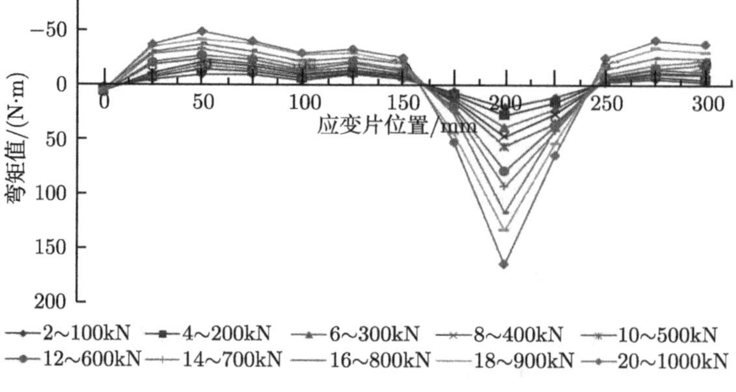

图 7.34　横梁二弯矩随加载的变化曲线

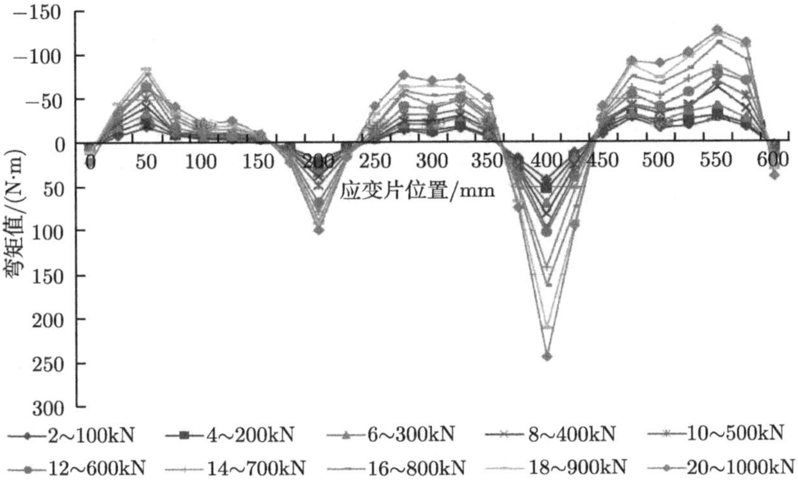

图 7.35 竖梁一弯矩随加载的变化曲线

图 7.34 和图 7.35 为横梁二以及竖梁一各个测点弯矩值随加载的变化曲线。随着荷载的逐渐施加，从整体变化趋势来看，横梁及竖梁各个测点的弯矩都随着加载在逐渐增大。但是梁内弯矩在节点范围内也发生了突变，梁的跨中弯矩均为负值，而在节点的范围内弯矩值均为正值，由此可以说明筏板式格构梁在节点处的受力状态发生了改变，表现为跨中处外侧受拉，而在节点处为外侧受压。

横梁二的弯矩极大值为 163.58N·m，而竖梁一的弯矩极大值为 253.254N·m，可见竖梁弯矩极大值约是横梁的 1.55 倍。由此可见，随着施加的荷载逐渐增大，结构在抗滑的过程中，竖梁的受力较横梁更大，因此在今后的设计中可考虑增强竖梁部分的配筋，以避免竖梁产生破坏。

从整体分布情况来看，竖梁弯矩下半部分的极大值为 243.254N·m，而上半部分的极大值为 98.42N·m，下半部分弯矩极大值约是下半部分的 2.47 倍。由此可见，对于竖梁来说，下半部分的受力比上半部分更大。

图 7.36 为当荷载施加至 500kN 的时候，各排横梁的弯矩曲线图，其中横梁一处于最上排，横梁四处于最下排。由图中可以看出，横梁一的最大弯矩值为 90.235N·m，横梁二的最大弯矩值为 76.336N·m，横梁三的最大弯矩值为 55.596N·m，横梁四的最大弯矩值为 36.876N·m，由此可看出横梁一的最大弯矩值是横梁四的 2.447 倍，由此可见越靠上排的横梁其弯矩值越小，变形也越小，因此在进行工程设计的时候，应该适当加强下部横梁的配筋，避免下部结构产生破坏。

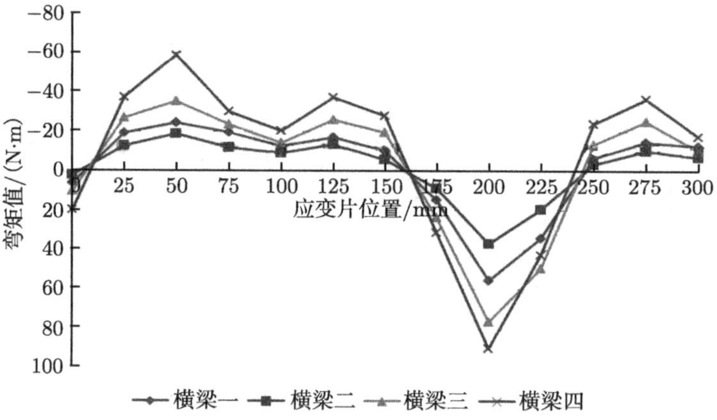

图 7.36　加载至 500kN 时各排横梁弯矩的曲线

7.5.4　结构计算方法

基于前述的结构计算方法，计算筏板式格构梁体系内横梁及竖梁的弯矩理论值，并将理论计算结果与试验测试数据进行比对，进而分析结构受力特点，进行结构的优化。

1. 试验模型结构计算

1) 锚索 (杆) 锚固力

筏板式格构–锚杆–锚索复合抗滑结构采用的单元体：计算宽度 D=0.62m，计算长度 L=0.62m, 计算高度 H=0.18m。预应力锚索与滑动面法向夹角 θ=40°，锚索与滑动面相交处滑动面与水平面夹角 α=21°，锚索与水平面的夹角 β=68°。通过滑坡土体抗剪强度反算法原理，可得出滑动面内摩擦角 $\varphi=31°$，滑动面土体黏结力 c=18kPa。

首先考虑土质滑坡推力作用，进行膨胀型锚杆设计。原地基容许承载力为 $[\sigma_0]=160$kPa，假设在加入膨胀型锚杆之后，地基容许承载力提高至 $[\sigma_1]=169$kPa。膨胀型锚杆长度 l=0.25m；膨胀型锚杆直径 d=6mm；q_s=100kPa；锚杆的极限锚固力为 P_u=0.283kN，由此可计算出所需膨胀型锚杆数量 n_1=24。

取筏板式格构–锚杆–锚索复合抗滑结构整体稳定安全系数 F_s=1.15，根据以上公式，可以得出单元体饱水状态下，土体自重 W=1.453kN, 自重产生的下滑力 T=0.521kN。根据瑞典圆弧法，计算当加载至 1000kN 的时候，滑坡推力为 P = 683kN，自重产生的抗滑力为 F'=7.146kN，单元体膨胀型锚杆产生的抗滑力为 F_1=740.140kN, 设锚处每孔锚索承担的滑坡推力 F_n=0.591kN，可得每孔锚索设计

锚固力 N_{t}=17.294kN。由此可得，预应力锚索数量 n_2=16。

2) 节点荷载分配

计算 L_x、L_y，由规范可知，C25 混凝土弹性模量为 $E_{\mathrm{c}} = 2.8 \times 10^7 \mathrm{kN/m^2}$，筏板式格构梁的纵梁截面尺寸为 $b \times h$=0.02m×0.025m。查阅相关资料 [123]，取基床系数 $k = 10\times10^4\ \mathrm{kN/m^3}$。

$$I_x = I_y = \frac{bh^3}{12} = \frac{0.02 \times 0.025^3}{12}\mathrm{m^4} \approx 2.604 \times 10^{-8}\mathrm{m^4}$$

$$L_x = \sqrt[4]{\frac{4E_{\mathrm{c}}I_x}{kb_x}} = \sqrt[4]{\frac{4 \times 2.8 \times 10^7 \times 2.604 \times 10^{-8}}{10 \times 10^4 \times 0.02}}\mathrm{m} = 0.195\mathrm{m}$$

$$L_x = L_y = 0.195\mathrm{m}$$

计算分配荷载：筏板式格构梁内节点编号如图 7.37 所示。

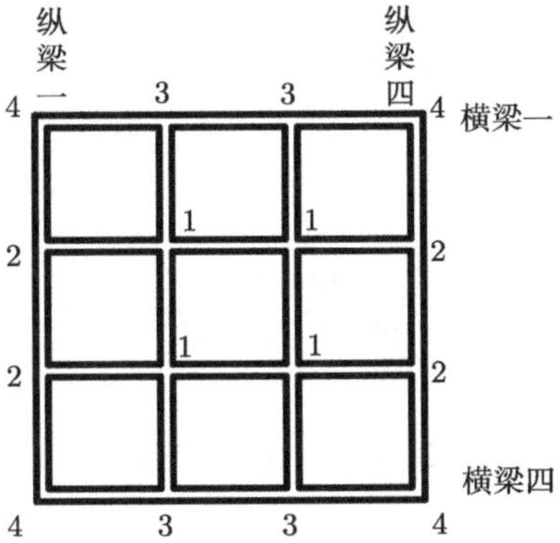

图 7.37 筏板式格构梁内节点编号示意图

中间节点 1

$$F_{1x} = F_1\frac{b_xL_x}{b_xL_x + b_yL_y} = 17.294 \times \frac{0.02 \times 0.195}{0.02 \times 0.195 + 0.02 \times 0.195}\mathrm{kN} = 8.647\mathrm{kN}$$

$$F_{1y} = F_1\frac{b_yL_y}{b_xL_x + b_yL_y} = 8.647\mathrm{kN}$$

端部节点 2

$$F_{2x} = F_2\frac{b_xL_x}{4b_xL_x + b_yL_y} = 17.294 \times \frac{0.02 \times 0.195}{4 \times 0.02 \times 0.195 + 0.02 \times 0.195}\mathrm{kN} = 3.459\mathrm{kN}$$

$$F_{2y} = F_2\frac{4b_yL_y}{4b_xL_x + b_yL_y} = 17.294 \times \frac{4 \times 0.02 \times 0.195}{4 \times 0.02 \times 0.195 + 0.02 \times 0.195}\mathrm{kN} = 13.835\mathrm{kN}$$

端部节点 3

$$F_{3x} = F_3\frac{4b_xL_x}{4b_xL_x + b_yL_y} = 17.294 \times \frac{4 \times 0.02 \times 0.195}{4 \times 0.02 \times 0.195 + 0.02 \times 0.195}\mathrm{kN} = 13.835\mathrm{kN}$$

$$F_{3y}=F_3\frac{b_yL_y}{4b_xL_x+b_yL_y}=17.294\times\frac{0.02\times0.195}{4\times0.02\times0.195+0.02\times0.195}\text{kN}=3.459\text{kN}$$

转角节点 4

$$F_{4x}=F_4\frac{b_xL_x}{b_xL_x+b_yL_y}=17.294\times\frac{0.02\times0.195}{0.02\times0.246+0.02\times0.246}\text{kN}=8.647\text{kN}$$

$$F_{4y}=F_{4x}=8.647\text{kN}$$

分配荷载的调整

$$\sum F=(17.294\times16+0.188\times24)\text{kN}=281.216\text{kN}$$
$$\sum A=(0.62\times0.62-0.18\times0.18\times9)\text{m}^2=0.0928\text{m}^2$$
$$\sum\Delta A=0.02\times0.02\times16\text{m}^3=6.4\times10^{-3}\text{m}^3$$

调整前地基平均反力

$$P=\frac{\sum F}{\sum A+\sum\Delta A}=\frac{281.216}{0.0928+0.0064}\text{kN/m}^2=2834.839\text{kN/m}^2$$
$$P'=\frac{\sum F}{\sum A}=\frac{281.216}{0.0928}\text{kN/m}^2=3027.735\text{kN/m}^2$$
$$\Delta P=\frac{\sum\Delta A}{\sum A}P=\frac{0.0064}{0.0928}\times2834.839\text{kN/m}^2=195.506\text{kN/m}^2$$

节点 1

$$\Delta F_{1x}=\frac{F_{1x}}{F_1}\cdot\Delta A\cdot\Delta P=\frac{8.647}{17.294}\times0.02\times0.02\times195.506\text{kN}=0.039\text{kN}$$
$$\Delta F_{1y}=\Delta F_{1x}\text{kN}=0.037\text{kN}$$
$$F'_{1x}=F_{1x}+\Delta F_{1x}=(8.647+0.037)\text{kN}=8.684\text{kN}$$
$$F'_{1y}=F'_{1x}=8.684\text{kN}$$

同理，可依次求得节点 2、3、4 的荷载分配，荷载分配结果如下：

$$F'_{2x}=3.475\text{kN},\quad F'_{2y}=13.897\text{kN},\quad F'_{3x}=13.897\text{kN}$$
$$F'_{3y}=3.475\text{kN},\quad F'_{4x}=8.684\text{kN},\quad F'_{4y}=8.684\text{kN}$$

2. 梁的内力计算

1) 横梁二的内力计算

根据荷载分配结果，可得出横梁二受力简图 7.38。

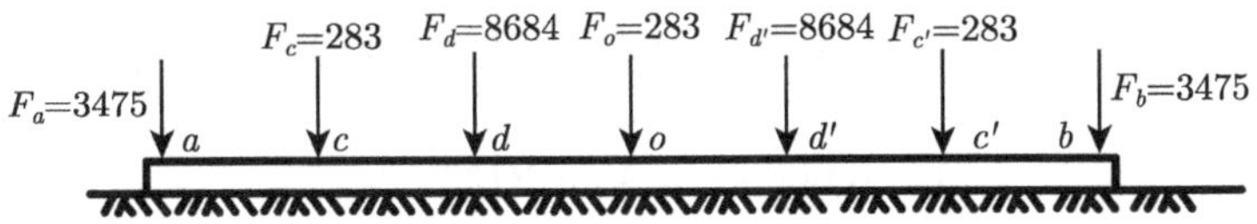

图 7.38 横梁二受力示意图 (单位：N)

梁的柔度系数，在确定了节点荷载的分配值后，即可将筏板式格构梁分别按纵、横两个方向的梁进行计算，此处采用温克尔地基模型进行计算。

$$\lambda=\sqrt[4]{\frac{kb_x}{4E_{\mathrm{c}}I_x}}=\sqrt[4]{\frac{10\times10^4\times0.02}{4\times2.8\times10^7\times2.604\times10^{-8}}}\mathrm{m}^{-1}=5.117\mathrm{m}^{-1}$$

$$\lambda L=5.117\times0.62\approx3.173$$

因为 $\pi/4<\lambda L<\pi$，所以该梁属于有限长梁。

计算无限长梁上相应于基础左端 a 处由外荷载引起的弯矩 M'_a 和剪力 Q'_a，计算结果见表 7.2，对称情况下，$M'_b=M'_a=45.102\mathrm{N\cdot m}$，$Q'_b=-Q'_a=0.012\mathrm{N}$。

表 7.2 弯矩和剪力

	外荷载/N	距 o 点/m	λ_x	C_x	D_x	M'_a/(N·m)	Q'_a/N
1	3475	0.01	0.100	0.9802	0.99	85.155	−0.050
2	283	0.11	1.100	− 0.11079	0.19877	−0.784	−0.109
3	8684	0.21	2.100	−0.17938	−0.05632	−38.943	0.059
4	283	0.31	3.100	−0.04688	−0.04501	−0.332	0.070
5	8684	0.41	4.100	−0.00189	−0.01197	−0.410	0.025
6	283	0.51	5.100	0.00837	0.00191	0.059	−0.005
8	3475	0.61	6.100	0.00307	0.0006	0.267	−0.002
			总计			45.012	−0.012

梁端边界条件力，按 $\lambda L=3.173$，以内插法查表可得：$A_L=0.00169$，$B_L=-0.00069$，$C_L=0.00307$，$D_L=0.00060$，$E_L=4.00003$，$F_L=0.00554$，代入式 (7.68)，则梁端边界条件力如下：

$$P_A=P_B=(E_L+F_L)\left[(1+D_L)Q_a+\lambda(1-A_L)M_a\right]$$
$$=(4.00003+0.00554)\Big[(1+0.0006)\times(-0.012)$$

$$+5.117\times(1-0.00169)\times45.012\Big]\text{N}$$
$$=920.981\text{N}$$

$$M_A=-M_B=-\left(E_L+F_L\right)\left[\left(1+C_L\right)\frac{Q_a}{2\lambda}+\left(1-D_L\right)M_a\right]$$
$$=-\left(4.00003+0.00554\right)\left[\left(1+0.00307\right)\times\left(\frac{-0.012}{2\times5.117}\right)\right.$$
$$\left.+\left(1-0.00060\right)\times45.012\right]\text{N}\cdot\text{m}$$
$$=-180.186\text{N}\cdot\text{m}$$

由于对称，只计算 o 点左半部分荷载的影响，然后将其乘以 2 即得各个点的弯矩值，计算表格如表 7.3～ 表 7.6。弯矩图如图 7.39。

表 7.3　o 点的弯矩

	外荷载和边界条件力	距 o 点/m	λ_x	C_x	D_x	M_o
1	F_a=3475N	0.3	0.952	−0.05631	−0.04929	−4.077
2	F_c=283N	0.2	0.635	−0.17938	−0.05632	−1.058
3	F_d=8684N	0.1	0.317	−0.11079	0.19877	−20.044
4	F_o=283N	0	0.000	1	1	5.896
5	F_A=920.981N	0.31	0.984	−0.03831	− 0.04069	−0.735
6	M_A=−180.186N·m	0.31	0.984	− 0.04688	−0.04501	4.055
		总计				−15.963

M_o=2×(−15.963)N · m=−31.926N·m。

表 7.4　d 点的弯矩

	外荷载和边界条件力	距 d 点/m	λ_x	C_x	D_x	M_d
1	F_a=3475N	0.2	1.023	−0.00189	-0.01197	−0.039
2	F_c=283N	0.1	0.512	−0.17938	−0.05632	−0.302
3	F_d=8684N	0	0.000	1	1	51.690
4	F_o=283N	0.1	0.512	−0.17938	−0.05632	−0.302
5	F_A=920.981N	0.21	1.075	0.0572	−0.00735	0.314
6	M_A=−180.186N·m	0.21	1.075	0.0572	−0.00735	0.662
		总计				52.023

$M_d=2\times52.023\text{N}\cdot\text{m}=104.046\text{N}\cdot\text{m}$。

表 7.5 c 点的弯矩

	外荷载和边界条件力	距 c 点/m	λ_x	C_x	D_x	M_c
1	F_a=3475N	0.1	0.512	−0.17938	−0.05632	−5.667
2	F_c=283N	0	0.000	1	1	2.573
3	F_d=8684N	0.1	0.512	−0.17938	−0.05632	−14.161
4	F_o=283N	0.2	1.023	−0.00189	−0.01197	−0.005
5	F_A=920.981N	0.11	0.563	−0.15479	−0.06521	−1.296
6	M_A=−180.186N·m	0.11	0.563	−0.15479	−0.06521	5.875
		总计				−12.681

$M_c = 2 \times (-12.681)\text{N} \cdot \text{m} = -25.362\text{N} \cdot \text{m}$。

表 7.6 a 点的弯矩

	外荷载和边界条件力	距 a 点/m	λ_x	C_x	D_x	M_a
1	F_a=3475N	0	0.000	1	1	31.591
2	F_c=283N	0.1	0.512	−0.17938	−0.05632	−0.461
3	F_d=8684N	0.2	1.023	−0.00189	−0.01197	−0.149
4	F_o=283N	0.3	1.535	0.00307	0.0006	0.008
5	F_A=920.981N	0.01	0.051	0.98005	0.99	8.206
6	M_A=−180.186N·m	0.01	0.051	0.98005	0.99	−36.405
		总计				2.789

$M_a = 2 \times 2.789\text{N} \cdot \text{m} = 5.578\text{N} \cdot \text{m}$。

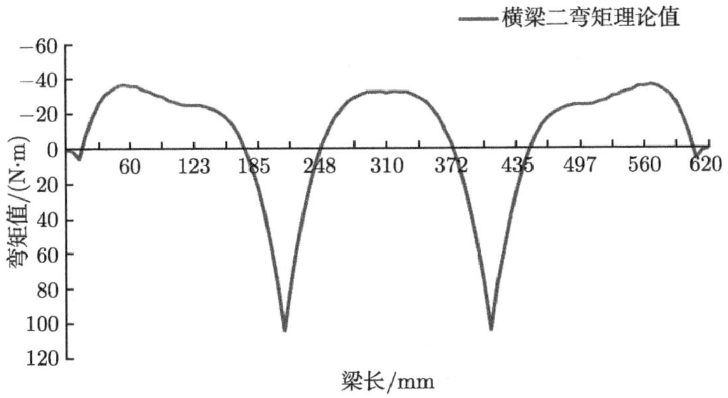

图 7.39 横梁二弯矩理论值

2) 竖梁一的内力计算

根据荷载分配结果，可得出竖梁一受力简图如图 7.40。

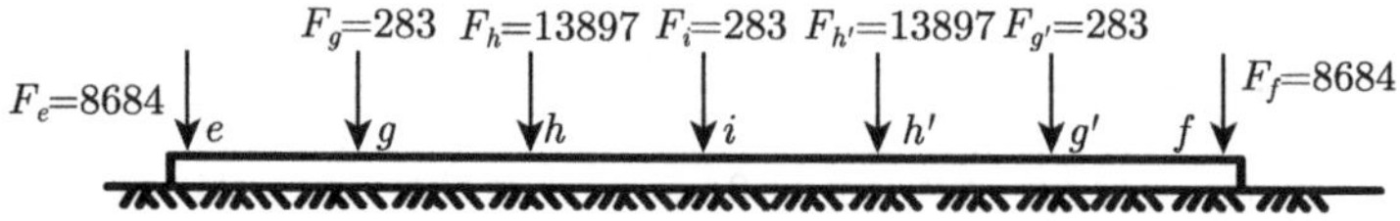

图 7.40　竖梁一受力示意图 (单位：N)

根据柔度系数 $\lambda = 5.117\text{m}^{-1}$，$\lambda L = 3.173\text{m}^{-1}$，竖梁也属于有限长梁。

计算无限长梁上相应于基础左端 a 处由外荷载引起的弯矩 M'_a 和剪力 Q'_a，对称情况下，$M'_b = M'_a = 45.102\text{N} \cdot \text{m}$，$Q'_b = -Q'_a = 0.012\text{N}$，其弯矩和剪力如表 7.7。

表 7.7　弯矩和剪力

	外荷载/N	距 i 点/m	λ_x	C_x	D_x	$M/(\text{N} \cdot \text{m})$	Q/N
1	8684	0.01	0.100	0.9802	0.99	212.801	−0.050
2	283	0.11	1.100	−0.11079	0.19877	−0.784	−0.109
3	13897	0.21	2.100	−0.17938	−0.05632	−62.321	0.059
4	283	0.31	3.100	−0.04688	−0.04501	−0.332	0.070
5	13897	0.41	4.100	−0.00189	−0.01197	−0.657	0.025
6	283	0.51	5.100	0.00837	0.00191	0.059	−0.005
8	8684	0.61	6.100	0.00307	0.0006	0.666	−0.002
		总计				149.434	−0.012

梁端边界条件力代入式 (7.68)，可得

$$\begin{aligned}P_A = P_B &= (E_L + F_L)\left[(1 + D_L) Q_a + \lambda (1 - A_L) M_a\right] \\ &= (4.00003 + 0.00554)\left[(1 + 0.0006) \times (-0.012)\right. \\ &\quad \left. + 5.117 \times (1 - 0.00169) \times 149.434\right]\text{N} \\ &= 3057.65\text{N}\end{aligned}$$

$$\begin{aligned}M_A = -M_B &= -(E_L + F_L)\left[(1 + C_L)\frac{Q_a}{2\lambda} + (1 - D_L) M_a\right] \\ &= -(4.00003 + 0.00554)\left[(1 + 0.00307) \times \left(\frac{-0.012}{2 \times 5.117}\right)\right. \\ &\quad \left. + (1 - 0.00060) \times 149.434\right]\text{N} \cdot \text{m} \\ &= -598.204\text{N} \cdot \text{m}\end{aligned}$$

由于竖梁受荷对称，只计算 o 点左半部分荷载的影响，然后将其乘以 2 即得各个点的弯矩值，计算表格见表 7.8～ 表 7.11，弯矩图如图 7.41。

表 7.8 i 点的弯矩

	外荷载和边界条件力	距 i 点/m	λ_x	C_x	D_x	M_i
1	F_e=8684N	0.3	0.9519	−0.05631	−0.04929	−10.187
2	F_g=283N	0.2	0.6346	−0.17938	−0.05632	−1.058
3	F_h=13897N	0.1	0.3173	−0.11079	0.19877	−32.076
4	F_i=283N	0	0	1	1	5.896
5	F_E=3057.65N	0.31	0.98363	−0.03831	−0.04069	−2.440
6	M_E=−598.204N·m	0.31	0.98363	−0.04688	−0.04501	13.463
		总计				−26.402

$M_i = 2 \times (-26.402)\text{N} \cdot \text{m} = -52.804\text{N} \cdot \text{m}$。

表 7.9 h 点的弯矩

	外荷载和边界条件力	距 h 点/m	λ_x	C_x	D_x	M_h
1	F_e=8684N	0.2	1.023	−0.00189	−0.01197	−0.098
2	F_g=283N	0.1	0.512	−0.17938	−0.05632	−0.302
3	F_h=13897N	0	0.000	1	1	82.720
4	F_i=283N	0.1	0.512	−0.17938	−0.05632	−0.302
5	F_E=3057.65N	0.21	1.075	0.0572	−0.00735	1.041
6	M_E=−598.204N·m	0.21	1.075	0.0572	−0.00735	2.198
		总计				85.257

$M_h = 2 \times 85.257\text{N} \cdot \text{m} = 170.514\text{N} \cdot \text{m}$。

表 7.10 g 点的弯矩

	外荷载和边界条件力	距 g 点/m	λ_x	C_x	D_x	M_g
1	F_e=8684N	0.1	0.512	−0.17938	−0.05632	−16.932
2	F_g=283N	0	0.000	1	1	3.076
3	F_h=13897N	0.1	0.512	−0.17938	−0.05632	−27.096
4	F_i=283N	0.2	1.023	−0.00189	−0.01197	−0.006
5	F_E=3057.65N	0.11	0.563	−0.15479	−0.06521	−5.144
6	M_E=−598.204N·m	0.11	0.563	−0.15479	−0.06521	19.504
		总计				−26.598

$M_g = 2 \times (-26.598)\text{N} \cdot \text{m} = -53.196\text{N} \cdot \text{m}$。

表 7.11 e 点的弯矩

	外荷载和边界条件力	距 e 点/m	λ_x	C_x	D_x	M_e
1	F_e=8684N	0	0.000	1	1	78.945
2	F_g=283N	0.1	0.512	−0.17938	−0.05632	−0.461
3	F_h=13897N	0.2	1.023	−0.00189	−0.01197	−0.239
4	F_i=283N	0.3	1.535	0.00307	0.0006	0.008
5	F_E=3057.65N	0.01	0.051	0.98005	0.99	27.242
6	M_E=−598.204N·m	0.01	0.051	0.98005	0.99	−98.704
		总计				6.791

$M_e = 2 \times 6.791\text{N} \cdot \text{m} = 13.582\text{N} \cdot \text{m}$。

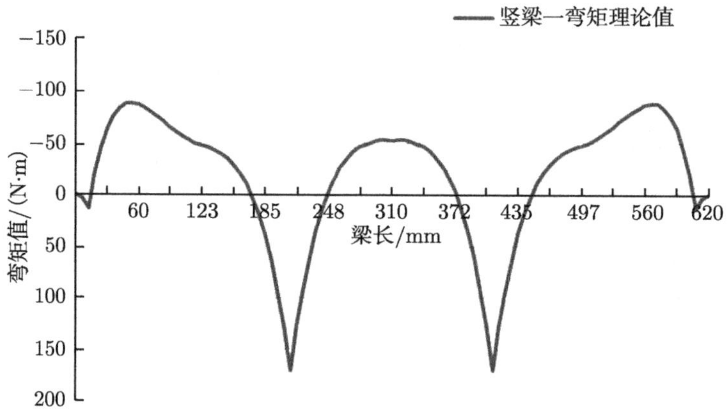

图 7.41　竖梁一弯矩理论值

3. 对比分析

经计算，在得出横梁二以及竖梁一的弯矩理论值之后，将其余试验所得数据进行对比分析，可得图 7.42 及图 7.43。

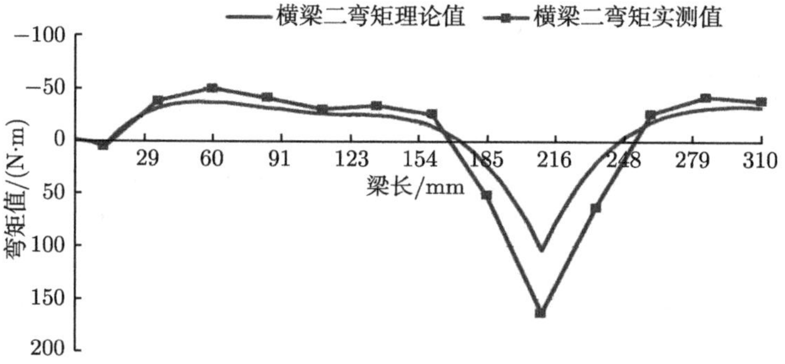

图 7.42　横梁二弯矩理论值与实测值对比图

由图 7.42 及图 7.43 可以看出，试验结果和理论值的分布趋势基本一致，但是在节点以及跨中部分的弯矩值相差较大。首先对于横梁二，由图 7.42 中可以看出，横梁二弯矩的实测值与理论值差别不大，且分布情况基本保持一致。而对于竖梁一，由图 7.43 可以看出，上半部分边跨及节点的弯矩实测值较理论值均较小，而下半部分节点的弯矩值较理论值大。由此说明在结构抗滑的过程中，竖梁主要是下半部分受力，弯矩分布呈现上小下大的趋势，而并非如理论计算结果中呈现的上下对称分布。

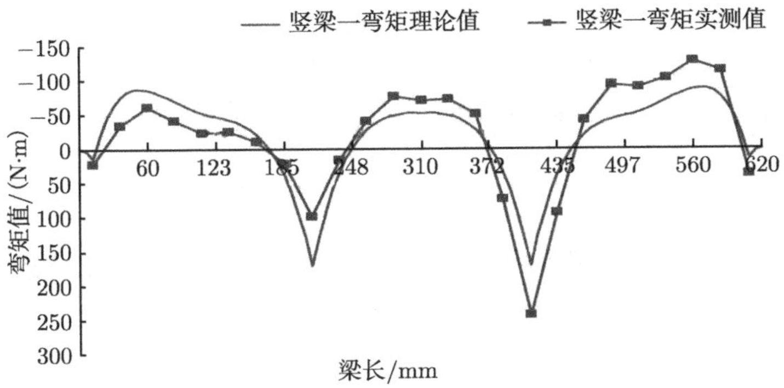

图 7.43 竖梁一弯矩理论值与实测值对比图

因此，采用 Winkler 地基梁的计算模型得出的弯矩分布图只能够在一定程度上反映筏板式格构梁的受力状态，但是理论计算结果与实际的结构弯矩分布有一定的出入，该计算方法可以作为简要分析的依据。

7.5.5 结构的设计优化

通过理论计算结果与试验测试数据计算结果的对比，分析结构受力特点，进行结构的优化。

1. 格构梁的间距

$$S = \left(\frac{4}{21} \sim \frac{1}{3}\right) L - \left(\frac{5}{7} \sim 5\right) + \frac{a}{2} \tag{7.73}$$

格构梁的间距参考上式进行计算 [124]，但是需要注意的是格构梁的间距过大会造成局部应力集中，间距过小则会产生群锚效应，降低整体结构的加固效果。在工程实际中，格构梁的间距一般设计为 3~5m。

2. 悬臂梁长度

格构梁上边缘锚索设置适当长度的悬臂段，当悬臂段太短的时候，梁端的地基反力急剧增大；当悬臂段太长的时候，梁端的地基反力会太小而影响加固效果。

在制作试验模型的过程中，因未合理考虑悬臂段的长度，当后期安设边缘锚索的时候，不仅实际操作困难，而且在加载过程中，结构边缘部分也易发生断裂等破坏情况。因此，依据相关规范，设置合理的悬臂梁长度，取值 $(0.3\sim0.5)S$ [124]。

3. 锚索的最优锚固角

最优锚固角的设计要综合考虑施工条件、经济以及滑坡体结构的整体性等多个综合因素。因此，为了能使结构有更好的加固效果，在土质滑坡加固工程中应该综合考虑以上几种因素，从而确定出锚索的最优锚固角。

从施工条件方面考虑，锚固角按照下式进行计算 [125]：

$$\beta = \frac{45^\circ}{A+1} + \frac{2A+1}{2(A+1)}\varphi - \alpha \tag{7.74}$$

从锚索对岩土体能够提供的最大抗滑力考虑，锚固角按照下式进行计算：

$$\beta = \varphi - \alpha \tag{7.75}$$

从工程经济性方面考虑，理论分析表明，锚索满足下式是最经济的 [126]：

$$\beta = \alpha - (45^\circ + \varphi/2) \tag{7.76}$$

式中，β—锚固角，锚索与水平面的夹角 (°)；

α—滑面倾角 (°)；

φ—滑面内摩擦角 (°)。

4. 锚索锚固段的长度

由试验结果可以看出, 剪应力并不是均布的, 而是在滑面附近产生高度的应力集中。计算中认为剪应力沿全长分布, 这样是偏于危险的，建议参照以下方法进行锚索锚固段长度的计算。

对于预应力锚索来说，长度一般不超过 50m，而一般内锚固段长度不宜大于 10m。

(1) 按锚索体从胶结体中拔出，计算锚固长度 (单位: m)

$$L_{\mathrm{m1}} = KT/(\mu\pi d C_1) \tag{7.77}$$

(2) 按胶结体与锚索体一起沿孔壁滑移，计算锚固长度 (单位: m)

$$L_{\mathrm{m2}} = KT/(\pi D C_2) \tag{7.78}$$

式中，T—设计锚固力；

K—安全系数，取值 2.0~4.0；

n—钢绞线根数；

d—钢绞线直径 (mm)；

D—孔径 (mm)。

根据链子崖危岩锚固工程等经验，推荐内锚固长度，经验法比理论法更为重要，如表 7.12 所示。

表 7.12 锚固长度推荐值表

序号	吨位	内锚固段长度
1	3000kN 级以上	7~8m
2	3000~2000kN 级	6~7m
3	2000~1000kN 级	5~6m
4	1000kN 级以下	4~5m

5. 锚索间距

锚索布置间距宜为 4~10m。当锚索间距小于 4m 时，应进行群锚效应分析。

(1)《VSL 锚固设计施工规范》中推荐公式如下：

$$D = 1.5\sqrt{L \times d/2} \tag{7.79}$$

(2)《滑坡防治工程设计与施工技术规范》中推荐公式如下：

$$D = \ln(T^2 \times L/\rho) \tag{7.80}$$

式中，D—锚索最小间距 (m)；

L—锚索长度 (m)；

d—锚索钻孔孔径 (m)；

T—设计锚固力 (kN)；

ρ—修正系数，取 10^{-5}(kN·m)。

6. 筏板基础

在实际的基础工程中，筏形基础的设计主要包括以下内容：

(1) 确定筏板底面尺寸；

(2) 确定筏板厚度；

(3) 筏板内力计算与配筋 [125]。

在本次模型试验中，筏板基础采用 M20 砂浆进行预制，且其底面积与其上部格构梁的面积相同。在制作试验模型的过程中发现，筏板基础的厚度不宜过厚，应根据实际工程情况选取厚度，避免施工过程中的困难。

筏板基础一般分为平板式和梁板式，此处建议选用平板式筏板，相对于梁板式筏板基础施工比较方便，可操作性强。在今后的设计中，建议适当扩大筏板基础的面积，以避免上部格构梁产生边缘破坏。对于平板式筏基，其挑出长度对于横向来说，不应该大于 1000mm，纵向不应该大于 600mm。筏板混凝土强度等级不应低于 C30，当有防水要求时混凝土的抗渗等级不应低于 S6。

7.6　隧道进出口边坡落石排导结构

针对公路隧道进出口边坡落石频发区域交通安全通行问题，研发了落石速排结构技术 [127]。

7.6.1　落石速排结构构造

用于山区公路防护的边坡滚石速排结构 (图 7.44～ 图 7.47)，由导石梯 1、导石网 2 和支撑架 3 组成；导石梯 1 的外形为向下弯曲的弧形，弧形内端的高度最高，弧形外端的高度高于弧形的最低点；导石梯 1 上侧面设置有与导石梯 1 走向匹配的导石槽；导石梯 1 横跨在山区公路 A 上方，导石梯 1 内端与山区公路 A 内侧边

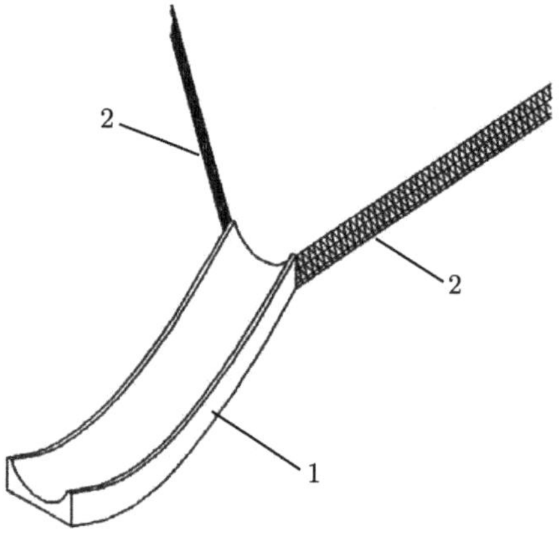

图 7.44　导石梯和导石网的分布关系图示

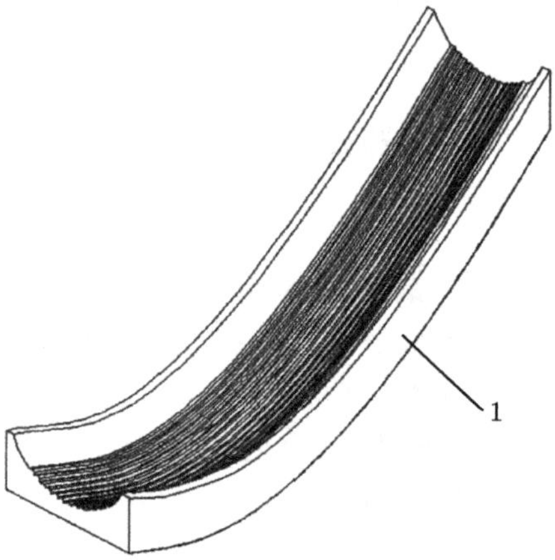

图 7.45　设置耐磨齿后的导石梯结构图示

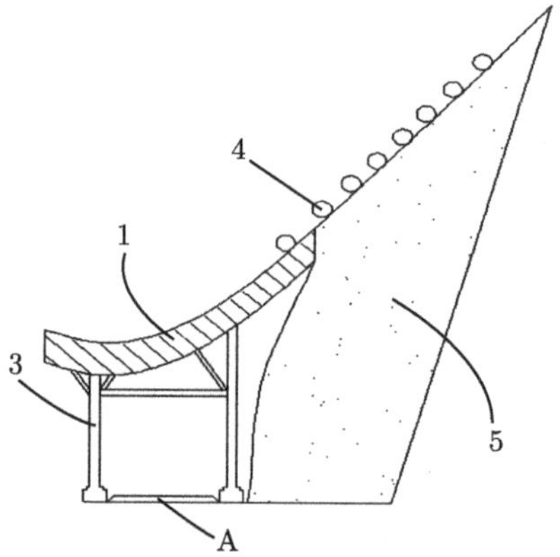

图 7.46　导石梯、导石网和支撑架的分布关系图示

坡的上端边沿相连，导石梯 1 外端延伸至山区公路 A 外侧；所述支撑架 3 上端与导石梯 1 下部相连，支撑架 3 下端与山区公路 A 两侧的路基连接；所述导石网 2 设置于边坡上的滚石隐患区外围，导石网 2 呈漏斗状分布，漏斗的底部设置有缺口，缺口与导石槽连通。

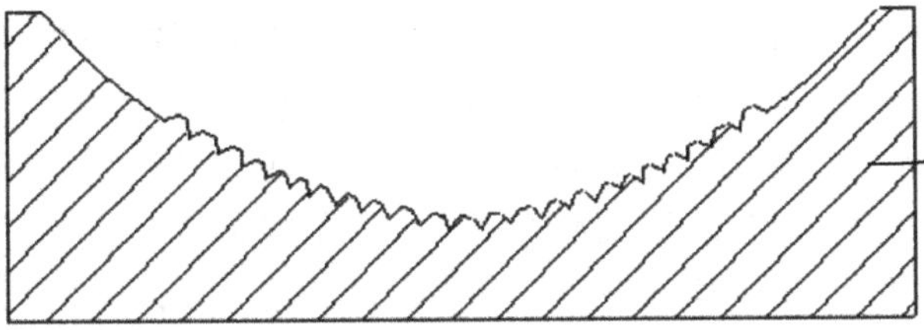

图 7.47 耐磨齿后的导石槽断面

7.6.2 落石速排结构原理

将导石梯、导石网和支撑架布置完善后，正常情况下，车辆从导石梯下方通行，当发生滚石灾害时，滑落的滚石会在导石网的阻挡和导向作用下滚入导石梯上的导石槽内，然后在导石槽导向作用下，滚石就会被抛向山区公路外侧的深沟，从而避免滚石掉落至公路上，并且滚石也不会在防护结构上淤积，保证防护结构长期有效；另外滚石是逐渐滚动至导石梯上的，滚石对防护结构的瞬间冲击也相对较小。

7.6.3 落石速排结构实施方式

导石槽的截面由两个内凹的圆弧段拼接而成，导石槽截面上的最低点记为中点，左侧的圆弧段的圆心位于中点的水平右侧，右侧的圆弧段的圆心位于中点的水平左侧，两个圆弧段半径相同、互相对称。相比于圆弧截面，这种截面的导石槽可有效抑制滚石的左右晃动，利于滚石的快速排出。

导石槽表面设置有多条耐磨齿，耐磨齿的延伸方向与导石槽走向匹配；单条耐磨齿表面锚固有多条金属耐磨体，金属耐磨体的延伸方向与耐磨齿的延伸方向匹配，多条金属耐磨体沿耐磨齿周向分布。

耐磨齿的截面为梯形，梯形的上侧面、左侧面和右侧面各设置有一条金属耐磨体，采用废旧钢轨制作。

导石网 2 采用 SNS 柔性防护网。弧形的最低点记为 B 点，弧形外端对应的点记为 C 点，弧形上 C 点与 B 点之间的区段记为反翘段，反翘段为圆弧，圆弧的圆心位于 B 点正上方，C 点与 B 点之间连线与水平方向的夹角为 $8^\circ \sim 10^\circ$。

7.7　结构体靶向锚固技术

当岩石边坡以危岩形式存在时，把危岩体看成结构体，在岩石边坡危岩工程治理中，当不具备采用支撑技术及清除条件时，通常采用锚固技术进行灾害治理 [128]。锚固技术主要适用于压剪破坏型危岩以及拉剪破坏型危岩，如图 7.48~图 7.50 所示，利于充分发挥锚杆结构的抗拉能力，其中对于拉剪破坏型危岩，在有一定支撑条件时，可采用支撑–锚固联合支护 [129]。在进行危岩锚固治理设计时，将伸入危岩主控结构面后部母岩的长度作为锚固段长度，如果母岩岩体比较破碎，锚固段长度应以最内侧卸荷裂隙后部的锚杆长度作为锚固段 [57]。

图 7.48　重庆奉节大树危岩

图 7.49　鲁南抱犊崮危岩

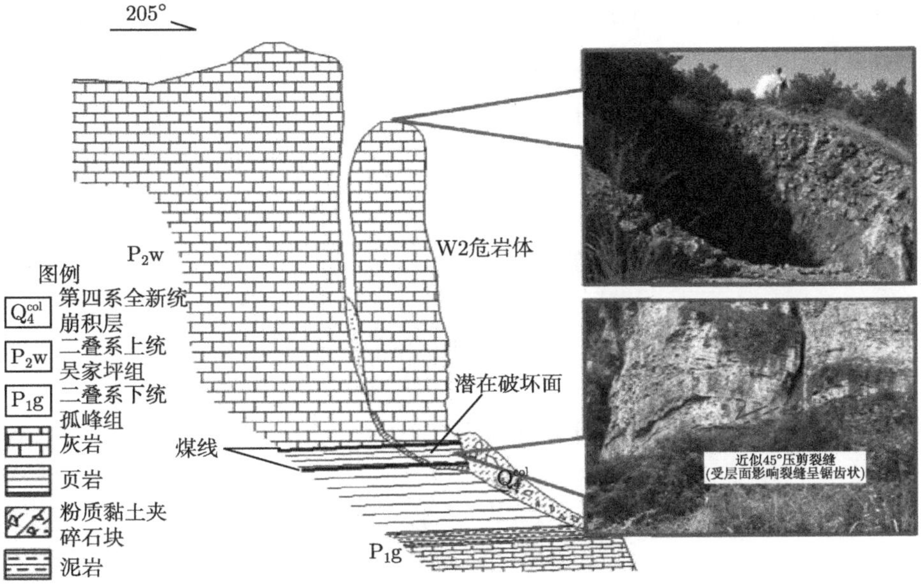

图 7.50 望霞危岩地质剖面图

7.7.1 危岩锚固工程锚杆数量计算方法

1. *压剪破坏型危岩*

压剪破坏型危岩锚固计算模型如图 7.51 所示。要求治理后危岩体的稳定系数 $F_s \geqslant F_{st}$。将作用在危岩体上的所有荷载凝聚到主控结构面，分别得到法向作用力 N 和切向作用力 T 的计算式:

$$N = (W + P_v)\cos\beta - P_h\sin\beta - Q + P_0\sin(\alpha + \beta) \tag{7.81}$$

$$T = (W + P_v)\sin\beta + P_h\cos\beta - P_0\cos(\alpha + \beta) \tag{7.82}$$

假定 N 和 T 沿主控结构面均匀分布，据此可得到法向应力 σ 和剪应力 τ，并据 Mohr-Coulomb 强度准则，得到锚固后危岩稳定系数计算式为

$$F_s = \frac{cHl + N\sin\beta\tan\varphi}{T\sin\beta} \geqslant F_{st} \tag{7.83}$$

即

$$cHl + N\sin\beta\tan\varphi \geqslant F_{st}T\sin\beta \tag{7.84}$$

将 N 和 T 代入式 (7.84)，整理得

$$P_0 \geqslant \frac{1}{B_1}[B_2(W + P_v) + B_3P_h + B_4c + B_5Q] \tag{7.85}$$

式中，$B_1 = \sin\beta[\sin(\alpha+\beta)\tan\varphi + F_{st}\cos(\alpha+\beta)]$；

$B_2 = \sin\beta(F_{st}\sin\beta - \cos\beta\tan\varphi)$；

$B_3 = \sin\beta(F_{st}\cos\beta + \sin\beta\tan\varphi)$；

$B_4 = -Hl$；

$B_5 = \sin\beta\tan\varphi$。

单根锚杆的承载力 $[P]$ 计算式为

$$[P] = \pi D l_m [\tau_0] \tag{7.86}$$

则该危岩锚固工程所需锚杆数计算式如下：

$$n = \left\langle \frac{P_0}{[P]} \right\rangle + 1 \tag{7.87}$$

式中，$\langle\cdot\rangle$ 表示取整。

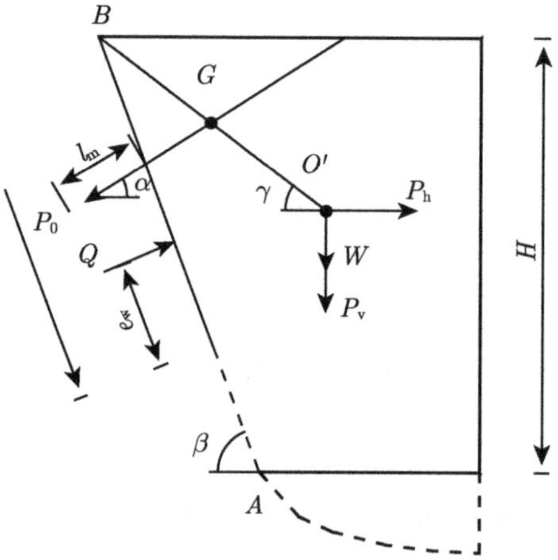

图 7.51　压剪破坏型危岩锚固计算模型

2. 拉剪破坏型危岩

根据危岩体重心和倾覆点之间的相对位置，可将拉剪破坏型危岩分成两种情况，重心位于倾覆点内侧时的锚固计算模型如图 7.52 所示，重心位于倾覆点外侧时的锚固计算模型如图 7.53 所示，均要求治理后危岩体的稳定系数 $F_s \geqslant F_{st}$。

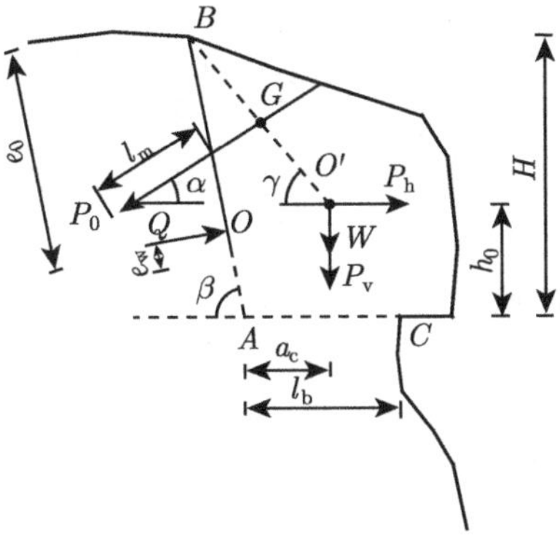

图 7.52 重心位于倾覆点内侧时拉剪破坏型危岩锚固计算模型

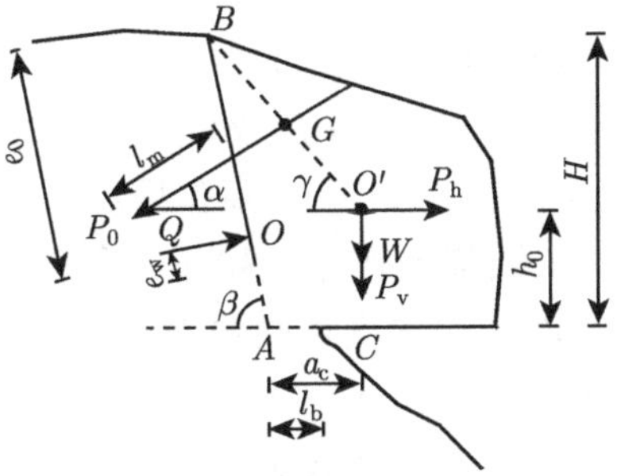

图 7.53 重心位于倾覆点外侧时拉剪破坏型危岩锚固计算模型

情况一：危岩体重心位于倾覆点内侧。为简化计算，假定锚杆穿过主控结构面顶端点 B 和危岩体重心 O' 连线的中点 G 且倾角为 α，BO' 线的倾角为 γ，则危岩倾覆点 C 至锚杆轴线的垂直距离 d_0 计算式为

$$d_0=\sqrt{(A_0-l_b)^2+B_0^2} \tag{7.88}$$

$$A_0=\frac{1}{1+\tan^2\alpha}\left[\left(a_c-\frac{d}{2}\cos\gamma\right)\tan^2\alpha+l_b-\left(1+\frac{d}{2}\sin\gamma\right)\tan\alpha\right],$$

式中，

$$B_0=\frac{1}{\tan\alpha}\left\{l_b-\frac{1}{1+\tan^2\alpha}\left[\left(a_c-\frac{d}{2}\cos\gamma\right)\tan^2\alpha+l_b-\left(1+\frac{d}{2}\sin\gamma\right)\tan\alpha\right]\right\}$$

考虑锚固作用后危岩稳定系数计算式为

$$F_s = \frac{(W+P_v)a + \frac{1}{2}l_b^2 l f_{ok} + \frac{H-e}{2\sin\beta}\left(\frac{H-e}{2\sin\beta} + l_b\cos\beta\right) l f_{lk} + P_0 d_0}{P_h h_0 + Q\frac{e_1 + 3(H-e) + \frac{3}{2}l_b \sin 2\beta}{3\sin\beta}} \geqslant F_{st} \quad (7.89)$$

整理得所需锚固荷载 P_0 计算式为

$$P_0 \geqslant \frac{1}{d_0}\left\{F_{st}\left[P_h h_0 + Q\frac{e_1 + 3(H-e) + \frac{3}{2}l_b\sin 2\beta}{3\sin\beta}\right] - (W+P_v)a - \frac{1}{2}l_b^2 l f_{ok} - \frac{H-e}{2\sin\beta}\left(\frac{H-e}{2\sin\beta} + l_b\cos\beta\right) l f_{lk}\right\} \quad (7.90)$$

联合式 (7.86)、(7.87) 和 (7.90)，可得锚固工程所需锚杆数 n。

根据四种荷载组合，由式 (7.87) 确定所需锚杆数，以所需锚杆数最多的荷载组合为设计荷载。锚杆数 n 围绕图 7.52 中 G 点按照相关技术规范要求予以布置。

情况二：危岩体重心位于倾覆点外侧。为简化计算，假定锚杆穿过主控结构面顶端点 B 和危岩体重心 O' 连线的中点且倾角为 α，BO' 线的倾角为 γ。则危岩倾覆点 C 至锚杆轴线的垂直距离 d_0 由式 (7.88) 计算。

考虑锚固作用后危岩稳定系数计算式为

$$F_s = \frac{\frac{1}{2}l_b^2 l f_{ok} + \frac{H-e}{\sin\beta}\left(\frac{H-e}{2\sin\beta} + l_b\cos\beta\right) l f_{lk} + P_0 d_0}{P_h h_0 + (W+P_v)a + Q\frac{e_1 + 3(H-e) + \frac{3}{2}l_b\sin 2\beta}{3\sin\beta}} \geqslant F_{st} \quad (7.91)$$

整理得

$$P_0 \geqslant \frac{1}{d_0}\left\{F_{st}\left[P_h h_0 + (W+P_v)a + Q\frac{e_1 + 3(H-e) + \frac{3}{2}l_b\sin 2\beta}{3\sin\beta}\right] - \frac{1}{2}l_b^2 l f_{ok} - \frac{H-e}{\sin\beta}\left(\frac{H-e}{2\sin\beta} + l_b\cos\beta\right) l f_{lk}\right\} \quad (7.92)$$

联合式 (7.86)、(7.87) 和 (7.92)，可得锚固工程所需锚杆数 n。

根据四种荷载组合 [128]，由式 (7.87) 确定所需锚杆数，以所需锚杆数最多的荷载组合为设计荷载。锚杆数 n 围绕图 7.53 中 G 点，按照相关技术规范要求予以布置。

7.7.2 算例分析

重庆万州太白岩岩层产状平缓，为软硬相间的砂岩和泥岩互层组合，其中侏罗系上统上沙溪庙组第三段第九岩性层的厚层、巨厚层状长石石英砂岩和长石砂岩组成的三级陡崖呈带状分布，三级陡崖之间为泥岩夹层。陡崖上危岩广泛发育，由砂岩组成，砂岩和泥岩接触部位的泥岩出露处发育有岩腔。区域地震基本烈度为Ⅵ度。初步探明，太白岩有 305 个典型危岩，选取 W200#危岩进行锚固工程计算。工程所在区内，砂岩的黏结力为 400kPa、内摩擦角为 39°，危岩主控结构面贯通段黏结力 18kPa、内摩擦角 13°，岩石容重 25.6kN/m^3。W200#危岩相关参数为 $L = 22\text{m}$，宽 $B = 17\text{m}$，$H = 34\text{m}$，$[\tau_0]$=480kPa，$f_{\text{ok}} = 28\text{kPa}$，$f_{\text{lk}} = 516\text{kPa}$，$D = 20\text{cm}$，$\alpha = 20°$，$l_{\text{m}}$=6m。

由于 W200#危岩属于拉剪破坏型危岩，其中心位于倾覆点外侧，利用式 (7.92) 得到 $P_0 \geqslant 45516\text{kN}$，且由式 (7.86) 得到单根锚杆承载力 $[P] = 1808\text{kN}$，则由式 (7.87) 得到该危岩锚固工程所需锚杆数为 26，其设计方案和治理工程如图 7.54 所示。该工程于 2003 年完成，迄今治理效果良好。

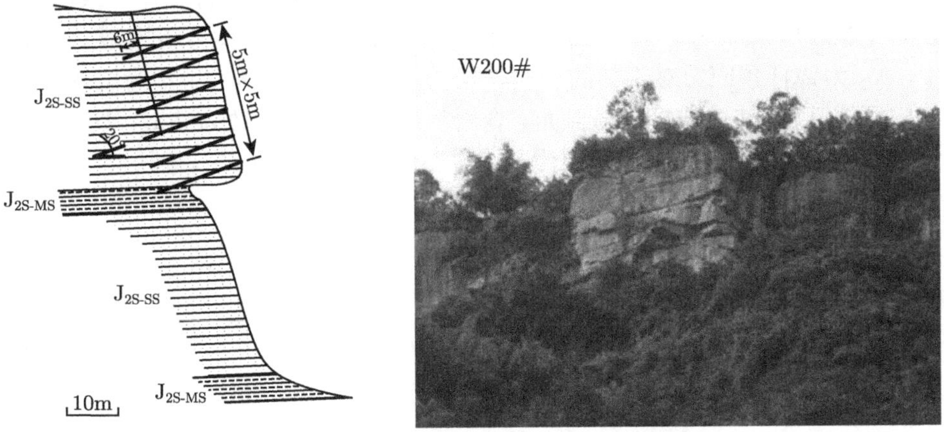

图 7.54 万州太白岩 W200#危岩锚固结构

7.8 边坡等效锚固技术 [130]

把布设锚杆以后的裂隙岩体视为一个性质均一、各向同性或各向异性的综合体的过程称为等效，此综合体称为等效连续体。具有典型各向异性特征的锚固岩体通过等效以后形成的等效连续体, 可以利用有限元、离散元等数值计算方法进行锚固岩体的变形及稳定性分析。本书从裂隙岩体最基本的法向、切向强度系数及强度指标 c、φ 出发，进行锚固岩体的等效连续体研究，旨在为相关工程的设计提供准确、快速的参数计算方法，尤其在边坡及地基的大面积锚固时更具实用价值。

7.8.1 刚度系数等效过程

利用锚杆锚固岩体，尤其是预应力锚杆主要依靠锚杆预应力施加于岩体的反力，通过改善岩体的整体性来体现锚固效果。在进行大面积锚固时，由于锚杆数量大，用耦合分析法就变得繁琐且难于实现，而通过考虑岩石和锚杆共同作用的整体效应，即通过参数等效，从而使计算方法得以大大简化。

1. 基本假定

(1) 岩体中结构面有规律地成组分布，且遍及整个岩体；

(2) 锚杆在各组结构面中是连续的、平行的；

(3) 锚杆与岩体的变形相容；

(4) 岩体属于弹性介质。

2. 一组结构面等效模型

裂隙岩体中有一组结构面，每条结构面的开度、产状等具有统计一致性，结构面之间完整岩层 (岩块) 的厚度、产状近似一致。建立锚固岩体分析模型如图 7.55。图中，N_{g} 为锚杆预应力对岩体的反向作用力，模型的高度为 L，h 为岩块厚度，e 为结构面的开度，θ 为锚杆入射倾角。令岩块的法向刚度系数为 K_{rn}、切向刚度系数为 K_{rt}，结构面的法向刚度系数为 K_{jn}、切向刚度系数为 K_{jt}，则

$$T = N_{\mathrm{g}}\cos\theta,\quad N = N_{\mathrm{g}}\sin\theta \tag{7.93}$$

结构面的层数为

$$m = (L-h)/(h+e) \tag{7.94}$$

岩块的层数为

$$n = m+1 = (L+e)/(h+e) \tag{7.95}$$

根据固体力学基本原理：法向位移 = 法向力/法向刚度系数，切向位移 = 切向力/切向刚度系数，结合图 7.55 可得

$$\Delta h = N\left(\sum_{i=1}^{m}\frac{1}{K_{jni}}+\sum_{i=1}^{n}\frac{1}{K_{rni}}\right) \tag{7.96}$$

$$\Delta b = T\left(\sum_{i=1}^{m}\frac{1}{K_{jti}}+\sum_{i=1}^{n}\frac{1}{K_{rti}}\right) \tag{7.97}$$

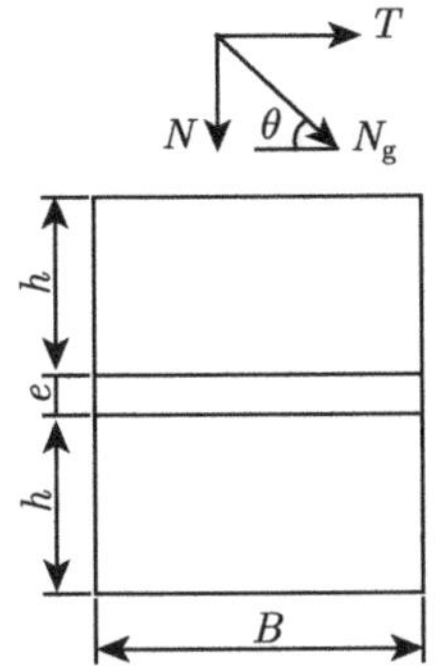

图 7.55 具有一组结构面岩体等效模型

再令该模型等效以后的等效法向及切向刚度系数分别为 K_n 和 K_t，则

$$\Delta h = N/K_n, \quad \Delta b = T/K_t \tag{7.98}$$

进而

$$\frac{1}{K_n} = \sum_{i=1}^{m} \frac{1}{K_{jni}} + \sum_{i=1}^{n} \frac{1}{K_{rni}} \tag{7.99}$$

$$\frac{1}{K_t} = \sum_{i=1}^{m} \frac{1}{K_{jti}} + \sum_{i=1}^{n} \frac{1}{K_{rti}} \tag{7.100}$$

式 (7.99) 和 (7.100) 为等效法向、切向刚度系数与岩层及结构面相应参数的关系式。

3. 两组结构面等效模型

图 7.56 为具有两组结构面的锚固岩体分析模型，模型高度为 L，其他尺寸如图示。根据变形叠加原理，图中 (a) 可视为由 (b)、(c) 叠加而成，图中，h_1 和 h_2 分别为两组岩体结构面之间岩块的厚度，e_1 和 e_2 分别为两组岩体结构面的开度，β_1 和 β_2 分别为两组岩体结构面与水平面的夹角。

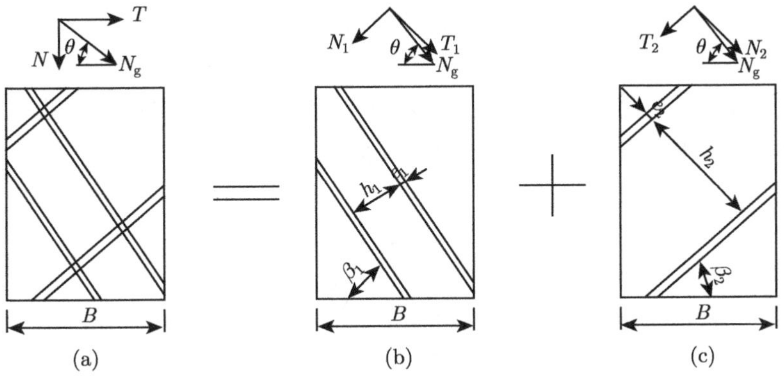

图 7.56 具有两组结构面的锚固岩体分析模型

由图 7.56(b) 可得

$$T_1 = N_{\mathrm{g}} \cos(\theta - \beta_1) \tag{7.101}$$

$$N_1 = N_{\mathrm{g}} \sin(\theta - \beta_1) \tag{7.102}$$

由图 7.56(c) 可得

$$T_2 = -N_{\mathrm{g}} \cos(\theta + \beta_2) \tag{7.103}$$

$$N_2 = N_{\mathrm{g}} \sin(\theta + \beta_2) \tag{7.104}$$

第一组结构面的法向、切向刚度系数分别为 K_{jn1}、K_{jt1}，第二组结构面的法向、切向刚度系数分别为 K_{jn2}、K_{jt2}，则第一组结构面及岩块的层数分别为

$$m_1 = (L\cos\beta_1 - h_1)/(h_1 + e_1), \quad n_1 = (L\cos\beta_1 + e_1)/(h_1 + e_1)$$

第二组结构面及岩块的层数分别为

$$m_2 = (L\cos\beta_2 - h_2)/(h_2 + e_2), \quad n_2 = (L\cos\beta_2 + e_2)/(h_2 + e_2)$$

对图 7.56(b) 有

$$\Delta h_1 = m_1 \frac{N_1}{K_{jn1}} + n_1 \frac{N_1}{K_{rn1}} \tag{7.105}$$

$$\Delta b_1 = m_1 \frac{T_1}{K_{jt1}} + n_1 \frac{T_1}{K_{rt1}} \tag{7.106}$$

对图 7.56(c) 有

$$\Delta h_2 = m_2 \frac{N_2}{K_{jn2}} + n_2 \frac{N_2}{K_{rn2}} \tag{7.107}$$

$$\Delta b_2 = m_2 \frac{T_2}{K_{jt2}} + n_2 \frac{T_2}{K_{rt2}} \tag{7.108}$$

为便于进行各位移叠加，创建坐标系统如图 7.57，令水平向上与边坡倾向相反为正方向，垂直向下为正方向，即 x 轴、y 轴。

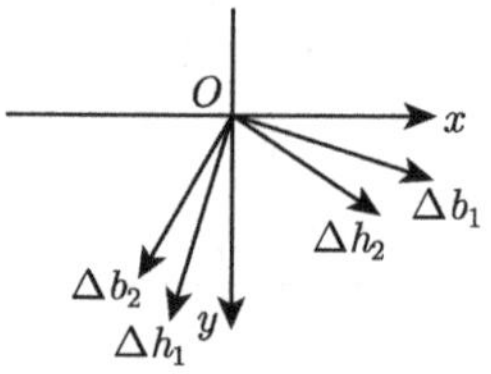

图 7.57　变形分析坐标系

沿 x 轴

$$\Delta b=\Delta b_1\cos\beta_1+\Delta h_2\sin\beta_2-\Delta b_2\cos\beta_2-\Delta h_1\sin\beta_1 \tag{7.109}$$

沿 y 轴

$$\Delta h=\Delta b_1\sin\beta_1+\Delta b_2\sin\beta_2+\Delta h_1\cos\beta_1+\Delta h_2\cos\beta_2 \tag{7.110}$$

令等效模型的法向、切向刚度系数分别为 K_n 和 K_t，则

$$N=N_{\rm g}\sin\theta \tag{7.111}$$

$$T=N_{\rm g}\cos\theta \tag{7.112}$$

$$\Delta b=\frac{T}{K_t} \tag{7.113}$$

$$\Delta h=\frac{N}{K_n} \tag{7.114}$$

综上可得

$$\begin{aligned}\frac{1}{K_t}=&\frac{L\cos\beta_1-h_1}{h_1+e_1}\frac{\cos(\theta-\beta_1)\cos\beta_1}{K_{jt1}\cos\theta}+\frac{L\cos\beta_1+e_1}{h_1+e_1}\frac{\cos(\theta-\beta_1)\cos\beta_1}{K_{rt1}\cos\theta}\\&+\frac{L\cos\beta_2-h_2}{h_2+e_2}\frac{\sin(\theta+\beta_2)\sin\beta_2}{K_{jn2}\cos\theta}\\&+\frac{L\cos\beta_2+e_2}{h_2+e_2}\frac{\sin(\theta+\beta_2)\sin\beta_2}{K_{rn2}\cos\theta}+\frac{L\cos\beta_2-h_2}{h_2+e_2}\frac{\cos(\theta+\beta_2)\cos\beta_2}{K_{jt2}\cos\theta}\\&+\frac{L\cos\beta_2+e_2}{h_2+e_2}\frac{\cos(\theta+\beta_2)\cos\beta_2}{K_{rt2}\cos\theta}\\&-\frac{L\cos\beta_1-h_1}{h_1+e_1}\frac{\sin(\theta-\beta_1)\cos\beta_1}{K_{jn1}\cos\theta}-\frac{L\cos\beta_1+e_1}{h_1+e_1}\frac{\sin(\theta-\beta_1)\sin\beta_1}{K_{rt1}\cos\theta}\end{aligned} \tag{7.115}$$

$$\begin{aligned}\frac{1}{K_n}=&\frac{L\cos\beta_1-h_1}{h_1+e_1}\frac{\cos(\theta-\beta_1)\sin\beta_1}{K_{jt1}\sin\theta}+\frac{L\cos\beta_1+e_1}{h_1+e_1}\frac{\cos(\theta-\beta_1)\sin\beta_1}{K_{rt1}\sin\theta}\\&-\frac{L\cos\beta_2-h_2}{h_2+e_2}\frac{\cos(\theta+\beta_2)\sin\beta_2}{K_{jt2}\sin\theta}\\&-\frac{L\cos\beta_2+e_2}{h_2+e_2}\frac{\cos(\theta+\beta_2)\sin\beta_2}{K_{rt2}\sin\theta}+\frac{L\cos\beta_1-h_1}{h_1+e_1}\frac{\sin(\theta-\beta_1)\cos\beta_1}{K_{jn1}\sin\theta}\\&+\frac{L\cos\beta_1+e_1}{h_1+e_1}\frac{\sin(\theta-\beta_1)\cos\beta_1}{K_{rn1}\sin\theta}\\&+\frac{L\cos\beta_2-h_2}{h_2+e_2}\frac{\sin(\theta+\beta_2)\cos\beta_2}{K_{jn2}\sin\theta}+\frac{L\cos\beta_2+e_2}{h_2+e_2}\frac{\sin(\theta+\beta_2)\cos\beta_2}{K_{rn2}\sin\theta}\end{aligned} \tag{7.116}$$

7.8.2　锚固岩体等效强度参数 c、φ 值的等效过程

1. 一组结构面等效模型

基本岩体模型如图 7.55 所示，模型的高度为 L。令岩块和结构面 1 的强度参数分别为 c'、φ' 和 c_1、φ_1。假定岩体及锚固岩体等效连续体的强度参数 c、φ 不相关。根据 Coulomb 强度理论

$$\tau_{\mathrm{f}} = c + \sigma \tan\varphi \tag{7.117}$$

有

$$\tau'_{\mathrm{f}} = c' + \sigma \tan\varphi' \tag{7.118}$$

$$\tau_{\mathrm{f1}} = c_1 + \sigma \tan\varphi_1 \tag{7.119}$$

其中

$$\sigma = \frac{N}{b} = N_{\mathrm{g}} \sin\frac{\theta}{b} \tag{7.120}$$

假定该岩体物理模型在水平面上有一定的形变，即模型在等效前后在水平面上受力相等，令为 F，则

$$F = \tau'_{\mathrm{f}} bhn + \tau_{\mathrm{f1}} bem = (c' + \sigma\tan\varphi')bh\frac{L+e}{h+e} + (c_1 + \sigma\tan\varphi_1)be\frac{L-h}{h+e} \tag{7.121}$$

再令岩体的等效强度参数为 c、φ，则 $F = (c + \sigma\tan\varphi)bL$，则

$$(c + \sigma\tan\varphi)L(h+e) = (c' + \sigma\tan\varphi')h(L+e) + (c_1 + \sigma\tan\varphi_1)e(L-h) \tag{7.122}$$

基于强度参数 c、φ 不相关的基本假定，由式 (7.57) 和 (7.58) 分别求得等效强度参数 c、φ 值与岩层及结构面相应参数的关系式

$$c = \frac{c'hL + c'he + c_1eL - c_1eh}{L(h+e)} \tag{7.123}$$

$$\sigma\tan\varphi \times L(h+e) = \sigma\tan\varphi \times h(L+e) + \sigma\tan\varphi_1 \times e(L-h)$$

$$\tan\varphi = \frac{\tan\varphi' \times hL + \tan\varphi' \times he + \tan\varphi_1 \times eL - \tan\varphi_1 \times eh}{L(h+e)} \tag{7.124}$$

2. 两组结构面等效模型

根据图 7.56，因为模型为小变形，可以采用变形叠加原理进行分析。令岩块、第一组、第二组结构面的强度指数分别为 c'、φ'、c_1、φ_1、c_2、φ_2(图 7.56(b)) 内与结构面平行的受剪面积 $b_1 = b/\cos\beta_1$，图 7.56(c) 内与结构面平行的受剪面积 $b_2 = b/\cos\beta_2$，又有

$$\sigma_1 = \frac{N_1}{b_1},\quad \sigma_2 = \frac{N_2}{b_2},\quad \tau_1 = \frac{T_1}{b_1},\quad \tau_2 = \frac{T_2}{b_2}$$

对岩体，$\tau' = c' + \sigma\tan\varphi'$；

对第一组结构面，$\tau_1 = c_1 + \sigma\tan\varphi_1$；

对第二组结构面，$\tau_2 = c_2 + \sigma\tan\varphi_2$。

图 7.56(b) 中，沿结构面方向的受力

$$F_1 = \tau' b_1 h_1 n_1 + \tau_1 b_1 e_1 m_1 = (c' + \sigma_1\tan\varphi')b_1 h_1 n_1 + (c_1 + \sigma_1\tan\varphi_1)b_1 e_1 m_1 \tag{7.125}$$

图 7.56(c) 中，沿结构面方向的受力

$$F_2 = \tau' b_2 h_2 n_2 + \tau_2 b_2 e_2 m_2 = (c' + \sigma_2\tan\varphi')b_2 h_2 n_2 + (c_2 + \sigma_2\tan\varphi_2)b_2 e_2 m_2 \tag{7.126}$$

令岩体等效强度指数为 c、φ，其 Coulomb 强度定律表达式为 $\tau = c + \sigma\tan\varphi$。

根据等效前后水平方向的受力相等，即 $\sum F_x = 0$, 得

$$(c + \sigma\tan\varphi)bL = F_1\cos\beta_1 + F_2\cos\beta_2 \tag{7.127}$$

把式 (7.125)、(7.126) 代入式 (7.127)，基于强度参数 c、φ 不相关的假定，分别可得

$$c = c'h_1\frac{L\cos\beta_1 + e_1}{L(h_1+e_1)} + c_1 e_1\frac{L\cos\beta_1 - h_1}{L(h_1+e_1)} + c'h_2\frac{L\cos\beta_2 + e_2}{L(h_2+e_2)} + c_2 e_2\frac{L\cos\beta_2 - h_2}{L(h_2+e_2)} \tag{7.128}$$

$$\begin{aligned}\tan\varphi =& \frac{\sin(\theta-\beta_1)\cos\beta_1 h_1(L\cos\beta_1 + e_1)\tan\varphi'}{L\sin\theta\times(h_1+e_1)} \\ &+ \frac{\sin(\theta-\beta_1)\cos\beta_1\times e_1(L\cos\beta_1 - h_1)\tan\varphi_1}{L\sin\theta\times(h_1+e_1)} \\ &+ \frac{\sin(\theta+\beta_2)\cos\beta_2\times h_2(L\cos\beta_2 + e_2)\tan\varphi'}{L\sin\theta\times(h_2+e_2)} \\ &+ \frac{\sin(\theta+\beta_2)\cos\beta_2\times e_2(L\cos\beta_2 - h_2)\tan\varphi_2}{L\sin\theta\times(h_2+e_2)}\end{aligned} \tag{7.129}$$

7.9 竖向预应力锚索抗滑桩

针对公路岩石边坡崩塌堆积过程频发、崩塌堆积物严重发育路段的边坡防护问题，如果滑体厚度偏大或者滑动面相对平缓，悬臂抗滑桩和预应力锚索抗滑桩往往不能满足防护要求，鉴于此，为构建设计更为合理的抗滑桩，本书融合悬臂抗滑桩和预应力锚索抗滑桩的优点，提出一种新型滑坡治理的抗滑桩——梯形断面竖向预应力锚索抗滑桩，为江河水库及山区公路碎石边坡提供一种治理技术的新选择，如图 7.58。

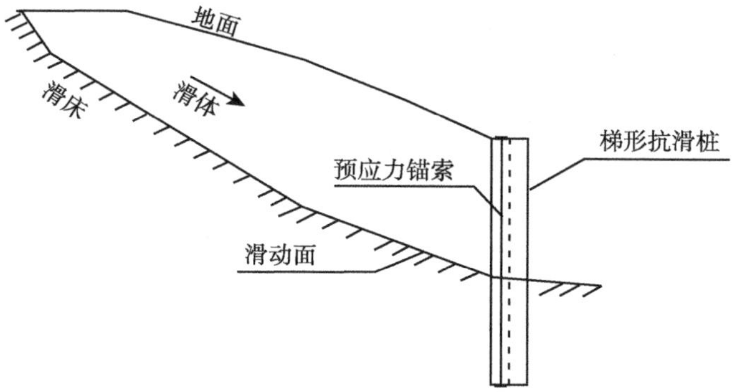

图 7.58　梯形断面竖向预应力锚索抗滑桩布置示意图

梯形断面竖向预应力锚索抗滑桩是将预应力钢绞线竖向设置在抗滑桩桩身内，并位于靠近滑坡推力正截面边缘处，钢绞线底部采用锚碇板在浇筑混凝土中固定，顶部端在预应力张拉后通过锚具将其固定；同时，在抗滑桩的两侧增加了相同的角度，形成了一个等腰梯形结构的混凝土抗滑桩，如图 7.59。

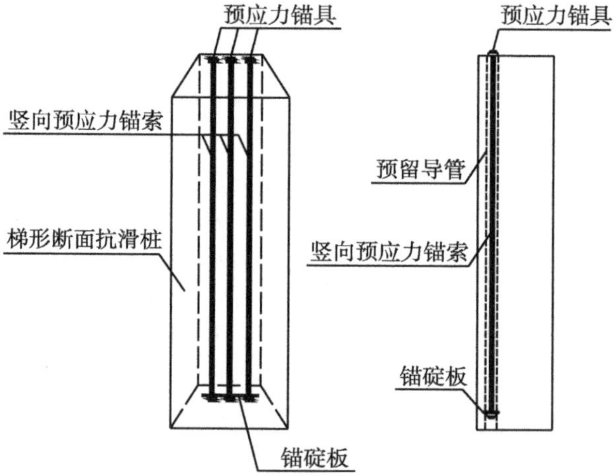

图 7.59　梯形断面竖向预应力锚索抗滑桩结构形式

7.9.1　梯形断面竖向预应力锚索抗滑桩计算方法

抗滑桩的计算方法主要以悬臂桩法、有限元法、地基系数法、双参数法为主；对于梯形竖向预应力锚索抗滑桩的计算，其计算方法有别于传统斜拉锚索的抗滑桩，该结构的锚索是作用于抗滑桩桩身内，即临近于受拉截面处，需考虑锚索作用的偏心距计算问题；又因抗滑桩的受荷段属于主动土压力，而锚固段属于被动土压力，作用机理明显不同，因此，为使梯形竖向预应力锚索抗滑桩的受力计算更加合理，从结构的受力机理出发，分别对桩体受荷段和嵌固段的相关力学性能进行分析和计算。

1. 受荷段受力和变形计算

在计算受荷段的内力之前，需要确定滑坡推力的分布形式，其分布形式的不同直接关系到分布荷载的计算，目前滑坡推力的主要假设有矩形、三角形、抛物线形三种：① 对于黏结力较大地层的滑坡体，按矩形形式假设；② 对于以内摩擦角为主要抗剪特性的堆积体，按三角形形式假设；③ 对于既处于黏结力较大的地层，又处于内摩擦角的抗剪特性较为突出的情况，当抗剪特征为黏结力的滑体进入弹塑性阶段后，按抛物线形式假设。

1) 抛物线计算模型

梯形竖向预应力抗滑桩由于嵌入地层的土体力学参数不同，桩身内力主要受滑动面界面的影响，采取滑动面以上和滑动面以下两部分的分段计算方法。由于地质条件因素，其滑坡推力的分布形式有所不同，从工程实践和试验结果来看，通常滑体具有弹塑性，其抛物线荷载分布较为符合实际工程情况；因此，在计算悬臂桩法的基础上，再结合桩身竖向预应力的受力特征，取抛物线荷载形式进行假设，分段计算梯形竖向预应力抗滑桩的受力和变形。

2) 基本假定

(1) 桩体受荷段为弹性桩，结构的变形为平面变形，应变在截面上的分布为抛物线变化关系。

(2) 推力以抛物线分布作用于桩体，忽略作用力与桩侧岩土体的摩擦作用。

(3) 竖向预应力为恒定值，忽略预应力对桩身材料刚度影响，在外力作用下的预应力大小和方向恒定。

3) 抛物线荷载计算

如图 7.60 所示，设梯形桩受荷面为桩后，迎面荷载以抛物线分布为 q，梯形抗滑桩滑动面处为 O，受荷段和嵌固端的总桩长为 h，滑动面以上受荷段桩长为 h_1，滑动面以下嵌固段长为 h_2。梯形桩的截面尺寸为 $a \times b \times h$(上底 × 下底 × 高)，计算宽度为 B_{p}，弹性模量为 E，惯性矩为 I，滑坡推力合理作用点至桩顶距离为 z_0，滑坡推力 T 位于桩顶以下，比例系数为 $i = z_0/h_1$，滑动面处的地基系数为 $A(\mathrm{kN/m^3})$。

a. 剪力计算

设荷载的抛物线方程为 (其中 e、f、g 为常数)

$$q(z) = ez^2 + fz + g \tag{7.130}$$

当 $z=0$ 时，$q(0)=0$，所以 $g=0$，故有

$$\int_0^{h_1}(ez^2+fz)\mathrm{d}z=Q \tag{7.131}$$

可得剪力计算公式：

$$Q=\frac{e}{3}h_1^3+\frac{f}{2}h_1^2 \tag{7.132}$$

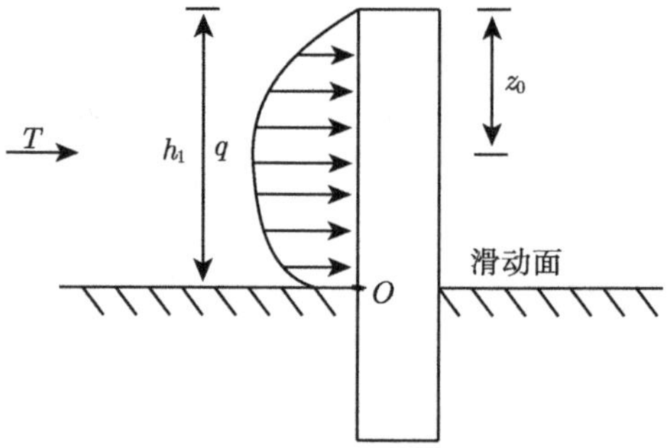

图 7.60　梯形荷载分布示意图

b. 弯矩计算

由滑坡推力合理作用点至桩顶距离为 z_0，因此可得滑动面至合力作用点的距离为 h_1-z_0，代入式 (7.132) 可得合力对于 O 点的弯矩，再将 $i=z_0/h_1$ 代入后，可得弯矩计算公式为

$$M=\left(\frac{e}{3}h_1^4+\frac{f}{2}h_1^3\right)\cdot(1-i) \tag{7.133}$$

c. 荷载分布计算

由上求得的计算公式根据弯矩平衡可以得出关系式：

$$\frac{\displaystyle\int_0^{h_1}(ez^2+fz)z\mathrm{d}z}{Q}=ih_1 \tag{7.134}$$

即

$$\frac{e}{4}h_1^4+\frac{f}{3}h_1^3=iQh_1 \tag{7.135}$$

由式 (7.132)、(7.135) 建立联立式有

$$\begin{cases}\dfrac{e}{3}h_1^3+\dfrac{f}{2}h_1^2=Q\\[2ex]\dfrac{e}{4}h_1^4+\dfrac{f}{3}h_1^3=iQh_1\end{cases} \tag{7.136}$$

解得

$$e = \frac{(36i-24)Q}{h_1^3},\quad f = \frac{(18-24i)Q}{h_1^2} \tag{7.137}$$

因此，求得抛物线的表达式为

$$q(z) = \frac{(36i-24)Q}{h_1^3}z^2 + \frac{(18-24i)Q}{h_1^2}z \tag{7.138}$$

d. 受荷段内力计算

为研究梯形断面竖向预应力锚索抗滑桩的内力，本节对两种内力模型形式进行研究，一种是由竖向预应力锚索和混凝土构成的抗滑桩结构，另一种是由竖向预应力锚索和普通钢筋及混凝土共同构成的抗滑桩结构。

e. 竖向预应力锚索结构

当滑坡推力值相对较小，且可通过在梯形桩的受拉区域设置一排全部为预应力钢绞线能满足受力要求的情况下，按竖向预应力锚索结构进行计算，如图 7.61 所示。

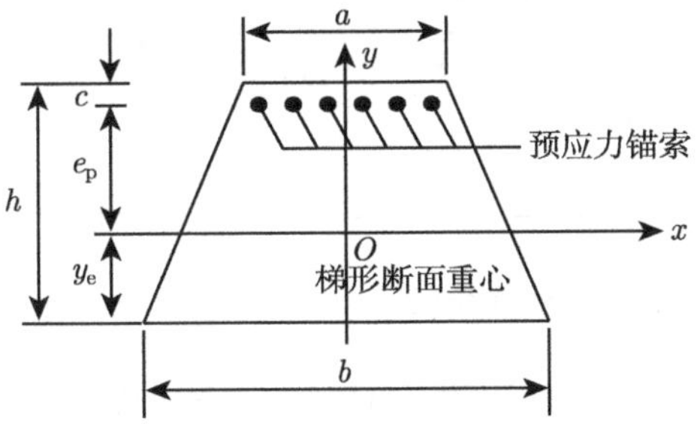

图 7.61 竖向预应力锚索结构示意图

设预应力锚索轴力为 N_t，偏心距为 e_p，保护层厚度为 c，根据外力弯矩与预应力产生的弯矩平衡，有关系式：

梯形重心 y_e 为

$$y_e = \frac{h}{3}\cdot\frac{2a+b}{a+b} \tag{7.139}$$

偏心距 e_p 为

$$e_p = h - y_e - c \tag{7.140}$$

抗弯承载公式为

$$M_0 = N_t e_p \tag{7.141}$$

其中 N_t 为

$$N_t = A_y R_y \tag{7.142}$$

式中，A_y—预应力钢绞线的公称面积总和；

R_y—预应力钢绞线抗拉设计强度。

同时，将 $i = z_0/h_1$ 代入后，得出承载力 Q_0 为

$$Q_0 = \frac{M_0}{h_1(1-i)} \tag{7.143}$$

f. 竖向预应力锚索与钢筋共同结构

当滑坡推力相对较大时，在梯形桩的受拉区域设置一排预应力钢绞线未能满足受力要求的情况下，可加设一排或多排受拉钢筋进行布置，按竖向预应力锚索与普通钢筋共同结构进行计算，如图 7.62 所示。

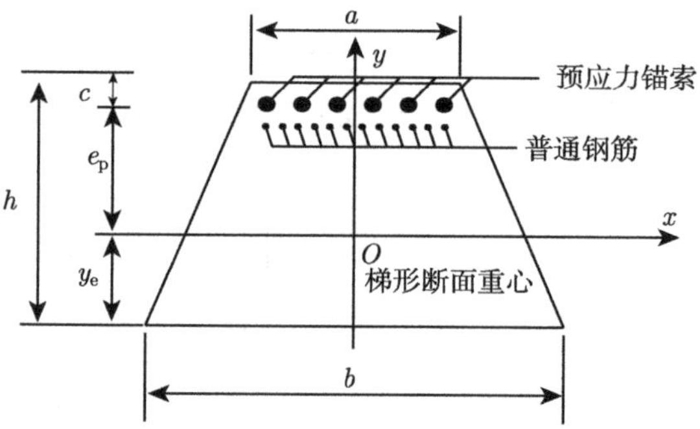

图 7.62　竖向预应力锚索与钢筋结构示意图

设 M_1 为钢筋所能承载的弯矩，M_p 为预应力钢绞线和钢筋复合结构的弯矩，N_p 为钢筋轴力，设预应力钢绞线与钢筋的间距为 c'，所以，钢筋的偏心距为 e'_p：

$$e'_\mathrm{p} = h - y_\mathrm{e} - c - c' \tag{7.144}$$

钢筋所能承载的弯矩为

$$M_1 = N_\mathrm{p} e'_\mathrm{p} \tag{7.145}$$

其中，

$$N_\mathrm{p} = A_\mathrm{g} R_\mathrm{g} \tag{7.146}$$

式中，A_g—钢筋的公称面积总和；

R_g—钢筋抗拉设计强度。

因此，抗弯承载计算公式为

$$M_\mathrm{p} = M_0 + M_1 \tag{7.147}$$

同时，得出承载力 Q_{p} 为

$$Q_{\mathrm{p}}=\frac{M_{\mathrm{p}}}{h_1(1-i)} \tag{7.148}$$

同理，如受较大滑坡推力的情况，同样可以通过以上计算方法进行验算；同时，由式 (7.141) 可知，竖向预应力锚索的偏心布置在很大程度上提高了抗弯能力，从偏心距离而言，略大于内侧钢筋的偏心布置距离，其受力性能得到了提升，且对抑制抗滑桩变形起到了增强的作用；同时，在一定程度上加强了桩身结构的稳定性。

g. 受荷段桩身内力确定

对于受荷段桩身产生的内力，其本质是外力与内力之间的平衡关系，当抗滑桩承载能力未能抵消外力作用时，桩将发生不同程度的变形；因此，梯形竖向预应力悬臂抗滑桩的内力实质是滑坡推力与竖向预应力共同作用下的结果。为使计算过程更为简便，设联合作用下的剪力为 Q'，弯矩为 M'，将其计算公式进行归纳整理。

按竖向预应力锚索结构计算内力：

$$Q'=Q-Q_0 \tag{7.149}$$

$$M'=M-M_0 \tag{7.150}$$

按竖向预应力锚索与钢筋共同结构计算内力：

$$Q'=Q-Q_{\mathrm{p}} \tag{7.151}$$

$$M'=M-M_{\mathrm{p}} \tag{7.152}$$

由于桩土共同作用，通常按每根桩所受的滑坡推力为 T 进行计算，在受荷计算时，将滑坡推力 T 与桩间距 S 的乘积作为推力值，整理后可得如下结果。

竖向预应力锚索结构内力计算公式为

$$Q'=\left(\frac{e}{3}h_1^3+\frac{f}{2}h_1^2\right)\cdot S-\frac{A_yR_y(h-y_{\mathrm{e}}-c)}{h_1-ih_1} \tag{7.153}$$

$$M'=\left(\frac{e}{3}h_1^4+\frac{f}{2}h_1^3\right)\cdot(1-i)\cdot S-A_yR_y(h-y_{\mathrm{e}}-c) \tag{7.154}$$

竖向预应力锚索与钢筋共同结构内力计算公式为

$$Q'=\left(\frac{e}{3}h_1^3+\frac{f}{2}h_1^2\right)\cdot S-\frac{A_yR_y(h-y_{\mathrm{e}}-c)+A_{\mathrm{g}}R_{\mathrm{g}}(h-y_{\mathrm{e}}-c-c')}{h_1(1-i)} \tag{7.155}$$

$$M'=\left(\frac{e}{3}h_1^4+\frac{f}{2}h_1^3\right)\cdot(1-i)\cdot S-A_yR_y(h-y_{\mathrm{e}}-c)-A_{\mathrm{g}}R_{\mathrm{g}}(h-y_{\mathrm{e}}-c-c') \tag{7.156}$$

h. 受荷段变形计算

梯形竖向预应力锚索抗滑桩受荷段位移和转角的计算，可以通过双参数法、幂函数法、齐次方程法等进行求解，但按照以上方法计算求解较为复杂，而梯形抗滑桩通常易运用到抢险工程，且计算时间周期短；为更加符合工程的便捷性，本章分别通过绕曲线近似微分方程对竖向预应力锚索结构、竖向预应力锚索与钢筋共同结构进行位移和转角计算。

对于受荷段的变形，采取悬臂桩计算模型 (图 7.63)，有绕曲线近似微分方程：

$$EIw'' = M(y) \tag{7.157}$$

将式 (7.157) 一次积分，可得转角计算方程：

$$EIw' = \int M(y)\mathrm{d}y + C_1 \tag{7.158}$$

将式 (7.157) 二次积分，可得位移计算方程：

$$EIw'' = \int\left(\int M(y)\mathrm{d}y\right)\mathrm{d}y + C_1y + C_2 \tag{7.159}$$

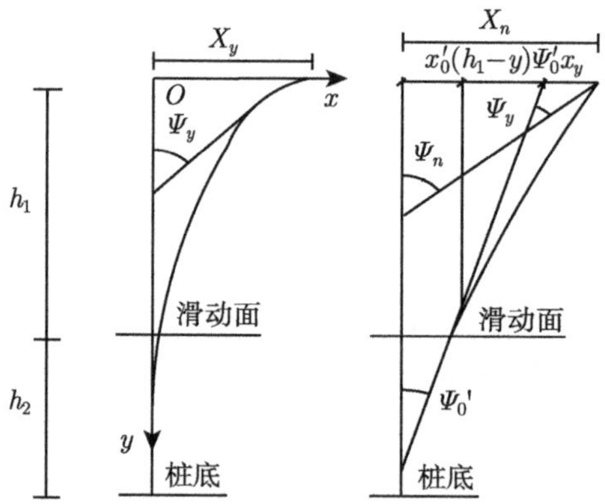

图 7.63　桩身位移、转角示意图

为方便计算，将式 (7.154)、(7.156) 中的常数量设为

$$l = (1-i)\cdot S,\quad m = A_yR_y(h - y_\mathrm{e} - c),\quad n = A_\mathrm{g}R_\mathrm{g}(h - y_\mathrm{e} - c - c') \tag{7.160}$$

将式 (7.154) 和 (7.160) 代入式 (7.158) 和 (7.159) 中，可得竖向预应力锚索结构的转角计算公式为

$$x_y = (EI)^{-1}\left(\frac{el}{15}h_1^5 + \frac{fl}{8}h_1^4 - mh_1 + C_1\right) \tag{7.161}$$

由式 (7.161) 再次积分后，可得位移计算公式为

$$\varphi_y=(EI)^{-1}\left(\frac{el}{90}h_1^6+\frac{fl}{40}h_1^5-\frac{m}{2}h_1^2+C_1h_1+C_2\right) \tag{7.162}$$

同上，将式 (7.156) 和 (7.160) 代入式 (7.158) 和 (7.159) 中，可得竖向预应力锚索与普通钢筋共同结构的转角和位移计算公式分别为

$$x_y'=(EI)^{-1}\left(\frac{el}{15}h_1^5+\frac{fl}{8}h_1^4-mh_1-nh_1+C_1\right) \tag{7.163}$$

$$\varphi_y'=(EI)^{-1}\left(\frac{el}{90}h_1^6+\frac{fl}{40}h_1^5-\frac{m}{2}h_1^2-\frac{n}{2}h_1^2+C_1h_1+C_2\right) \tag{7.164}$$

式中，C_1 和 C_2 为积分常量，由边界条件可知，当 $w'|_{y=0}=0$ 时，常量 C_1=0；当 $w|_{y=0}=0$ 时，常量 C_2=0，因此将式 (7.160)~(7.164) 整理后，可得竖向预应力锚索结构的计算公式为

$$\begin{cases} x_y=(EI)^{-1}\left[\dfrac{e(1-i)\cdot S}{15}h_1^5+\dfrac{f(1-i)\cdot S}{8}h_1^4-A_yR_y(h-y_{\rm e}-c)h_1\right] \\ \varphi_y=(EI)^{-1}\left[\dfrac{e(1-i)\cdot S}{90}h_1^6+\dfrac{f(1-i)\cdot S}{40}h_1^5-\dfrac{A_yR_y(h-y_{\rm e}-c)}{2}h_1^2\right] \end{cases} \tag{7.165}$$

竖向预应力锚索与普通钢筋共同结构的计算公式为

$$\begin{cases} x_y'=(EI)^{-1}\left[\dfrac{e(1-i)\cdot S}{15}h_1^5+\dfrac{f(1-i)\cdot S}{8}h_1^4-A_yR_y(h-y_{\rm e}-c)h_1\right. \\ \qquad\left.-A_{\rm g}R_{\rm g}(h-y_{\rm e}-c-c')h_1\right] \\ \varphi_y'=(EI)^{-1}\left[\dfrac{e(1-i)\cdot S}{90}h_1^6+\dfrac{f(1-i)\cdot S}{40}h_1^5-\dfrac{A_yR_y(h-y_{\rm e}-c)}{2}h_1^2\right. \\ \qquad\left.-\dfrac{A_{\rm g}R_{\rm g}(h-y_{\rm e}-c-c')}{2}h_1^2\right] \end{cases} \tag{7.166}$$

由于桩身受荷段主要受滑坡推力的影响，而嵌固段主要是受荷段和土体抗力的共同作用，由于受力形式不同，嵌固段的位移和转角需独立计算；就受荷段的变形而言，采取等效叠加原理将受荷段和嵌固段的位移和转角值分别叠加后方为受荷段的总变形 (图 7.63)。

竖向预应力锚索结构的总位移 x_n、转角 φ_n 和竖向预应力锚索与钢筋共同结构的总位移 x_n'、转角 φ_n' 为

$$\begin{cases} x_n=x_y+x_0'+\varphi_0'(h_1-y) \\ \varphi_n=\varphi_y+\varphi_0' \\ x_n'=x_y'+x_0'+\varphi_0'(h_1-y) \\ \varphi_n'=\varphi_y'+\varphi_0' \end{cases} \tag{7.167}$$

整理后为

$$\begin{cases} x_n = (EI)^{-1}\left(\dfrac{e(1-i)\cdot S}{15}h_1^5 + \dfrac{f(1-i)\cdot S}{8}h_1^4 - A_yR_y(h-y_e-c)h_1\right) + x_0' \\ \quad +\varphi_0'(h_1-y) \\ \varphi_n = (EI)^{-1}\left(\dfrac{e(1-i)\cdot S}{90}h_1^6 + \dfrac{f(1-i)\cdot S}{40}h_1^5 - \dfrac{A_yR_y(h-y_e-c)}{2}h_1^2\right) + \varphi_0' \\ x_n' = (EI)^{-1}\Bigg(\dfrac{e(1-i)\cdot S}{15}h_1^5 + \dfrac{f(1-i)\cdot S}{8}h_1^4 - A_yR_y(h-y_e-c)h_1 \\ \quad -A_gR_g(h-y_e-c-c')h_1\Bigg) + x_0' + \varphi_0'(h_1-y) \\ \varphi_n' = (EI)^{-1}\Bigg(\dfrac{e(1-i)\cdot S}{90}h_1^6 + \dfrac{f(1-i)\cdot S}{40}h_1^5 - \dfrac{A_yR_y(h-y_e-c)}{2}h_1^2 \\ \quad -\dfrac{A_gR_g(h-y_e-c-c')}{2}h_1^2\Bigg) + \varphi_0' \end{cases} \tag{7.168}$$

式中，φ_0'——滑动面处嵌固段的转角 (rad)；

x_0'——滑动面处嵌固段的位移 (m)。

2. 嵌固段受力和变形计算

1) 计算宽度

计算宽度是计算梯形抗滑桩与土体抗力作用的必要参数，实质是衡量桩土共同作用的效果。在考虑桩侧摩擦阻力的情况下，抗滑桩主要受到土体抗力和土体摩擦阻力；由于滑坡推力作用，桩前截面将产生反向的土体抗力抑制桩体的位移，同时，桩侧截面受到反向于滑坡推力的摩擦阻力，而桩侧滑坡体则产生与滑坡推力方向一致的摩擦力，如图 7.64 所示。

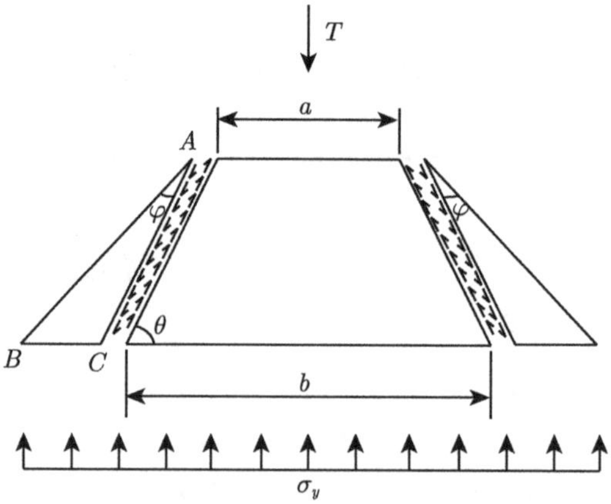

图 7.64　扩散角示意图

为求解计算宽度，需引入参数扩散角 φ，将桩侧滑坡体作为独立研究对象，且作辅助线 $AO\perp CO$，建立其计算模型进行计算，如图 7.65 所示。

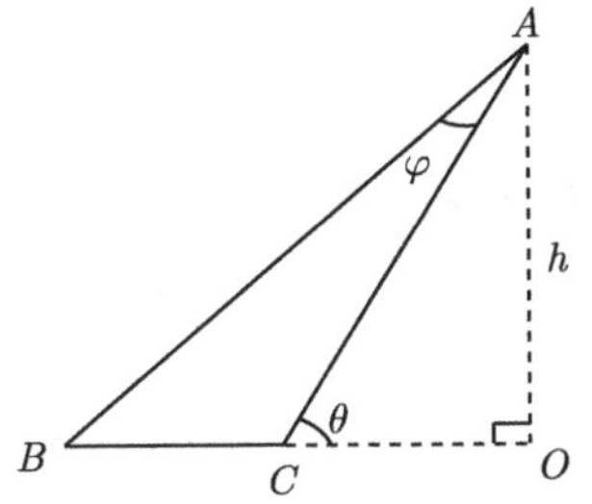

图 7.65 扩散角计算模型图

根据计算模型可得

$$\angle OAC = \frac{\pi}{2} - \theta \tag{7.169}$$

通过三角函数关系可以计算出 BC 长度为

$$L_{BC} = h\left[\cot(\theta - \varphi) - \cot\theta\right] \tag{7.170}$$

由于梯形桩左右两侧截面均为相似的受力情况，因此，可以得到在考虑摩擦阻力时，梯形竖向预应力锚索抗滑桩的计算宽度为

$$B_{\mathrm{p}} = b + 2h\left[\cot(\theta - \varphi) - \cot\theta\right] \tag{7.171}$$

对于扩散角 φ 可以通过不同嵌入深度进行取值，根据李维树等 [131] 通过水平推力的计算宽度试验得出的研究结论可知，当桩体嵌入岩土体的深度小于 1.5m 时，扩散角 φ 取 30°，当桩体嵌入岩土体的深度大于 1.5m 时，扩散角 φ 取 38°，因此，梯形竖向预应力锚索抗滑桩的计算宽度公式如下。

当梯形抗滑桩嵌入岩土体的深度小于 1.5m 时

$$B_{\mathrm{p}} = b + 2h\left[\cot(\theta - 30^\circ) - \cot\theta\right] \tag{7.172}$$

当梯形抗滑桩嵌入岩土体的深度大于 1.5m 时

$$B_{\mathrm{p}} = b + 2h\left[\cot(\theta - 38^\circ) - \cot\theta\right] \tag{7.173}$$

2) 桩体判别分析

对于梯形竖向预应力锚索抗滑桩桩身结构性质进行分析，桩体在设置锚索后为弹性桩，但由于抗滑桩有部分桩长嵌入岩土中，受滑动面界面的影响，梯形竖向预应力锚索抗滑桩结构由弹性桩改为由弹性桩和刚性桩两种不同的桩体组成，因此，将计算模型分为刚性和弹性两部分较为合理。在对竖向预应力抗滑桩桩内力分析时，亦将桩体的类别进行区分，通常采用 m 法、K 法作为刚性或弹性桩的判定标准。

m法判别

当 $\alpha h_2 \leqslant 2.5$ 时，h_2 为桩在滑动面以下的深度 (m)。桩的刚度相对较大，所能承受的绕曲较小，即桩身的绕曲对桩的内力影响较小，因此不考虑桩身的绕曲变形，按刚性桩计算。

当 $\alpha h_2 > 2.5$ 时，桩的刚度相对较小，所能承受的绕曲较大，即桩身的绕曲对桩的内力影响较大，因此需考虑桩身的绕曲变形，按弹性桩计算。

其中，α 作为桩的变形系数 (m^{-1})，按下式计算:

$$\alpha = \sqrt[5]{\frac{mB_\mathrm{p}}{EI}} \tag{7.174}$$

式中，E—桩材料弯曲弹性模量 (kPa)；

I—桩的截面惯性矩 (m^4)；

m—侧向地基系数随深度而变化的比例系数 ($\mathrm{kPa/m^2}$)；

B_p—桩实际工作条件下的计算宽度 (m)。

***K* 法判别**

同理，当 $\beta h_2 \leqslant 1$ 时，按刚性桩计算；当 $\beta h_2 > 1$ 时，按弹性桩计算。

其中，β 桩的变形系数 (m^{-1})，由下式计算:

$$\beta = \sqrt[4]{\frac{KB_\mathrm{p}}{4EI}} \tag{7.175}$$

式中，K—侧向地基系数 ($\mathrm{kPa/m^2}$)。

m 法、K 法判别的标准不同，其适用范围也有所不同，m 法主要适用于滑床为半坚硬的砂黏土、碎石土或风化破碎后的软质岩层，而 K 法主要适用于滑床较为完整的岩质层和硬黏土层，所以在工程应用中，判别公式的选取将根据工程地质条件进行判别。

3) 刚性桩内力和变形计算

当桩体嵌固段判别为刚性桩时，为研究其内力及变形的规律，假设嵌固段桩周围岩土产生的反作用抗力与变形成正比，且桩底自由，滑动面以下作用如图 7.66 所示。

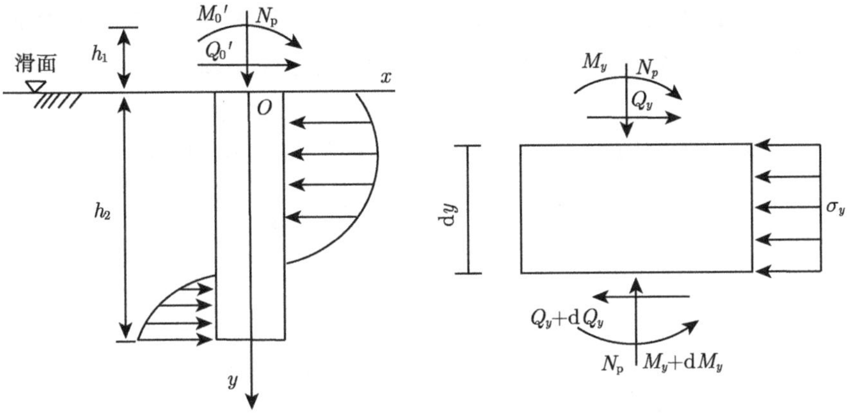

(a) 力学模型 (b) 微元体受力分析

图 7.66 嵌固段内力计算图

在抗滑桩上的任意一点 y 处的土体抗力为

$$\sigma_y = K_h b_p x_y \tag{7.176}$$

式中，b_p—土体抗力计算宽度 (m)；

K_h—水平方向地基系数 (kN/m^3)；

x_y—水平位移值 (mm)，x_y 可表示为

$$x_y = (y_0 - y)\varphi \tag{7.177}$$

其中，y_0 为转角位置，y 为嵌固段长度。

在桩底发生自由转动时，将引起竖向的弹性抗力 σ_x，所以有

$$\sigma_x = K_v b \left(y_x - \frac{\varphi h}{2} \right) \tag{7.178}$$

式中，K_v—竖向地基系数 (kN/m^3)；

b—梯形抗滑桩下底边长 (m)；

y_x—桩的轴向位移 (mm)；

h—梯形抗滑桩的截面高度 (m)。

在此，地基系数通常被认为呈幂函数变化规律，表达式有

$$K_h = m(y_0 + y)^n \tag{7.179}$$

式中，m—深度变化的比例系数；

n—岩土类别指数，常取 0、1 等。

对据静力平衡方程 $\sum x = 0$ 和 $\sum M = 0$ 联立进行求解，结合不同地基系数条件可以分别得出桩身位移 x_y、弹性抗力 σ_x、剪力 Q_y、弯矩 M_y、转角位置 y_0、转角 φ。

当 $n = 0$ 时，适用于较完整的硬质岩层、未扰动的硬黏土和性质相近的半岩质地层。

$$
\begin{cases}
x_y = (y_0 - y)\varphi \\
\sigma_y = (y_0 - y)\varphi b_{\mathrm{p}} m \\
Q_y = Q - \dfrac{1}{2} m B_{\mathrm{p}} \varphi y (2y_0 - y) \\
M_y = M + Qy - \dfrac{1}{6} m B_{\mathrm{p}} \varphi y^2 (3y_0 - y) \\
y_0 = \dfrac{h_2(3M + 2Qh_2)}{3(2M + Qh_2)} \\
\varphi = \dfrac{6(2M + Qh_2)}{B_{\mathrm{p}} m h_2^3}
\end{cases}
\tag{7.180}
$$

当 n =1、y_0=0 时，适用于一般硬塑 ~ 半坚硬的砂黏土、碎石类土或风化破碎呈土状的软质页岩以及密度随深度增加的土层。

$$
\begin{cases}
x_y = (y_0 - y)\varphi \\
\sigma_y = (y_0 - y)\varphi b_{\mathrm{p}} m y \\
Q_y = Q - \dfrac{1}{6} B_{\mathrm{p}} m \varphi y^2 (3y_0 - 2y) \\
M_y = M + Qy - \dfrac{1}{12} B_{\mathrm{p}} m \varphi y^3 (2y_0 - y) \\
y_0 = \dfrac{B_{\mathrm{p}} m h_2^3 (4M + 3Qh_2) + 6QK_{\mathrm{v}} hW}{2B_{\mathrm{p}} m h_2^2 (3M + 2Qh_2)} \\
\varphi = \dfrac{12(3M + 2Qh_2)}{B_{\mathrm{p}} m h_2^4 + 18WK_{\mathrm{v}} h}
\end{cases}
\tag{7.181}
$$

当 n=1、$y_0 \neq 0$ 时，地基系数随深度呈比例增加，表层地基系数不为零，适用于超固结土层，设滑面处的弹性系数为 $A(\mathrm{kN/m^3})$。

在 $0 \leqslant y \leqslant y_0$ 时：

$$\begin{cases} x_y=(y_0-y)\varphi \\ \sigma_y=(A+my)\times(y_0-y)\times\varphi \\ Q_y=Q-\dfrac{1}{6}B_\mathrm{p}m\varphi y^2(3y_0-2y) \\ M_y=M+Qy-\dfrac{1}{6}AB_\mathrm{p}\varphi y^2(3y_0-y)-\dfrac{1}{12}B_\mathrm{p}m\varphi y^3(2y_0-y) \end{cases} \tag{7.182}$$

在 $y_0\leqslant y\leqslant h_2$ 时：

$$\begin{cases} x_y=(y_0-y)\varphi \\ \sigma_y=(A+my)\times(y_0-y)\times\varphi \\ Q_y=Q-\dfrac{1}{6}B_\mathrm{p}m\varphi y^2(3y_0-2y)-\dfrac{1}{2}AB_\mathrm{p}\varphi y_0^2+\dfrac{1}{2}AB_\mathrm{p}\varphi(y-y_0)^2 \\ M_y=M+Qy-\dfrac{1}{6}B_\mathrm{p}A\varphi y_0^2(3y_0-y)+\dfrac{1}{6}B_\mathrm{p}A\varphi(y-y_0)^3-\dfrac{1}{12}B_\mathrm{p}m\varphi y^3(2y_0-y) \end{cases} \tag{7.183}$$

其中，转角位置的位移 y_0、转角 φ 为

$$\begin{cases} y_0=\dfrac{h_2\left[2A\left(3M+2Qh_2\right)+mh_2(4M+3Qh_2)\right]}{2\left[3A\left(2M+Qh_2\right)+mh_2\left(3M+2Qh_2\right)\right]} \\ \varphi=\dfrac{12[3A(2M+Qh_2)+mh_2(3M+2Qh_2)]}{B_\mathrm{p}h_2^3[6A(A+mh_2)+m^2h_2^2]} \end{cases} \tag{7.184}$$

4) 弹性桩内力和变形计算

当桩体嵌固段判别为弹性桩时，通过弹性地基梁理论进行分析，建立嵌固段的绕曲微分方程 (7.177)，分别采用 m 法和 K 法，对桩底为固定端、铰链端、自由端三种不同情况进行求解位移和转角。

$$EI\frac{\mathrm{d}^4y}{\mathrm{d}x^4}+K_\mathrm{h}B_\mathrm{p}x_y=0 \tag{7.185}$$

a. m 法内力与变形计算

根据式 (7.178)，运用数学初参数解法推导梯形竖向预应力抗滑桩的嵌固段任意截面的变位和内力，从计算式可知 m 法主要用于土体抗力呈三角形变化规律的

形式。

$$\begin{cases} x_y = x_A A_1 + \dfrac{\varphi_A}{\alpha} B_1 + \dfrac{M_A}{\alpha^2 EI} C_1 + \dfrac{Q_A}{\alpha^3 EI} D_1 \\ \varphi_y = \alpha \left(x_A A_2 + \dfrac{\varphi_A}{\alpha} B_2 + \dfrac{M_A}{\alpha^2 EI} C_2 + \dfrac{Q_A}{\alpha^3 EI} D_2 \right) \\ M_y = \alpha^2 EI \left(x_A A_3 + \dfrac{\varphi_A}{\alpha} B_3 + \dfrac{M_A}{\alpha^2 EI} C_3 + \dfrac{Q_A}{\alpha^3 EI} D_3 \right) \\ Q_y = \alpha^3 EI \left(x_A A_4 + \dfrac{\varphi_A}{\alpha} B_4 + \dfrac{M_A}{\alpha^2 EI} C_4 + \dfrac{Q_A}{\alpha^3 EI} D_4 \right) \\ \sigma_y = myx \end{cases} \tag{7.186}$$

式中，E—桩的弹性模量 (kPa)；

I—桩的截面惯性矩 (m^4)；

α—桩的变形系数 (m^{-1})；

x_y—嵌固段桩身任意截面变位 (m)；

φ_y—嵌固段桩身任意截面转角 (rad)；

M_y—嵌固段桩身任意截面弯矩 (kN·m)；

Q_y—嵌固段桩身任意截面剪力 (kN)；

x_A—预应力桩滑面处桩的变位 (m)；

φ_A—预应力桩滑面处桩的转角 (rad)；

m_A—预应力桩滑面处桩的弯矩 (kN·m)；

Q_A—预应力桩滑面处桩的剪力 (kN)；

m—水平方向弹性系数随深度变化的比例系数；

参数 $A_1 \sim A_4$、$B_1 \sim B_4$、$C_1 \sim C_4$、$D_1 \sim D_4$—随桩的换算深度影响的函数值，可通过 m 法的系数表查得。

(1) 桩底为固定端

设桩底的位移为 x_B，转角为 φ_B，弯矩为 M_B，剪力 Q_B，当 $x_B = \varphi_B = 0$，$M_B \neq 0$，$Q_B \neq 0$ 时，代入式 (7.186) 联立求解得

$$\begin{cases} x_A = \dfrac{M_A}{\alpha^2 EI} \times \dfrac{B_1 C_2 - C_1 B_2}{A_1 B_2 - B_1 A_2} + \dfrac{Q_A}{\alpha^3 EI} \times \dfrac{B_1 D_2 - D_1 B_2}{A_1 B_2 - B_1 A_2} \\ \varphi_0 = \dfrac{M_A}{\alpha EI} \times \dfrac{C_1 A_2 - A_1 C_2}{A_1 B_2 - B_1 A_2} + \dfrac{Q_A}{\alpha^2 EI} \times \dfrac{D_1 A_2 - A_1 D_2}{A_1 B_2 - B_1 A_2} \end{cases} \tag{7.187}$$

(2) 桩底为铰支端

当 $x_B=M_B=0$，$\varphi_B\neq 0$，$Q_B\neq 0$ 时，代入式 (7.178) 联立求解得

$$\begin{cases} x_A=\dfrac{M_A}{\alpha^2 EI}\times\dfrac{C_1B_3-B_1C_3}{B_1A_3-A_1B_3}+\dfrac{Q_A}{\alpha^3 EI}\times\dfrac{D_1B_3-B_1D_3}{B_1A_3-A_1B_3} \\ \varphi_A=\dfrac{M_A}{\alpha EI}\times\dfrac{A_1C_3-C_1A_3}{B_1A_3-A_1B_3}+\dfrac{Q_A}{\alpha^2 EI}\times\dfrac{A_1D_3-D_1A_3}{B_1A_3-A_1B_3} \end{cases} \tag{7.188}$$

(3) 桩底为自由端

当 $Q_B=M_B=0$，$x_B\neq 0$，$\varphi_B\neq 0$ 时，代入式 (7.178) 联立求解得

$$\begin{cases} x_A=\dfrac{M_A}{\alpha^2 EI}\times\dfrac{B_3C_4-C_3B_4}{A_3B_4-B_3A_4}+\dfrac{Q_A}{\alpha^3 EI}\times\dfrac{B_3D_4-B_4D_3}{A_3B_4-B_3A_4} \\ \varphi_A=\dfrac{M_A}{\alpha EI}\times\dfrac{C_3A_4-A_3C_4}{A_3B_4-B_3B_4}+\dfrac{Q_A}{\alpha^2 EI}\times\dfrac{D_3A_4-A_3B_4}{A_3B_4-B_3A_4} \end{cases} \tag{7.189}$$

根据上述三种不同条件，可以计算出不同桩底条件的变形和内力。

b. K 法内力与变形计算

同 m 法计算方法，运用数学初参数解法推导嵌固段任意截面的变位和内力，从计算式可知 K 法主要用于土体抗力呈矩形变化规律的形式。

$$\begin{cases} x_y=x_A\varphi_1+\dfrac{\varphi_A}{\beta}\varphi_2+\dfrac{M_A}{\beta^2 EI}\varphi_3+\dfrac{Q_A}{\beta^3 EI}\varphi_4 \\ \varphi_y=\beta\left(-4x_A\varphi_A+\dfrac{\varphi_A}{\beta}\varphi_1+\dfrac{M_A}{\beta^2 EI}\varphi_2+\dfrac{Q_A}{\beta^3 EI}\varphi_3\right) \\ M_y=\beta^3 EI\left(-4x_A\varphi_3-4\dfrac{\varphi_A}{\beta}\varphi_4+\dfrac{M_A}{\beta^2 EI}\varphi_1+\dfrac{Q_A}{\beta^3 EI}\varphi_2\right) \\ Q_y=\beta^3 EI\left(-4x_A\varphi_2-4\dfrac{\varphi_A}{\beta}\varphi_3-4\dfrac{M_A}{\beta^2 EI}\varphi_4+\dfrac{Q_A}{\beta^3 EI}\varphi_1\right) \\ \sigma_y=Kx_y \end{cases} \tag{7.190}$$

式中，φ_1、φ_2、φ_3、φ_4 为 K 的换算影响系数。

(1) 桩底为固定端

当 $x_B=\varphi_3=0$ 时，代入式 (7.190) 联立求解得

$$\begin{cases} x_A=\dfrac{M_A}{\beta^2 EI}\times\dfrac{\varphi_2^2-\varphi_1\varphi_3}{4\varphi_4\varphi_2+\varphi_1^2}+\dfrac{Q_A}{\beta^3 EI}\times\dfrac{\varphi_2\beta_3-\varphi_1\varphi_4}{4\varphi_4\varphi_2+\varphi_1^2} \\ \varphi_A=\dfrac{M_A}{\beta EI}\times\dfrac{\varphi_1\varphi_2+4\varphi_3\varphi_4}{4\varphi_4\varphi_2+\varphi_1^2}-\dfrac{Q_A}{\beta^2 EI}\times\dfrac{\varphi_1\varphi_3+4\varphi_4^2}{4\varphi_4\varphi_2+\varphi_1^2} \end{cases} \tag{7.191}$$

(2) 桩底为铰支端

当 $x_B = M_B = 0$，$\varphi_B \neq 0$，$Q_B \neq 0$ 时，代入式 (7.190) 联立求解得

$$\begin{cases} x_A = \dfrac{M_A}{\beta^2 EI} \times \dfrac{4\varphi_3\varphi_4 + \varphi_1\varphi_2}{4\varphi_2\varphi_3 - 4\varphi_1\varphi_4} + \dfrac{Q_A}{\beta^3 EI} \times \dfrac{4\varphi_4^2 + \varphi_2^2}{4\varphi_2\varphi_3 - 4\varphi_1\varphi_4} \\ \varphi_A = -\dfrac{M_A}{\beta EI} \times \dfrac{\varphi_1^2 + 4\varphi_3^2}{4\varphi_2\varphi_3 - 4\varphi_1\varphi_4} - \dfrac{Q_A}{\beta^2 EI} \times \dfrac{4\varphi_3\varphi_4 + \varphi_1\varphi_2}{4\varphi_2\varphi_3 - 4\varphi_1\varphi_4} \end{cases} \tag{7.192}$$

(3) 桩底为自由端

当 $Q_B = M_B = 0$，$x_B \neq 0$，$\varphi_B \neq 0$ 时，代入式 (7.190) 联立求解得

$$\begin{cases} x_A = \dfrac{M_A}{\beta^2 EI} \times \dfrac{4\varphi_4^2 + \varphi_1\varphi_3}{4\varphi_3^2 - 4\varphi_2\varphi_4} + \dfrac{Q_A}{\beta^3 EI} \times \dfrac{\varphi_2\varphi_3 - \varphi_1\varphi_4}{4\varphi_3^2 - 4\varphi_2\varphi_4} \\ \varphi_A = -\dfrac{M_A}{\beta EI} \times \dfrac{4\varphi_3\varphi_4 + \varphi_1\varphi_2}{4\varphi_3^2 - 4\varphi_2\varphi_4} - \dfrac{Q_A}{\beta^2 EI} \times \dfrac{\varphi_2^2 - \varphi_1\varphi_3}{4\varphi_2\varphi_4} \end{cases} \tag{7.193}$$

根据上述三种不同条件，可以计算出不同桩底条件的变形和内力。

7.9.2　梯形断面竖向预应力锚索抗滑桩设计

梯形竖向预应力锚索抗滑桩作为新型支挡结构，其截面尺寸、竖向预应力结构、锚索构造等方面与传统抗滑桩的结构设计存在明显的区别。为将梯形竖向预应力锚索抗滑桩合理地运用于工程实践中，本章对桩的尺寸、受力筋布置、配筋计算等方面进行研究，确定设计步骤如图 7.67 所示。

1. *滑坡稳定性与推力计算*

根据不同滑坡类型、地质情况，滑坡的稳定性和推力计算方法有很多，比如有 M-P 法、Sarma 法、瑞典法、传递系数法、有限元法等，这里笔者对最接近实际堆积土层的两种地质条件，滑动带为黏性土或含黏性土组成呈圆弧状的宜按照圆弧型计算，前面已有介绍，折线型滑动面的稳定性采用传递系数法计算 (图 7.68)。

1) 滑坡稳定性计算

折线型滑动面的稳定性采用传递系数法计算，其计算过程与圆弧型滑动面类似，其主要区别是滑动面的形状不同，本章不再重复阐述，其中，由滑坡区域第 i 段的剩余推力至第 $i+1$ 段的传递系数有

$$\Psi_j = \cos(\alpha_i - \alpha_{i+1}) - \sin(\alpha_i - \alpha_{i+1}) \tan\varphi_{i+1} \tag{7.194}$$

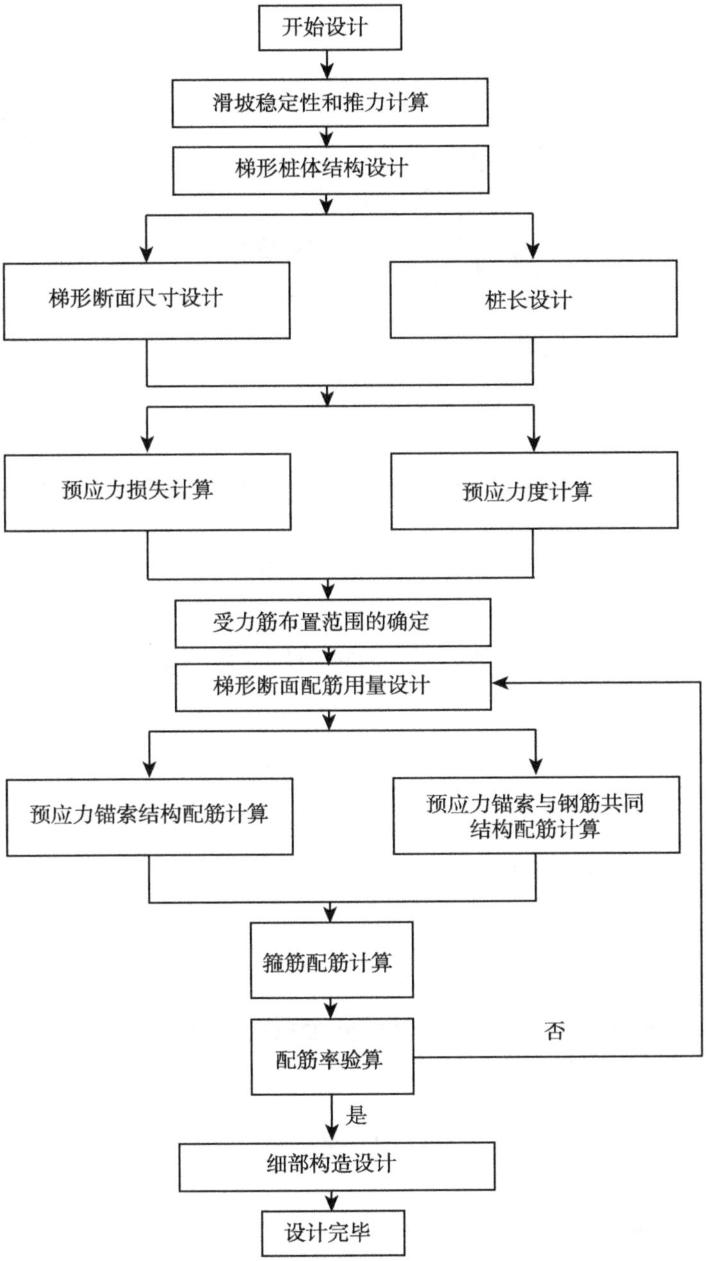

图 7.67　梯形断面竖向预应力锚索抗滑桩设计流程图

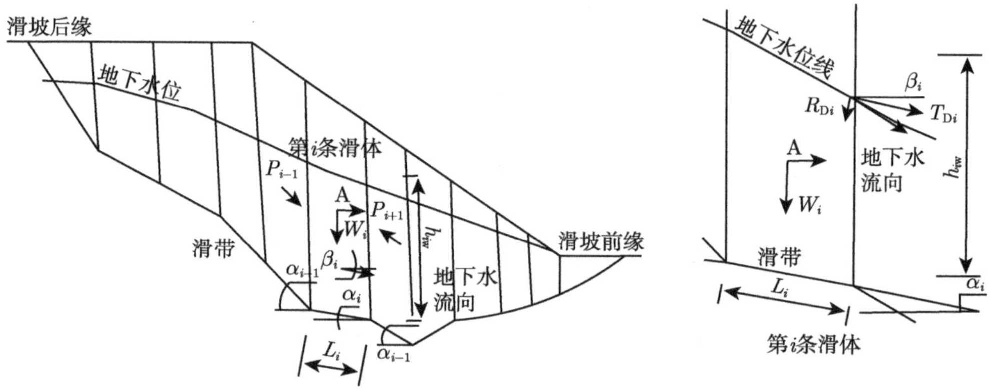

图 7.68　折线型滑动面

根据静力平衡条件和摩尔–库仑强度准则可得折线型滑动面的稳定性计算公式

$$K_{\mathrm{f}}=\frac{\sum\left(\left(W_i((1-r_{\mathrm{U}})\cos\alpha_i-A\sin\alpha_i)-R_{\mathrm{D}i}\right)\tan\varphi_i+C_iL_i\right)\prod\limits_{j=1}^{n-1}\Psi_j+R_n}{\sum\left(W_i(\sin\alpha_i+A\cos\alpha_i)+T_{\mathrm{D}i}\right)\prod\limits_{j=1}^{n-1}\Psi_j+T_n} \tag{7.195}$$

式中，$R_n=(W_n((1-r_{\mathrm{U}})\cos\alpha_n-A\sin\alpha_n)-R_{\mathrm{D}n})\tan\varphi_n+C_nL_n$；

$T_n=(W_n(\sin\alpha_n+A\cos\alpha_n)+T_{\mathrm{D}n}$；

$\prod\limits_{j=1}^{n-1}\Psi_j=\Psi_i\Psi_{i+1}\Psi_{i+2}\cdots\Psi_{n-1}$。

2) 滑坡推力计算

a. 圆弧型滑坡推力计算

当滑动面呈圆弧型时，主要与设计的安全系数、圆弧型的稳定系数和滑面切线方向的分力大小有关，易得出滑坡推力计算公式：

$$H_{\mathrm{s}}=(K_{\mathrm{s}}-K_{\mathrm{f}})\cdot\sum(T_i\cdot\cos\alpha_i) \tag{7.196}$$

式中，H_{s}—滑坡推力 (kN)；

K_{s}—安全系数；

T_i—第 i 条块重量在滑面切线方向的分力 (kN)。

b. 折线型滑坡推力计算

当滑动面呈折线型时，由图 7.68 所示，可得出下滑力为

$$T_i=W_i(\sin\alpha_i-A\sin\alpha_i)-N_{\mathrm{w}i}-N_{\mathrm{w}i}\sin\beta_i\sin(\alpha_i-\beta_i) \tag{7.197}$$

若需计算第 i 条块的推力，需对抗滑力、传递系数、孔隙水压力等进行确定，在此，由图 7.68 可得出抗滑力为

$$R_i = (W_i((1-r_{\mathrm{U}})\cos\alpha_i - A\sin\alpha_i) - \gamma_{\mathrm{w}}h_{i\mathrm{w}}L_i)\tan\varphi_i + C_iL_i \tag{7.198}$$

计算传递系数时，公式如下：

$$\varPsi = \cos(\alpha_{i-1}-\alpha_i) - \sin(\alpha_{i-1}-\alpha_i)\tan\varphi_i \tag{7.199}$$

类同于圆弧型计算，求得参数孔隙水压力、水压力产生的水平方向分力、水压力产生的垂直方向分力，整理后第 i 条块的推力计算公式为

$$\begin{aligned} P_i =& P_{i-1}\left[\cos(\alpha_{i-1}-\alpha_i) - \sin(\alpha_{i-1}-\alpha_i)\tan\varphi_i + K_{\mathrm{s}}\times T_i - R_i\right] \\ &+ K_{\mathrm{s}}\left[W_i(\sin\alpha_i - A\sin\alpha_i) - N_{\mathrm{w}i} - N_{\mathrm{w}i}\sin\beta_i\sin(\alpha_i-\beta_i)\right] \\ &- \{W_i\left[(1-r_{\mathrm{U}})\cos\alpha_i - A\sin\alpha_i\right] - \gamma_{\mathrm{w}}h_{i\mathrm{w}}L_i\}\tan\varphi_i - C_iL_i \end{aligned} \tag{7.200}$$

式中，P_i—第 i 条块的滑坡推力 (kN/m)；

P_{i-1}—除抗滑力后的第 i 条块剩余推力 (kN/m)。

2. 梯形桩体结构设计

1) 断面尺寸分析

在设计梯形抗滑桩宽度时，若设计断面较小，不能满足设计承载力的要求，即滑坡推力得不到抵消，若设计断面过大，又不经济。已有研究表明，抗滑桩宽度与桩间距成正比，在桩间净距恒定时，桩间土拱的承载能力随抗滑桩宽度的增加而递增；达到一定值时，递增的斜率逐渐减小，说明抗滑桩随宽度的增加对抗滑桩承载能力的影响逐渐减小，增加宽度所带来的承载能力的提升远不及桩间净距对承载能力的影响大。

与此同时，断面设计尺寸还与桩位的布置情况、受力筋的配置等有关系，基于以上宽度参数对承载力、设计布置的影响综合分析，结合以往设计的成功案例，本节建议梯形竖向预应力锚索抗滑桩的迎荷面桩后设计宽度一般以 a 在 1.5～2.5m 范围内进行取值，断面高度以 h 在 2.0～4.0m 范围内进行取值 (图 7.69)。

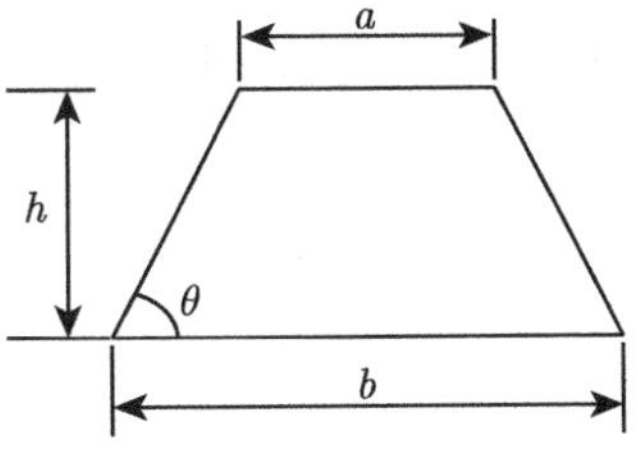

图 7.69 断面尺寸图

由于梯形抗滑桩的受压区计算与桩前宽度 b 有关，所以引入桩后宽度 a、截面高度 h、桩侧角 θ 与桩前宽度的关系式，结合以上尺寸范围的取值可以推算出桩前宽度 b 的取值范围为

$$b = (1.5 + 4\cot\theta) \sim (2.5 + 8\cot\theta) \tag{7.201}$$

2) 梯形截面分区线分析

混凝土具有抗压不抗拉的力学性质，从工程实际情况而言，除非超筋设计结构外，受拉破坏远大于受压破坏，梯形抗滑桩的主要受力位于受拉区，从破坏步骤上看，绝大部分是受拉区先行破坏，所以受力筋的布置范围控制在受拉区范围内较为合理。因此，计算受拉区和受压区的分区线位置，确定钢筋布置的范围具有研究意义。

以竖向预应力锚索结构为例推导受拉区的计算公式，建立受拉区理论面积计算模型 (图 7.70)，S_1 为受拉区面积，S_2 为受压区面积，S' 为梯形断面面积；其中，R_{a} 为混凝土轴心抗压设计强度，R_{y} 为预应力钢绞线抗拉设计强度，A_{y} 为预应力钢绞线的公称面积。

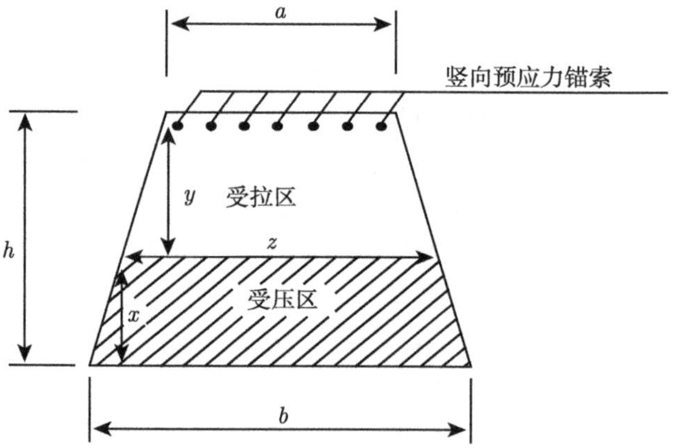

图 7.70　受拉区与受压区计算模型

根据理论计算模型推导出如下关系式，即受压区面积：

$$S_2 = \frac{A_{\mathrm{y}} R_{\mathrm{y}}}{R_{\mathrm{a}}} \tag{7.202}$$

受拉区断面面积：

$$S_1 = S' - S_2 \tag{7.203}$$

有关系式：

$$\begin{cases} \dfrac{(a+z)(h-x)}{2} = S_1 \\[2ex] \dfrac{(z+b)x}{2} = S_2 \end{cases} \tag{7.204}$$

受拉区断面高度：

$$y = h - x \tag{7.205}$$

通过式 (7.202)、(7.203) 计算值代入二元二次方程联立式 (7.204) 求解取正值，再代入式 (7.205)，可推导受压区高度计算公式为

$$x = \left[\frac{b^2h^2 + 2(a-b)hA_yR_yR_a^{-1}}{a^2 - 2ab + b^2}\right]^{\frac{1}{2}} \tag{7.206}$$

受拉区的高度计算公式为

$$y = h - \left[\frac{b^2h^2 + 2(a-b)hA_yR_yR_a^{-1}}{a^2 - 2ab + b^2}\right]^{\frac{1}{2}} \tag{7.207}$$

因此，为将受力筋的作用发挥合理，受力筋的断面布置高度宜小于受拉区高度 y 值，即在 $0 \sim y$ 进行取值。

3) 桩长设计

对于悬臂梯形竖向预应力抗滑桩的长度设计而言，桩长的总长度是由受荷段长度和嵌固段长度组合而成的，对于受荷段的桩长度主要由土层的高度决定，可采取地勘实测土层厚度进行确定，所以嵌入土内的深度计算是设计的关键，原因在于嵌固段上部的水平压力将通过调整嵌入土内的桩长达到受力平衡。因此，为求解嵌固段深度建立其计算模型如图 7.71 所示。

按图 7.71 中的力学模型在反弯点 D 处应满足合力矩 $M_D = 0, \sum E_i = 0$，则

$$(h + x_0 + x_1 - a)\sum E_{ai} - \frac{1}{2}\gamma'(k_p - k_a)x_2^2\left(\frac{2}{3}x_2 + \frac{1}{2}x_1\right) = 0 \tag{7.208}$$

$$\sum E_a i - \frac{1}{4}\gamma'(k_p - k_a)x_1^2 + \frac{1}{2}\gamma'(k_p - k_a)x_2^2 = 0 \tag{7.209}$$

式中，h—滑动面以上的土层高度；

x_0、x_1、x_2—滑动面以下不同作用力的分布长度，其中，

$$x_0 = \frac{e_a}{\gamma'(k_p - k_a)},\quad 即\frac{e_a}{x_0} = \gamma'(k_p - k_a) \tag{7.210}$$

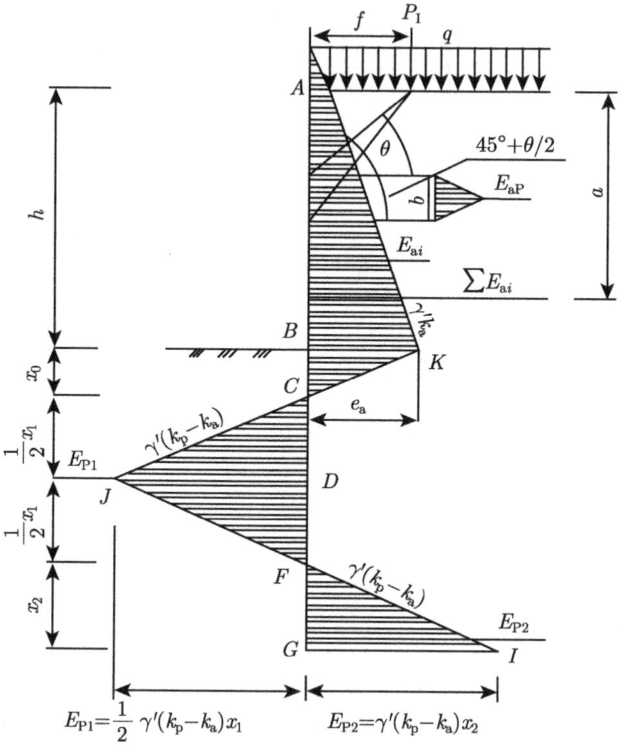

图 7.71　土压力分布模型图

式中，e_a—主动土压力最大应力值 (kN/m^2)；

k_a—主动土压力系数；

k_p—被动土压力系数；

γ'—均布荷载在内土的换算容重 (kN/m^3)；

γ—土的容重 (kN/m^3)。

$$\gamma' = \frac{h+h'}{h}\gamma, \quad h' = \frac{q}{\gamma} \tag{7.211}$$

由 Rankine 土压力理论得

$$k_a = \tan^2\left(45° - \frac{h}{2}\right) - 2\gamma^{-1}Z^{-1}c\tan\left(45° - \frac{h}{2}\right) \tag{7.212}$$

$$k_p = \tan^2\left(45° + \frac{h}{2}\right) - 2\gamma^{-1}z^{-1}c\tan\left(45° + \frac{h}{2}\right) \tag{7.213}$$

其中，Z—土层某一垂直深度；

c—土的内黏结力。

由 Coulomb 土压力理论：

$$k_{\mathrm{a}}=\frac{\sin^2(90^\circ+h)}{\sin^2 90^\circ\sin^2(90^\circ-\varphi)\left[1+\sqrt{\dfrac{\sin(h-0^\circ)\sin(h+\varphi)}{\sin(90^\circ+0^\circ)\sin(90^\circ-\varphi)}}\right]^2} \tag{7.214}$$

$$k_{\mathrm{p}}=\frac{\sin^2(90^\circ-h)}{\sin^2 90^\circ\sin^2(90^\circ+\varphi)\left[1-\sqrt{\dfrac{\sin(90^\circ+0^\circ)\sin(h+\varphi)}{\sin(90^\circ+0^\circ)\sin(90^\circ+\varphi)}}\right]^2} \tag{7.215}$$

整理后，则

$$k_{\mathrm{a}}=\frac{\cos^2 h}{\cos^2\varphi\left[1+\sqrt{\dfrac{\sinh\sin(h+\varphi)^2}{\cos\varphi}}\right]^2} \tag{7.216}$$

$$k_{\mathrm{p}}=\frac{\cos^2 h}{\cos^2\varphi\left[1-\sqrt{\dfrac{\sinh\sin(h+\varphi)^2}{\cos\varphi}}\right]^2} \tag{7.217}$$

式 (7.214)~(7.217) 中，φ 为内摩擦角；式 (7.210) 中的 e_{a} 按 (7.218) 式计算；图 7.71 中 $E_{a_{\mathrm{p}}}$ 按式 (7.219) 计算：

$$e_{\mathrm{a}}=\gamma' hk_{\mathrm{a}}+qk_{\mathrm{a}} \tag{7.218}$$

$$E_{a_{\mathrm{p}}}=\frac{2\Delta E_{\mathrm{a}}}{d},\quad \Delta E_{\mathrm{p}}=p_i\sqrt{k_{\mathrm{a}}} \tag{7.219}$$

联立式 (7.216)、(7.217) 并令

$$m=\frac{4\sum E_{\mathrm{a}i}}{\gamma'(k_{\mathrm{p}}-k_{\mathrm{a}})} \tag{7.220}$$

$$l=h+x_0-a \tag{7.221}$$

消元后整理得

$$8x_2^3+6x_2^2\sqrt{m-2x_2^2}-3m\sqrt{m+2x_2^2}-6ml=0 \tag{7.222}$$

在实践应用中先确定力学参数值，再由式 (7.210)~(7.219) 计算出 l, m 后代入 (7.222) 中，并通过迭代法计算出式 (7.222) 中的 x_2，最后将 x_2 代入式 (7.209) 求出 x_1。

梯形竖向预应力锚索抗滑桩的嵌固深度计算值 h_2 为

$$h_2=x_0+x_1+x_2 \tag{7.223}$$

梯形竖向预应力锚索抗滑桩的设计总长度 H：

$$H = h_1 + h_2 \tag{7.224}$$

4) 竖向预应力计算

梯形竖向预应力锚索抗滑桩利用了锚索所产生的反向弯矩，用于滑坡推力的抵消作用，对产生的弯矩所引发的负面效应起到了抑制作用，从未减小抗滑桩的桩顶位移。为适用于库水位落差起伏变动带来的滑坡灾害，将竖向预应力设置于梯形抗滑桩的受拉区域，可较好地利用混凝土保护锚索免受地下水周期性破坏的影响，从而增强其耐久性问题。

a. 预应力损失计算

在施加竖向预应力过程中，由于预应力受张拉、锚固等因数的影响，其效果将随长时间作用而造成预应力损失，因而竖向布置钢绞线产生的预应力减小。就竖向预应力钢绞线而言，其预应力损失通常由四个部分组成：锚具变形引起的钢绞线回缩损失 σ_1、混凝土弹性回缩引起的损失 σ_2、混凝土徐变引起的损失 σ_3、锚固筋松弛引起的损失 σ_4，分别按如下公式计算。

(1) 瞬时预应力损失

$$\sigma_1 = E_{\mathrm{cf}} \frac{\varDelta_{\mathrm{a}}}{l} \tag{7.225}$$

式中，E_{cf}—钢绞线的弹性模量；

l—钢绞线作用长度。

$\varDelta_{\mathrm{a}}$—由锚具之间的滑移量与锚具变形产生的混凝土回缩值，按式 (7.226) 计算

$$\varDelta_{\mathrm{a}} = \Delta\varepsilon_{\mathrm{c,avg}} l \tag{7.226}$$

式中，$\Delta\varepsilon_{\mathrm{c,avg}}$—放张前后梯形抗滑桩应变的变化值。

(2) 混凝土弹性回缩引起的预应力损失为

$$\sigma_2 = \frac{N-1}{2N}\frac{E_{\mathrm{cf}}}{E_{\mathrm{c}}}\sigma_{\mathrm{pc}} \tag{7.227}$$

式中，N—张拉的批数；

E_{c}—混凝土的弹性模量；

σ_{pc}—扣除 σ_1 后预应力在梯形抗滑桩重心位置处产生的应力。

(3) 混凝土收缩徐变引起的预应力损失为

$$\sigma_3 = \frac{0.9\left[E_{\mathrm{cf}}\varepsilon_{\mathrm{sh}} + \alpha_{\mathrm{Ecf}}\sigma_{\mathrm{pcl}}\psi_{\mathrm{b}}\left(t_{\mathrm{f}}, t_i\right)\right]}{1+15\rho\rho_{\mathrm{ps}}} \tag{7.228}$$

式中，ρ—受拉钢筋和梯形抗滑桩的有效配筋率，$\rho = \dfrac{A_S + \alpha_{\mathrm{Ecf}} A_{\mathrm{cf}}}{A_{\mathrm{te}}}$，$A_{\mathrm{te}}$ 为静截面

面积，$\alpha_{\mathrm{Ecf}}=E_{\mathrm{cf}}/E_{\mathrm{s}}$，$E_{\mathrm{s}}$ 为钢筋弹性模量；

$\rho_{\mathrm{ps}}=1+\dfrac{e_{\mathrm{cfs}}^2}{i^2}$，$e_{\mathrm{cfs}}$ 为钢绞线和梯形桩断面重心的距离；

σ_{pcl}—扣除 σ_1 和 σ_2 后预应力和梁自重在梯形抗滑桩重心位置处产生的混凝土预压应力。

(4) 预应力松弛引起的损失为

$$\sigma_4=\frac{(1-\beta)\,f_{\mathrm{pi}}}{100} \tag{7.229}$$

$$\beta=0.275\frac{f_{\mathrm{pi}}}{f_{\mathrm{pu}}}-0.083 \tag{7.230}$$

式中，f_{pi}—初始应力；

f_{pu}—极限抗拉强度。

据试验和工程实践，预应力损失一般按照 20%~25%进行应力控制，有效预应力按式 (7.231) 计算：

$$\sigma_{\mathrm{pe}}=\sigma_{\mathrm{con}}-\sum_{n=1}^{4}\sigma_n \tag{7.231}$$

式中，σ_{pe}—张拉控制应力值；

σ_n—预应力损失项，n=1，2，3，4。

b. 预应力度计算

对于梯形断面竖向预应力锚索抗滑桩的预应力度 λ 按如下公式进行计算：

$$\lambda=\frac{\sigma_{\mathrm{h}}}{NA_0^{-1}+Ne_{\mathrm{p}}W_0^{-1}} \tag{7.232}$$

式中，λ—预应力度；

σ_{h}—有效预压应力，即在结构底部混凝土应力为零时的减压应力；

N—纵向力标准值；

A_0—换算截面面积；

e_{p}—偏心距；

W_0—换算截面抗裂验算边缘的弹性抵抗矩。

当为无预应力的普通混凝土桩时：

$$\lambda=0 \tag{7.233}$$

当为全预应力钢筋的混凝土桩时：

$$\lambda=1 \tag{7.234}$$

当为部分预应力混凝土桩时：

$$0 \leqslant \lambda \leqslant 1 \tag{7.235}$$

在工程设计中，部分预应力混凝土抗滑桩运用最为广泛，且根据预应力度与桩体结构裂缝的影响关系，将预应力度分成三个等级：高预应力度为 $\lambda \geqslant 0.9$，中预应力度为 $0.9 > \lambda \geqslant 0.6$，低预应力度为 $\lambda < 0.6$。

在梯形断面竖向预应力抗滑桩的锚固段设计时，可以根据工程实际情况的不同，通过竖向预应力位置、活荷载、恒荷载等方面的因素，调整桩身结构上的预应力度趋于较为合理的范围之内。

5) 主要参数的推导

梯形竖向预应力锚索抗滑桩桩体属于偏心荷载，桩体为竖向预应力锚索结构或竖向预应力锚索与普通钢筋共同结构，均采用偏心预应力布置，即偏心距的计算，因此，有必要确定截面的重心位置。对于梯形抗滑桩而言，常规重心计算公式并不实用，因为桩侧角度的取值直接关系到双土拱效应的存在问题，以及形成的土拱直接关系到整体的受力效果，因此角度的取值将是设计的基本参数，所以推导桩侧角与重心的关系式更加有利于设计的合理性。将桩侧角引入后，推导的重心关系式为

$$y_{\mathrm{e}} = \frac{3ah\tan\theta + h^2}{6a\tan\theta + 3h} \tag{7.236}$$

同上缘由，惯性矩与桩侧角的关系式为

$$I_x = \frac{h^3}{36} \cdot \frac{6a^2\tan^2\theta + 6ah\tan\theta + h^2}{2a\tan^2\theta + h\tan\theta} \tag{7.237}$$

3. 梯形抗滑桩配筋设计

常规的抗滑桩桩身结构的配筋设计可分为单筋截面配筋和双筋截面配筋。混凝土具有抗压不抗拉的性质，又因梯形竖向预应力锚索抗滑桩相比矩形抗滑桩在截面形式上增大了受压区的面积，同时从受力性能上看更优于矩形抗滑桩，对梯形桩而言双筋截面配筋的意义并不大，所以梯形桩结构主要以单筋截面配筋设计为主。本节分别以竖向预应力锚索结构、竖向预应力锚索与普通钢筋共同结构两种不同的情况进行配筋计算。

1) 竖向预应力锚索结构设计及配筋公式

在桩的配筋设计时，为将受力筋和箍筋固定在相应位置，并与之连成钢筋整体骨架，从而充分发挥各自力学性能，在梯形竖向预应力锚索抗滑桩四周布置和受力筋同向的架立纵向构造钢筋。一般而言，当抗滑桩桩长小于 4m 时，梁内架立钢

筋的直径宜小于 8mm；当抗滑桩桩长为 4~6m 时，梁内架立钢筋的直径不应小于 10mm；当抗滑桩桩长大于 6m 时，梁内架立钢筋的直径不宜小于 12mm(图 7.72)。

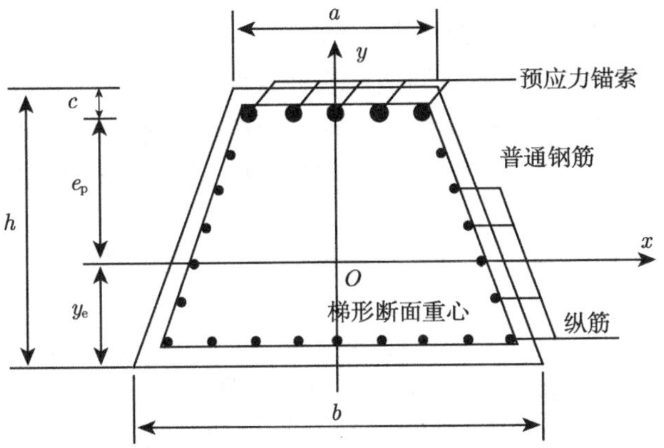

图 7.72 竖向预应力锚索结构计算图

若滑坡推力较小，可依托一排预应力钢绞线承担滑坡推力的情况，可按竖向预应力锚索结构进行设计，设滑坡推力为 T，可得弯矩 M_0 为

$$M_0 = Th_1(1-i) \tag{7.238}$$

根据弯矩值可得出所需竖向有效拉力 N_t 为

$$N_t = \frac{Th_1(1-i)}{e_p} \tag{7.239}$$

将预应力损失以 25%的张拉控制应力进行考虑，所以有效预应力为 $1.25R_y$，根据轴力可得出钢绞线的公称面积 A_y 总和：

$$A_y = \frac{Th_1(1-i)}{1.25R_y e_p} \tag{7.240}$$

所需竖向预应力钢绞线根数 n 为

$$n = \frac{A_y}{A_p} \tag{7.241}$$

将重心、保护层厚度、桩侧角、截面高度代入整理后可以得到钢绞线根数计算公式

$$n = \frac{Th_1(1-i)(6a\tan\theta + 3h)}{1.25R_y A_p(3ah\tan\theta + 2h^2 - 6ca\tan\theta - 3ch)} \tag{7.242}$$

上述式中，e_p—预应力钢绞线中心位置的偏心距 (mm)；

N_t—竖向有效拉力 (N)；

R_y—钢绞线设计强度标准值 (MPa)；

A_y—钢绞线公称面积总和 (mm^2)；

A_p—1 根预应力钢绞线的截面面积 (mm^2)。

2) 竖向预应力锚索与钢筋共同结构设计及配筋公式

对于滑坡推力较大，完全依托一排预应力钢绞线不能满足承担滑坡推力的情况，可按竖向预应力锚索与普通钢筋共同结构进行设计 (图 7.73)。

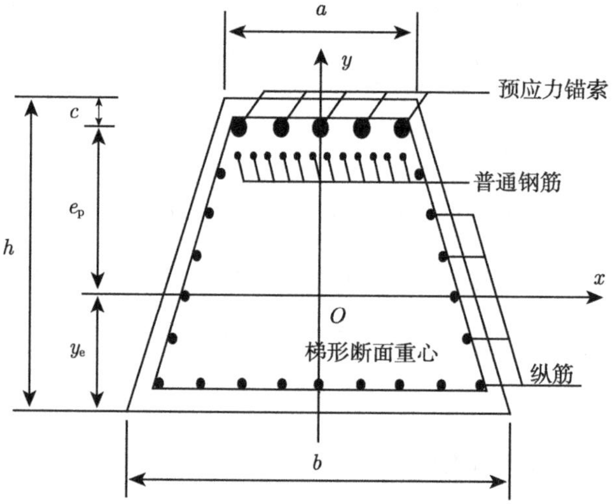

图 7.73　竖向预应力锚索与普通钢筋共同结构计算图

由于预应力锚索与普通钢筋共同构成结构体系，将考虑预应力锚索和普通钢筋的受力承担分配问题，本节根据工程实际情况，考虑由竖向预应力锚索承担 30%的滑坡推力，普通钢筋承担 70%的滑坡推力。对于滑坡推力产生的弯矩类同于式 (7.238)，设 M_p 为滑坡推力产生的弯矩，所以有关系式

$$M_p = Th_1(1-i) \tag{7.243}$$

预应力承担的弯矩值 M_0 为

$$M_0 = 0.3Th_1(1-i) \tag{7.244}$$

钢筋承担的弯矩值 M_1 为

$$M_1 = 0.7Th_1(1-i) \tag{7.245}$$

所以，所需钢绞线的公称面积 A_{y} 总和为

$$A_{\mathrm{y}}=\frac{0.3Th_1(1-i)}{1.25R_{\mathrm{y}}e_{\mathrm{p}}} \tag{7.246}$$

同样考虑钢筋总的损失为 25% 的控制应力，所以，钢筋的公称面积 A_{g} 总和为

$$A_{\mathrm{g}}=\frac{0.7Th_1(1-i)}{1.25R_{\mathrm{g}}e'_{\mathrm{p}}} \tag{7.247}$$

所需竖向预应力钢绞线根数为

$$n=\frac{A_{\mathrm{y}}}{A_{\mathrm{p}}} \tag{7.248}$$

将重心、保护层厚度、桩侧角、截面高度代入整理后可以得到钢绞线根数

$$n=\frac{0.3Th_1(1-i)(6a\tan\theta+3h)}{1.25R_{\mathrm{y}}A_{\mathrm{p}}(3ah\tan\theta+2h^2-6ca\tan\theta-3ch)} \tag{7.249}$$

所需竖向预应力钢筋根数为

$$n'=\frac{A_{\mathrm{g}}}{A_{\mathrm{s}}} \tag{7.250}$$

将重心、保护层厚度、桩侧角、截面高度代入整理后可以得到钢筋根数计算公式为

$$n'=\frac{0.7Th_1(1-i)(6a\tan\theta+3h)}{1.25R_{\mathrm{g}}A_{\mathrm{s}}(3ah\tan\theta+2h^2-6ca\tan\theta-3ch-6c'a\tan\theta-3c'h)} \tag{7.251}$$

上述式中，e'_{p}—钢筋中心位置的偏心距 (mm)；

R_{g}—钢筋设计强度标准值 (MPa)；

A_{g}—钢筋公称面积总和 (mm^2)；

A_{s}—1 根钢筋的截面面积 (mm^2)。

3) 箍筋结构设计及配筋公式

梯形抗滑桩在弯剪区内将受到剪力和弯矩的共同作用，在这个区段内主拉应力迹线是斜向的，将产生斜裂缝，所以，在设计时将配置竖向的箍筋，与斜裂缝相交，因而能阻止或者限制斜裂缝的产生。对于箍筋的结构形式宜采用封闭式，其直径应控制在 10~16mm，箍筋之间的间距应小于 500mm，其断面结构形式如图 7.74。

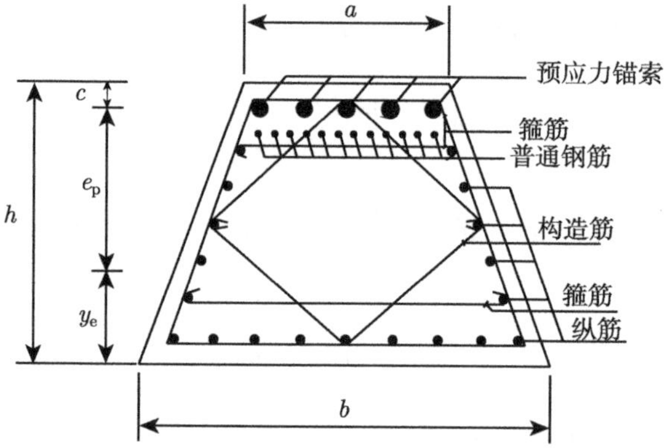

图 7.74　箍筋设计图

按照《滑坡防治工程设计与施工技术规范》箍筋计算可知，箍筋受剪承载力与箍筋布置宽度密切相关，由图 7.74 可以看出，对于梯形抗滑桩的箍筋受力影响宽度应为 $(a+b)/2$；因此，一般情况下，混凝土强度不超过 C50 时，箍筋的配置设计首先要对斜截面抗剪强度进行验算，满足式 (7.252) 的计算公式

$$V_u \leqslant \frac{0.125 f_t h(a+b)}{K_2} \tag{7.252}$$

其斜截面的受剪承载力设计取值后，通过式 (7.253) 进行箍筋总面积的配置求解

$$A_{sv} = \frac{[V_{cs} - 0.35 f_t (a+b) h]\, d}{1.5 f_{yv} h} \tag{7.253}$$

式中，K_2—受剪强度设计安全系数；

V_u—梯形桩的最大剪力设计值 (N)；

V_{cs}—斜截面上混凝土和箍筋的受剪承载力 (N)；

f_t—混凝土轴心抗拉设计强度值 (MPa)；

f_{yv}—箍筋抗拉设计强度值 (MPa)；

A_{sv}—箍筋总面积 (mm^2)；

d—沿桩高方向上箍筋的间距 (mm)。

4) 配筋率验算公式

梯形竖向预应力锚索抗滑桩属于混凝土结构，若配筋率过低，可能出现脆性破坏的情况，因此，涉及对最小配筋率的验算问题，即最少配筋的受拉钢筋截面面积与混凝土截面面积比值的百分率。目前，对最小配筋率的界定主要是经验法和模型法两种，按照经验法的最小配筋率是不低于 0.2%，而梯形竖向预应力锚索抗滑桩作为新型的滑坡治理结构，以经验法对最小配筋率验算缺乏准确性，因此，笔者采用模型法进行推导最小配筋率。

最小配筋率计算的基本条件是截面极限弯矩与混凝土截面开裂弯矩成相等关系，根据屈文俊等[132]对混凝土极限开裂系数的研究结合梯形抗滑桩的截面特征，得出混凝土截面开裂弯矩 M_{c} 为

$$M_{\mathrm{c}}=0.146(1+2.5\alpha_{\mathrm{A}})f_{\mathrm{t}}(a+b)h^{2} \tag{7.254}$$

其中，$\alpha_{\mathrm{A}}=\dfrac{4a_{\mathrm{E}}A_{\mathrm{s}}}{(a+b)h}$，$a_{\mathrm{E}}$ 为钢筋的弹性模量与混凝土的弹性模量的比值。

考虑受拉钢筋承担 70%的滑坡推力荷载，由式 (7.250) 容易得出截面极限弯矩 M_{u} 为

$$M_{\mathrm{u}}=0.7A_{\mathrm{g}}R_{\mathrm{g}}(h-y_{\mathrm{e}}-c-c') \tag{7.255}$$

与式 (7.254) 建立等式可得钢筋的最小配筋面积为

$$A_{\mathrm{g}}=\frac{4.79R_{\mathrm{g}}(h-y_{\mathrm{e}}-c-c')}{(1+2.5\alpha_{\mathrm{A}})f_{\mathrm{t}}(a+b)h^{2}} \tag{7.256}$$

通过钢筋的最小配筋面积与混凝土截面面积比值，可得钢筋的最小配筋率 $\rho_{\min}$ 计算公式为

$$\rho_{\min}=\frac{9.58R_{\mathrm{g}}(h-y_{\mathrm{e}}-c-c')}{(1+2.5\alpha_{\mathrm{A}})f_{\mathrm{t}}(a+b)^{2}h^{3}} \tag{7.257}$$

考虑预应力钢绞线承担 30%的滑坡推力荷载，由式 (7.255) 可得

$$M_{\mathrm{u}}=0.3A_{\mathrm{y}}R_{\mathrm{y}}(h-y_{\mathrm{e}}-c) \tag{7.258}$$

式 (7.258) 与式 (7.254) 建立等式可得，预应力钢绞线的最小配筋面积为

$$A_{\mathrm{y}}=\frac{2.05R_{\mathrm{y}}(h-y_{\mathrm{e}}-c)}{(1+2.5\alpha_{\mathrm{A}})f_{\mathrm{t}}(a+b)h^{2}} \tag{7.259}$$

通过钢筋的最小配筋面积与混凝土截面面积的比值，可得预应力的钢绞线的最小配筋率 $\rho'_{\min}$ 计算公式为

$$\rho'_{\min}=\frac{4.1R_{\mathrm{y}}(h-y_{\mathrm{e}}-c)}{(1+2.5\alpha_{\mathrm{A}})f_{\mathrm{t}}(a+b)^{2}h^{3}} \tag{7.260}$$

由式 (7.257) 和 (7.260) 可以得出总的最小配筋率验算公式为

$$\rho_{总\ \min}=\frac{9.58R_{\mathrm{g}}(h-y_{\mathrm{e}}-c-c')+4.1R_{\mathrm{y}}(h-y_{\mathrm{e}}-c)}{(1+2.5\alpha_{\mathrm{A}})f_{\mathrm{t}}(a+b)^{2}h^{3}} \tag{7.261}$$

在对梯形抗滑桩配筋设计时，若配筋截面面积过大，柔性性质较强，位移及变形情况显为突出，容易出现“超筋”现象，因此，合理地验算最大配筋具有必要性，

而最大配筋率与截面受压区高度 x 相关，由于梯形竖向预应力锚索是属于有黏结预应力的混凝土结构，通过式 (7.206) 最大配筋率的计算公式如下：

$$\rho_{\max} \leqslant 0.4\left[\frac{b^2h^2+2(a-b)hA_{\mathrm{y}}R_{\mathrm{y}}R_{\mathrm{a}}^{-1}}{a^2-2ab+b^2}\right]^{\frac{1}{2}} \tag{7.262}$$

而对于箍筋的配筋率而言，主要承担受斜截面承载力，通过一定的界定对配筋率进行取值，当 $V \leqslant 0.35f_{\mathrm{t}}h(a+b)+0.05N_{\mathrm{p}}$ 时，仅将箍筋作为构造筋的要求配置，而当 $V \geqslant 0.35f_{\mathrm{t}}h(a+b)+0.05N_{\mathrm{p}}$ 时，箍筋的配筋率 ρ_{sv} 应满足：

$$\rho_{\mathrm{sv}} \geqslant 0.24\frac{f_{\mathrm{t}}}{f_{\mathrm{yv}}} \tag{7.263}$$

4. 细部构造关键技术

1) 锚索构造设计

由于梯形竖向预应力锚索抗滑桩是将锚索与桩体埋入嵌固段的新型结构，如果采用传统的锚索双边张拉法对钢绞线施加预应力，其施工难度非常大，且操作性不强；因此，为便于梯形竖向预应力锚索抗滑桩的可实施性，对预应力锚索嵌固段的端部进行设计 (图 7.75)。首先，将底端锚碇板安放在距离桩底 20~30cm 处，然后对预留导管进行安装，安装完毕后将预应力钢绞线穿入锚碇板预留孔洞内；再次，将预应力钢绞线与锚具连接固定，预应力钢绞线的线性垂直度通过箍筋固定校准 (图 7.74)，最后通过单边后张拉法对钢绞线施加预应力。

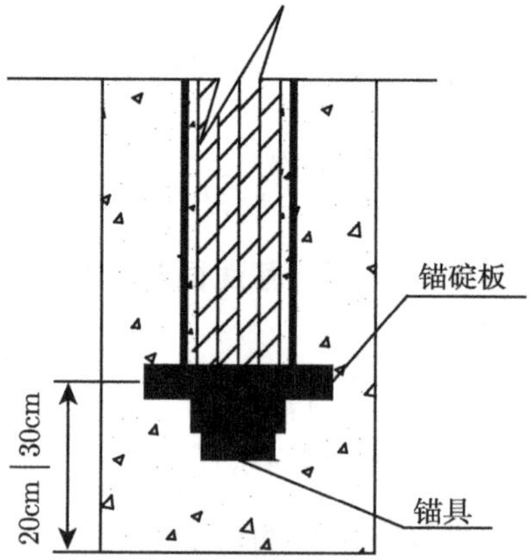

图 7.75　锚碇板设计示意图

2) 封锚构造设计

梯形竖向预应力锚索抗滑桩通过单边后张拉后，为确保锚索遇水后的预应力损失或者受到破坏，对张拉端 (桩顶) 进行封锚设计。抗滑桩可采取 “凸” 形和 “U”

形槽等封锚形式，由于梯形竖向预应力锚索抗滑桩的预应力方向区别于传统锚拉抗滑桩，通常锚拉抗滑桩的封锚设置在抗滑桩的桩前截面位置，而竖向预应力的锚拉端是设计在桩顶处，若采取“凸”形的形式应力比较集中，且遇较大推力落石时容易造成破坏；若采取“U”形槽的形式，由于竖向预应力是属于偏心受力，作用点位置临近于桩后截面处，且之间的厚度非常薄弱，容易在施工阶段造成损坏。

综上所述，本章采用“凹”形槽封锚结构设计 (图 7.76)，与“凸”形相比锚索受损坏概率相对不明显，与“U”形槽相比薄壁宽度相对较厚；同时，考虑桩底锚索与桩顶锚索的对称性，顶端锚定板安放在距离桩顶以下 20～30cm 处。

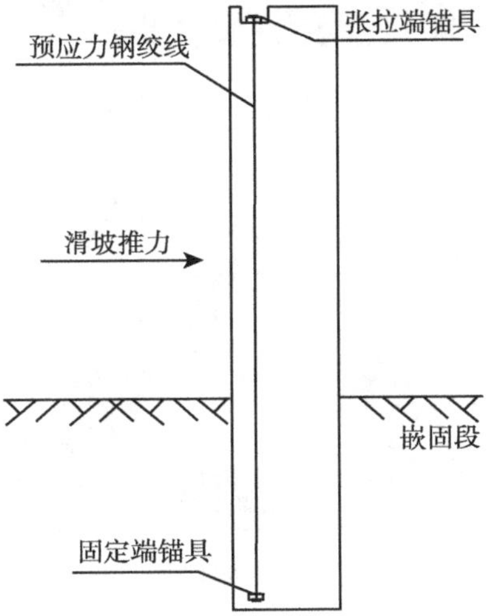

图 7.76 “凹”形槽封锚结构设计示意图

3) 声测管设计

抗滑桩在混凝土浇筑施工完毕后，达到要求凝固期后，须对混凝土的完整性进行检测，而目前国内外主要采用超声检测技术进行验证，超声检测实质是对抗滑桩浇筑混凝土的均匀程度进行评价，而评价的前提主要来自于检测的数据依据。梯形断面竖向预应力锚抗滑桩作为一种新型的抗滑桩，其断面的形式区别于普通的矩形和圆形抗滑桩，所以检测所需的声测管的布置形式相应有所改变，本节基于梯形的断面特点提出了梯形断面竖向预应力锚抗滑桩的声测管的布置形式。

基于梯形抗滑桩的断面大小结合实际工程情况的考虑，对于正截面设计宽度为 $a \geqslant 1.5\text{m}$ 时，按四根声测管形式布置 (图 7.77)，声测管呈梯形均匀分布，构成六个声测剖面；若在特定情况下，正截面设计宽度为 $a < 1.5\text{m}$，由于截面积较小受限问题，按三根声测管形式布置 (图 7.78)，声测管呈三角形均匀分布，构成三个声测剖面。与此同时，声测管的管径大小直接关系到检测的操作性，若检测通道过

小，设备换能器不能正常摆放，若检测通道过大，影响结构的受力，所以本章建议声测管的内径宜为 35~50mm，同时，为保证声测管堵塞问题，又不造成材料浪费，建议声测管上端高于桩顶标高 300~500mm 较为合理。

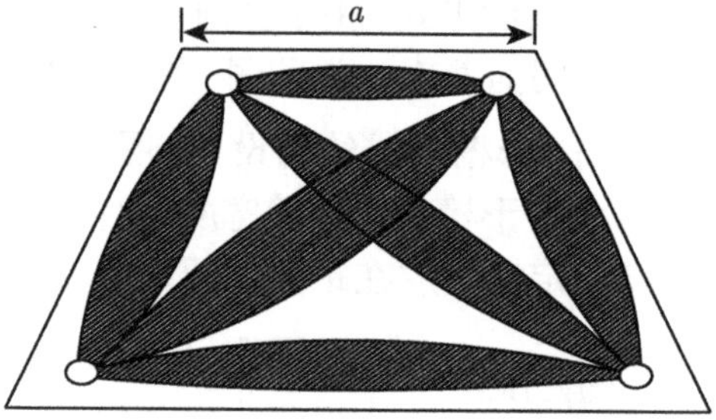

图 7.77　四根声测管布置示意图

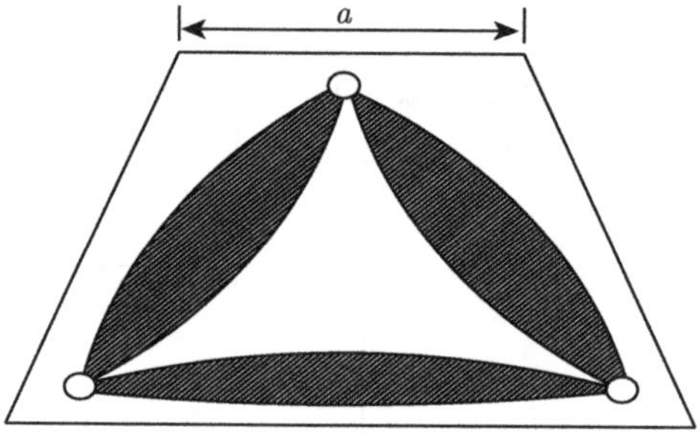

图 7.78　三根声测管布置示意图

合理布置声测管的根本原则是避免遍布的检测区域出现“死角”问题，对于梯形抗滑桩而言，截面桩侧角是区别于矩形抗滑桩的重要指标，是形成土拱效应的核心部分，保证桩侧角的受力质量是尤为必要的条件；因此，为全覆盖桩侧角的检测，在桩侧角位置布置声测管是检测合理性的前提。

7.9.3　梯形抗滑桩桩间距设计

梯形断面竖向预应力锚索抗滑桩是治理水毁滑坡的一种新型抗滑桩结构，桩间土拱特征区别于常规抗滑桩，继续利用传统抗滑桩土拱受力模型显然不合理；然而，对于梯形断面结构与土体呈现的“双土拱”形式，直接关系到桩间距的计算结果，基于双土拱效应对桩间土拱的形成特征分析，建立梯形抗滑桩的计算模型，分别推导不同形式的桩间距计算公式，为同类工程提供理论参考。

1. 双土拱的形式特征

矩形抗滑桩主要是由主拱承担滑坡推力，桩侧摩擦阻力与土体自重的平衡关系构成次拱，在受力计算中次拱计算通常被忽略。相反，梯形抗滑桩土拱受力情况大不相同，次拱同样承担较大的滑坡推力，第一阶段次拱首先形成并抵消滑坡推力，第二阶段主拱形成后由主拱与次拱共同承担滑坡推力；可知，次拱的形成改变了传统桩间土拱的力学分配。

在主拱拱脚交叉区建立三角形力学计算模型，梯形抗滑桩桩侧角 θ 取值会呈现三种形成 (图 7.79)：一是 $\theta > \alpha$ 时，先次拱后主拱，主拱与次拱受力抛物线存在间隙土，间隙之间的土体自重会由次拱进行承担，可以通过主拱和次拱抛物线方程的积分差求解间隙的面积且换算出自重，因自重相对滑坡推力影响较小，忽略土体自重计算；二是 $\theta = \alpha$ 时，主拱与次拱同时成型，构成一个合成土拱形式；三是 $\theta < \alpha$ 时，主拱形成条件不具备，仅有单一次拱形式。由土拱不同三种形式可知，次拱的形成是首要条件，且梯形结构形式上主拱桩间距始终大于次拱桩间距。

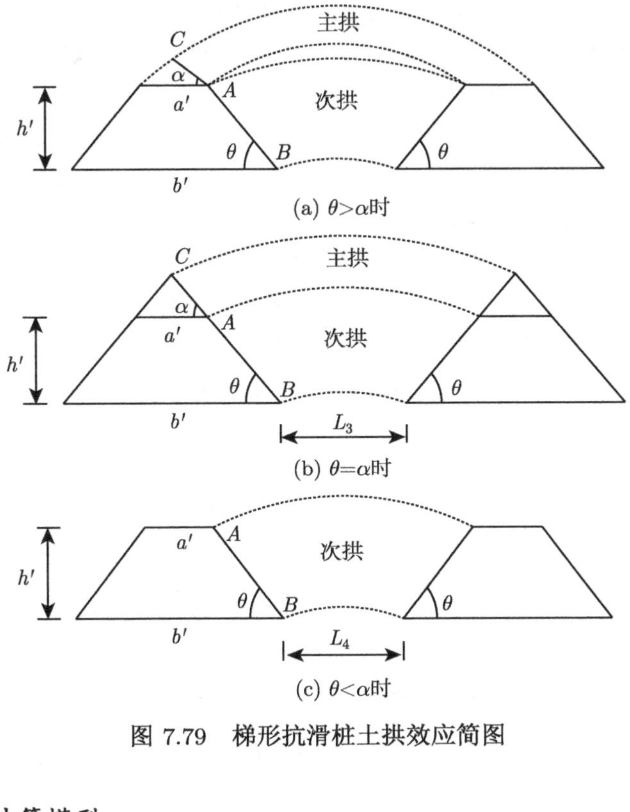

图 7.79 梯形抗滑桩土拱效应简图

2. 双土拱计算模型

传统的抗滑桩土拱效应研究是由滑坡推力作用在土拱上，土拱作为受力构件将所受的力传递至拱脚，而拱脚成为推力的承载主体。对于抗滑桩桩间距离的布置设计上，较多学者是通过土拱效应与桩间距的关系建立其计算模型进行探讨的，而传统的矩形桩由于桩侧呈垂直面，仅靠摩擦阻力在桩侧形成土拱的情况十分罕见；因此，工程实践中通常仅对桩后正截面处进行单个土拱设计 (图 7.80)。

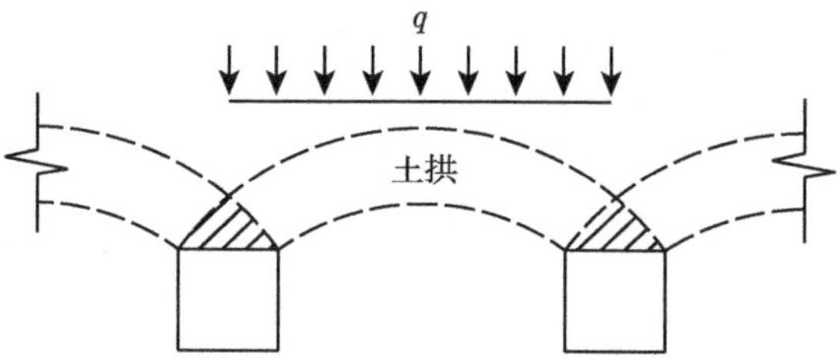

图 7.80　矩形桩土拱效应示意图

而梯形抗滑桩与矩形抗滑桩的土拱效应作用相比，由于梯形桩两侧存在有利的角度，除桩后正截面与下滑土体形成的主拱外，桩侧同样承担了下滑土体的滑坡推力而形成次拱，即双土拱 (图 7.81)。由于双土拱的作用效果尚不明确，因此，从力学上判断可能呈现三类情况：第一类情况，当 $\theta > \alpha$ 时，将土拱 1 和土拱 2 视为两个不同独立土拱共同作用；第二类情况，当 $\theta = \alpha$ 时，在工程实际情况下土拱 1 和土拱 2 可能出现非独立作用而不发生关联的情况，因此考虑双土拱两者之间存在的衔接问题，土拱 1 和土拱 2 可能共同作用，即将土拱 1 和土拱 2 视为整体；第三类情况，当 $\theta < \alpha$ 时，土拱 1 不具备形成条件，仅有单一土拱 2 形成。由于第三类情况，在实际工程运用中为不合理的结构形式，且失去了设计的价值，因此，通过建立计算模型对第一类情况和第二类情况的桩间距分别进行推导。

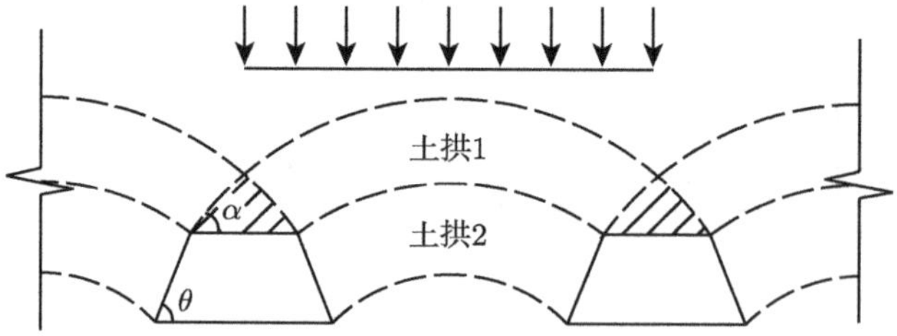

图 7.81　梯形抗滑桩桩间双土拱示意图

梯形抗滑桩桩间距计算模型的假定如下：① 土体在单位厚度土层内均质，滑坡推力以分布力形式作用于桩间土拱均质分布；② 不考虑土拱和间隙土自重；③ 桩间土拱为极限平衡状态，不考虑动载因数；④ 桩两侧土拱交汇区为三角形受压区。

土拱作用情况分为两种 (图 7.82)：① 破坏面在拱脚，即 DF 面，土拱 1 和土拱 2 视为两个不同个体；② 破坏面在接触面 DE 延长线上，即 DG 面，将土拱 1 和土拱 2 视为一个整体。其中土拱 1 厚度为 t_1，与桩身迎荷面的夹角为 α，土拱 2 厚度为 t_2，桩截面尺寸为 $a\times b\times h$，底边夹角为 θ，桩间距为 S，桩间净距为 L。其中 α 按极限值取值应为：$0°\sim\theta$，而根据 Mohr-Coulomb 破坏准则，当土体单元达到极限平衡状态时，土体中存在一对剪破面，如图 7.82 所示，此 α 的极限值，即 α 的取值范围为：$0°\sim 45° + \dfrac{\varphi}{2}$，$\varphi$ 为土体内摩擦角。

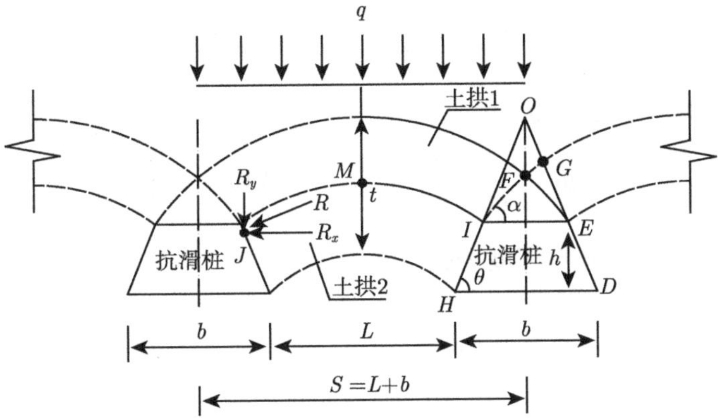

图 7.82 梯形抗滑桩计算模型

图中，θ 和 α 取值的关系参见文献 [71]，对于角 α 可通过如下关系式求解：

$$1=\frac{\cos(\alpha+\beta)}{\sin\beta}+\frac{\tan\varphi}{\tan\beta}-\frac{\sin(\alpha+\beta)\tan\varphi}{\sin\beta} \tag{7.264}$$

3. 合理桩间距计算方法

梯形竖向预应力锚索抗滑桩桩间距计算步骤如下：① 通过建立剪力和弯矩平衡关系，求得拱轴线的基本平衡方程；② 利用破坏面与最大主应力的关系，分析土拱应力状态，求得 β 的取值；③ 分析最大主应力和最小主应力的取值，通过建立静力平衡条件关系以及最大主应力和最小主应力的关系联立求解桩间距。

(1) 第一类情况：土拱视为两个不同个体，桩侧角 $\theta>\alpha$ 时桩间距计算。

从拱作用的主次来划分，土拱 1 是主拱，土拱 2 是次拱，建立 xOy 坐标系，图 7.83 和图 7.84 分别为土拱 1、土拱 2 的拱轴线示意图。

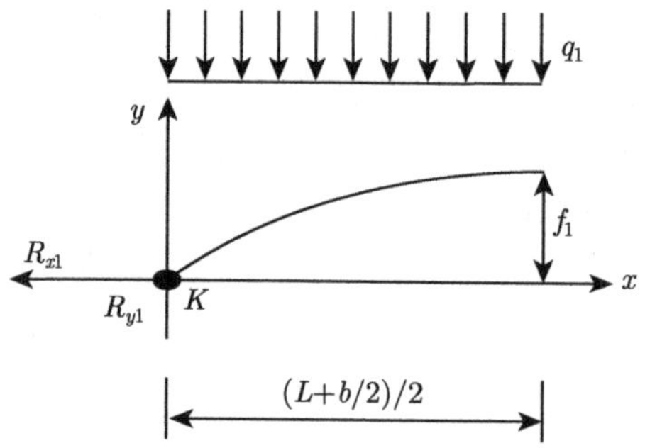

图 7.83　土拱 1 拱轴线

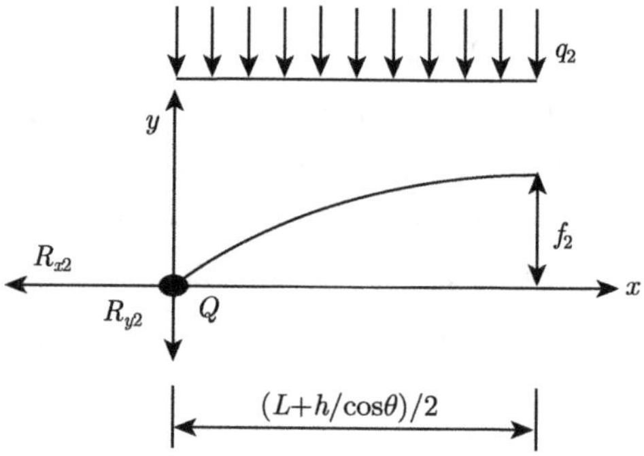

图 7.84　土拱 2 拱轴线

土拱 1 的拱轴线方程为

$$y_1 = \frac{4f}{(L+b/2)^2}\left[(L+b/2)\,x - x^2\right] \tag{7.265}$$

图 7.84 中 h 为抗滑桩截面高度 (m)。

土拱 2 的拱轴线方程为

$$y_2 = \frac{4f}{(L+h/\cos\theta)^2}\left[(L+h/\cos\theta)\,x - x^2\right] \tag{7.266}$$

对图 7.85 中的 M 点力矩平衡计算有

$$R_{x1}f_1 + R_{x2}\left(f_1 + \frac{h}{2}\right) = \frac{qS}{4}\left(L + \frac{b}{2}\right) \tag{7.267}$$

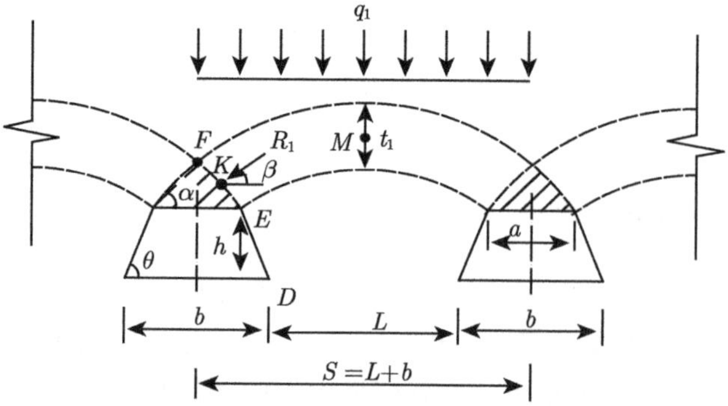

图 7.85　土拱 1 作用示意图

土拱 2 的两拱脚侧面摩阻合力与滑坡推力的均布荷载作用力为平衡关系，即

$$2\left(R_{x2}\tan\varphi + ct_2\right)\sin\theta = q_2\left(S - a\right) \tag{7.268}$$

解得

$$R_{x2} = \frac{q_2(S-a)}{2\sin\theta\tan\varphi} - \frac{ct_2}{\tan\varphi} \tag{7.269}$$

式中，t_2 为图 7.86 中土拱 2 的计算厚度 (m)，$t_2 = \dfrac{h}{\sin\theta}$。

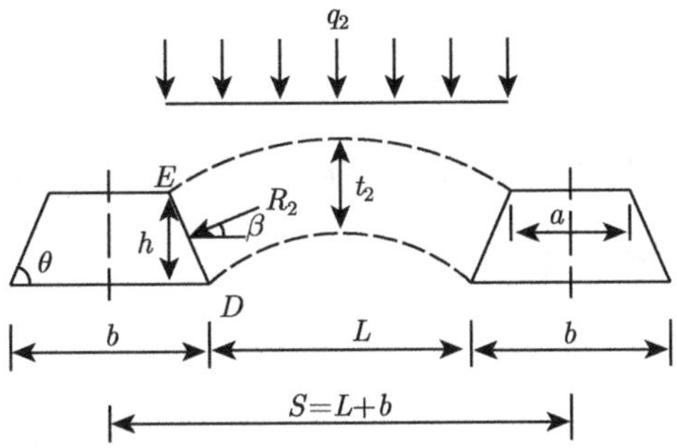

图 7.86　土拱 2 作用示意图

将式 (7.269) 代入式 (7.267) 解得

$$R_{x1} = N = \frac{qS}{4f_1}\left(L+\frac{b}{2}\right) - \left[\frac{q_2(S-a)}{2\sin\theta\tan\varphi} - \frac{ct_2}{\tan\varphi}\right]\left(1+\frac{h}{2f_1}\right) \tag{7.270}$$

依据 Mohr-Coulomb 破坏准则有如下方程：

$$\sigma_1 = \sigma_3\tan^2\left(45^\circ+\frac{\varphi}{2}\right) + 2c\tan\left(45^\circ+\frac{\varphi}{2}\right) \tag{7.271}$$

$$\sigma_1 = \frac{N}{t_2} = \frac{qS\left(L+\dfrac{b}{2}\right)}{4f_1t_1} - \left[\frac{q_2(S-a)}{2t_1\sin\theta\tan\varphi} - \frac{ct_2}{t_1\tan\varphi}\right]\left(1+\frac{h}{2f_1}\right) \tag{7.272}$$

$$\sigma_3 = q_1 \tag{7.273}$$

根据合力相等有

$$q_1S + q_2(S-a) = qS \tag{7.274}$$

解得

$$q_1 = q - q_2 + \frac{q_2a}{S} \tag{7.275}$$

令 $I = \tan\left(45^\circ+\dfrac{\varphi}{2}\right)$，联合式 (7.271)、(7.272) 和式 (7.275) 得

$$\frac{qS\left(L+\dfrac{b}{2}\right)}{4f_1t_1} - \left[\frac{q_2(S-a)}{2t_1\sin\theta\tan\varphi} - \frac{ct_2}{t_1\tan\varphi}\right]\left(1+\frac{h}{2f_1}\right) = \left(q-q_2+\frac{q_2a}{S}\right)I^2 + 2Ic \tag{7.276}$$

计算得到

$$f_1=\frac{qS\left(L+\dfrac{b}{2}\right)-\dfrac{q_2h\left(S-a\right)}{\sin\theta\tan\varphi}+\dfrac{2ct_2h}{\tan\varphi}}{4t_1\left[\left(q-q_2+\dfrac{q_2a}{S}\right)I^2+2Ic+\dfrac{q_2\left(S-a\right)}{2t_1\sin\theta\tan\varphi}-\dfrac{ct_2}{t_1\tan\varphi}\right]}\tag{7.277}$$

与情况一类似，可建立如下方程：

$$2\left[\left(ct_1+R_{x1}\tan\varphi\right)\sin\beta+\left(ct_2+R_{x2}\tan\varphi\right)\sin\theta\right]=qS\tag{7.278}$$

式中，t_1 为土拱 1 的计算厚度 (m)，$t_1=\dfrac{a}{2\cos\beta}$。

将式 (7.269)、(7.270) 代入式 (7.278) 得到

$$f_1=\frac{qS\left(L+\dfrac{b}{2}\right)\sin\beta\tan\varphi-\dfrac{q_2h\left(S-a\right)\sin\beta}{\sin\theta}+2hct_2\sin\beta}{2qS+\dfrac{2q_2\left(S-a\right)\sin\beta}{\sin\theta}-2q_2\left(S-a\right)-4c\sin\beta\left(t_1+t_2\right)}\tag{7.279}$$

式 (7.277) 和式 (7.279) 相等，得到土拱 2 所承担的荷载 q_2

$$q_2=\frac{2qS-4c\sin\beta\left(t_1+2t_2\right)-4t_1qI^2\sin\beta\tan\varphi-8Ict_1\sin\beta\tan\varphi}{4t_1I^2\sin\beta\tan\varphi\left(\dfrac{a}{S}-1\right)+2\left(S-a\right)}\tag{7.280}$$

根据计算模型图 7.85 可知：

$$\tan\left(\frac{\pi}{2}-\theta\right)=\cot\theta=\frac{R_{y2}}{R_{x2}}\tag{7.281}$$

式中 $R_{y2}=\dfrac{q_2\left(s-a\right)}{2}$，将式 (7.269) 和 R_{y2} 代入式 (7.281) 得

$$\cot\theta=\frac{q_2\left(S-a\right)/2}{\dfrac{q_2\left(S-a\right)}{2\sin\theta\tan\varphi}-\dfrac{ct_2}{\tan\varphi}}\tag{7.282}$$

联立式 (7.280) 和 (7.282) 解得有关 S 的一元三次方程，设为

$$mS^3+nS^2+lS+k=0\tag{7.283}$$

式中，

$$m=q\left(\sin\theta\tan\varphi-\cot\theta\right)\tag{7.284}$$

$$n=qa\cos\theta+\left(2ct_2\cos\theta-qa\tan\varphi\right)\sin\theta+2c\sin\beta\left(t_1+2t_2\right)\left(\cos\theta-\sin\theta\tan\varphi\right)$$

$$+ 2t_1 I \sin\beta \tan\varphi \left(\cos\theta - \sin\theta \tan\varphi\right)\left(qI + 2c\right) \tag{7.285}$$

$$\begin{aligned} l =& 2ac\sin\beta\left(t_1 + 2t_2\right)\left(\sin\theta\tan\varphi - 1\right) - 2at_1 I \sin\beta\tan\varphi\left(\cos\theta - \sin\theta\tan\varphi\right)\left(qI + 2c\right) \\ & - 2ct_2\sin\theta\cos\theta\left(2I^2 t_1 \sin\beta\tan\varphi + a\right) \end{aligned} \tag{7.286}$$

$$k = 4I^2 act_1 t_2 \sin\theta\cos\theta\sin\beta\tan^2\varphi \tag{7.287}$$

根据一元三次方程求根公式——盛金公式，其重根判别式：

$$A = n^2 - 3ml \tag{7.288}$$

$$B = nl - 9mk \tag{7.289}$$

$$C = l^2 - 3nk \tag{7.290}$$

总判别式：

$$\Delta = B^2 - 4AC \tag{7.291}$$

盛金公式将此分为四种情况：

① 当 $A = B = 0$ 时，

$$S_1 = -\frac{n}{3m}, \quad S_2 = \frac{l}{n}, \quad S_3 = -\frac{3k}{l} \tag{7.292}$$

最终取值为

$$S = \max\left\{S_1, S_2, S_3\right\} \tag{7.293}$$

② 当 $\Delta = B^2 - 4AC > 0$ 时，

$$S_1 = \frac{-n - \sqrt[3]{y_1} - \sqrt[3]{y_2}}{3m}, \quad S_{2,3} = \frac{-2n + \sqrt[3]{y_1} + \sqrt[3]{y_2}}{6m} \pm \frac{\sqrt{3}\left(\sqrt[3]{y_1} - \sqrt[3]{y_2}\right)\mathrm{i}}{6a} \tag{7.294}$$

式中，$y_{1,2} = An + 3m\left(-B \pm \sqrt{B^2 - 4AC}\right)/2$，$\mathrm{i}^2 = -1$。最终取值为

$$S = \max\left\{S_1, S_2, S_3\right\} \tag{7.295}$$

③ 当 $\Delta = B^2 - 4AC = 0$ 时，

$$S_1 = -\frac{n}{m} + K, \quad S_1 = S_2 = -\frac{K}{2} \tag{7.296}$$

式中，$K = \dfrac{B}{A}$，$A \neq 0$。最终取值为

$$S = \max\left\{S_1, S_2, S_3\right\} \tag{7.297}$$

④ 当 $\Delta = B^2 - 4AC < 0$ 时，

$$S_1 = \frac{-n - 2\sqrt{A}\cos\left(\dfrac{\theta}{3}\right)}{3m},\quad S_{2,3} = \frac{-n + \sqrt{A}\left(\cos\left(\dfrac{\theta}{3}\right) \pm \sqrt{3}\sin\left(\dfrac{\theta}{3}\right)\right)}{3m} \tag{7.298}$$

式中，$\theta = \arccos T$，$T = \dfrac{2An - 3mB}{2\sqrt{A^3}}(A > 0, -1 < T < 1)$。

考虑安全储备，引入滑坡防治工程设计安全系数 F_{s}，计算得出的桩间距 S 还应除以 F_{s}，即最终取值为

$$S = \frac{\max\{S_1, S_2, S_3\}}{F_{\mathrm{s}}} \tag{7.299}$$

(2) 第二类情况：土拱视为一个整体，桩侧角 $\theta = \alpha$ 时桩间距计算。

土拱 1 与抗滑桩迎荷面的夹角 β 的取值范围为：$0° \sim 45° + \dfrac{\varphi}{2}$，按照极限状态分别进行计算。

当 $\beta = 0°$ 时，

$$L_{DG} = L_{DE} = \frac{h}{\sin\theta} \tag{7.300}$$

当 $\beta = 45° + \dfrac{\varphi}{2}$ 时，

$$L_{EF} = \frac{b}{2\cos\beta} \tag{7.301}$$

由于 EG 和 EF 不在同一直线上，根据图 7.87 所示的几何关系可得出

$$L_{EG} = \frac{L_{EF}^2 - L_{OE}^2 - L_{OF}^2 + 2L_{OF}\cdot L_{OE}\cdot\cos\angle FOG}{2\left(L_{EF}\cdot\cos\angle FEG + L_{OF}\cdot\cos\angle FOG - L_{OE}\right)} \tag{7.302}$$

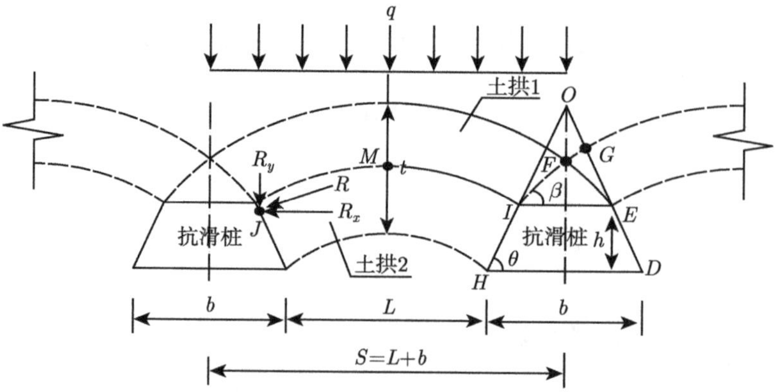

图 7.87　滑坡推力 R 计算模型

由图 7.88，得拱轴线方程：

$$y=\frac{4f}{\left(L+\dfrac{L_{DG}}{2\cos\theta}\right)^2}\left[\left(L+\frac{L_{DG}}{2\cos\theta}\right)x-x^2\right] \tag{7.303}$$

式中，f 为土拱矢高 (m)；L 为桩间净距 (m)，$L=S-b$，S 为桩间距 (m)。

对图 7.87 中的 M 点进行计算可解得

$$R_x=N=\frac{q\left(L+2L_{DG}\cos\theta\right)^2}{8f} \tag{7.304}$$

式中，q 为滑坡推力的等效均布荷载 (kN/m)。

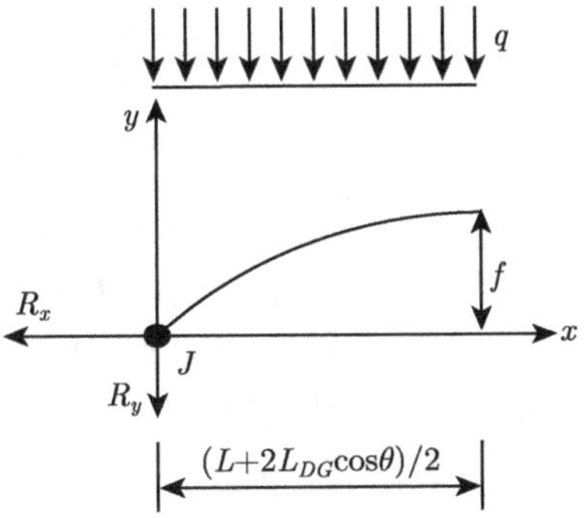

图 7.88 土拱受力分析

对破坏面 DG，依据 Mohr-Coulomb 破坏准则有如下方程：

$$\sigma_1=\sigma_3\tan^2\left(45^\circ+\frac{\varphi}{2}\right)+2c\tan\left(45^\circ+\frac{\varphi}{2}\right) \tag{7.305}$$

式中，φ 为土体内摩擦角 (°)；c 为土体黏结力 (kPa)。

而 M 点的主应力 σ_1 为

$$\sigma_1=\frac{N}{t}=\frac{q\left(L+2L_{DG}\cos\theta\right)^2}{8ft} \tag{7.306}$$

式中，t 为土拱厚度 (m)，$t=L_{DG}$。

σ_3 为

$$\sigma_3=q \tag{7.307}$$

将式 (7.306) 和式 (7.307) 代入式 (7.271) 得

$$\frac{q\left(L+2L_{DG}\cos\theta\right)^2}{8ft}=q\tan^2\left(45^\circ+\frac{\varphi}{2}\right)+2c\tan\left(45^\circ+\frac{\varphi}{2}\right) \tag{7.308}$$

从而解得拱轴高度 f 为

$$f=\frac{q\left(L+2L_{DG}\cos\theta\right)^{2}}{8qt\tan^{2}\left(45^{\circ}+\dfrac{\varphi}{2}\right)+16ct\tan\left(45^{\circ}+\dfrac{\varphi}{2}\right)} \tag{7.309}$$

为使得桩间土拱效应能发挥最大作用，需满足拱间静力条件以及极限平衡条件，即作用于土拱的滑坡推力和土拱两拱脚处侧面摩阻力之和相等，即

$$2\left(R_{x}\tan\varphi+ct\right)\sin\theta=qS \tag{7.310}$$

联立式 (7.269)、(7.274) 和 (7.275) 解得桩间距 S 为

$$S=2t\sin\theta\tan\varphi\tan\left(45^{\circ}+\frac{\varphi}{2}\right)\left[\tan\left(45^{\circ}+\frac{\varphi}{2}\right)+\frac{2c}{q}\right]+\frac{2ct}{q}\sin\theta \tag{7.311}$$

土拱形成的前提条件是基于滑坡推力小于抗滑桩群桩桩体自身所能承受的受力强度，反之，桩本身所能承受的力若不能承担滑坡推力，其计算桩间距的推导是不合理的。因此，桩间距计算前应验算抗滑桩的受力情况，笔者建议按每根抗滑桩所能承担的推力进行整体考虑，其中，预应力锚索拉力设计值按承担滑坡推力 30% 的荷载进行设计。对于桩间距公式中的抗剪强度指标 c、φ 值，不同地层岩性的取值方法会直接影响到桩间距的计算结果，因此，笔者综合各种取值方法的考虑，建议采用试验与较为成熟的反分析法相结合的方法进行确定较为合理。再者，土体泊松比 μ 对土拱效应存在影响，随着土体的泊松比增大，土体的侧向压力增大，桩后土拱形状由抛物线变化为近三角形，桩后土拱范围减小；相反，桩间反方向的土拱范围增大，桩的荷载分担比减小，土拱效应减弱， 所以土拱厚度 t 应与泊松比有关，即 $t=t'\left(1-\mu\right)$。当 $\beta=45^{\circ}+\dfrac{\varphi}{2}$ 时，考虑安全储备，引入滑坡防治工程设计安全系数 F_{s}，计算得出的桩间距 S 还应除以 F_{s}，即

$$S=\left\{2t\sin\theta\tan\varphi\tan\left(45^{\circ}+\frac{\varphi}{2}\right)\left[\tan\left(45^{\circ}+\frac{\varphi}{2}\right)+\frac{2c}{q}\right]+\frac{2ct}{q}\sin\theta\right\}\Big/F_{\mathrm{s}} \tag{7.312}$$

再将式 (7.276) 代入式 (7.277) 进行桩间距计算。

梯形断面抗滑桩作为一种新型的抗滑桩，国内外相关规范对其安全系数的取值尚未明确，为保证工程安全，以及更加准确地探讨安全系数的取值，通过试验得到安全系数 F_{s} 的取值为 1.27~1.35。

(3) 第三类情况：仅有次拱形成，桩侧角 $\theta<\alpha$ 时桩间距计算。

当土拱形成 $\theta<\alpha$ 时，次拱间接对主拱的受力平衡条件造成影响，主拱形成条件不具备；主拱区域形成的土体为非受力平衡体系，且发挥不了主拱的作用，仅

有单一次拱形式，并不能产生主拱和次拱共同作用的功效，即失去了主拱和次拱共同承担抵消滑坡推力的意义；设计桩侧角度时，从滑坡治理效果上看，若采取角度 $\theta < \alpha$ 不合理，所以本节不再进行深入探讨。

7.9.4 梯形抗滑桩桩侧角的取值分析

1. 桩侧角度影响分析

如图 7.89 所示，通过滑坡推力即均布荷载 q 的不同取值，分析桩间距 L 与桩侧角 θ 之间的关系。

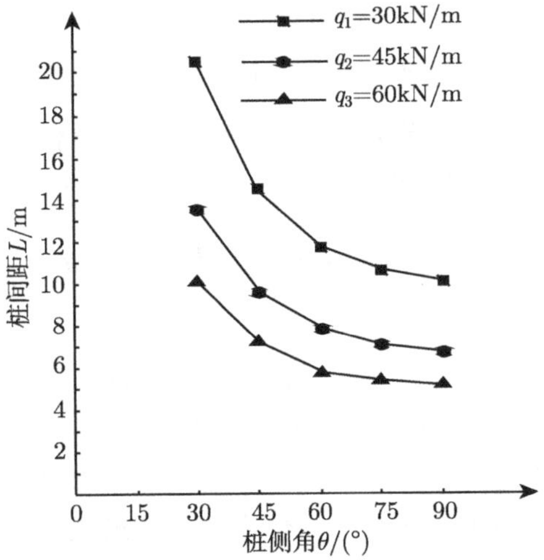

图 7.89 L-θ 关系曲线图

从曲线关系可知，当桩侧角 $\alpha \leqslant \theta < \dfrac{\pi}{2}$ 时，L 与 θ 呈曲线递减关系，且变化幅度随 θ 增加而减小；当桩侧角 $\alpha < \theta < \dfrac{\pi}{3}$ 时，侧角 θ 对桩间距 L 的影响幅度较大，减少量在 q_2 时达到 42%；当桩侧角在 $\dfrac{\pi}{3} < \theta < \dfrac{\pi}{2}$ 范围时，侧角 θ 对桩间距 L 的影响较小，减少量仅为 q_2 时的 13%。由此可得，滑坡推力越大，桩侧角对桩间距的影响越弱。

2. 桩侧角度取值范围分析

当拱脚截面上的点达到应力极限状态时 (图 7.90)，拱脚受最大主应力 σ_1 方向为土拱沿拱轴线方向，与 σ_1 垂直的应力为最小主应力 σ_3。按照 Mohr-Coulomb 破坏准则，当土体单元达到静力极限平衡状态时，即 β 的极限值时，β 的取值范围为 $0^\circ \sim 45^\circ + \dfrac{\varphi}{2}$，则 $\theta = 45^\circ - \dfrac{\varphi}{2} \sim \dfrac{\pi}{2}$。

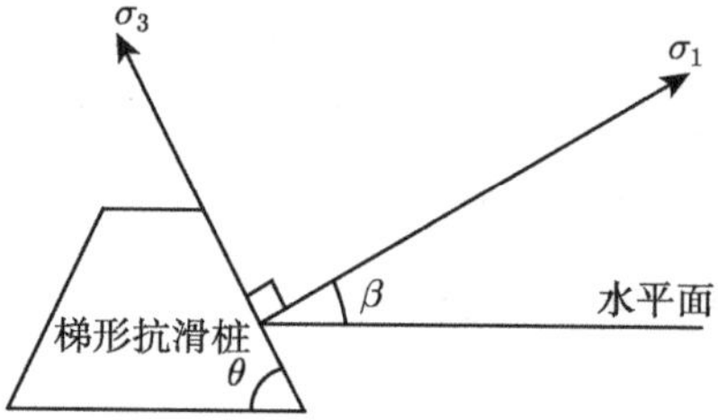

图 7.90　拱脚应力状态简图

前面已提及 $\theta < \alpha$ 时并非合理受力截面，从式 (7.270) 可知，当 $\theta > \dfrac{\pi}{2}$ 时，桩间距出现拐点，呈增大趋势，显然不符合桩侧面产生摩擦阻力及受压条件，而 $\theta = \dfrac{\pi}{2}$ 时为矩形抗滑桩，可推断侧角 θ 取控制范围为 $\theta = \alpha \sim \dfrac{\pi}{2}$。

通过以上合理取值范围的界定条件，桩侧角的取值有两种情况：

情况一：当 $\alpha - \beta > 0$ 时，桩侧角取值范围为 $\alpha \leqslant \theta < \dfrac{\pi}{2}$。

情况二：当 $\alpha - \beta < 0$ 时，桩侧角取值范围为 $\beta \leqslant \theta < \dfrac{\pi}{2}$。

3. 最优角度取值分析

从图 7.90 可知，桩侧角 θ 值越小，桩间距 L 值越大；从工程成本上看，桩间距 L 值越大，造价越低，但桩侧角 θ 值小并不符合土拱效应效果增强的条件；考虑梯形抗滑桩的“土拱效应”得到最大限度发挥，贾海莉等 [133] 的研究理论认为土体通过应力传递和调整产生的拱形必然使土体介质发挥最大限度的强度，土体中沿最大主应力方向的轨迹与拱轴线重合。因此，当 θ 值取角度为$45° + \dfrac{\varphi}{2}$，即 $\theta + \beta = \dfrac{\pi}{2}$ 时，应力 σ_1 方向垂直于桩侧面，为充分发挥土拱效应的最优桩侧角度取值。

第 8 章　岩石边坡景观重建技术

公路岩石边坡开挖后往往形成崩塌、滑坡地质灾害及石漠化，如何在防治地质灾害的同时又保持公路沿线的自然景观，本章提出了景观型格构、景观型锚杆、景观型抗滑桩、植被基盘种植技术等四种岩石边坡景观重建技术。

8.1　景观型格构

常规的格构主要有方形、菱形、人字形和弧形等，格构梁在边坡支护上主要起到传力和表层土加固的作用，因而在不影响护坡工程效果的前提下可以对格构梁的构形进行景观化处理。

8.1.1　横梁景观化处理

在格构锚固中，格构梁除了护坡作用外，还有传力和安设锚墩的作用。格构梁由纵梁和横梁交叉连接而成，若假定纵梁刚度远大于横梁，则可忽略横梁对荷载传递的影响，仅计算纵梁受力后对荷载的传递作用。就景区边坡治理而言，为了体现治理结构的景观效应，可以考虑对格构横梁的形状进行美化，在计算上不考虑横梁对荷载传递的影响而根据景观设计的需要任意变化，例如，“青山白云” 格构 (图 8.1)，计算时忽略横梁对传力的影响，仅作为造景因素和格构植物种植的分界，在各区域中分别种植薰衣草、栀子、土知母。薰衣草，属唇形科，多年生草本，花期 6~8 月，花呈蓝色；栀子，别名黄栀子，茜草科，常绿灌木，花期 6~7 月，花呈白色；土知母，俗名扁竹根，属鸢尾科，草本，花期 4~5 月，花呈白色。由植物的生长周期可知，该格构景观的最佳观景期为 6~7 月。景观型格构内植物的选择和搭配可依据具体栽培条件而定，尽量选择生长习性相近的植物，以便养护管理。

图 8.1　“青山白云” 格构

8.1.2 PC 格构景观化处理

预制的预应力混凝土构件与穿过滑带的预应力锚 (杆) 索组合应用即为预制预应力混凝土 (PC) 格构锚固措施。PC 格构锚固的加固机理是，张拉锚索产生锚固力，锚固力通过预制预应力混凝土构件传递给坡面，从而保持边坡稳定。预制预应力混凝土构件仍有传统锚墩的作用，而且能比钢筋混凝土构件传递更大的锚固力。当锚固需要的力很大时用 PC 格构，为避免钢筋混凝土格构梁被拉裂而造成刚度降低，可采用预制预应力混凝土格构梁。PC 格构锚固集整体加固与柔性支撑于一体，适用于整体稳定性差、推力大的松散堆积层滑坡前缘的支挡加固。另外，从施工方面看，由于预应力混凝土构件是预制件，不需要现场养护，能缩短工期，便于施工管理，而且预制件安装后能马上以设计锚固力进行锚固，通过倒衬砌施工可防止施工时的滑坡滑动，保障治理工程的施工安全。PC 格构采用工厂化批量生产，尺寸统一，外形美观规范，安装方便，基本类型为正方形、半正方形、十字形和一字形。为了达到更好的景观效果，其形状可以作适当改变，亦可以几种形状进行组合安装，实例如下。

(1) 六边形 PC 格构，如图 8.2 所示。预制构件为 V 字形，张角 120°，构件中间和两端预留锚固孔。

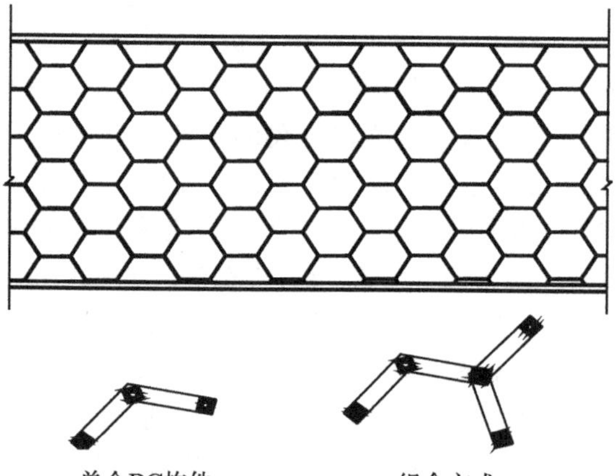

图 8.2 六边形 PC 格构

(2) 六角星形 PC 格构如图 8.3 所示。预制构件参照 PC 格构半正方形结构，四边形夹角分别为 60°、120°，中间预留锚固孔。

(3) 梅花形 PC 格构如图 8.4 所示。

PC 格构施工工艺：

(1) PC 格构梁的制作流程为：校模 → 预制 → 拆模 → 养生 → 安装。

(2) 由于景区的 PC 格构的构型相对复杂，因此在校模的时候要格外留心，且需要对模具进行打磨，把模具内部抛光，把模具边角的缝隙用胶布垫好密封，防止在预制过程中漏浆，影响构件的外观和强度。

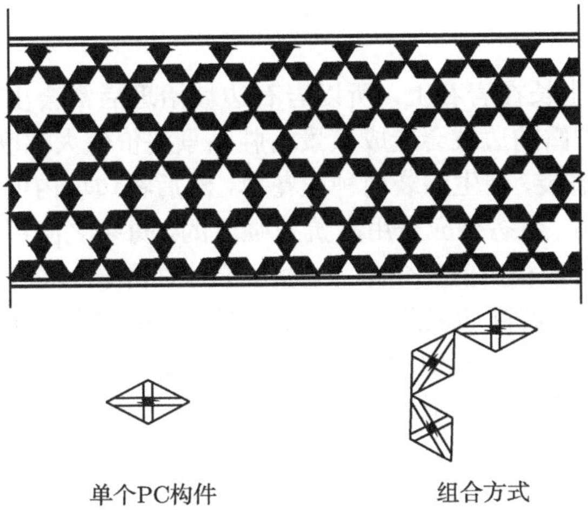

图 8.3 六角星形 PC 格构

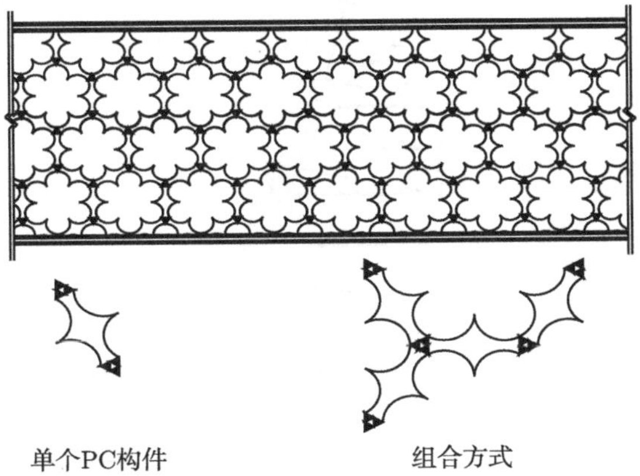

图 8.4 梅花形 PC 格构

(3) 格构梁在预制时，按照混凝土配合比进行搅拌，控制好坍落度，振捣密实，把气泡完全排出。若气温高，混凝土到终凝前 1 小时左右，应覆盖或洒水，防止混凝土开裂。

(4) 拆模时如果气温达到 30℃左右，5~6 小时就可以拆模。

(5) 预制件拆模后，由于强度不够，不能立即运走，洒水保湿用塑料布覆盖好，原地存放 3~4 天，强度达到要求后集中运到存放场地，并且注意保持湿度。

(6) 六边形格构的预制构件为 V 字形，张角 120°，构件的中间和两端预留锚固孔；六角星形格构的预制构件参照 PC 格构半正方形结构，四边形夹角分别为

60°、120°，中间预留锚固孔；梅花形格构按照梅花的形状组合而成，交接的地方预留锚固孔。

8.1.3　生态格构

由于植物很难生长在岩石上，所以岩石边坡治理后常会出现防治结构和岩石裸露在外的情况。裸露的边坡会造成风景名胜区景观价值大幅度降低，为此可以采用在格构间放置生态袋，在生态袋内种植花草，然后将边坡内的地下水引进生态袋供植物生长 (图 8.5)。生态袋应采用高抗拉强度的，每袋之间用工程连接扣及黏合剂相互连接，使结合成稳定的三角单元，犹如金字塔结构，每个单元破坏拉力强度已超过 2000N。另外，若高切坡分多个台阶开挖，且每级台阶不是太高时可以在每级台阶脚底处设置花池，在花池中种植爬藤植物，让其顺着格构向上生长，遮挡裸露的边坡和格构，如图 8.6 所示。

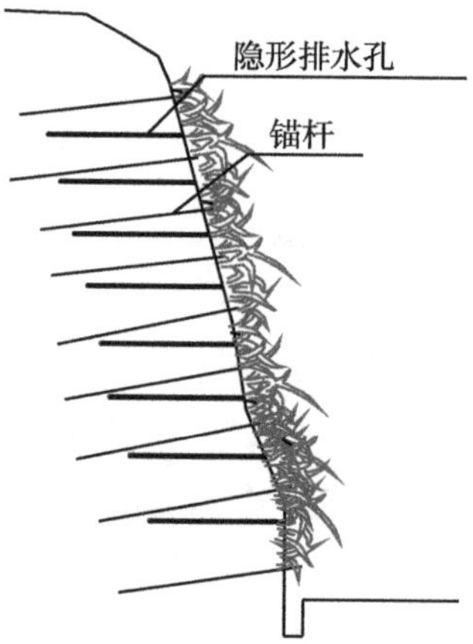

图 8.5　单级台阶边坡的生态格构治理

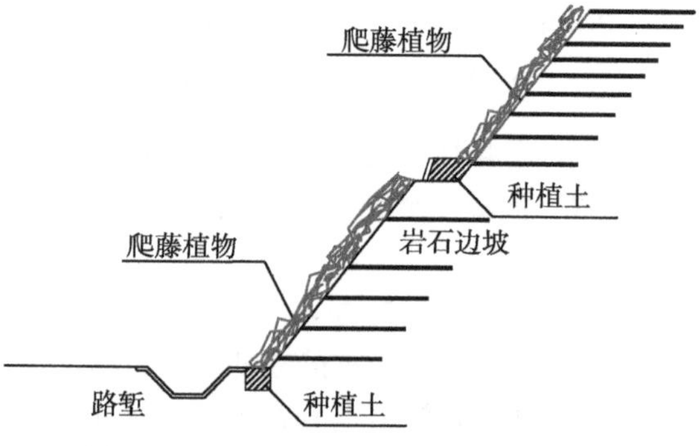

图 8.6　多级台阶边坡的神态格构治理

8.1.4 异型格构

异型格构主要适用于整体稳定边坡，需要坡面防护和植被恢复的边坡。由于边坡的安全性基本不受格构影响，此时可根据景观背景风格相对任意地设计格构型式，为了使格构的图案更加生动和美观，需在格中种植不同颜色任意形状的格构梁。常用四种形式，银杏叶型格构如图 8.7 所示，莲花型格构如图 8.8 所示，牡丹型格构如图 8.9 所示，莲花型、牡丹型格构需要结合景观植物的种植才能体现其景观效果，如莲花型格构中的莲叶、花瓣、背景框格中应种植不同颜色的植物，且与实际莲花颜色相近，若颜色搭配不当，不但达不到预期的景观效果，可能还会显得不伦不类。

图 8.7 银杏叶型格构

图 8.8 莲花型格构

图 8.9 牡丹型格构

8.1.5 动态景观型格构

动态景观是依附于一般景观造型的，它是普通景观在运动状态下的一种特殊视觉效果，因而就边坡动态景观而言，其可以以格构、壁画、浮雕等为基础。如在壁画的基础上，将壁画设计为连续画面，在汽车行驶过程中，使游客感受动画的景观效果。假设汽车行驶速度为 80km/h，即 22m/s，人眼“视觉暂留”特性的时值是 1/24s，每 1/24s 行驶路程接近 1m，以 4m 为一个造型单元进行设计；边坡高 4m，长 20m，浆砌片石格构砌好后，根据格构的牡丹造型，在花瓣内种植粉色和红色杜鹃，在表示花瓣外侧的区域种植红色杜鹃，表示花瓣内侧的区域种植粉色杜鹃，在花瓣以外区域种植草坪。选择两种颜色的杜鹃可以更好地展示花瓣开放的动态效果，如图 8.10，随着汽车从右向左行驶，连续画面依次呈现在游客视野中，让游客看到牡丹从花蕾开始，花瓣逐渐展开的绽放过程。

图 8.10　牡丹开放动态景观 (从右到左)

牡丹开放动态景观的施工工艺：

(1) 按照牡丹型、莲花型格构的造型用浆砌片石砌好图案。

(2) 根据格构的牡丹造型，在花瓣内种植粉色和红色杜鹃，在表示花瓣外侧的区域种植红色杜鹃，表示花瓣区域种植粉色杜鹃，在花瓣以外区域种植草。

(3) 在莲花型中，莲叶、花瓣、背景框格中种植不同颜色的植物，且要与实际莲花颜色相近。

(4) 景观和人之间的高度与景观和人之间的距离之比为 1:4，即视角为 14° 效果最好。

(5) 在旅游公路上，根据车平均的行驶速度来设计每一个动态景观的造型单元的长度。

8.1.6 隐形格构

隐形格构的设计理念是最大限度地保留原坡面植被及建筑设施，在下滑力较小、边坡只需要简单加固措施即可达到稳定的情况下，可以使用隐形格构对坡体进行加固而不破坏原来的环境，核心是在坡面构建一个隐藏在内部不被暴露的格构框架，通过生态系统的自支撑、自组织与自我修复等功能来实现边坡的抗冲刷、抗滑动，边坡的加固和生态恢复，以达到减少水土流失、维持生态平衡的目的 (图 8.11)。

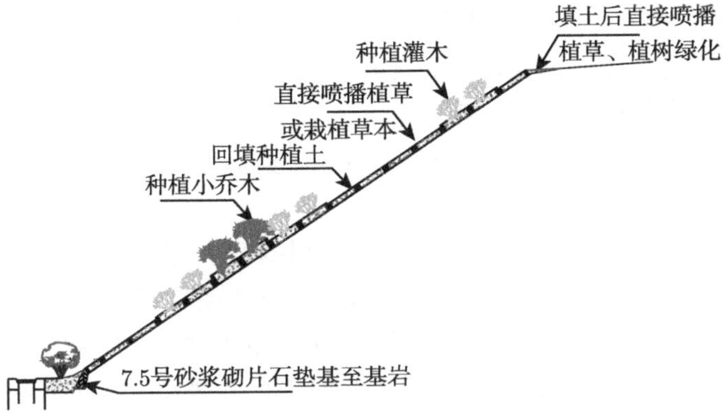

图 8.11 隐形格构

隐形格构强调的是地质灾害治理点对周围景观环境破坏的削弱。也就是说，除了必须完成地质灾害治理需要达到的安全效果之外，体现治理工程本身与周围环境的基本相融，使人们不易察觉地质灾害治理工程本身的存在。这就要求在进行边坡、滑坡灾害治理时，在材料选择上应选取与周围环境色彩相类的材质，治理结构外形与周围的地形地貌相近，在绿化植物乔、灌、草的种植上，要选用与周围环境相同或类同的植物物种。因此，在植被丰满，边坡外形较理想且坡体下滑力较小的情况下可以将格构嵌入植被之间，而不破坏原坡面，在树木之间搭建格构梁并嵌入土内，这样的设施不仅在外观上看不到混凝土结构，还保存了景观点原来的地形地貌。

隐形格构的施工工艺：

(1) 格构边坡坡面应平整、密实，无表层溜滑体和蠕滑体。

(2) 坡面平整时要注意保护坡面上的植被不被破坏。

(3) 浆砌块石格构坡度一般小于 35°。

(4) 现浇钢筋混凝土格构护坡的坡度一般不大于 70°，当边坡高于 30m 时应设置马道。

(5) 浆砌块石格构应嵌置于边坡中，嵌置深度大于格构截面高度的 2/3。

(6) 浆砌块石格构可采用毛石或条石，但毛石最小厚度应大于 150mm，强度应大于 M30，用水泥砂浆浆砌，砂浆强度不应低于 M7.5。

(7) 钢筋混凝土格构可嵌置于边坡中或上覆在边坡上。

(8) 现浇钢筋混凝土格构纵向钢筋应选用 $\Phi14$ 以上直径的Ⅱ级螺纹钢筋，箍筋应采用 $\Phi6$ 以上直径的钢筋，格构混凝土强度等级不应低于 C25。

(9) 用于浇筑格构的钢筋应专门建库堆放，避免污染和锈蚀，水泥一般使用 425# 普通硅酸盐水泥，避免使用受潮和过期水泥。

(10) 为了保证格构护坡的稳定性，根据岩土体结构和强度在格构节点设置锚杆。锚杆应采用 Φ25～40 直径的Ⅱ级螺纹钢加工，长度一般 4m 以上。

(11) 锚杆采用全黏结灌浆，注浆压力一般为 0.5～1.0MPa。

(12) 锚杆与格构钢筋笼点焊连接。

(13) 格构每隔 10～25m 宽度设置伸缩缝，缝宽为 2～3m，填塞沥青麻筋或沥青木板。

(14) 格构主体施工完成后，在格构内部种植植物，将格构隐蔽起来。需要注意的是所选择的植物的颜色、生长周期、植物高低要搭配。若在同一个挡墙防治结构中只有一种植物且该植物在某一个季节将枯萎，那么就达不到景观美化的效果。因此，要综合考虑植物的各种搭配。此外，所选择的植物要求生命力旺盛，对藤本植物，最好选择常绿的。

(15) 开挖的弃渣应按设计的要求堆放，不得造成次生灾害。

(16) 施工时应尽量减小对坡面环境的扰动，并要注重保护风景区坡面上植被不被破坏。

8.2　景观型锚杆

对于裂隙较发育的柱状危岩体，当采用锚杆、锚钉、锚索等锚固措施进行加固时，不可避免地会使危岩体表面出现混凝土钉帽，留下较重的工程痕迹，此时，需要对锚杆进行景观性改造。

8.2.1　动物图形锚墩

根据景区的文化背景用彩色混凝土雕砌一些形态各异的动物、人物等，如把锚墩做成兔子形状 (图 8.12)、猴子形状 (图 8.13)，猴子的尾巴当成锚杆打入危岩，锚墩做成猴子、花草等，这样显得自然、生动、美观。

图 8.12　小白兔锚墩

图 8.13　猴子锚墩

动物图形锚墩的施工工艺：

(1) 根据相关规范进行锚固施工。

(2) 制作动物形锚头。动物形锚头可以采用预制或用模具现浇两种方式 (图 8.12 和图 8.13)。预制的动物锚头可以通过黏结剂或钢筋焊接的方式固定在锚杆上。现浇锚头采用立模现浇的方式制作锚头，锚头强度达到规定的要求后就在其表面按设计的图案着色。对于现浇锚头要注意其养护，并要防止雨水对锚头颜色等的损坏。

8.2.2 锚固结构绿化

风景名胜区的锚固工程与常规锚固工程相比，除了要保证工程的安全性外，更重要的是要保证它的景观性，可以在锚墩的旁边种植一些花、草遮挡。

锚固结构绿化的施工工艺：

(1) 根据相关规范进行锚固施工。

(2) 为了掩饰工程痕迹，可以在危岩体下侧或危岩体后侧稳定的母岩上种植藤本植物，将危岩体上的锚固结构隐蔽起来 (图 8.14)。

图 8.14 种植爬山虎遮挡锚墩

8.2.3 削弱施工痕迹

如果在色彩上采用与危岩体相类的混凝土，在造型上将这种钉帽制作成与危岩体相近的形态，使其成为如自然状态的不规则多面体人工塑石，便可达到削弱工程痕迹的目的，使人难以发现这种工程的施工痕迹。

1. 神龟锚

神龟锚是将锚杆的锚头塑造成乌龟的模样 (图 8.15)，增加了景观的观赏性和趣味性。在颜色方面可以直接利用混凝土的颜色造型，而在动物园或者游乐园可以将乌龟涂上各种颜色，使其视觉效果与景观特色相一致。

图 8.15　神龟锚头

2. **太阳锚**

太阳锚适合在民族风情浓的地方设置，如图 8.16 所示，将锚杆的锚头做成太阳脸形状。在我国许多少数民族，太阳都是神圣的象征，如果在沿线公路边上放置这样的标志既可以传达当地一些风俗信仰习惯还可以增强风景区的文化氛围。

图 8.16　太阳头锚头

3. **花头锚**

许多自然旅游景点都以当地的植物花草而著名，并且花草不论在哪里都能美化环境让人心情愉悦。根据这个理念可以把锚杆的锚头做成花朵或花瓣形状，尤其是工程所在风景名胜区的代表性花，可起到景观美化和保护作用。如图 8.17 所示，设计的一个圆形花边，里面穿插着规则花瓣的简单造型，该造型可以用混凝土塑造而成，垫板放置在圆形花盘下，花的中心可以覆盖保护帽，将锚头包裹在花瓣里，外观简洁而美观。同样可以用颜料或油漆涂刷成不同颜色，使其与景观融为一体。

图 8.17 花头锚头

8.3 景观型抗滑桩

抗滑桩广泛应用于滑坡治理，以往只注重工程安全和功能要素，较少考虑其环境景观。在生态环境及视觉环境越来越受关注的今天，抗滑桩仍然以突兀的灰白色混凝土锚头迎接行人，其对环境、视觉、心理的影响要比其他工程强烈，因此，在运用力学原理选择其结构形式、构筑材料的同时，应充分考虑周围环境的特点，把它潜在的环境效益挖掘出来，使抗滑桩这一工程结构物既满足功能要求、经济可行，又不显得生硬、呆板，与周围环境协调统一。

8.3.1 自然桩

自然桩的型式主要有仿生桩和花池桩两种。

1. 仿生桩

本桩的设计理念是利用仿生技术和色彩学对抗滑桩的出露部分进行处理，采用景观型混凝土或粘涂材料，抗滑桩的出露部分前面的仿生肋板，后面是背景，肋板可以设计成树木，背景尽量淡化以突出肋板 (图 8.18)。

色彩学是研究色彩产生、接受及其应用规律的科学，是美术理论首要的、基本的课题。人对色彩有着很明显的心理反应，在旅游公路景观设计中，考虑人们对色彩的心理反应是很必要的。红、黄、绿、白能引起人们的注意力，提高视觉辨识能力，多用于交通信号、标志等，可避免交通事故；在货物箱上粉刷浅色可以减轻人们的心理负担。绿色的植物常常可以让驾驶员感到安全，从而可以避免驾驶上的紧张。

图 8.18　仿生桩

通过生态手段或艺术的手法，从景观的外形到其色彩上，建设起一种“仿自然”“近自然”景观，或者建设起一种“类原生自然景观”“近原人文景观”，将仿生桩治理时产生的工程痕迹减少到最低限度。

2. 花池桩

采用削弱式手法与边坡生态防护相结合，抗滑桩出露部分设置成 N 级槽，槽体内可以植草种花，槽体具有良好的保持水土的作用 (图 8.19)。核心是在坡面构建一个具有生长能力的功能系统，通过生态系统的自支撑、自组织与自我修复等功能来实现边坡的抗冲刷、抗滑动，边坡的加固和生态恢复，以达到减少水土流失、维持生态平衡的目的。花池桩采用削弱式地质灾害治理方式，强调的是地质灾害治理点对周围景观环境破坏的削弱，也就是说，除了必须完成地质灾害治理需要达到的安全效果之外，在景观的保护上，体现的是治理工程本身与周围环境的基本相融，使人们不易察觉地质灾害治理工程本身的存在。在材料的选择上，应取与周围环境色彩相类的材质，在地质灾害治理工程的外形上，要与周围的地形地貌相近，在绿化植物乔、灌、草的种植上，要选用与周围环境相同或类同的植物物种。槽内植物的选择：根据当地气候、栽植地的小气候和地下环境条件选择适合在该地生长的物种，以利于植物的正常生长发育，抗御自然灾害，保持较稳定的绿化成果，最大限度地发挥其生态效益。植物组成上的异质性，有利于系统的稳定；植物年龄上的交替，可以保证良好的苗木补充，使得植物系统具有自我维持的能力；空间上的异质性，可以为不同层次上的动物提供各自所需的生存环境，而且有利于植物对阳光的充分利用；资源利用上的异质性，可以保证植物对阳光、养分、水分的充分吸收。

图 8.19 花池桩

自然桩施工工艺：

(1) 整体工艺可分为主体施工和颜色喷涂两部分，具体施工流程为：完成地下桩体混凝土的浇筑 → 制作骨架 → 制作模板 → 上部造型的混凝土浇筑 → 拆模 → 抹水泥砂浆 → 颜色喷涂 → 养护 → 使用。

(2) 抗滑桩主体应置于完整、稳固的岩体中，并整平或凿成向山体内侧倾斜的台阶。

(3) 桩孔可用机械钻孔也可用人工挖孔。

(4) 混凝土构件所使用的水泥、水、砂、石料、钢材等材料的质量规格应符合交通部现行的《公路桥涵施工技术规范》(JTJ 041—2000) 等有关规定。

(5) 地面上桩头造型混凝土选用和桩体相同等级的混凝土。

(6) 仿生桩的上部主体结构进行必要的构造配筋。

(7) 在桩出露部分进行抹面处理，抹面砂浆用 1:2 水泥砂浆，面层根据景观周围环境进行喷涂。

(8) 花池桩的地面上结构施工应采用挤浆法，确保灰缝饱满，砌体周边应平顺整齐。

(9) 挤浆前应将准备好的 PVC 排水管嵌置在花池的两边，保证花池内排水及植物的正常生长。

(10) 地面下桩身混凝土浇筑必须连续进行。

(11) 钢筋混凝土抗滑桩的施工及验收应符合《混凝土结构工程施工质量验收规范》(GB 50204—2002) 的有关规定。

(12) 花池内应该选择生命力强并与周围植物相匹配的植物。

(13) 现浇混凝土在自然条件下进行养护，在浇筑完成后，12h 以内应进行养护；砼强度未达到初凝强度以前，严禁任何人在上面行走、安装模板支架，更不得作冲击性或任何劈打的操作。

(14) 待混凝土结构终凝后才能进行色彩喷涂。

(15) 进行表面色彩处理时应各种颜色依次进行，避免色彩交叉。喷涂完一种颜色以后，待其稳定 2~3 小时再进行下一种颜色的喷涂。

(16) 桩头的造型大小比例应严格按照设计图纸的要求进行施工，确保桩的整体美观。

(17) 如果是采用预制法对上部造型进行施工，则应在下部桩体混凝土终凝前将预制的造型与下部桩体进行连接。

(18) 新旧混凝土黏结面处理要逐一进行验收。

(19) 黏结面的粗糙程度应保证凹凸不平度 $\geqslant$ 6mm，黏结面的完好程度和洁净程度采用观察检查。

(20) 在色彩喷涂凝固以后开始浇水，12 小时后铺盖覆盖物、麦秆、烂草席、竹帘、麻袋片、编织布等片状物进行养护。

(21) 正常条件下养护不少于 7 天，然后即可投入使用。

8.3.2　环保桩

本桩是与回收废弃物保护环境相结合的，抗滑桩出露部分做成一个大容器，用来回收旅游中产生的生活垃圾，避免污染景区环境 (图 8.20)。利用景观型混凝土或黏涂材料模拟具有当地特色的岩体，体现地域特色，将生硬厚重的混凝土进行必要的遮蔽 (图 8.21 和图 8.22)。

环保桩的施工工艺：

(1) 整体施工工艺可分为地下桩体施工、上部结构雕刻和颜色喷涂三部分，具体施工流程为：完成地下桩体混凝土的浇筑 → 上部造型制作 → 颜色喷涂 → 养护 → 使用。

(2) 下部抗滑桩应该完全隐藏在地面下。

(3) 上部桶形结构周壁内的钢筋应该与地面下的桩体的纵向钢筋贯通。

(4) 浇筑混凝土前应预先在桩头周围将垃圾箱的周壁模板支起。

图 8.20 环保桩

图 8.21 环保桩的出露设计一

图 8.22 环保桩的出露设计二

(5) 浇筑混凝土时首先用机械连续浇筑地面下的桩身，当浇到离地面约 0.1m 处时停止机械浇筑，将垃圾箱的内壁模支起并固定，然后进行人工浇筑，直至垃圾箱的模板内填满混凝土。

(6) 人工填筑混凝土时应边填边捣实，保证填筑的混凝土密实。

(7) 为防止渗漏致钢筋锈蚀，减少使用寿命，应采用防水液对内壁加以控制和保护。

(8) 待混凝土达到终凝后用 1:2 的抹面砂浆对垃圾箱的内壁进行抹平处理。

(9) 拆模时应首先拆除垃圾排出口的模具，然后拆除内壁模板。

(10) 混凝土的等级及质量要求参照《自然桩的施工技术要点》的第 4 和第 10 条的要求进行。

(11) 制作完上部结构造型以后按照《自然桩的施工技术要点》的第 12~20 条对地面上的桩身进行色彩处理和养护。达到相应要求后即可投入使用。

8.3.3　人文桩

人文桩主要有日晷桩、雄狮桩、革命桩、民族桩和现代桩等。不同的景区可以选用不同型式的抗滑桩。

1. 日晷桩

日晷桩设计运用人文景观凸显法与中国传统文化相结合，抗滑桩出露部分做成一个日晷，既可以表征时间，又可以显现出中国历史文化 (图 8.23)。人文景观凸显法是针对历史文化景区在地质灾害治理过程中存在的景观破坏而提出的一种弥补性景观建设方法，也是景观恢复或重建中历史文脉的凸显，可削弱滑坡治理工程的工程痕迹。在进行人文景观凸显建设时，无论景观设计、材料选择或者图案展示，都必须充分考虑景观的精神文化内涵特质。

图 8.23　日晷桩

2. 雄狮桩

在中国文化中，狮子是吉祥的动物，可以驱除邪恶。在《北京形势大略》一书中写道："石者实也，狮者思也，言思前人创业后人守成之不易也"。在中国很多人喜欢摆放狮子以象征和平美好，在很多文化底蕴浓厚的风景区石狮子也是随处可见的。雄狮桩则是在文物古迹的风景区将桩的顶端做成狮子模样，如图 8.24，增加风景名胜区的观赏性。

图 8.24 雄狮桩

3. 革命桩

红色旅游是指以中国共产党领导人民在革命和战争时期建树丰功伟绩所形成的纪念地、标志物为载体，以其所承载的革命历史、革命事迹和革命精神为内涵，组织接待旅游者开展缅怀学习、参观游览的主题性旅游活动。革命老区在战争年代为中华人民共和国的建立作出了巨大贡献，留下许多革命历史文化遗产，这既是宝贵的精神财富，也是发展红色旅游、推动革命老区经济发展的重要资源。因此在革命活动地区进行地质灾害的治理应该更加注重对革命遗址的保护。革命桩是在革命性质的风景名胜区根据风景名胜区的特点设计抗滑桩桩头的形态，雕刻为各种革命领袖或者革命烈士的头像，并且还可以在出露的桩身侧面写上该人物的主要事迹情况，这样可以在不破坏景点景观的同时大大增加景点的文化内涵，例如，黄细亚烈士雕像 (图 8.25) 和鲁迅先生雕像 (图 8.26)

图 8.25 黄细亚烈士雕像

图 8.26　鲁迅先生雕像

4. 民族桩

我国少数民族聚居地存在众多以其独特的民族特色为亮点的旅游景点，民族服饰、宗教习俗、饮食特点等民族风情，在这类风景名胜区内进行滑坡灾害治理时必须考虑民族特色这一重要因素，以保护当地的民族建筑和民族分布特色为防治前提，加强景观重建和保护。

民族桩设计将民族文化融入抗滑治理结构之中，主要方法是将民族文化或当地民族发展历史以刻字的形式雕刻在出露的桩身部分，或者在桩身上雕刻当地民族特有的乐器、图腾、宗教信仰，还有身着民族服饰的人物，另外还可以将桩头做成当地民族喜好的动物 (图 8.27 和图 8.28)。

图 8.27　布朗族民族乐器

图 8.28 壮族图腾

5. 现代桩

目前很多风景名胜区依靠当地文化和前人留下的历史，建造了越来越多的人类艺术，如重庆的洋人街就是完全以人造艺术为主体的集娱乐和旅游观赏为一体的综合性旅游景点，深圳的世界之窗景区汇聚了很多世界旅游景点。在这类风景名胜区内进行滑坡灾害治理时，抗滑桩出露部分应考虑符合现代艺术发展的装饰结构，如艺术雕像 (图 8.29) 或者根据不同的风景特点设计不同的人物动作，以此增加现代景观的娱乐观赏性 (图 8.30)。

图 8.29 现代艺术雕像

图 8.30 娱乐观赏性雕像

人文桩施工工艺：

(1) 整体工艺可分为地下桩体施工、上部结构雕刻和颜色喷涂三部分，具体施工流程为：完成地下桩体混凝土的浇筑 → 上部造型制作 → 颜色喷涂 → 养护 → 使用。

(2) 桩头上的造型制作可以采用手工雕刻 (日晷桩、革命桩)，喷砂雕刻 (民族桩) 或预制 (雄狮桩、现代桩) 的方法。

(3) 手工雕刻需要的工具主要有：角磨机、电磨、金刚石磨盘、金刚石磨头。

(4) 手工雕刻的工艺流程为：用角磨机沿轮廓切割 → 用金刚石磨盘磨去轮廓内的部分 → 细节用磨头修整 → 雕刻完后，清理灰尘，根据需要喷漆上色。

(5) 民族桩主要使用喷砂雕刻的技术手段，工艺流程为：在桩头表面粘贴喷砂专用胶带 → 在胶带上画出图案 → 用刀沿图案轮廓刻透胶带 → 撕去需要雕刻部分的胶带 → 对雕刻部分进行喷砂 → 雕刻完后，清理灰尘，结合景区实际环境喷漆上色。

(6) 混凝土构件所使用的水泥、水、砂、石料、钢材等材料的质量规格应符合交通部现行的《公路桥涵施工技术规范》(JTJ 041—2000) 等有关规定。

(7) 混凝土浇筑必须连续进行。

(8) 钢筋混凝土抗滑桩的施工及验收应符合《混凝土结构工程施工质量验收规范》(GB 50204—2002) 的有关规定。

(9) 制作完上部结构造型以后按照自然桩的施工技术要点的第 12~20 条对地面上的桩身进行色彩处理和养护。达到相应要求后即可投入使用。

8.3.4 景观抗滑桩的布置

(1) 抗滑桩一般布置在滑坡体厚度相对较小、下滑力集中的部位且嵌固段地基较好的地段。同时宜布置在滑坡体的后缘段或前缘缓坡阻滑段。

(2) 采用抗滑桩对滑坡进行分段阻滑时，每段宜以单排布置为主。分排设置的抗滑桩应满足变形协调条件。

(3) 滑体的阻滑段内宜用悬臂式抗滑桩。主滑段宜用悬臂式抗滑桩或拉锚桩。前缘段采用填土形成的平台部位多用带挡土板的锚拉桩。

(4) 抗滑桩平面布置、桩间距、桩长和截面尺寸等的确定应综合考虑技术可行和经济合理。

(5) 防止因桩埋深不足，从桩底以下产生滑动面。为此应对滑坡主滑动面进行准确地认定。

8.4 植被基盘种植技术

石漠化地区生态环境脆弱，岩层漏水性强，土层贫瘠浅薄，水土流失严重，山洪、滑坡和泥石流等自然灾害频发 [134]。针对石漠化地区的树木 (乔木) 种植问题，充分利用石漠化地区灰岩体内裂隙极其发育、裂隙内容易赋存地下水的地质条件，研发了具有自主知识产权的石漠化地区树木种植基盘技术，该技术包括基盘母体、汲湿根和防蒸发盖三部分，基盘母体内含有具有吸水保水性营养土和树木种植孔，详细给出了树木种植基盘的制备过程，采用室内盆栽实验，研究了不同配比成分材料对营养土保水性、吸水性及植物生长发育的影响，通过现场试验持续观测植物的生长状况和植物在基盘作用下的循环系统。

8.4.1 石漠化地区植被恢复乔木种植基盘技术

1. 高吸水保水技术

水是植被恢复的关键因素，由于石漠化地区降水量有限、年内降水分布不均、岩溶裂隙发育，石漠化地区的钙质土的保水性很差，所以提高土壤的保水性是保障树木健康生长的重要条件。目前，减少土壤水分蒸发散失主要有两种途径：一是改善土壤结构，增强土壤自身蓄水力和持水力；二是覆盖防蒸发材料，从而降低表层土壤的蒸发速率。

1) 土层内保水技术

土层内保水技术是指通过改善客土基质的土壤结构，增强土壤自身持水能力的保水技术。土壤结构是指土壤颗粒的排列与组合形式，影响着土壤中水、气、热以及养分的保持和移动，从而直接影响植物根系的生长发育。由于，石漠化地区立地条件的特殊性，只能通过采取增施有机肥以肥培水和添加高吸水保水材料的措施，以保证在短期内实现土壤的壤性结构满足植物快速发芽、出苗并生长的要求，并在 2~3 年内实现土壤稳定和植被演替，最终实现生态恢复。

用于农林业的高吸水材料通常称为保水剂，如图 8.31 所示。它具有能吸收自重几百倍的水，成为具有一定力学性能的水凝胶，吸水后的水凝胶可以缓慢释放水分，保水能力也很好，且加压下也不脱水或脱水很少，而且有反复吸水功能。吸水后的吸水剂相当于在植物根系周围的土壤中形成无数个微型“水库”，当土壤缺水时就会逐步释放其储藏的水分，以供植物吸收利用，如图 8.32 所示。同时，保水剂能增强土壤保水性、改良土壤结构、减少土壤水分养分流失、提高水肥利用效率等多种功能，其优异的特点是其他工程方法不能比拟的。因而被国际上普遍认为是继化肥、农药、地膜之后第四个最有希望被农民接受的农用化学制品。

图 8.31　高效缓释保水剂

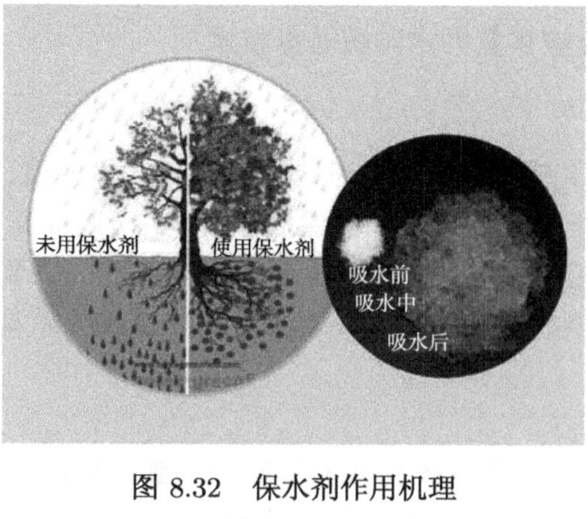

图 8.32　保水剂作用机理

土层保水过程，如图 8.33 所示。

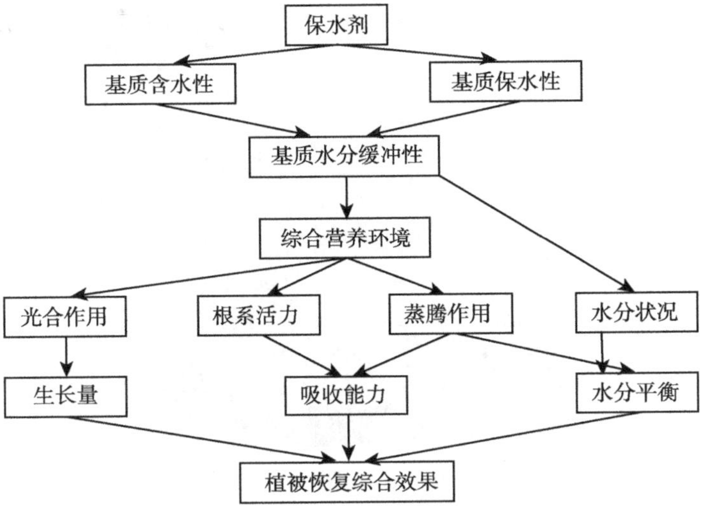

图 8.33 土层保水过程

2) 土层外保水技术

由于石漠化地区夏季温度高，水分蒸发快，在植被种植完后需在土壤表层覆盖如草帘、草毯、塑料膜等材料进行防蒸发处理，提高土壤蓄水保墒效果，以解决 1~2 年内植物生长的季节性缺水问题，属于土层外保水技术。

覆盖是通过抑制蒸发来改变土壤水热状况最有效的方法，能显著提高土壤含水量，如图 8.34 所示。目前的覆盖材料主要利用秸秆、干草等植物纤维材料制成的草帘覆盖在生态护坡施工完成后的坡面。草帘覆盖地表能显著降低土壤水分蒸发，防止表层土壤遭受雨水冲刷，还能被土壤微生物降解利用，无环境污染。

图 8.34 草帘覆盖

另外，还可以将高吸水保水材料置于可自然降解的无纺布或其他材料上，制作成具有生态保水功能的新型防蒸发产品，如图 8.35 所示。它可以充分吸收雨水的冲击能量，起到防止水土流失，减少水分蒸发的功效，并且能保持稳定的抗风、保温、保湿状态。

图 8.35　保水型无纺布覆盖

2. 生长基质技术

植物生长必须具有一定的土壤环境和水分养分条件，而恶劣地质环境条件下往往失去了植物生长的基本条件。植物生长基质类似于自然土壤且能够储存水分和养分，满足植物生长所需的条件，可以解决恶劣地质环境下植被生长的难题。

1) 生长基质的主要作用

提供植物生长所需的良好的土壤环境；提高生长基质的抗冲刷性能；提供植物生长过程中需要的水分；提供植物生长过程中需要的养分；有效改善土壤水、肥、气、热状况，加速植物生长。

2) 常见生长基质组成成分

通常而言，植物生长基质由生物基材、有机肥和调节剂按一定比例混合而成。生物基材由植物纤维、动物有机质、各种腐殖质等组成，主要用于提供植物生长的土壤环境，以有利于植物生长，并提供植物生长所需的部分养分和水分。草炭是由沼泽植物残体构成的疏松堆积物或经矿化而成的腐殖物，含有比较丰富的有机质、腐殖酸、氮素以及其他生理活性物质，直接作为基质配方材料对改善土壤理化性质和微生物活动作用显著，能增加土壤保水、保肥及抗旱、抗涝能力，提高土壤养分的转化率，保证作物生长需要。草炭所具有的腐殖酸类物质对植物生长有刺激作用，可以促进植物增强体内生物酶活性，提高植被恢复效果和覆盖率，保证土壤养分和结构的稳定性。

有机缓释肥是指各种动物和植物等经过一定时期发酵腐熟后形成的肥料，含有大量动植物残体、排泄物、生物废物等物质。施用有机肥料不仅能为植物提供全面营养，而且肥效长，可增加和更新土壤有机质，促进微生物繁殖，改善土壤的理化性质和生物活性。有机缓释肥含有植物所需要的各种营养元素和丰富的有机质，是一种完全肥料，不但含有氮、磷、钾，还含其他微量元素。它施入土壤后，分解慢，有机养分缓慢释放，因而肥效长，养分不易流失，增强土壤的保肥供肥及缓冲能力。此外，有机缓释肥中的有机质分解后，可增强土壤的深处供肥和耐酸碱的能力，为植物的生长发育创造一个良好的土壤条件，促进微生物繁殖，改良土壤结构，有效地改善土壤的土、肥、气、热状况，从而刺激植物的恢复生长。

土壤调节剂又称为改良剂，主要用于改良土壤的物理、化学和生物性质，使其更适合于植物生长。土壤调节剂包括矿物类、化工合成类、农作物秸秆类和有益微生物剂类等。矿物类主要有泥炭、褐煤、风化煤、石炭、石膏、蛭石、膨润土、珍珠岩、海泡石等，用于增加有机质含量，调节土壤酸碱度；化工合成类主要有多糖类、纤维素、木质素和树脂胶物质，也包括聚丙烯酸类，聚乙烯醇类等人工合成高分子化合物，具有提高基质保水、粘合的作用；农作物秸秆主要是增加基质的有机含量和纤维程度，保证土壤的疏松和通气性。另外，其他 (如肥料) 主要用来供给植物生长所需的速效养分 (N、P、K 等) 及长效养分，保水剂用来吸收水分并缓慢释放水分，满足植物生长所需的水分要求，pH 调节剂能调节生长基质的 pH 值，使其呈中性偏弱酸性。

图 8.36~ 图 8.39 所示为常见的基质配方主要成分。

图 8.36 草炭

3. 乔木种植基盘研发思路

石漠化地区植被恢复困难，究其根本在于这些地区土壤贫瘠浅薄，储水能力低，岩层漏水性强，极易引起缺水干旱，导致植物生长困难。由于碳酸岩裂隙的高度发育和岩石的高渗透性，大量发育的构造裂隙成为水分和养分的流失通道。水分和土壤成为制约石漠化地区植物生长的关键因子，如何改善植物生长的土壤结构和收集并储存大气降水、岩体裂隙水及深部土层内的水分，对提高石漠化地区植物存活率和恢复其生态环境具有重要意义。

图 8.37　有机缓释肥

图 8.38　蛭石

图 8.39　食用菌菌渣

(1) 针对石漠化地区岩石裸露并缺少土壤的特征，通过研发“基盘母体”，用发酵后的生物基材与各种土壤调节剂按一定比例混合后，再压制成具有一定强度的圆柱体，中间留有树苗栽种的孔，为植物早期生根存活提供营养物质来源。

(2) 着眼于石漠化地区丰富的岩体裂隙水，通过研发“汲湿根”，吸收岩体裂隙内和地下深层土体的水分或湿气，利于树苗后期生长，且树木根系利于沿着汲湿根生长，进入岩体裂隙及地下深部土层，持续吸收地下水和水中的有效矿物养分，解决植物后期可持续生长所需养分和水分问题。

(3) 致力于减少水分蒸发，通过研发“防蒸发盖”，能有效抑制蒸发，把土壤中水分蒸发降到最低程度，还能防止水土流失，使基盘母体易于吸收大气降水并减少蒸发，利于基盘内树木生长。

如图 8.40 和图 8.41 所示，与普通种植方法相比，该技术着眼于植物基盘，以基盘内的营养成分促进单株植被的生长，以植物根系充分汲取基盘底部岩石裂隙内水分及深部土层的地下水为目标，突破了依靠大气降水及人工浇灌的传统思路，其技术路径科学合理，可广泛应用在石漠化、沙漠化、废旧矿山、黄土高原等恶劣地质环境条件的树木种植，重建特殊环境的生态环境。

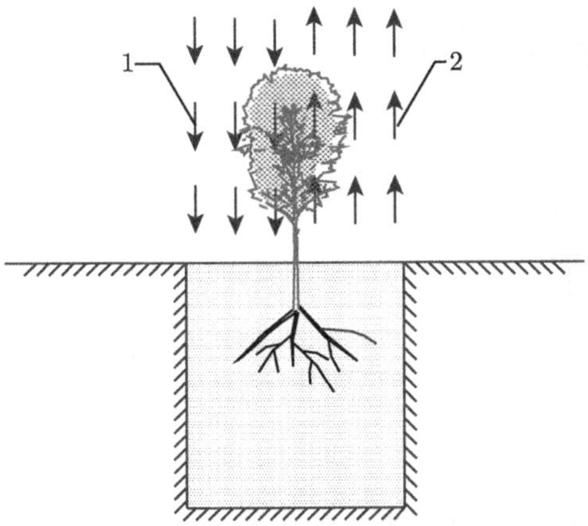

图 8.40 普通植物水分输送

1-降水；2-蒸发

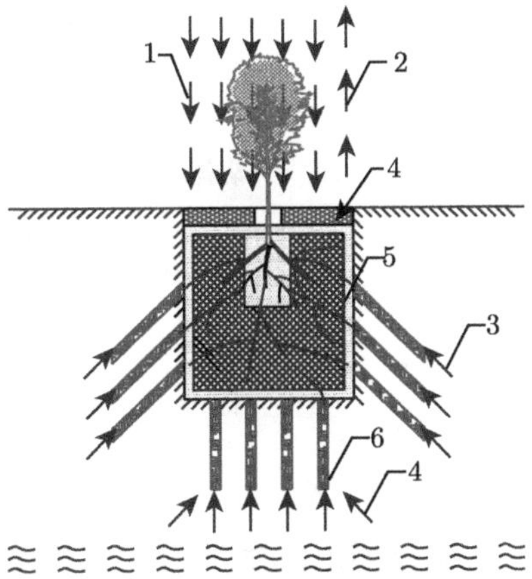

图 8.41 乔木种植基盘水分输送

1-降水；2-蒸发；3-裂隙水；4-地下水；5-防蒸发盖；6-基盘母体；7-汲湿根

4. 乔木种植基盘技术研发

研发了“一种高陡岩石边坡植被种植方向” (专利号 201410571514.2)“灰岩石漠化地区植被生长基及其制作方法及植被种植方法” (专利号 201410706842.9) 两种专利技术，据此优化得到了“石漠化地区乔木种植装置及制备种植方法” (专利号 201510425836.0) 专利技术。

遵循“充分利用灰岩裂隙水”和“一个基盘一棵树”的原则，保障在石漠化地区所栽种乔木的早期成活和后期可持续生长，研发的种植基盘技术包括基盘母体、汲湿根和防蒸发盖，均为预制产品，如图 8.42 所示。基盘母体为保水性营养土压制成型的圆柱体；汲湿根为圆柱条形；防蒸发盖由两个半圆盘通过卡槽拼接而成，在其中心设置有生长孔，底部设有若干集水孔及漏斗；基盘母体放置在岩石上开凿的岩石孔中，防蒸发盖覆盖在基盘母体上部，若干个汲湿根设置在基盘母体底部且与基盘母体相接触。

该技术具有充分吸收降水、裂隙水和地下水并自动储存供给植物生长的特点，可以为树木幼苗早期成活生长提供良好的水分和营养物质，使其在环境恶劣的石漠化地区更易生根成活，促使树木的根系沿着汲湿根向下生长，结构简单，操作方便，可广泛应用于石漠化、沙漠化、废旧矿山、黄土高原等恶劣地质环境条件的植被恢复。

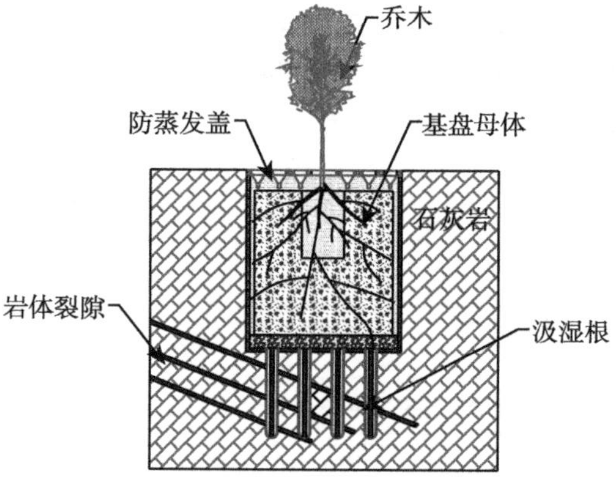

图 8.42　石漠化地区乔木种植基盘结构示意图

1) 基盘母体

基盘母体由保水性营养土压制成型，形状为圆柱体，其直径为 20~30cm，高度为 25~35cm。在基盘母体的上中部设置乔木栽种孔，直径为 10~15cm，深度为 10~20cm，如图 8.43 所示。保水性营养土是由发酵后的食用菌菌渣、农作物秸秆、禽畜粪便与壤土、保水剂、蛭石粉、肥料、黏结剂和水按一定比例混合后配成的。所述营养土各成分的体积配比为：食用菌菌渣 5%~20%、农作物秸秆 10%~25%、家禽粪便 10%~30%、壤土 40%~60%、保水剂 0.1%~0.5%、蛭石粉 1%~5%、肥料 0.3%~1%、黏结剂 0.05%~0.3%。基盘母体可以为树木幼苗早期成活生长提供良好的水分和营养物质，使其在环境恶劣的石漠化地区更易生根成活。

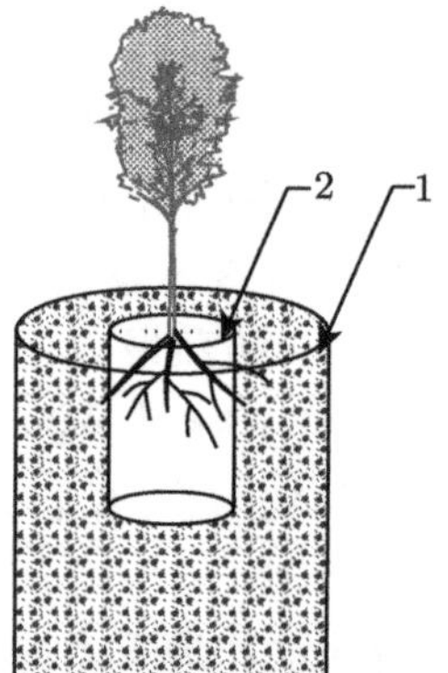

图 8.43　基盘母体结构示意图

1-基盘母体；2-乔木栽种孔

食用菌菌渣为香菇、平菇、金针菇、黑木耳、银耳、猴头菇和杏鲍菇的栽培基中的至少一种，粉碎为 5~10mm。食用菌菌渣含有众多的可利用的营养元素，如粗蛋白、粗脂肪、粗纤维、微量元素等，还有许多的生物活性物质，如多糖类、有机酸、酶、酚性物质等化学物质。它的主要作用是提高土壤肥力、改善土壤理化性状、增强持水力和通透性、刺激根部固氮微生物的生长，是一种很好的菌肥。

农作物秸秆为小麦、水稻、玉米、棉花和甘蔗杆中的至少一种，粉碎为 5~10mm。农作物光合作用的产物有一半以上存在于秸秆中，秸秆富含氮、磷、钾、钙、镁和有机质等，其中粗纤维含量高达 30%~40%，是一种具有多用途的可再生的生物资源。它的主要作用是调节土壤间隙，减小生长基的干裂，后期经分解腐烂成为土壤肥料。

家禽粪便为猪粪、牛粪、鸡粪、鸭粪、鹅粪中的至少一种，使用前需进行堆肥发酵，即在收集的粪便中掺入高效发酵微生物，如 EM (有效微生物群)，调节粪便中的碳氮比，控制适当的水分、温度、氧气、酸碱度进行发酵。它的主要作用是促进土壤团粒结构的形成，使土壤疏松，增强土温，使土壤有机质、全氮全磷及全钾成分均提高。

壤土是指土壤颗粒组成中黏粒、粉粒、砂粒含量适中的土壤，取当地农田熟化土壤，用锄头等工具击碎，风干后过 5~10mm 筛。壤土质地介于黏土和砂土之间，兼有黏土和砂土的优点，通气透水、保水保温性能都较好，是较理想的农业土壤。它的主要作用是减少其他生物基材间的孔隙，提供植物生长所需的合理三相分布结构，同时促进植被生长基团粒结构的形成。

保水剂为交联聚丙烯酰胺和聚丙烯酸钾盐共聚物，吸水倍率 ≥300 倍，它能够在土壤中反复 "吸收–蓄存–释放" 供植物利用的水分，提高植物种子的发芽率及抗旱力；蛭石粉具有良好的阳离子交换性和吸附性，可改善土壤的结构，蓄水保墒，提高土壤的透气性和保水性；肥料由有机肥、无机复合肥、长效缓释肥混合而成，肥效为 3~6 个月，主要用来供给植物生长所需的速效养分 (包括氮、磷、钾等) 及长效养分；黏合剂为高分子树脂类黏合剂，主要用来黏结各生物基材，提高强度和抗侵蚀性。

2) 汲湿根

汲湿根为圆柱条形，包括汲水芯、营养土和透水土工布，如图 8.44 和图 8.45 所示。其直径为 2~3cm，长度为 2~3m，实际使用过程中可根据需求自由截取长度。汲湿根的中心设有汲水芯，汲水芯直径为 0.5~1cm，最外层包裹透水土工布，最外层透水土工布与汲水芯之间的孔隙充填营养土。汲水芯由若干汲水管束、高吸水材料和固定轴组成，汲水管束有由吸水纤维制成的中空管束，汲水管束直径 1~2mm，汲水管束中间充填满高吸水材料；固定轴由铁丝、钢丝或硬塑料制作而成，设置在汲水芯轴心处，固定轴直径 1~2mm，固定轴确保了汲湿根具有足够的刚度，便于汲湿根的制作、运输与使用。

石漠化地区岩石裂隙中的水分通过汲湿根，在高吸水材料的作用下，水分缓慢地向上输送，最终湿润树木根系周围的土壤，具有吸水功能；同时，汲湿根在营养土和汲水芯的作用下，能够吸收保留一部分水分，具有储水功能。汲水芯的吸水能力强，营养土的吸水能力相对弱，采用吸水能力强弱结合的方式，既可以保证汲湿根具有较高的吸水性能，又可以确保植物根系后期沿着营养土生长时，不完全浸泡在水里，利用植物根系的呼吸与生长。汲湿根最外层包裹的透水土工布，保证了汲湿根可以将任何与岩层中有接触的部位吸收水分，充分考虑了石漠化地区岩石裂隙发育的自然条件，提供除地表降水以外的另一种给水方式，在树木生长的中后期，汲湿根还可以作为树木根系生长的空间，由其中填充的营养土提供养分，根系自主吸收岩石裂隙中水分。

在需要种植乔木的地方，开凿种树孔，在种树孔的底部凿小孔，尽可能地贯穿多层岩层，将汲湿根底端插入小孔中，其顶端与上层土壤接触，在水分作用下汲水芯吸水膨胀，使汲湿根与小孔的孔壁紧密接触，岩石裂隙中的水分经汲湿根的下端被持续不断地向上输送到乔木根系周围，供植物吸收。

图 8.44　汲湿根结构示意图

1-透水土工布；2-汲水芯；3-营养土

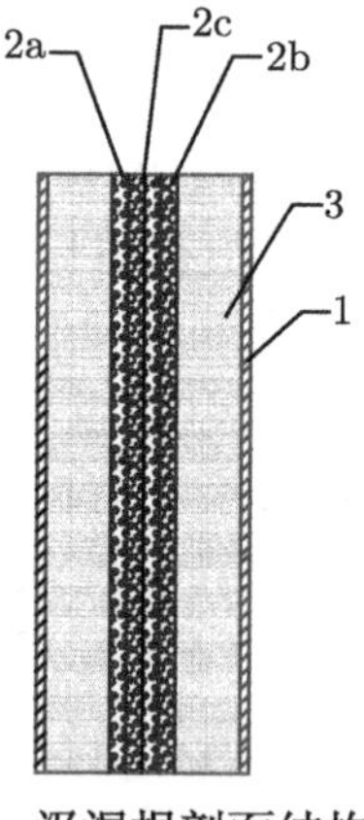

图 8.45　汲湿根剖面结构示意图

1-透水土工布；2a-汲水管束；2b-高吸水材料；2c-固定轴；3-营养土

3) 防蒸发盖

防蒸发盖由生物降解材料制作而成，由两个半圆通过卡槽拼合而成，拼接后的圆盘直径与基盘母体的直径相匹配，厚度为 3~8mm。防蒸发盖的中心设置有植物生长孔，其直径为 4~8cm，在防蒸发盖的底部设有若干集水孔及漏斗，所述集水孔的直径为 1~3cm，所述漏斗的上孔径与集水孔相匹配，下孔径为 5~10mm，中间留有植物生长用孔，如图 8.46 和图 8.47 所示。防蒸发盖的漏斗集水孔上部孔径较大，有利于收集更多的降水，给土壤补水保湿，漏斗集水孔下部孔径较小，有利用防止基盘内营养土体中水分蒸发。漏斗集水孔保证了土壤内部的空气交换，有利于根部呼吸顺畅。另外，防蒸发盖由可降解材料制作而成，能够保护环境，防止二次污染。

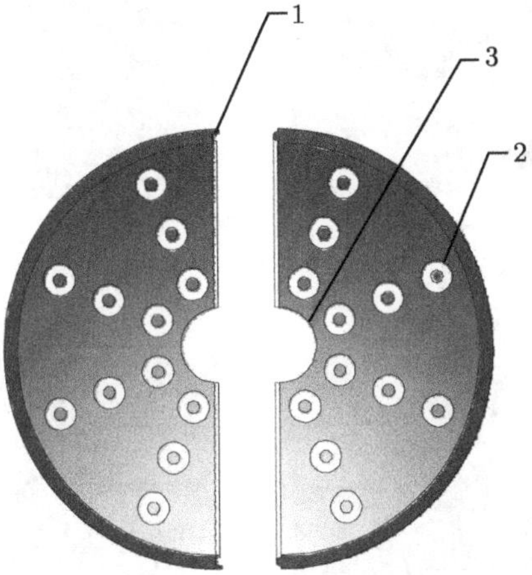

图 8.46 防蒸发盖结构示意图

1-卡槽；2-漏斗集水孔；3-预留植物生长孔

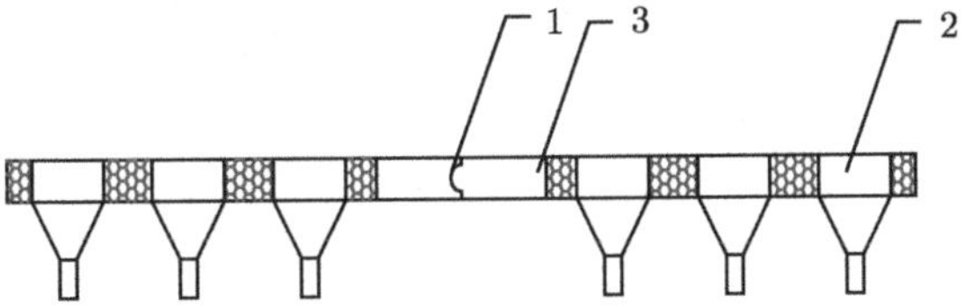

图 8.47 防蒸发盖剖面结构示意图

1-卡槽；2-漏斗集水孔；3-预留植物生长孔

5. 乔木种植基盘室内制备方法

1) 基盘母体制备

基盘母体的制备过程可分为四步：

第一步：将耕作土、食用菌菌渣和发酵后的禽畜粪便晾晒风干后 1cm 过筛，去除大颗粒与其他杂物，备用，如图 8.48 和图 8.49 所示。

第二步：量取所需的各种材料，将食用菌菌渣、农作物秸秆与禽畜粪便、壤土按比例混合均匀，如图 8.50～ 图 8.53 所示。

图 8.48　晾晒风干

图 8.49　过筛

图 8.50　食用菌菌渣

图 8.51　秸秆粉

图 8.52　发酵牛粪

图 8.53　混合各种材料

第三步：在上述混合物中加入保水剂、蛭石粉、肥料、黏结剂后，充分搅拌均匀，在搅拌过程中加水，如图 8.54~ 图 8.56 所示。

图 8.54　保水剂

图 8.55　蛭石

图 8.56　加水混合

第四步：将配制好的营养土，装入模具中，压实，上端的中心部位设置乔木栽种孔，经过自然干燥 1~2 天即得到成品的乔木种植基盘母体，如图 8.57 所示。

图 8.57　模具成型

2) 汲湿根制备

汲湿根的制备过程可分为三步：

第一步：将营养土配制好，制作过程与基盘母体相同，如图 8.58 所示。

图 8.58 汲湿根内营养土配制

第二步：在由吸水纤维制成的中空管束轴心处，固定轴直径 1~2mm 的铁丝，其余管束中充填满高吸水材料。将汲水芯平铺在透水土工布后，将搅拌好的营养土均匀涂抹在汲水芯周围，然后从一边卷起，如图 8.59 所示。

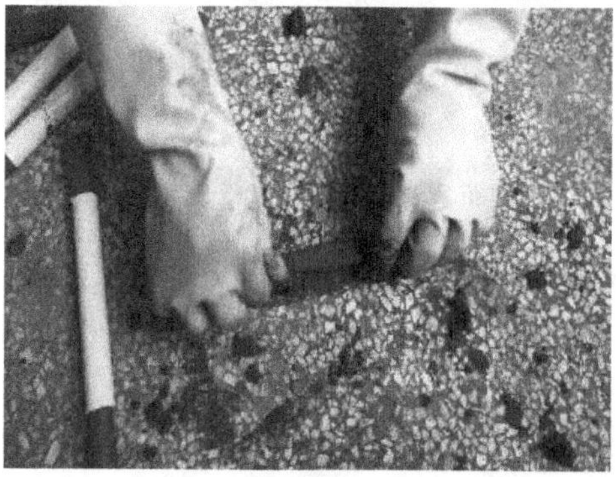

图 8.59 包裹土工布

第三步：将卷好的汲湿根套上 PVC 管成型，管的直径与现场开挖的汲湿根孔直径相同，安置汲湿根时需去除 PVC 管，如图 8.60 所示。

3) 防蒸发盖制备

汲湿根的制备过程可分为四步：

第一步：将光降解材料切割成 18cm 直径的圆盘，如图 8.61 所示。该直径与实际施工中基盘安置孔的直径一致，以使防蒸发盖完全覆盖于种植基盘之上，最大程度地减少蒸发量。

图 8.60 套上 PVC 管成型

图 8.61 切割成圆盘

第二步：根据漏斗状集水器上端口径的大小，在上一步制成的圆盘上绘制集水孔的分布位置。要求集水孔在蒸发盖上尽量均匀分布，以取得最好的集水效果，如图 8.62 所示。

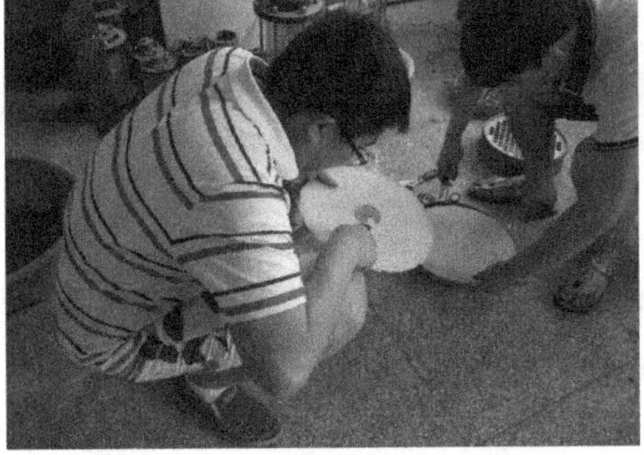

图 8.62 绘制集水孔分布位置

第三步：因为该材料熔点较低，采用热处理的方法加工。在预先绘制好的位置上开孔，使漏斗可以安置在孔中。孔与漏斗之间无孔隙，以最大程度地减少蒸发损耗，如图 8.63 所示。

图 8.63　热加工成孔

第四步：同样使用热处理的方法将漏斗与防蒸发盖固定，使其成为一稳固整体，如图 8.64 所示。

图 8.64　防蒸发盖成品

6. 乔木种植基盘栽种方法

石漠化地区乔木种植基盘栽种方法具体为：

(1) 针对需要进行石漠化治理地区，用钻头以纵横间距 2.5~3.5m 在岩石凹处或相对平顺的岩石上凿打岩石孔，其直径和深度与基盘母体相匹配；在每个岩石孔的底部，用小钻头钻若干个根系孔，其孔径和深度与汲湿根相匹配。

(2) 钻孔完成后，用水灌入岩石孔中，待积水完全渗透到岩体内后，完成浸润；用黏土与水混合搅拌制成泥浆，将泥浆涂抹在岩石孔内，完成泥浆挂壁，防止岩石侧壁裂隙造成水分渗漏流失；将预先制备好的汲湿根插入根系孔中，在岩石孔底部填入 3~5cm 厚的高吸水纤维包裹的营养土作为储水层并压实。

(3) 在储水层上放入预先制备好的基盘母体，在栽种孔内栽种树苗或者预先将树苗连同基盘母体在苗圃里培育后一起移栽，在栽种孔内与周围缝隙内回填土壤并浇水，拍实。

(4) 将防蒸发盖的生长孔对准树苗，拼接起来覆盖在基盘母体上面，即完成乔木栽种。

该乔木种植方法突破了石漠化地区生态系统重建传统的草本 → 灌木 → 乔木自然演化模式，通过率先实现乔木恢复，保障乔木林下灌木、草本自然生长，实现石漠化地区生态系统重建，应用效果如图 8.65 所示。

图 8.65 石漠化地区乔木种植基盘技术应用效果图

7. 乔木种植基盘技术特点

对于传统的植树造林来说，乔木种植基盘技术具有明显优势，有以下特点：

(1) 基盘母体、汲湿根、防蒸发盖均为预制产品。现场操作方便，提高了植树的效率，可替代栽植造林，使用时，只需插入汲湿根，把基盘放置在需要种树的地方，而后把树木幼苗栽种在基盘内，覆盖防蒸发盖，即可完成种植过程。

(2) 营养丰富，结构疏松，保水保肥性能良好。植物基盘有机质含量丰富，为树木幼苗早期成长过程提供良好的营养供给，使其在环境恶劣的石漠化地区易生根存活。

(3) 防蒸发性能好。配套的防蒸发采取漏斗集水孔有利于收集更多的降水，给土壤补水保湿，漏斗集水孔下部孔径较小，有利用防止基盘内营养土体中水分蒸发，可降解材料作为防蒸发材料可以起到保护环境的作用，防止二次污染。

(4) 汲湿根可吸收岩体裂隙中的水分和深层地下水。植物后期生长的水分和养分，主要靠汲湿根从基盘周围岩体裂隙中汲取水分，让植物的生存与生长不再依靠人工，而是依赖于自然资源——裂隙水和地下水，只要保证区域地下水资源的稳定性，则植物的生存和生长稳定性亦得到了保证。

(5) 制作步骤少，操作难度低。植物基盘制作不需要昂贵的设备，原材料来源广泛，成本低廉，有利于大批量制作。

(6) 方法简单、适宜面广。该技术不仅可用于绿化林的种植，还可以应用到经济林的栽植过程中，极大地提高了植物种植成活率，改善生态环境，减少水土流失。

8.4.2　植被恢复乔木种植基盘营养土试验

基盘母体内具有保水吸水性的营养土是基盘技术的关键部分，以菌渣、秸秆、牛粪等作为营养土的主要原料，通过室内盆栽试验种植树木，分析了不同配合材料成分对营养土的保水性能和植物生长的影响程度，为石漠化地区乔木种植基盘技术实际应用提供科学依据和技术支持。

1. 试验目的

本研究以菌渣、秸秆、牛粪等作为营养土的主要原料，通过室内盆栽试验种植树木，分析了不同配合材料成分对营养土的保水性能和植物生长的影响程度，根据结果筛选四组优化的配比，进行吸水性能试验，最终得到基盘营养土的最佳配比。

2. 试验材料

基盘营养土材料由菌渣、秸秆、牛粪、壤土、保水剂、蛭石、肥料、黏结剂组成。菌渣可提高土壤酶活性，降低有效态重金属含量，结构疏松透气，养分释放缓慢，可供植物较持久利用 [135]。牛粪和秸秆具有改善土壤结构，提高有机质含量，调节酸碱度，减少土壤的板结，松土保肥作用，腐烂分解后还可以提供植物养分。保水剂能够反复吸水放水，控制水分流失，提高水肥利用效率，改善土壤结构，促进根系生长。蛭石可改善土壤的结构，蓄水保墒，提高土壤的透气性，调节土壤酸碱度。黏结剂使土壤形成团粒结构，蓄水保墒，减少地表径流造成的土壤流失，提高土壤渗透力，缓解土壤水分蒸发 [136]。

本试验中菌渣选用蘑菇渣，过 1cm 的筛子，去除粗颗粒。秸秆为当地购买的粉末状玉米秸秆。牛粪为充分发酵腐熟后，粉碎成纤维状。壤土取当地农田熟化表层土，粉碎晾晒干燥后，过 1cm 筛子。保水剂为郑州标典化工有限公司生产的保水剂，吸水倍率为 300~500，白色粉末状。蛭石由浙江国美园艺有限公司生产，颗粒大小 1~2mm。肥料是重庆市大渡口区园林肥料有限公司生产的园林通用型长效有机复合肥。黏结剂为日本可乐丽聚乙烯醇 PVA-224，水溶性合成树脂呈白色粒状。

3. 营养土保水性实验

1) 配比设计

考虑菌渣、秸秆、家禽粪便、保水剂、蛭石和黏结剂六个因素对营养土的影响，菌渣、秸秆和家禽粪便每种拟定 4 种情况 (共 12 组)，保水剂、蛭石和黏结剂每种拟定 3 种情况 (共 9 组)，总共 21 种组合情况，见表 8.1。

表 8.1 营养土配比设计方案 (体积比)

配比编号	菌渣/%	秸秆/%	牛粪/%	壤土/%	保水剂/%	蛭石/%	肥料/%	黏结剂/%
1	5	25	20	47	0.15	2.5	0.3	0.05
2	10	20	20	47	0.15	2.5	0.3	0.05
3	15	15	20	47	0.15	2.5	0.3	0.05
4	20	10	20	47	0.15	2.5	0.3	0.05
5	10	25	15	47	0.15	2.5	0.3	0.05
6	10	15	25	47	0.15	2.5	0.3	0.05
7	10	10	30	47	0.15	2.5	0.3	0.05
8	10	5	35	47	0.15	2.5	0.3	0.05
9	10	20	10	57	0.15	2.5	0.3	0.05
10	10	20	15	52	0.15	2.5	0.3	0.05
11	10	20	20	42	0.15	2.5	0.3	0.05
12	10	20	25	37	0.15	2.5	0.3	0.05
13	5	15	20	57	0.05	2.6	0.3	0.05
14	5	15	20	57	0.1	2.55	0.3	0.05
15	5	15	20	57	0.2	2.45	0.3	0.05
16	5	15	20	57.8	0.15	1.5	0.5	0.05
17	5	15	20	57.3	0.15	2	0.5	0.05
18	5	15	20	56.3	0.15	3	0.5	0.05
19	5	15	20	57	0.2	2.2	0.5	0.1
20	5	15	20	57	0.2	2.2	0.45	0.15
21	5	15	20	57	0.2	2.2	0.4	0.2

2) 营养土配制

将耕作土、食用菌菌渣和发酵后的禽畜粪便，晾晒风干后 1cm 过筛，去除大颗粒与其他杂物，测定各材料初始含水量。

按照试验配比设计 (具体配比见表 8.1)，量取每组实验所需的材料，将它们充分搅拌混合均匀，在搅拌过程中加入水 1500mL。

按照编号依次将配制好的营养土装入对应编号的花盆 (底部直径 15.7cm，高度 17.6cm，顶部直径 23cm)，花盆提前编号为 1~21。

3) 植物种植

实验以盆栽试验形式进行，试验过程中不浇水，为避免初始含水量较高对植物种子发育的影响，选择营养土水分下降到 60%~70%时，即试验进行 25 天左右，进行种植过程。

为较直观地反映生长情况，采用灌木种子直播方式。选择生长较快的紫穗槐种子，播种子前用 60~70℃温水浸种催芽，种子部分裂嘴时播种，如图 8.66 和图 8.67 所示。

图 8.66　紫穗槐种子

图 8.67　浸种催芽

将植物种子播入装有营养土的花盆中，出苗后，搬至室外遮阳棚内炼苗，持续观测记录其长势。

4) 水分持续测定

营养土配制完成后，于 2014 年 7 月 5 日开始对 21 组配比的营养土进行持续测定，每隔 5 天用 SIN-TH8 土壤水分测定仪测定土壤水分变化，试验过程中不浇水，观测期间日平均温度 33.5℃。

1~21 号配比的营养土水分变化过程，如表 8.2 所示。

表 8.2 营养土水分变化结果

编号	容积含水率%												
	2014-7-5	2014-7-22	2014-7-27	2014-7-31	2014-8-3	2014-8-7	2014-8-12	2014-8-16	2014-9-2	2014-9-7	2014-9-12	2014-9-17	2014-9-24
1	100	75.5	51.5	57.5	38.5	37.6	36.5	34.4	21.3	18.1	16.1	12	9.7
2	100	85.7	72.9	63.2	41.2	39.1	33.9	30.3	27.8	24.9	21.7	19.9	15.9
3	100	87.3	48.9	53.6	38.8	34.8	28.7	26.2	22.6	18.6	16.4	15.7	12.1
4	100	93.5	77.7	60.1	39.1	38.2	36.2	31.8	26.4	23	17.2	14.5	10.3
5	100	86.9	83.1	64.7	55.3	41.2	36.6	32.8	23	19	16.8	9.9	6.9
6	100	89.3	84.9	69.5	45	45.9	37.3	34.8	25.7	21.7	16.2	12.3	8.6
7	100	82.1	83.1	70.4	50.8	41.2	36.8	34.7	24.9	21.8	19.3	14.5	10.9
8	100	94.9	85.9	68.2	57.9	48.2	38.9	36.6	27.6	24	23.7	18.5	15.4
9	100	86.2	80.2	61.2	51.5	38.7	32.9	30	23.7	21.2	18.2	14.7	10.8
10	100	90.9	83.1	63.7	56.5	40.8	34.4	31.5	25.7	22.6	18.2	15.4	11.4
11	100	96.9	79.4	61.2	53.9	41.9	38	33.9	26.5	24.3	19.1	16.4	12.3
12	100	97.4	84.2	72.4	56.3	45.8	38.4	35.2	26.1	25.5	21.8	17.4	14.4
13	100	87.2	74.5	55.2	38.5	36.1	34.9	30.7	22.2	20.5	18.6	13.4	8.9
14	100	91.8	80.2	62.9	45.2	40.1	37.2	34.6	24.7	23	19.3	14.8	11.6
15	100	96.7	87.6	65.4	48.2	44.6	39.3	37.3	28.2	26.2	23.6	19.8	15.1
16	100	94.3	89.3	80.1	78	59	48.5	37.7	27.1	26.4	23.7	17.3	14.2
17	100	93.3	91.8	83	82.6	60.6	56.8	39.6	28.2	26	22.7	15.7	12.8
18	100	91.3	87	82.8	79.6	57.2	49.4	37	24.5	20.5	18.5	14.1	11.2
19	100	85.2	73.8	58.6	38.3	33.2	30.3	26.8	18.1	17.8	16.2	14.6	11.1
20	100	88.8	70	59.6	38.1	35.2	31.5	27.1	21.2	19.8	19.8	17.1	15.3
21	100	87.1	71.2	59.1	35.5	34.4	32.4	27.2	19.2	17.2	16.6	15.3	13

5) 植物持续观测

当营养土水分下降到 60%~70%时，于 2014 年 7 月 30 日开始进行紫穗槐种子播种，一周内均发芽，持续观测植物的出苗数、高度、株径等生长状况。

1~21 号配比植物叶片数与高度变化过程，如表 8.3 所示。

表 8.3　植物生长过程

编号	2014-7-30	2014-8-5	2014-8-7		2014-8-12		2014-8-16		2014-9-2	
			叶片数	高度/cm	叶片数	高度/cm	叶片数	高度/cm	叶片数	高度/cm
1	播种	1	3	3.5	4	5	6	6.5	5	5
2	播种	1.5	4	3	4	7	6	7.5	12	9
3	播种	0.5	3	3.2	4	6	6	6.5	11	8.5
4	播种	发芽	3	2.5	4	4.1	6	5.1	8	7.5
5	播种	—	2	2	4	3.5	6	4.3	—	—
6	播种	—	2	1.5	4	4	6	4.2	8	4.8
7	播种	—	4	1.8	4	4.8	6	4.9	8	5.8
8	播种	0.5	3	3	4	5	6	5.1	8	6.1
9	播种	—	2	1.7	4	2.5	6	2.8	6	4
10	播种	发芽	3	2.8	4	4.6	6	5.1	10	6
11	播种	—	2	2.5	4	3.9	6	5.3	8	5.5
12	播种	1	3	3	4	4.2	6	4.8	8	6
13	播种	1.5	4	4	4	6.3	7	6.5	6	4
14	播种	2	2	2.9	4	4.5	6	4	6	6.8
15	播种	1	4	3.5	4	5.7	6	6	8	8
16	播种	未发芽	2	1.2	4	3.4	6	3.4	9	4
17	播种	未发芽	2	0.5	5	3.6	6	3	9	5.8
18	播种	未发芽	2	1	2	3	6	3.5	—	—
19	播种	2.2	4	4.5	4	4.4	6	4	8	5.5
20	播种	2	4	5	6	7.5	6	9.6	8	9
21	播种	1.5	3	3.9	4	8.2	6	9	8	8.2

4. 营养土吸水性试验

1) 实验设计

为获得营养土的最佳配比，根据营养土的保水性与植物生长情况筛选了四组较优的配比方案 (表 8.4)，进行吸水性试验。

表 8.4　营养土配比设计方案 (体积比)

配比编号	菌渣/%	秸秆/%	牛粪/%	壤土/%	保水剂/%	蛭石/%	肥料/%	黏结剂/%
2	10	20	20	47	0.15	2.5	0.3	0.05
8	10	5	35	47	0.15	2.5	0.3	0.05
15	5	15	20	57	0.2	2.45	0.3	0.05
20	5	15	20	57	0.2	2.2	0. 45	0.15

每组配比配制两份营养土，过程中加入水 500mL；为探究营养土在短时间与长时间的吸水性对植物生长的影响，将装有营养土的花盆分别置入初始水位为 2cm、4cm 的圆盆里，共 8 组，依次编号为 1~8，如图 8.68 所示；花盆内栽种桂花

树后，高度 45~50cm，直径 0.3~0.5cm；将花盆移至阳台，植物生长稳定后于 2015 年 12 月 1 日进行试验；在营养土的吸力作用下，水分将通过花盆底部预留的四个直径 1cm 的圆孔往上吸，持续观测记录营养土含水率变化、盆中水位高度变化与植物生长情况。

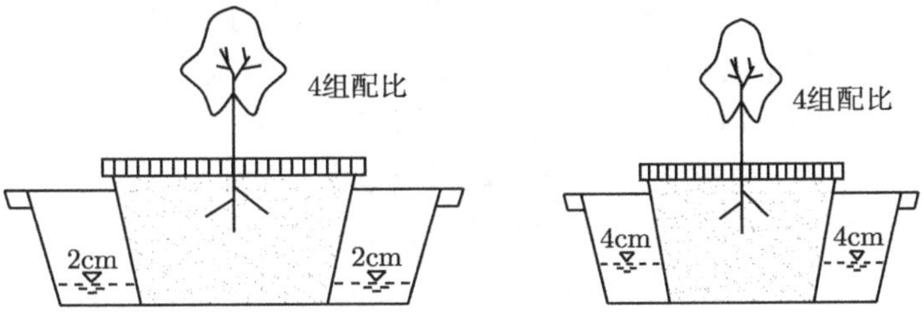

图 8.68 吸水试验设计方案

2) 水分与水位高度测定

在吸水过程中，营养土的含水率与水位高度变化，见表 8.5 和表 8.6。

表 8.5 吸水过程中营养土含水率变化

编号	含水率%							
	2015-12-1	2015-12-3	2015-12-5	2015-12-7	2015-12-10	2015-12-15	2015-12-20	2015-12-25
1	37.3	44.1	56.8	58.4	60.5	—	—	—
2	36.4	39.7	40	46.8	48.9	—	—	—
3	37.8	39.8	48.5	51.2	53.4	—	—	—
4	38.6	45.3	50.8	53	56	—	—	—
5	37.6	44.8	56.9	65.9	78.5	87.3	94.5	100
6	37.8	45.9	52.7	59.2	65.5	78.4	86	90.4
7	37.5	44.3	53.3	65.7	73.6	86.6	92.4	97.8
8	37.6	47.6	56.5	61.8	68.7	78.1	85.8	91.9

表 8.6 盆中水位高度变化

编号	高度/mm						
	2015-12-1	2015-12-5	2015-12-7	2015-12-10	2015-12-15	2015-12-20	2015-12-25
1	20	11	6	3.5	—	—	—
2	20	10	6	0	—	—	—
3	20	13	8	5.5	—	—	—
4	20	10	7	2	—	—	—
5	40	27	23	18	11	6	3
6	40	26	20	17	13	6.5	4
7	40	23	20	18	12	7	2
8	40	27	24	21	16	11	6

3) 植物生长情况

桂花树在 2015 年 10 月 31 日种植到花盆内，定时观察植物生长情况。

8.4.3 石漠化地区植被恢复乔木种植基盘营养土试验结果分析

营养土中的营养物质的含量是植物能够持续生长的关键，植物生长高度则可反映出植物生长过程中的生长态势。保水性是营养土在长时间不降水条件下抗旱保墒性能优劣的一个重要指标。吸水性反映了营养土对水分的吸收能力，具备吸水性的营养土能从周围环境中快速吸收降水，提高水分利用效率，对极易干旱的石漠化地区来说尤为重要。通过上述室内盆栽试验数据，详细分析了不同配比材料成分对营养土的保水性能、吸水性能和植物生长的影响程度，在 21 组配比中得到了石漠化地区乔木种植基盘营养土的最佳配比。

1. 营养土保水性试验结果分析

1) 不同配比材料成分对植物生长的影响

营养土中的营养物质的含量是植物能够持续生长的关键，植物生长高度则可反映出植物生长过程中的生长态势 [137]。图 8.69 是紫穗槐出芽 30 天后在未浇水条件下，平均株高随营养土材料成分含量变化的曲线。由图 8.69 可知，菌渣、蛭石和黏结剂含量对植物生长有显著影响，随着含量的逐渐增加，植物的平均株高呈现先增加后减小的趋势，菌渣、蛭石和黏结剂含量分别为 10%、2%、0.15%时，各自平均株高达到最高为 9cm、5.8cm、9cm，但当它们含量超过一定限度时则会影响营养土的三相结构、水分和养分含量，阻碍植物生长。因此，合理选择菌渣、蛭石和黏结剂的含量是促进植物生长发育的关键。随着秸秆含量的增加，秸秆会抑制植物的生长，当秸秆含量超过 10%后趋势更明显，当秸秆含量为 25%时，植株高度仅为 4.3cm，与秸秆含量为 5%的植株高度差了 1.8cm；秸秆含量增加一方面会导致营养土的孔隙连通性增加而不利于保持水分，另一方面未经发酵的秸秆初期会在土壤中发酵放热，影响植物生长。牛粪含量对植物长势有一定程度的影响，但当牛粪含量大于 15%时，对植物生长影响效果降低，株高变化不大；保水剂对植物影响效果显著，保水剂含量越多，植物生长状态越好；保水剂含量由 0.05%增加到 0.1%时，株高增加了 2.8cm，由 0.1%增加到 0.2%时，株高仅增高 1.2cm，表明保水剂含量超过一定程度，对植物生长影响减缓，主要以提高水分含量来促进植物生长。

植物茁壮生长的关键是营养土需具备很好的保水、保肥效果。不同配比将影响营养土的三相组成、pH 值高低、养分和水分含量的差异，从而影响植物的生长状况。在 21 组配比试验中，植物长势较好的为编号 2、3、15、20 和 21 组，平均株高大于 8cm，表明这几组配比营养土的结构性合理、保水性能好，养分含量丰富，适宜于植物生长。

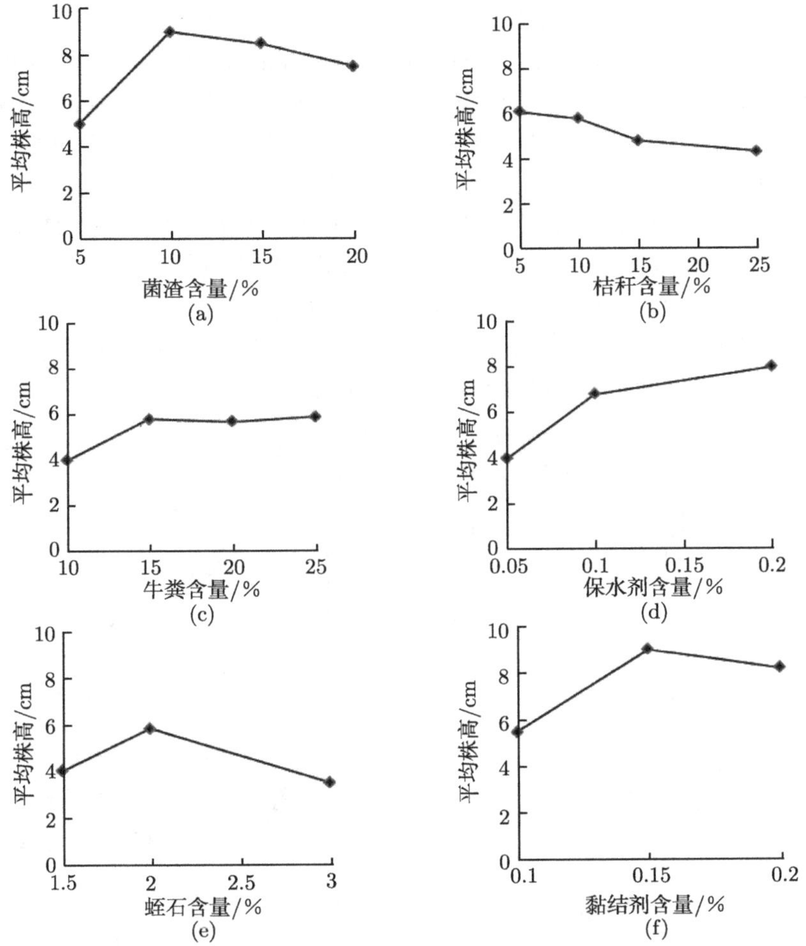

图 8.69　植物平均株高随营养土材料成分含量的变化曲线 (30 天)

2) 不同配比材料成分对营养土保水性的影响

保水性是营养土在长时间不降水条件下抗旱保墒性能优劣的一个重要指标。图 8.70 是不同配比营养土的含水率变化曲线。由图 8.70 可知，菌渣含量不同对营养土保水性存在明显影响，不论菌渣含量多少，前 30 天的水分降低幅度大，30 天后降幅变小；前 30 天，菌渣含量 10%、15%和 20%的含水率差距不明显，菌渣含量 5%含水率较低，最大差值达 15%，30 天后，随着含量的增加，保水性呈现先增加后减少的趋势，菌渣含量 10%，其保水性能明显较优，75 天含水率为 19.9%；菌渣含量 15%和 20%的保水性次之，而菌渣含量为 5%的含水率仅为 12%，表明菌渣对保水性的效果主要集中在 30 天后，适量的菌渣含量有助于水分积蓄，过量的菌渣将增大孔隙，加快水分流失。随着秸秆含量的增加，保水性逐渐降低，秸秆含量 5%时保水性较好，75 天含水率为 18.5%，秸秆含量 10%、15%的保水性次之，秸秆含量为 25%时，75 天的含水率仅为 9.9%，与秸秆含量 5%差值达 8.6%，说明未经发酵的秸秆粉增加了土的裂隙，降低了营养土的保水性，后期优化配比时需要进行发酵处理；牛粪含量对保水性的影响主要集中在前 15 天，牛粪含量越高保水性越好，但 15 天后整体差异不明显，牛粪含量高保水性略微较好，差值变化幅度为 2%～4%，说明牛粪含量对保水性的影响有限；保水剂对营养土的保水性影响显著，尤其是在 30 天后，保水剂的效果更加突出，保水剂含量 0.2%与含量 0.05%最大时差值超过 10%，随着保水剂含量的增加，保水性能明显提高；蛭石和黏结剂含量对保水性的影响效果小，分别在 45 天后与 30 天后略微出现差距，差值变化幅度仅为 1%～3%，适中含量的蛭石与黏结剂的保水性略好。

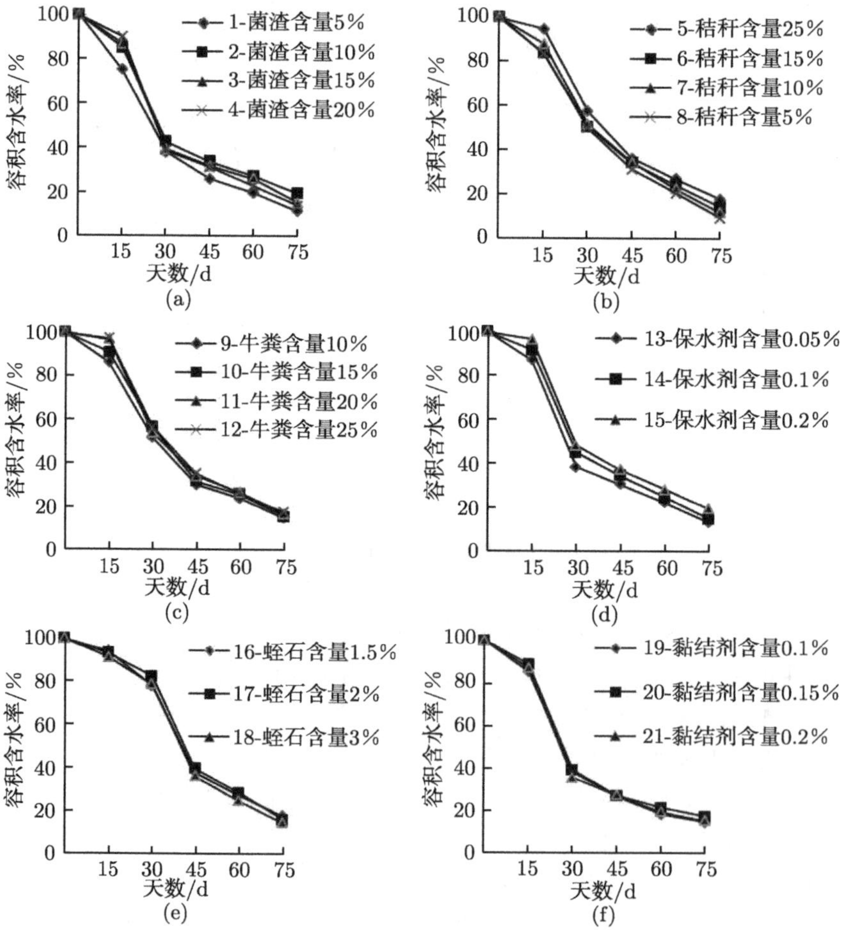

图 8.70　不同配比营养土的含水率变化曲线

综上，菌渣、秸秆和保水剂含量是营养土保水性的主要影响因素，牛粪、蛭石和黏结剂为次要因素。实验中编号为 2、8、15、20 配比的营养土保水性较优，75 天后含水率分别为 19.9%、18.5%、19.6%、17.1%，说明当石漠化地区遭受较长干旱天气时，这些配比的营养土可保证提供植物生长所需的水分，增加植物的抗旱天数，提高其存活率。

2. 营养土吸水性试验结果分析

1) 四组较优配比对营养土吸水性的影响

吸水性反映了营养土对水分的吸收能力，具备吸水性的营养土能从周围环境中快速吸收降水，提高水分利用效率，对极易干旱的石漠化地区来说尤为重要。图 8.71 是 2cm 水深营养土的含水率和水位高度随天数变化的曲线。由图 8.71 可知，配比 8 吸水性最好，配比 20 和配比 2 吸水性次之，配比 15 吸水性较差，吸水速率分别为 2mm/d、1.67mm/d、1.54mm/d、1.43mm/d；配比 8 吸完 20mm 的水只需 10 天，含水率增加了近 20%；配比 15 在 10 天时含水率仅增加 12.1%，水位高度仅下降 15mm，可能由于与水体接触的营养土里保水剂分布较少，影响了配比 15 的吸水效果。图 8.72 是 4cm 水深营养土的含水率和水位高度随天数变化的曲线。由图 8.72 可知，四组配比在长时间的吸水速率均低于短时间的吸水速率，配比 2、配比 8 和配比 15 的吸水速率分别为 1.52mm/d、1.49mm/d、1.44mm/d，含水率差异不明显，水位降幅也基本一致，前 10 天含水率上升较快，水位高度也降幅较大，10 天时配比 2 和配比 8 的含水率分别达到 78.5%、76.9%，与初始含水率相比增加了近一倍，水位高度分别降低了 23mm、22mm；配比 2 和配比 8 在 10 天后含水率的增速减缓，而配比 15 由于保水剂作用逐渐显现吸水速率逐渐加快，在 25 天时含水率基本达到饱和状态，水位高度保持在 2~4mm；配比 20 的吸水速率仅为 1.36mm/d，吸水效果较差，5 天后与另外三组配比差距逐渐显现，与配比 15 相比，25 天时含水率差值到达 12%，水位高度差值为 4mm，说明黏结剂增加营养土板结，抑制了土体对水分的蓄积作用。

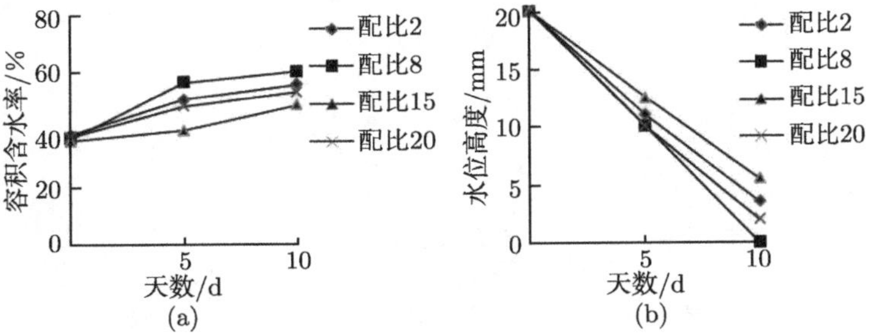

图 8.71 2cm 水深营养土的含水率和水位高度随天数变化的曲线

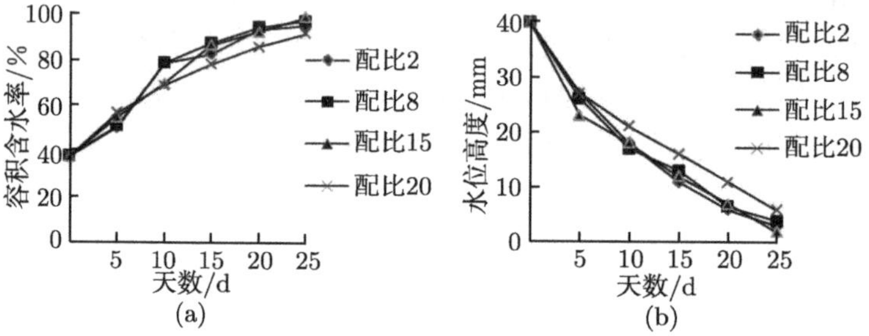

图 8.72　4cm 水深营养土的含水率和水位高度随天数变化的曲线

综合考虑在 2cm 与 4cm 水深情况下的四组较优配比对营养土吸水效果，得知配比 2 和配比 8 的营养土在短时间与长时间吸水条件下都保持较高的吸水性，具备在石漠化条件下营养土对水分迅速吸收并存储降水的能力。

2) 营养土吸水过程中植物生长状况

为探究营养土吸水过程中，在土壤水分含量较高条件下的植物生长状态，试验采取种植树木幼苗形式，观测其生长状况。桂花树在 10 月 31 日种植到花盆内，为避免移栽过程影响植物生长，试验中待植物生长稳定后，于 12 月 1 日进行吸水试验。在 2cm 水深的圆盆中，试验第 10 天时植物整体生长良好 (图 8.73)，编号

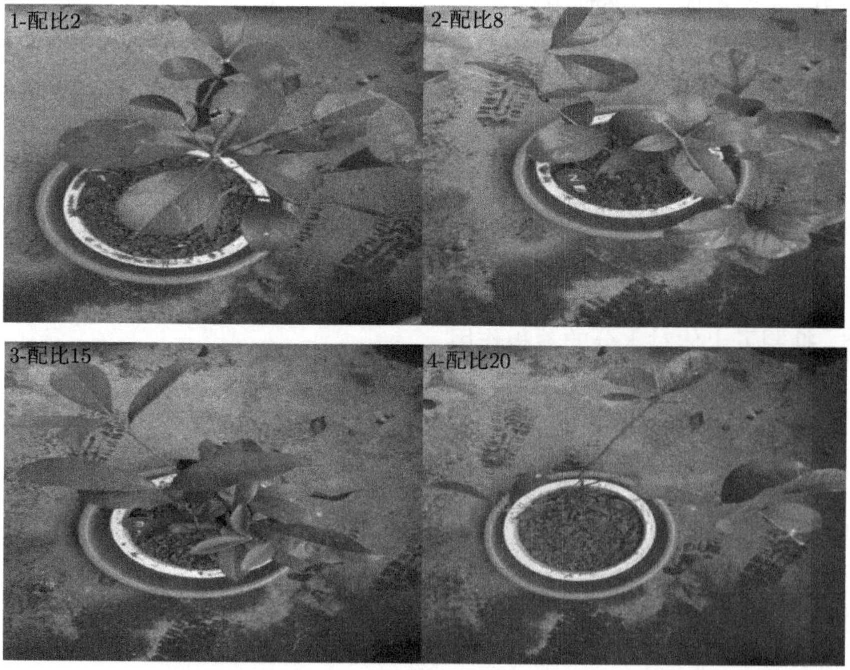

图 8.73　2cm 水深圆盆中植物生长状况 (10 天)

1、2、4 的植物均已生长出新芽，长度 2~3mm，编号 3 的植物未生长出新芽，开始出现少量枯叶；说明配比 2、配比 8 和配比 20 的营养土在短时间内对水分的快速吸收，不影响植物的生长过程；在 4cm 水深的圆盆中，实验第 25 天植物生长状况出现显著差异 (图 8.74)，编号 5 植物仅出现少量枯叶，生长状态良好，已长出新芽，长度 2~3mm，编号为 6、7 的植物根系长期浸泡后，通气性变差，植物全部死亡，8 号植物由于水分增长缓慢，植物健康生长。考虑四组配比营养土在短时间与长时间内吸水过程中的植物生长情况，配比 2 在保持较高吸水性的同时能够保证植物的持续生长，特别适应石漠化地区生态环境，可作为石漠化地区乔木种植基盘的最佳配比。

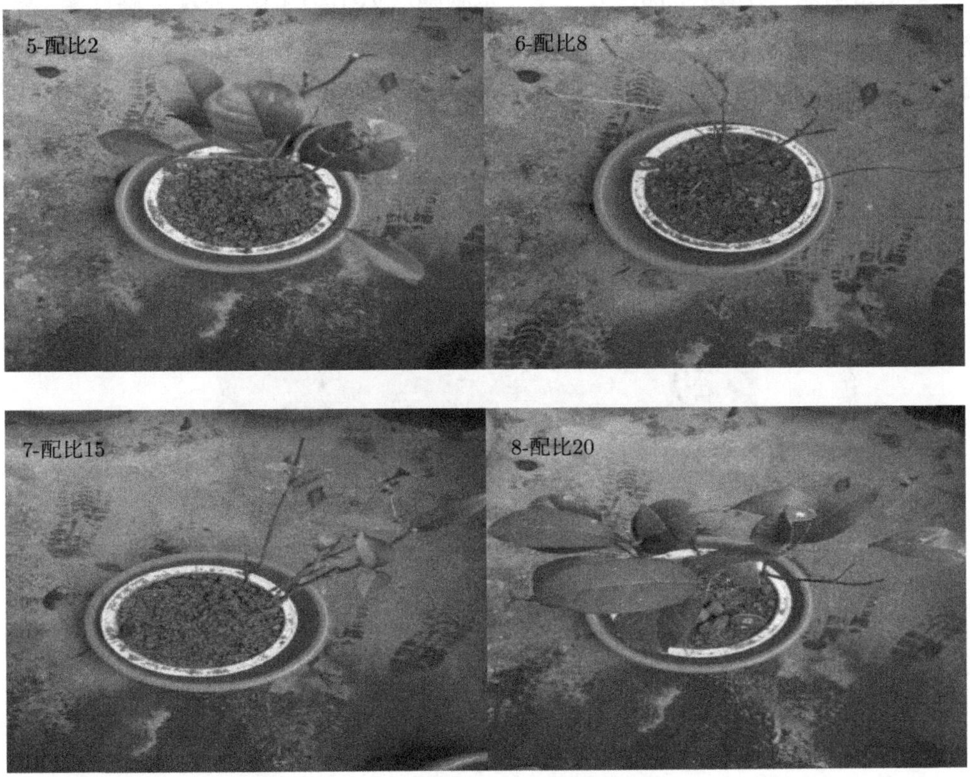

图 8.74　4cm 水深圆盆中植物生长状况 (25 天)

8.4.4　石漠化地区植被恢复乔木种植基盘技术现场试验

根据室内试验得到的最佳配比，在重庆市南山石漠化地区进行乔木种植基盘技术现场试验，验证在现场情况下树木是否形成自主生长循环系统，详细给出了基盘技术的现场应用过程。后期对所栽种的树木进行了持续跟踪观测，其长势良好，实现了在石漠化裸露岩石地区一个基盘一棵树的研究目标。基盘内具有保水吸水性能的营养土保证了所栽种树木的初期成活和生长，树木根系生长进入基盘汲湿根并汲取岩体裂隙中的水分及其所含养分，实现了所栽种树木的后期可持续生长，为我国石漠化、废弃矿山、黄土高原等恶劣地质环境下的植被恢复提供一种十分有效的新方法。

1. 试验场地

经过大量实地考察，选取重庆南山老厂附近的石漠化地区作为基盘技术试验场地，该地区气候冬暖春早，夏热秋凉，四季分明，无霜期长；空气湿润，降水丰沛；太阳辐射弱，日照时间短；多云雾，少霜雪；光温水同季，立体气候显著，气候资源丰富，气象灾难频繁。该地区为南山背斜槽谷内，岩层产状近于水平，为三叠纪嘉陵江组灰岩和雷口坡组的砂岩，岩溶地貌发育，植被覆盖率低，大量岩石裸露于地表，如图 8.75 所示。

图 8.75　试验场地

2. 试验过程

1) 基盘坑开凿

如图 8.76~ 图 8.79 所示，清理岩石表面上的杂草杂物等垃圾后，采用分工风枪和机械铁锤方法，在试验场地开凿了 8 个基盘坑，依次编号为 1~8，各基盘坑特征见表 8.7；在基盘坑的底部采用电钻风枪钻设 4~7 个根系孔，孔深 50~80cm；基盘坑用于安放植被生长基盘，根系孔为基盘内树木根系向岩体内部生长提供了通道，供植物根系深入岩石裂隙中吸收水分养分；钻孔后用水浇入基盘坑中，待积水消失，完成浸润；用黏土与水混合搅拌制成泥浆，涂抹在基盘坑周围，完成泥浆挂壁工作，减少水分养分流失。

图 8.76 开凿岩石后形成的基盘坑

图 8.77 基盘坑底部钻设根系孔

图 8.78 灌水浸泡基盘坑

图 8.79　基盘坑内用泥浆护壁

表 8.7　基盘坑特征

编号	坑口形状	长/cm	宽/cm	深/cm	孔数
1	方形	25	22	30	5
2	圆形	23	23	32	5
3	圆形	25	25	30	4
4	方形	25	22	30	7
5	圆形	23	23	30	6
6	圆形	27	27	31	4
7	圆形	26	26	27	5
8	方形	28	22	25	5

2) 基盘安设与树木栽种

基盘坑开凿完成后，基盘现场安设程序为：在汲湿根孔内安放已经制备的汲湿根 → 将基盘母体安放在基盘坑内 → 在基盘坑内中部安放树苗并使其直立 → 在基盘母体表面安放防蒸发盖。

2015 年 2 月 1 日在试验场地内共栽种了 8 棵树木，如图 8.80，其类型及相关参数见表 8.8。

3. 树木生长持续观测

树苗栽种后，从未进行人工浇水施肥，从 2015 年 4 月 20 日起，对种植树木的生长状况进行连续跟踪观测，树木均已成活并长势良好。如 1# 树苗在 4 月 26 日长出新芽，6 月 9 日新芽长度达到 13.6cm，8 月 22 日达到 15cm；7# 树苗 8 月 22 日新芽长度达到 16cm，并在树干长出较多新芽。值得指出的是，所种植树苗新芽长出后，部分新芽被山羊吃掉，如 6#、7# 树苗，这就告诫我们，在实施石漠化地区植被恢复期间，要禁止牲畜进入，保障树木的早期成长。

通过现场试验观测结果，验证了乔木种植基盘的保水性能和保肥性能，能够形成自主生长的循环系统，满足植物后期生长对水分养分的要求。通过后期对所栽种树木的持续跟踪观测，其长势良好，实现了在石漠化裸露岩石地区一个基盘一棵树的研究目标，实现了所栽种树木的后期可持续生长，为石漠化、废弃矿山、黄土高原等恶劣地质环境下的植被恢复提供一种有效的新方法。

图 8.80 树苗种植全景

表 8.8 栽种树木初始参数

编号	高度/cm	直径/cm	树种
1	46.5	0.8	柏树
2	45.8	0.3	黄葛树
3	91.1	0.9	野山七
4	25	1.3	黄葛树
5	56	0.3	柏树
6	112	0.5	金钱榕
7	92	0.8	野山七
8	70.7	0.5	金钱榕

参考文献

[1] 孔思丽. 工程地质学.2 版. 重庆: 重庆大学出版社，2005.

[2] 齐伟. 岩体力学. 长春：吉林人民出版社, 2001.

[3] 孙玉科, 牟会宠, 姚宝魁. 边坡岩体稳定性分析. 北京：科学出版社, 1988.

[4] 中华人民共和国标准《建筑边坡工程技术规范》(GB 50330—2013), 2013.

[5] 陈曦, 曾亚武, 刘伟, 等. 岩体基本质量分级模糊综合评价法研究. 武汉大学学报 (工学版), 2019, 52(6): 511-522.

[6] 中华人民共和国标准《工程岩体分类标准》(GB/T 50218—2014), 2014.

[7] 上官甦. 石灰岩山区高速公路路基开挖中的环境保护研究. 北京: 北京工业大学, 2006.

[8] 刘锦华, 吕祖珩. 块体理论在工程岩体稳定分析中的应用. 北京: 水利电力出版社, 1988.

[9] 高家美, 顿志林. 楔形体应力理论及其在工程中的应用. 北京: 煤炭工业出版社, 2001.

[10] 徐之纶. 弹性力学简明教程. 3 版. 北京: 高等教育出版社, 2002.

[11] Aubertin M, Li L, Simon R. A multi-axial stress criterion for short- and long-term strength of isotropic rock media. International Journal of Rock Mechanics and Mining Sciences, 2000, 37(8): 1169-1193.

[12] 陈星烨, 马晓燕, 宋建中. 大型结构试验模型相似理论分析与推导. 长沙理工大学学报, 2004, 20(1): 11-14.

[13] 程圣国. 滑坡相似材料试验结果优化分析研究. 水力发电, 2003, 29(1): 14-19.

[14] 左保成, 陈从新, 刘才华, 等. 相似材料试验研究. 岩土力学, 2004, 25(11): 1805-1808.

[15] 王贻明, 吴爱祥, 张传信, 等. 复杂条件下矿柱回采的相似材料模型试验. 金属矿山, 2006, (12): 10-13.

[16] 曹玲, 罗先启, 程圣国. 千将坪滑坡物理模型试验相似材料研究. 三峡大学学报 (自然科学版), 2007, 29(1): 35-39.

[17] 杨俊杰. 相似理论与结构模型试验. 武汉: 武汉理工大学出版社, 2005.

[18] 王胜辉, 白良, 朱东海. 逐级加载的固结与稳定问题探讨. 昆明理工大学学报 (理工版), 2002, 27(4): 107-110.

[19] 黄诚, 杨维好. 土工有限元计算中如何剔除先期固结变形. 岩土力学, 2004, 25(8): 1307-1310.

[20] 黄侨, 李忠龙, 沙学军. 基于应变式传感器的桥梁无线测试系统的试验. 同济大学学报 (自然科学版), 2007, 35(10): 1322-1325.

[21] 陈宗基, 康文法, 黄杰藩. 岩石的封闭应力、蠕变和扩容及本构方程. 岩石力学与工程学报, 1991, 10(4): 299-312.

[22] 杜时贵. 岩体结构面的工程性质. 北京: 地震出版社, 1999.

[23] 孙钧. 岩土材料流变及其工程应用. 北京: 中国建筑工业出版社, 1999.

[24] 丁秀丽, 刘建. 三峡船闸区硬性结构面蠕变特性试验研究. 长江科学院院报, 2000, 17(4): 30-33.

[25] 陈有亮. 岩体高边坡滑移与失稳的力学分析. 煤炭学报, 2000, 25(6): 598-601.

[26] 杨天鸿, 芮勇勤, 唐春安, 等. 抚顺西露天矿蠕动边坡变形特征及稳定性动态分析. 岩土力学, 2004, 25(1): 153-156.

[27] 张景德, 刘培泰, 黄成佳. 软弱结构面和裂隙岩体直剪破坏机理研究. 岩土工程学报, 1994, 16(6): 21-29.

[28] 刘雄贞. 三峡岩体结构面的强度特性及其破坏机制. 长江科学院院报, 1996, 13(增刊): 10-13.

[29] 唐良琴, 聂德新, 任光明. 软弱结构面粒度成分与抗剪强度参数的关系探讨. 工程地质学报, 2003, 11(2): 143-147.

[30] 杜时贵, 郭霄, 吕建伟. 岩体结构面抗剪强度估算方法研究进展. 金华职业技术学院学报, 2004, 4(3): 1-5.

[31] 唐红梅, 陈涛, 鲜学福. 岩体结构面蠕变损伤机理研究. 工程地质学报, 2009, 17(3): 357-362.

[32] 陶波, 伍法权, 郭改梅, 等. 西原模型对岩石流变特性的适应性及其参数确定. 岩石力学与土程学报, 2005, 24(17): 3165-3170.

[33] 夏熙伦, 徐平. 岩石流变特性及高边坡稳定性流变分析. 岩石力学与工程学报, 1996, 15(4): 312-322.

[34] 李桂荣, 余成学. 层状岩体边坡的弯曲变形破坏试验及有限元分析. 岩石力学与工程学报, 1997, 16(4): 305-311.

[35] 李云鹏, 杨治林, 王芝银. 顺层边坡岩体结构稳定性位移理论. 岩石力学与工程学报, 2000, 19(6): 747-750.

[36] 伍法权. 云母石英片岩斜坡弯曲倾倒变形的理论分析. 工程地质学报, 1997, 5(4): 306-311.

[37] 黄润秋. 高切坡稳定性的系统工程地质研究. 成都: 成都科技大学出版社, 1991.

[38] 高全, 伊小娟, 赵晓彦. 楔形体及其稳定性分析与讨论. 路基工程, 2008, (1): 115-116.

[39] 苏海元. 西南山区楔形结构岩坡失稳机理及运动过程研究. 成都：成都理工大学，2013.

[40] 王恭先, 王应先, 马惠民. 滑坡防治 100 例. 北京: 人民交通出版社, 2008.

[41] 马惠民, 王恭先, 周德培. 山区高速公路高边坡病害防治实例. 北京: 人民交通出版社, 2006.

[42] 陈奇珠, 董翌为. 赤平投影法分析岩质边坡稳定性的图解模板. 西北水电, 2014, 4: 13-17.

[43] 吴绍强. 极射赤平投影法在岩质边坡稳定性分析中的应用. 西部探矿工程, 2009, 21(10): 117-121.

[44] Janbu K N. Application of composite slip surface for stability analysis. Proceedings of European Conference on Stability of Earth Slopes. Sweden, 1954, (3): 43-49.

[45] Bishop A W. The use of the slip circle in the stability analysis of slopes. Geotechnique, 1955, 5(1): 7-17.

[46] Speneer E.A method of analysis of the stability of embankments assuming parallel interslice forces. Geotechnique, 1967, 17(1): 11-25.

[47] Sarma S K. Stability analysis of embankments and slopes. Journal of geotechnical engineering division, 1979, 105(12): 1511-1524.

[48] Morgenstern N R, Price V E. The analysis of the stability of general slip surfaces. Geotechnique, 1965, 15(1): 79-93.

[49] 潘家铮. 建筑物的抗滑稳定和滑坡分析. 北京: 水利出版社, 1980.

[50] Chen Z Y, Morgenstern N R. Extensions to the generalized method of slices for stability analysis. Canadian Geotechnieal Journal, 1983, 20(1): 104-119.

[51] Leshchinsky D, Huang C. Generalized slope stability analysis: interpretation, modification, and comparison. International Journal of Rock Mechanics and Mining Sciences & Geomechanics Abstracts，ASCE, 1992, 118(10): 1559-1576.

[52] Espinoza R D, Bourdeau P L, Muhunthan B. Unified formulation for analysis of slopes with general slip surface. Journal of Geotechnical and Geoenvironmental Engineering, ASCE, 1994, 120(7): 1185-1192.

[53] Duncan J M. State of the art: limit equilibrium and finite element analysis of slope. Journal of Geotechnical Engineering, ASCE, 1996, 122(7): 577-595.

[54] 重庆市地方标准《地质灾害防治工程勘察规范》(DB 50/143—2003)，2003.

[55] 陈祖煜. 土质边坡稳定分析: 原理方法程序. 北京: 中国水利水电出版社, 2003.

[56] 陈洪凯. 危岩崩塌演化理论及应用. 北京: 科学出版社, 2009.

[57] 陈洪凯, 唐红梅, 叶四桥, 等. 危岩防治原理. 北京: 地震出版社, 2006.

[58] 刘锦华, 吕祖珩. 块体理论在工程岩体稳定分析中的应用. 北京: 水利电力出版社, 1988.

[59] Braathen A, Blikra L H, Berq S S, et al. Rock-slope failure in Norway: type, geometry, deformation mechanisms and stability. Norsk Geologisk Tidsskrift, 2004, 84(1): 67-88.

[60] Chen H K, Tang H M, Ye S Q. Research on damage model of control fissure in perilous rock. Applied Mathematics and Mechanics, 2006, 27(7): 967-974.

[61] Chen H K, Tang H M. Method to calculate fatigue fracture life of control fissure in perilous rock. Applied Mathematics and Mechanics, 2007, 28(5): 643-649.

[62] Chen H K, Tang H M, Zhu H. Research on duration for perilous rock to form. Wseas Transactions on Applied and Theoretical Mechanics, 2006, 2(1): 169-173.

[63] 孙云志, 任自民. 奉节李子垭危岩体稳定性研究. 人民长江, 1994, 25(9): 48-53.

[64] 谢全敏, 夏元友. 危岩块体稳定性的综合评价方法. 岩土力学, 2002, 23(6): 777-781.

[65] 陈洪凯, 唐红梅, 王蓉. 三峡库区危岩稳定性计算方法及应用. 岩石力学与工程学报, 2004, 23(4): 614-619.

[66] 重庆市地方标准《地质灾害防治工程设计规范》(DB 50/5029—2004), 2004.

[67] 袁建新. 岩体损伤问题. 岩土力学, 1993, 14(1): 1-31.

[68] 洪起超. 工程断裂力学基础. 上海: 上海交通大学出版社, 1987.

[69] 匡震邦, 马法尚. 裂纹端部场. 西安: 西安交通大学出版社, 2002.

[70] 中国航空研究院. 应力强度因子手册. 北京: 科学出版社, 1981.
[71] 陈洪凯, 唐红梅, 叶四桥. 危岩主控结构面损伤模型研究. 应用数学和力学, 2006, 27(7): 93-99.
[72] 王刚, 张怡, 郭茂林. 非对称循环载荷下材料低周疲劳断裂寿命分析与计算. 应用力学学报, 2001, 18(1): 91-97.
[73] 周俊琪. 玻璃陶瓷疲劳断裂的宏观规律研究. 材料科学与工艺, 1998, 6(1): 73-77.
[74] Li N, Zhang P, Chen Y, et al. Fatigue properties Of cracked, saturated and frozen sandstone samples under cyclic loading. International Journal of Rock Mechanics & Mining Sciences. 2003, 40(1): 145-150.
[75] 彭振斌, 何忠明, 彭文祥, 等. 模糊评判在岩质边坡稳定性分析中的应用. 矿冶工程, 2005, 25(3): 1-4.
[76] 梁桂兰, 徐卫亚, 何育智, 等. 突变级数法在边坡稳定综合评判中的应用. 岩土力学, 2008, 29(7): 1895-1899.
[77] 薛新华, 张我华, 刘红军. 基于遗传算法和模糊神经网络的边坡稳定性评价. 岩土力学, 2007, 28(12): 2643-2648.
[78] 薛新华, 姚晓东. 边坡稳定性预测的模糊神经网络模型. 工程地质学报, 2007, 15(1): 77-82.
[79] 黄志全, 王思敬, 李华晔, 等. 岩体力学参数取值的置信度及其可靠性. 岩石力学与工程学报, 1999, 18(1): 33-35.
[80] 崔政权, 李宁. 边坡工程理论与实践最新进展. 北京: 中国水利水电出版社, 1999.
[81] 刘端伶, 谭国焕, 李启光, 等. 岩石边坡稳定性和 Fuzzy 综合评判法. 岩石力学与工程学报, 1999, (2): 52-57.
[82] 蒋刚, 林鲁生, 刘祖德, 等. 边坡变形的灰色预测模型. 岩土力学, 2000, 21(3): 53-55.
[83] 李金华, 李利. 边坡稳定性的模糊综合评判. 西部探矿工程, 2005, 17(6): 213-214.
[84] Oztekin B, Topal T, Kolat C. Assessment of degradation and stability of a cut slope in limestone, Ankara-Turkey. Engineering Geology, 2006, 84(1/2): 12-30.
[85] 刘志平, 何秀凤. 多相型综合法及其在高边坡变形预测中的应用. 水利学报, 2007, 38(8): 1010-1014.
[86] Chen S, Qing W, Shahrour I. Comparative study of rock slope stability analysis methods for hydropower projects. Mechanics Research Communications, 2007, 34(1): 63-68.
[87] Liu Y C, Chen C S. A new approach for application of rock mass classification on rock slope stability assessment. Engineering Geology, 2007, 89(1/2): 129-143.
[88] 李克钢, 侯克鹏, 张重庆. 基于可拓简单关联度的边坡稳定性评价指标权重研究. 矿业研究与开发, 2007, 27(6): 24-27.
[89] 黄建文, 李建林, 周宜红. 基于 AHP 的模糊评判法在边坡稳定性评价中的应用. 岩石力学与工程学报, 2007, 26(z1): 2627-2632.
[90] 孟衡. 模糊数学在岩质边坡稳定性分析中的应用. 岩土工程技术, 2008, 22(4): 178-181.
[91] 车茜, 陈剑平, 阙金声. 基于粗糙集的可拓评判权值确定. 吉林大学学报 (地球科学版), 2008, 38(2): 268-272.

[92] 蔡文. 物元分析. 广州: 广东高等教育出版社, 1987.
[93] 康志强, 周辉, 冯夏庭, 等. 大型岩质边坡岩体质量的可拓学理论评价. 东北大学学报 (自然科学版), 2007, 28(12): 1770-1774.
[94] 李克钢, 侯克鹏, 李旺. 指标动态权重对边坡稳定性的影响研究. 岩土力学, 2009, 30(2): 492-496.
[95] 马荣国, 杨申琳. 基于物元分析的 AHP 确定指标权重方法. 长安大学学报 (自然科学版), 2003, 23(5): 117-119.
[96] 蔡文. 物元模型及其应用. 北京: 科学技术文献出版社, 1994.
[97] 林孝松, 陈洪凯, 许江, 等. 山区公路高切坡岩土安全评价分析. 土木建筑与环境工程, 2009, 31(3): 66-71.
[98] 涂小松, 濮励杰, 朱明. 基于可拓学和协调性分析的区域土地综合质量评价. 农业工程学报, 2008, 24(11): 57-62.
[99] 潘竟虎. 基于熵权物元可拓模型的黑河流域草原生态安全评价. 农业系统科学与综合研究, 2009, 25(2): 251-256.
[100] 俞茂宏, 何丽南, 宋凌宇. 广义双剪应力强度理论及其推广. 中国科学, 1985, 28(12): 55-62.
[101] 俞茂宏. 岩土类材料的统一强度理论及其应用. 岩土工程学报, 1994, 14(2): 1-10.
[102] 路德春, 姚仰平, 邹博. 广义非线性强度理论体系. 岩土力学, 2007, 28(10): 2009-2016.
[103] 俞茂宏. 双剪理论及其应用. 北京: 科学出版社, 1998.
[104] Sun J, Wang S. Rock mechanics and rock engineering in China: developments and current state-of-the art. Int. Journal of Rock Mechanics and Mining Sciences, 2000, 37(3): 447-465.
[105] Yu M. Advances in strength theories for materials under complex stress state in the 20th Century. Applied Mechanics Reviews, ASME, 2002, 55(3): 169-218.
[106] Yoshi mine M. Three important advances in engineering strength theories. Science Foundation in China，2003, 11(1): 21-24.
[107] Yu M. Unified Strength Theory and Its Applications. Berlin, Heidelberg, New York: Springer, 2004.
[108] 昝月稳, 俞茂宏, 赵坚, 等. 高应力状态下岩石非线性统一强度理论. 岩石力学与工程学报, 2004, 23(13): 2143-2148.
[109] 俞茂宏, Oda Y, 盛谦, 等. 统一强度理论的发展及其在土木水利等工程中的应用和经济意义. 建筑科学与工程学报, 2005, 22(1): 24-41.
[110] 李杭州, 廖红建, 冯夏庭, 等. 基于统一强度理论分析不连续面对岩体强度的影响. 岩土力学, 2006, 27(11): 1997-2000.
[111] 李杭州, 廖红建. 复杂应力状态下岩土材料非线性本构模型研究. 应用力学学报, 2006, 23(2): 318-321.
[112] 范文, 邓龙胜, 白晓宇. 统一强度理论在边坡稳定性分析中的应用. 煤田地质与勘探, 2007, 35(1): 63-66.

[113] Mankelow J M, Murphy W. Using GIS in the probabilistic assessment of earthquake triggered landslide hazards. Journal of Earthquake Engineering, 1998, 2(4): 593-623.

[114] Dai F C, Lee C F. Terrain-based mapping of landslide susceptibility using a geographical information system: a case study. Canadian Geotechnical Journal, 2001, 38(9): 911-923.

[115] El-Ramly H, Morgenstern N R, Cruden D M. Probabilistic slope stability analysis for practice.Canadian Geotechnical Journal, 2002, 39(3): 665-683.

[116] Xie M. GIS-based 3D critical slope stability analysis and landslide hazard assessment. Journal of Geotechnical and Geoenvironmental Engineering, ASCE, 2003, 129(12): 1109-1118.

[117] 唐亦川, 许冲, 侯恩科, 等. 基于 GIS 的公路边坡稳定性评价系统. 公路交通科技, 2005, 22(9): 56-58.

[118] Ayalew L, Yamagishi H. The application of GIS-based logistic regression for landslide susceptibility mapping in the Kakuda-Yahiko Mountains, Central Japan. Geomorphology, 2005, 65(1/2): 15-31.

[119] 谢谟文, 蔡美峰, 江崎哲郎. 基于 GIS 边坡稳定三维极限平衡方法的开发及应用. 岩土力学, 2006, 27(1): 117-122.

[120] Xie M, Esaki T, Qiu C, et al. Geographical information system-based computational implementation and application of spatial three-dimensional slope stability analysis. Computers and Geotechnics, 2006, 33(4/5): 260-274.

[121] 许冲, 戴福初. 基于 ArcGIS 的边坡稳定性评价系统研究. 工程地质计算机应用, 2008, (1): 23-27.

[122] Nelson E P, Connors K A, Claudio Suarez S. GIS-based slope stability analysis, chuquicamata open pit copper mine, chile. Natural Resources Research, 2007, 16(2): 171-190.

[123] 中华人民共和国国家标准《混凝土结构设计规范》(GB 50010—2010), 2010.

[124] 梁钟琪. 土力学及路基. 北京: 中国铁道出版社, 1995.

[125] 张发明，刘宁，赵维炳. 岩质边坡预应力锚索加固的优化设计方法. 岩土力学，2016，23(2): 187-190.

[126] 中国岩石力学与工程学会岩石锚固与注浆技术专业委员会. 锚固与注浆技术手册. 北京：中国电力出版社，1999.

[127] 陈洪凯, 梁丹. 用于山区公路防护的边坡滚石速排结构 (ZL201510036772.5). 国家知识产权局.

[128] 陈洪凯. 重力地貌过程力学描述与减灾 (岩石崩塌). 北京：科学出版社, 2019.

[129] Chen H K, Tang H M. Study on the support-anchor combined technique to control perilous rock at the source of avalanche by fracture mechanics. International Applied Mechanics, 2013, 49(3): 369-378.

[130] Chen H, Tang H, Wang R, et al. Research on equivalent processes of rock mass parameters with anchor piles. Applied Mathematics and Mechanics, 2001, 22(8): 965-971.

[131] 李维树, 黄志鹏, 丁秀丽. 基于抗滑桩计算宽度的水平推力试验研究. 长江科学院院报, 2005, 22(5): 40-43.

[132] 屈文俊, 戚岩, 朱鹏, 等. 混合配筋混凝土受弯梁裂缝分析研究//中国土木工程学会 2017 年学术年会论文集. 2017, 16.

[133] 贾海莉, 王成华, 李江洪. 基于土拱效应的抗滑桩与护壁桩的桩间距分析. 工程地质学报, 2004, (1): 98-103.

[134] 杜鹏飞, 陈敏, 肖劲松, 等. 喀斯特地区土地生态适宜性评价: 以贵阳市为例. 清华大学学报 (自然科学版), 2012, 52(2): 205-210.

[135] 张晓君, 杨胜香, 段纯, 等. 蘑菇渣作为改良剂对铅锌尾矿改良效果研究. 农业环境科学学报, 2014, 33(3): 526-531.

[136] 郭树芳, 安文明, 张文俊, 等. 乌鲁木齐煤田灭火区混土种植基质配比试验研究. 环境科学与技术, 2013, 36(2): 80-85.

[137] 童贯和, 张科贵, 刘天骄, 等. 新型无土栽培基质配比对 4 种叶菜类蔬菜生长发育和产量的影响——以煤矸石、油菜秸秆等组成的栽培基质为例. 农业现代化研究, 2012, 33(6): 762-765.

彩　　图

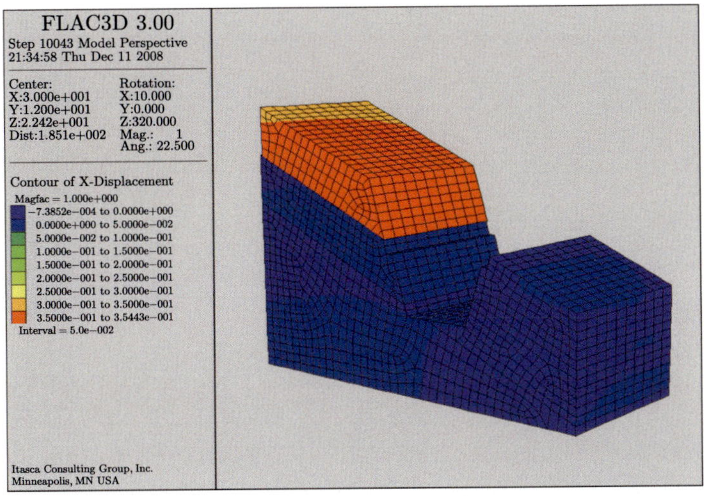

图 3.3　开挖完成后水平方向 (x 方向) 位移

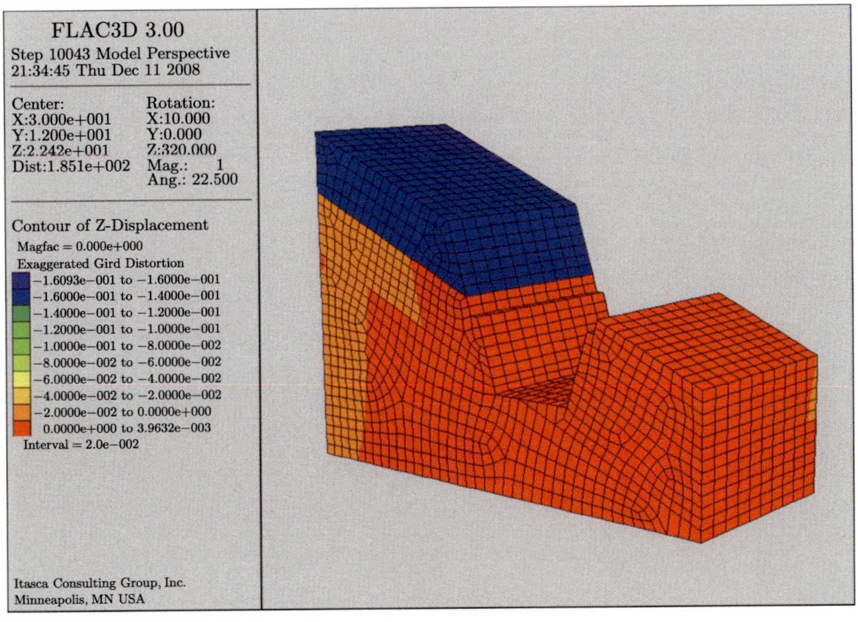

图 3.4　开挖完成后竖直方向 (z 方向) 位移

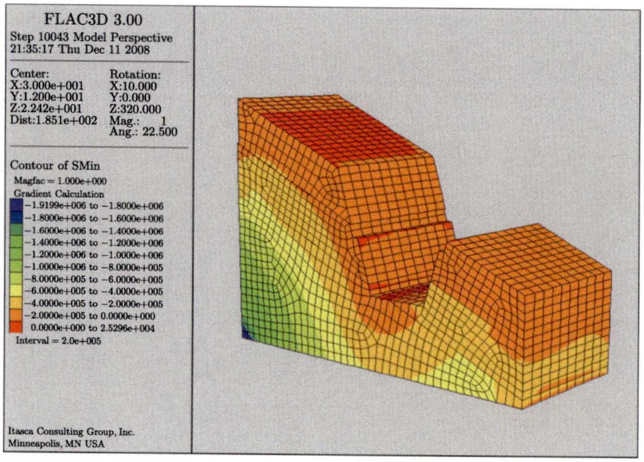

图 3.5　开挖完成后最小主应力等值线

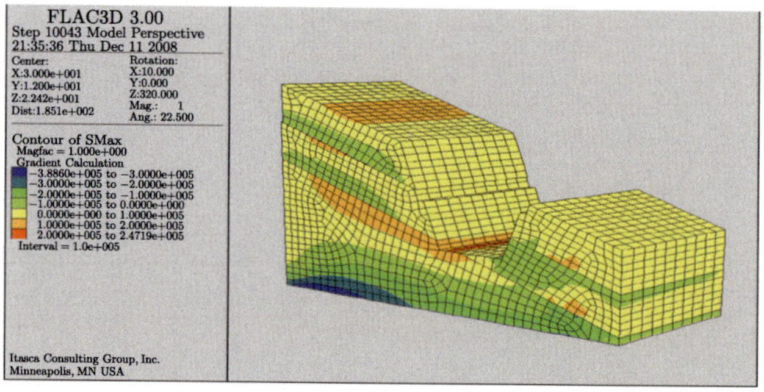

图 3.6　开挖完成后最大主应力等值线

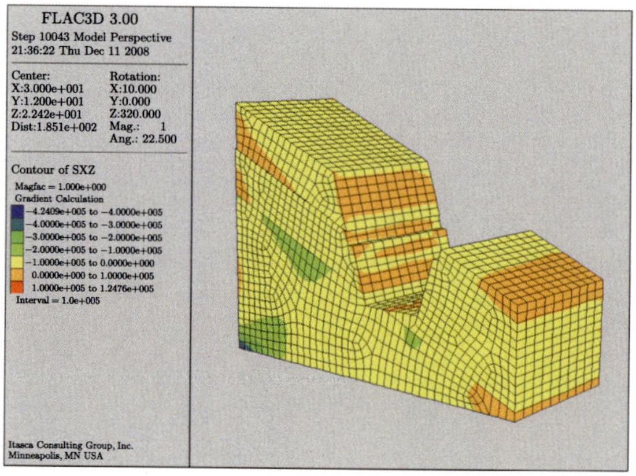

图 3.7　开挖完成后 xz 方向应力等值线

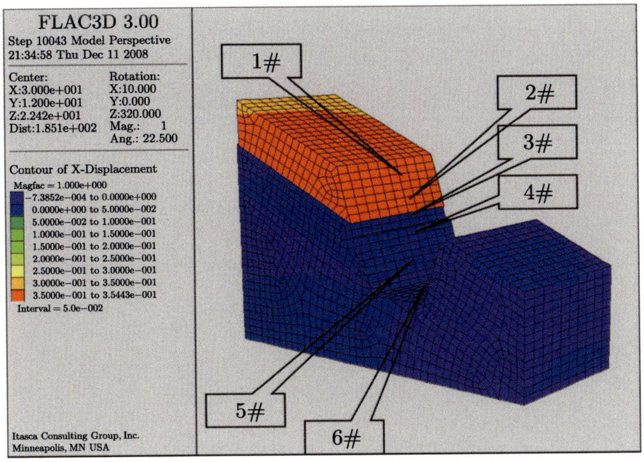

图 3.8 顺向坡 1#～6# 敏感测点

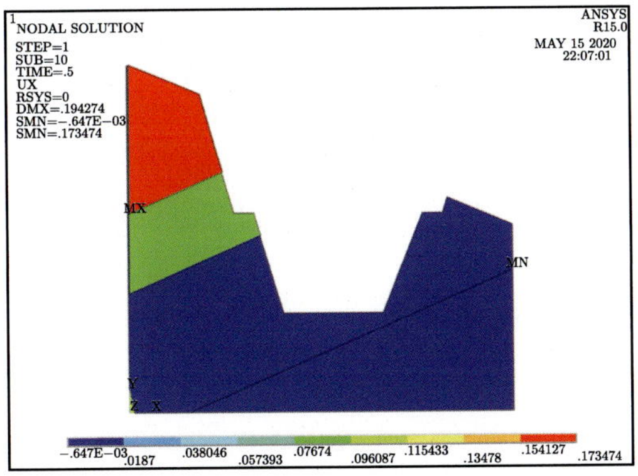

图 3.15 三次开挖完成后水平方向 (x 方向) 位移

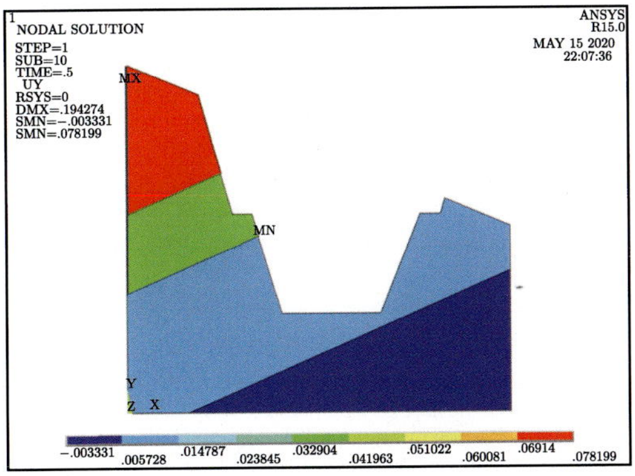

图 3.16 三次开挖完成后竖直方向 (z 方向) 位移

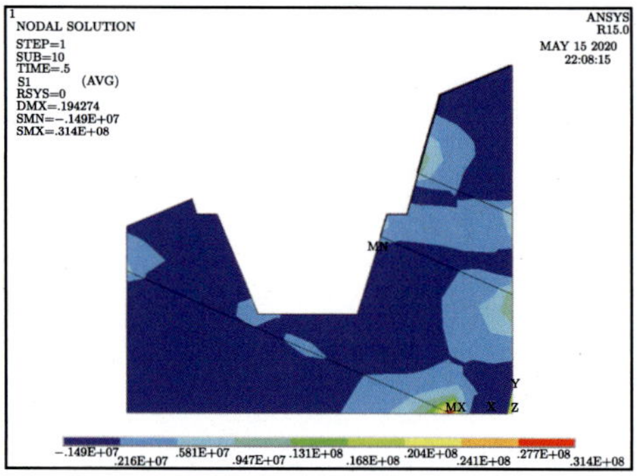

图 3.17　三次开挖完成后最大主应力等值线

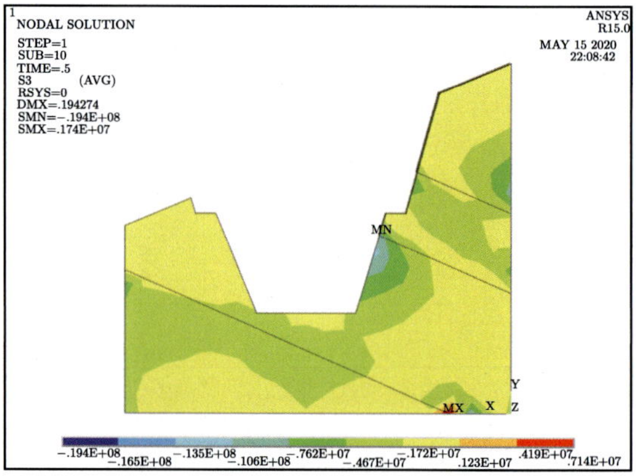

图 3.18　三次开挖完成后最小主应力等值线

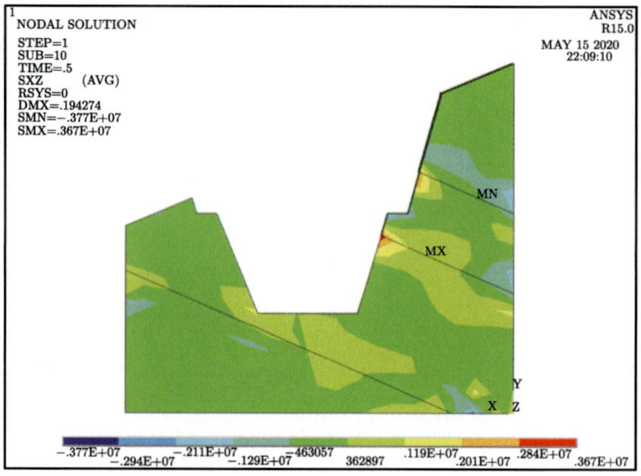

图 3.19　开挖完成后 xz 方向应力等值线

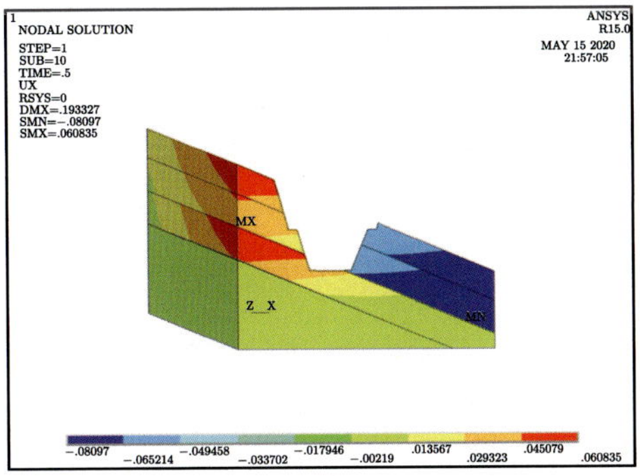

图 3.25 开挖完成后水平方向 (x 方向) 位移

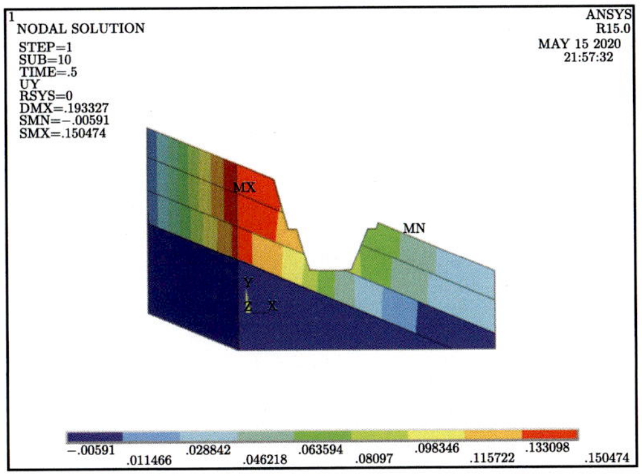

图 3.26 开挖完成后竖直方向 (z 方向) 位移

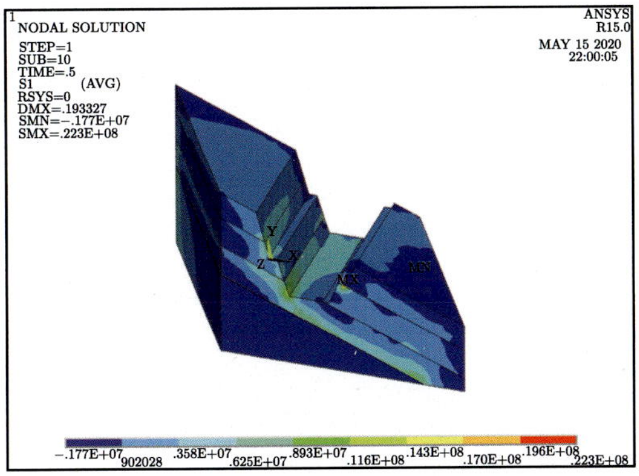

图 3.27 开挖完成后最大主应力等值线

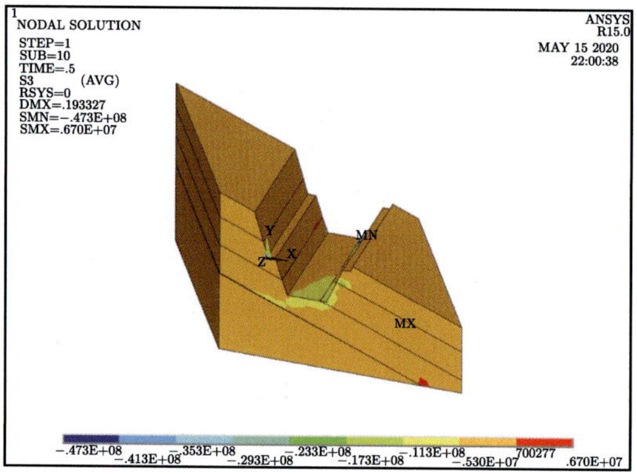

图 3.28 开挖完成后最小主应力等值线

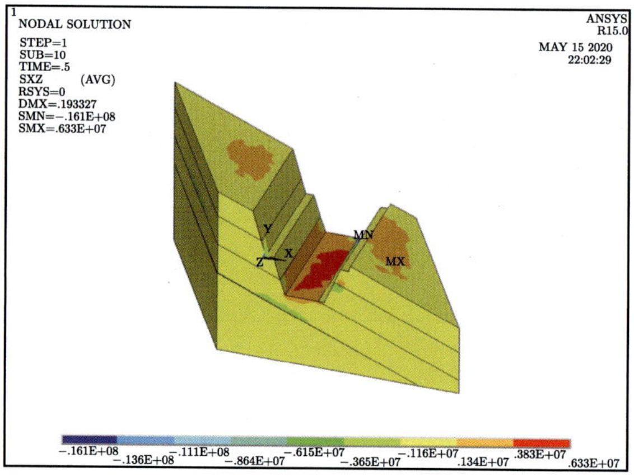

图 3.29 开挖完成后 xz 方向应力等值线

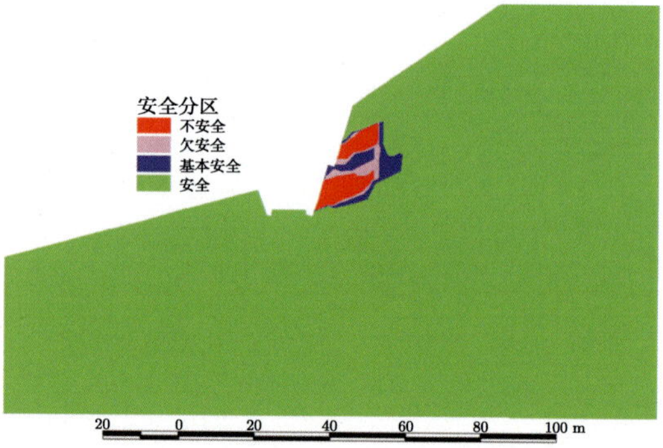

图 6.12 巫山—巫溪公路 k88+660 安全分区等级图